BLAISE PASCAL

CONVERSION ET APOLOGÉTIQUE

DU MÊME AUTEUR

A LA LIBRAIRIE J. VRIN

La Pensée religieuse de Descartes. 1 vol. in-8°, 328 p. « Études de philosophie médiévale », 1924 ; 2e éd. 1972.

Les premières pensées de Descartes, Contribution à l'histoire de l'Anti-Renaissance, 1 vol. in-8°, 167 p. « De Pétrarque à Descartes », 1958 ; 2e éd. 1979.

La Pensée métaphysique de Descartes, « Bibliothèque d'Histoire de la philosophie », 1 vol. in-8°, 420 p. ; 3e éd. 1978.

Descartes. Essais sur le « Discours de la Méthode », la métaphysique et la morale, 1 vol. in-8°, 302 p. « Essais d'Art et de Philosophie », 1937 ; 3e éd. 1973.

La Vocation de Malebranche, 1 vol. in-8°, 173 p. « Bibliothèque d'Histoire de la philosophie », 1926.

La philosophie de Malebranche et son expérience religieuse, 1 vol. in-8°, 431 p. « Bibliothèque d'Histoire de la philosophie », 1926 ; 2e éd. 1947.

Pascal. Commentaires, 1 vol. in-8°, 431 p. « Bibliothèque d'Histoire de la philosophie », 1966 ; 2e éd. 1971 ; 3e éd. 1984.

Pascal et les humanistes chrétiens. L'Affaire Saint-Ange, 1 vol. in-8°, 167 p., 1974.

Fénelon philosophe, 1 vol. in-8°, 218 p. « Bibliothèque d'Histoire de la philosophie », 1977.

Cartésianisme et augustinisme au XVIIe siècle, 1 vol. in-8°, 247 p. « Bibliothèque d'Histoire de la philosophie », 1978.

Les Méditations métaphysiques de Jean-Jacques Rousseau, 1 vol. in-8°, 284 p. « Bibliothèque d'Histoire de la philosophie », 1970 ; 2e éd. 1984.

Rousseau et Voltaire. Portraits dans deux miroirs, 1 vol. in-8°, 480 p. « Bibliothèque d'Histoire de la philosophie », 1983.

La Vie d'Auguste Comte, 1 vol. in-12, 300 p. « Vie des hommes illustres », Paris, Gallimard, 1931 ; 2e éd. Vrin, 1965.

La jeunesse d'Auguste Comte et la formation du positivisme, 3 vol. in-8°, « Bibliothèque d'Histoire de la philosophie ».
T. I. *Sous le signe de la Liberté,* 315 p., 1933.
T. II. *Saint Simon jusqu'à la Restauration,* 388 p., 1936 ; 2e éd. 1964.
T. III. *Auguste Comte et Saint Simon,* 436 p., 1941 ; 2e éd. 1970.

Les Conversions de Maine de Biran, 1 vol. in-8°, 450 p. « Bibliothèque d'Histoire de la philosophie », 1947.

Études sur l'Histoire des idées en France depuis le XVIIe siècle, 1 vol. in-8°, 186 p., « Bibliothèque d'Histoire de la philosophie », 1980.

La philosophie et son histoire, 1 vol. in-8°, 130 p., « Problèmes et Controverses », 1943.

L'histoire et sa philosophie, 1 vol. in-8°, 151 p., « Problèmes et Controverses », 1952.

Renan auteur dramatique, 1 vol. in-16, 168 p., « Essais d'Art et de Philosophie », 1972.

Le théâtre et l'existence, 1 vol. in-12, 224 p., Aubier, 1952 ; nouvelle édition, « Essais d'Art et de philosophie », 1973 ; 3e éd. 1980.

Antonin Artaud et l'essence du théâtre, 1 vol. in-16, 256 p. « Essais d'Art et de Philosophie », 1974.

CHEZ D'AUTRES ÉDITEURS

Bergson et le Christ des Évangiles, 1 vol. in-8°, 222 p., Paris, Fayard, 1961.

Maine de Biran, « Ecrivains de toujours », Le Seuil, 1970.

L'essence du théâtre, 1 vol. in-12, Plon, 1943 ; 2e éd. Aubier, 1968.

L'Oeuvre théâtrale, 1 vol. in-12, Flammarion, 1958 ; 2e ed. *Les Introuvables,* 1978.

Notre ami Maurice Barrès, 1 vol. in-12, Aubier, 1928.

BIBLIOTHÈQUE D'HISTOIRE DE LA PHILOSOPHIE

BLAISE PASCAL

CONVERSION ET APOLOGÉTIQUE

par

Henri GOUHIER

de l'Académie française

de l'Académie des Sciences Morales et Politiques

PARIS

LIBRAIRIE PHILOSOPHIQUE J. VRIN

6, Place de la Sorbonne, V[e]

—

1986

à mes amis

GERARDO MAROTTA
Président de l'*Istituto italiano par gli studi filosofici*

et *TULLIO GREGORY*
Directeur de la *Scuola italiano di studi superiori in Napoli.*

ISBN 2-7116-0902-2

NOTE PRÉLIMINAIRE

Né le 19 juin 1623 à Clermont-en-Auvergne, mort le 19 août 1662 à Paris, rue des Fossés-Saint-Germain, paroisse Saint-Etienne-du-Mont, Blaise Pascal peut spirituellement et philosophiquement revivre dans notre temps en quittant le sien, mais il ne peut historiquement survivre dans notre temps qu'en restant situé dans le sien.

Or l'historien qui essaie de retrouver Pascal dans l'époque que limitent les dates de sa courte vie, cet historien ne saurait parler du milieu du XVIIe siècle qu'en mettant sous « XVIIe siècle » une vue prise de très haut où quelques lignes claires et distinctes se détachent instantanément d'une masse confuse et lointaine d'événements présumés connus. Quels schémes ferons-nous plus ou moins consciemment intervenir quand nous pensons au XVIIe siècle religieux et plus particulièrement catholique ? Le reconnaître sera, si l'on ose dire, construire la maquette du décor historique dans lequel va se jouer l'action dramatique qui commence avec la conversion de Pascal et qui, jusqu'à sa mort, le montre dans son rôle de défenseur de la vraie religion.

Il y eut sur le XVIIe siècle religieux une perspective longtemps classique, celle de Sainte-Beuve dans son admirable ouvrage où elle paraît si satisfaisante qu'on ne songe même pas à en adopter une autre.

1° La Contre-Réforme catholique a un symbole : Port-Royal.

La France religieuse, au XVIIe siècle, a un centre : Port-Royal.

Ecrire l'histoire de Port-Royal, c'est rencontrer non seulement les religieuses et les Messieurs de la célèbre abbaye, non seulement ses amis et ses adversaires déclarés, mais toute la France catholique, François de

Sales et Bérulle, Descartes et Malebranche, Corneille et Racine, sans oublier, bien sûr, l'auteur de *Tartuffe.* « Port-Royal, Messieurs, est un grand sujet, lit-on dans le *Discours préliminaire.* Ce qu'il a de particulier en apparence et de réellement circonscrit ne l'empêche pas de tenir à tout son siècle, de le traverser dans toute sa durée, de le presser dans tous ses moments, de le vouloir envahir sans relâche, de le modifier du moins, de le caractériser et de l'illustrer toujours. Ce cloître d'abord rétréci, sous les arceaux duquel nous nous engagerons, va jusqu'au bout du grand règne qu'il a devancé, y donne à demi ou en plein à chaque instant, et l'éclaire de son désert par des jours profonds et imprévus. » (1).

2° Si Port-Royal est ainsi le centre de la France religieuse, le problème religieux qui domine le siècle est celui-là même pour lequel Port-Royal a combattu : celui de la grâce. C'est un problème essentiellement théologique. Il a deux aspects : vu du Dieu qui donne la grâce, c'est le problème de la prédestination avec le mystère du choix des élus ; vu de l'homme qui la reçoit, c'est le problème de l'efficace de la grâce dans son rapport avec la liberté humaine.

3° Ceci veut dire que le christianisme de Port-Royal avait pour dogme fondamental celui du péché originel ; le salut, mon salut est alors cet « unique nécessaire » dont parle saint Luc (X, 42) ; il en résulte une religion qui se distingue mal de la morale et une piété qui est surtout une ascèse. De fait, par delà toutes les discussions doctrinales, l'authentique grandeur de Port-Royal est dans un style de vie héroïque, dans une espèce d'austérité intransigeante dont, à tort ou à raison, le symbole littéraire serait Racine renonçant au théâtre profane pour redevenir digne de ses premiers maîtres.

« Un changement de paysage historique », le mot est de M. Jean Dagens (2), est opéré par Henri Bremond dans une œuvre si importante qu'on a volontiers comparé son auteur à celui de *Port-Royal :* l'*Histoire littéraire du sentiment religieux en France depuis la fin des guerres de religion jusqu'à nos jours,* dont le premier tome parut en 1916.

1° Port-Royal ne représente qu'un aspect de la France religieuse au XVIIe siècle. Ce n'est donc pas le symbole de la Contre-Réforme catholique.

Dans la perspective de Sainte-Beuve, il y avait un massif central, Port-Royal, avec les plus hauts sommets d'où l'on prenait une vue sur tout le siècle. Or, sur les onze volumes qu'Henri Bremond a publiés de son *Histoire littéraire du sentiment religieux en France,* il y en a un sur *Port-Royal,* le tome IV ; même en tenant compte des pages des autres volumes où l'historien recontre des « Messieurs » ou des amis de l'abbaye, on voit immédiatement le changement de perspective : Port-Royal est un massif à côté d'autres massifs dont certains, comme « l'Ecole française » du tome III, avec Pierre de Bérulle, Charles de Condren, Jean-Jacques Olier, le P. Eudes, sont au moins aussi importants par la surface et par la hauteur des pics. Ajoutons : Bremond découvre de multiples foyers de spiritualité que Sainte-Beuve ne connaissait pas, présentant un panorama de la France religieuse du XVIIe siècle singulièrement élargi.

2° Dans ce panorama, le problème qui domine le siècle n'est plus uniquement celui de la grâce : il y a aussi celui dit du pur amour.

Entendons bien : Henri Bremond ne songe certes pas à diminuer l'importance théologique du mystère du salut ni le rôle historique des querelles sur la grâce au XVIIe siècle ; mais il montre que la pensée religieuse de cette époque eut un autre pôle : le mystère de l'union à Dieu par la prière et dans la prière. C'est ici non plus un problème de théologie mais de spiritualité ; ou, si l'on préfère, il ne s'agit plus directement de théologie spéculative mais de théologie mystique.

« Mystique », en effet, puisque c'est l'union à Dieu qui est en question avec la prière. Disons en gros : la prière par excellence est celle que Jésus nous a apprise ; or elle dit deux choses au Père qui est dans les cieux : dans sa première partie, elle est une prière qui adore ; dans la seconde, une prière qui demande ; dans sa première partie, elle déclare au Père : « ... que ton nom soit sanctifié, que ton règne arrive, que ta volonté soit faite sur la terre comme au ciel » ; dans la seconde : « donne-nous aujourd'hui notre pain quotidien, remets-nous nos dettes... ne nous soumets pas à la tentation, mais délivre-nous du Mauvais. » (3). Toujours en gros : cette seconde partie est dictée par le souci de mon salut et je m'adresse alors à Dieu en tant qu'il est mon bien souverain ; la première tend à m'unir à Dieu par un amour dans lequel je m'oublie moi-même, mettant sa gloire et sa volonté au-dessus de tout intérêt me concernant, serait-ce, on y reviendra, mon salut (4). Le désintéressement de l'amour est l'essence même de la vie dévote. Dans le *Traité de l'Amour de Dieu,* François de Sales présente en 1616 une véritable métaphysique de la prière et, avec elle, la querelle du pur amour occupe, désormais, le premier plan des « actualités » religieuses. L'affaire du quiétisme au temps de Mme Guyon et de Fénelon n'apparaît plus comme un épisode des dernières années du siècle mais comme le chapitre le plus long et le plus retentissant d'une histoire qui coïncide avec celle de la spiritualité en France depuis le début du règne de Louis XIII.

3° Dans l'histoire littéraire du sentiment religieux en France selon Henri Bremond, il y a donc, au XVIIe siècle, cœxistence continue de deux questions, de deux querelles sans cesse renaissantes : celle de la prière et du pur amour, celle du salut et de la grâce.

Une troisième perspective doit être envisagée après les travaux des historiens contemporains : le nouveau « changement de paysage historique » apparaît dans la remarquable Introduction écrite sous le titre : *L'Eglise de*

France au début du XVIIe siècle par M. Jean Orcibal, en tête de son ouvrage : *Jean Duvergier de Hauranne, abbé de Saint-Cyran et son temps* (1581-1638), paru en 1947. La mort prématurée de Louis Cognet nous a privés de la synthèse magistrale qu'annonçait le premier tome de son ouvrage : *La spiritualité moderne, L'essor, 1500-1650* (5).

1o Personne, semble-t-il, ne met en question le changement de perspective opéré par Henri Bremond. Les historiens admettent la vision panoramique de la Contre-Réforme catholique et du XVIIe siècle religieux où Port-Royal est le nom d'un gros, d'un très gros massif, mais dans une chaîne à côté d'autres non moins importants.

2o Avec Bremond, ils reconnaissent tout le long du siècle la coexistence de deux querelles, celle du pur amour qui concerne la spiritualité, celle de la grâce qui relève le la théologie, étant bien évident que pareil découpage est une abstraction opérée pour simplifier, puisqu'il n'y a pas de spiritualité sans armature théologique ni de théologie sans vibrations dans la vie spirituelle. En d'autres termes : si l'on tient à parler de « quiétisme » à propos de Mme Guyon et de Fénelon, comme de « jansénisme » à propos de Port-Royal, on dira qu'il y a au XVIIe une histoire continue du « pré-quiétisme » en même temps qu'une histoire continue du « jansénisme » et de ses origines.

3o Historiquement, il ne saurait y avoir de « jansénisme » qu'après la publication du livre de Jansénius qui a provoqué la longue lutte au cours de laquelle cette étiquette fut inventée : l'*Augustinus* parut à Louvain en 1640 et à Paris en 1641. Or le monastère de Port-Royal entre dans l'histoire religieuse du siècle en 1608 avec la réforme qu'entreprend une jeune abbesse de dix-sept ans, Angélique Arnauld. Il y a donc une longue période de la vie de Port-Royal, plus de trente années, où le nom même de « jansénisme » n'existe pas : on peut seulement parler de l'étroite amitié qui unit Jansénius, professeur d'Ecriture sainte à Louvain, puis évêque d'Ypres, et l'abbé de Saint-Cyran dont l'influence spirituelle sur la famille Arnauld et ensuite au monastère ne cesse de grandir après 1625.

Il y a donc ce que l'on peut appeler un premier Port-Royal depuis 1608 jusqu'à une époque marquée par trois dates : 1638, mort de Jansénius, 1640-1641, publication de l'*Augustinus,* 1643, mort de Saint-Cyran. Or les historiens contemporains font de ce premier Port-Royal un chapitre de la Contre-Réforme catholique telle que Bremond la voyait, c'est-à-dire essentiellement « mystique ». Bien significatif est le fait que « le premier directeur qui semble avoir eu une influence décisive » sur la jeune Mère Angélique fut un capucin, Ange de Pembroke, ami de Benoît de Canfeld, le docteur de l'anéantissement et de la déification. Beaucoup plus décisive et profonde sera ensuite l'influence de François de Sales entre 1619 et 1622 (6). La direction de Saint-Cyran s'exerce dans le même sens : bien qu'il soit à peu près du même âge, celui-ci est le disciple de Bérulle, disciple fervent et agissant ; il adhère au théocentrisme des *Discours de l'état et des grandeurs de Jésus, par l'union ineffable de la divinité avec l'humanité et de la dépendance et servitude qui lui est due...*, publié en 1623 ; il est solidaire des oratoriens dans leurs polémiques avec la Compagnie ; il défend la spiritualité du pur amour qui inspire le *Chapelet secret du Saint-Sacrement,* œuvre de la Mère Agnès, sœur de la Mère Angélique.

S'il y a un « premier Port-Royal », c'est qu'il y en a au moins un second.

Indiquons tout de suite la différence. Dans ce « premier Port-Royal », la spiritualité et la théologie ont pour dominante la question de la prière et du pur amour ; dans le « second Port-Royal », elles ont pour dominante la question du salut et de l'efficacité de la grâce. Ne cherchons pas une évolution : le passage de l'une à l'autre n'est pas l'effet d'une logique interne mais celui des circonstances. Les circonstances sont la publication de l'*Augustinus,* les polémiques qui s'ensuivent, l'emploi vite accepté d'un mot en « isme », « jansénisme », la transformation d'une querelle d'école en un procès pour cause d'hérésie.

Autrement dit : considérons les deux grands courants spirituels et théologiques, celui que Pascal illustre au milieu du XVIIe siècle et celui que Fénelon illustre à la fin ; ils ne dessinent pas deux parallèles mais deux lignes divergentes à partir d'un certain moment ; avant qu'il soit question de « jansénisme », les maîtres spirituels sont les mêmes et, comme Port-Royal est essentiellement une école de spiritualité, il n'y a vraiment qu'une seule ligne sur notre dessin : elle figure le « premier Port-Royal ». Les problèmes liés aux combats provoqués par la publication de l'*Augustinus* font apparaître sur une ligne divergente un « second Port-Royal » qui est aussi une école de théologie et qui, tout naturellement, se donne ses maîtres. Dans nos raccourcis historiques – à supposer que cette épithète puisse subsister à côté du substantif – le nom de Saint-Cyran reste symboliquement attaché au « premier Port-Royal » : ceux d'Antoine Arnauld et de Pierre Nicole nous rendent le même service quand nous parlons du « second ».

On voit alors la situation de Pascal.

A Rouen, en 1646, les Pascal sont convertis au christianisme selon Saint-Cyran ; l'année suivante, Blaise et Jacqueline se réinstallent à Paris et entrent, aussitôt, en relation avec les religieuses et les religieux de Port-Royal qui ont connu Saint-Cyran et en qui survit son esprit ; en 1652, Jacqueline devient sœur Sainte Euphémie à Port-Royal de Paris où elle sera la fille spirituelle de la Mère Angélique et de la Mère Agnès, elles-mêmes filles spirituelles de Saint-Cyran. Mais lorsque, après sa seconde conversion en novembre 1654, Blaise Pascal se met au service de la vraie religion, il trouve ses amis de Port-Royal engagés dans un dur et visiblement interminable combat pour défendre ou plus simplement pour faire connaître la doctrine de saint Augustin sur la prédestination, l'efficacité de la grâce, la liberté de l'homme, la morale. Entré dans le « premier Port-Royal » par sa conversion, le christianisme militant de Pascal le fait vivre dans le « second » où nous le trouvons accompagné d'Arnauld et de Nicole, ayant désormais pour maître à penser, dans sa prière comme dans sa vie, saint Augustin selon l'*Augustinus*.

INTRODUCTION

Un point de vue sur Pascal

L'inépuisable bibliographie pascalienne ne devrait-elle pas écarter toute tentation d'y ajouter un livre ? Ce serait oublier que le sujet est, lui-même, inépuisable. Quel lecteur attentif des *Pensées,* par exemple, ne s'est trouvé devant des textes dont il perçoit mal le sens et dont il souhaiterait découvrir une explication dans les notes des éditions les plus savantes ou dans les analyses des interprètes les plus pénétrants de Pascal ?

Il y a donc toujours à dire quelque chose sur Pascal, quelque chose de différent de ce qui a déjà été dit. D'où vient alors cette possibilité indéfinie de différences ? Non pas, croyons-nous, de la diversité des méthodes mais de celle des points de vue. Les règles de la méthode historique sont un code aussi élémentaire que celui du savoir-vivre ; dans l'esprit de tout historien sérieux, elles deviennent – parlons comme Pascal – « une seconde nature » : tout « naturellement », elles l'écartent de l'histoire romancée, elles le préservent des facilités de l'interpolation, elles l'obligent à ne faire état que de textes correctement établis, etc. Ce qui distingue entre eux les historiens de la philosophie, c'est que, plus ou moins consciemment, chacun d'eux pense à sa façon et l'histoire et la philosophie.

En gros : chaque historien se trouve placé à un certain point de vue par les circonstances, *circum stantia :* son temps, la langue dans laquelle les idées prennent forme, bref, le « milieu socio-culturel », comme on dit aujourd'hui. Mais, si importantes que soient dans la détermination du point de vue les conditions liées à la situation de l'historien dans l'espace et dans le temps, elles ne sont que des conditions : le point de vue est aussi l'effet d'un choix qui, lui, est lié à la réflexion de chaque historien sur l'histoire. Ainsi, Emile Boutroux, Léon Brunschvicg, Jacques Chevalier, Jean Laporte, Lucien Goldmann sont, par rapport à Pascal un peu comme des peintres disposés autour d'un même modèle : ils le regardent à des distances et à des heures différentes ; la perspective et l'éclairage ne sont plus les mêmes ; formes et couleurs changent donc avec chaque tableau.

Quel est alors le point de vue choisi dans ce nouvel ouvrage pour regarder la vie et l'œuvre de Blaise Pascal ? Disons en simplifiant : ne jamais oublier que Blaise Pascal ne construit pas une philosophie, même sans le vouloir. Par suite, concrètement : ne jamais lire une phrase de Pascal comme si la comprendre pouvait consister à lui restituer un contexte philosophique alors non explicité ; ou encore : ne jamais la prendre pour une pierre détachée d'un édifice comparable à ceux de Descartes ou de Kant.

Ce parti pris concerne tous les écrits de Pascal et pas seulement les *Pensées.* Nous ne voyons dans aucun l'intention qui tourne la réflexion vers un projet proprement philosophique (1). Quelle est alors celle qui pousse Blaise Pascal à prendre la plume ? Une fois mis à part ses travaux de mathématiques et de physique, nous répondons : défense et illustration de la religion chrétienne. Tout particulièrement, l'ouvrage dont la plupart des *Pensées* sont des fragments ou des notes préparatoires relève d'un genre littéraire bien défini : l'apologétique.

Mais, demandera-t-on, l'apologétique exclut-elle la philosophie ? Sans doute, la seconde vise la vérité et la première l'efficacité ; toutefois, n'y a-t-il pas une efficacité de la vérité ? Tel est bien le sens de l'œuvre du P. Malebranche qui donne pour titre à un de ses livres : *Méditations chrétiennes et métaphysiques,* le second adjectif ayant été ajouté par lui dans une « Nouvelle édition, revue, corrigée et augmentée » en 1699, seize ans après la première. Pourquoi, après « chrétiennes », Pascal n'aurait-il pu écrire « et métaphysiques » ?

On répondra peut-être : la philosophie est recherche de la vérité supposée non encore trouvée, l'apologétique est présentation de la vérité déjà posée comme trouvée. Mais, lorsque le philosophe prend la plume parce qu'il a déjà trouvé la vérité, il doit trouver l'art de la rendre convaincante. Lorsque l'apologiste ouvre la bouche ou prend la plume, il doit s'exprimer comme s'il ne la connaissait pas puisqu'il veut convaincre des gens qui ne la connaissent pas. Ici et là, selon la juste expression de M. Louis Marin, surgit « le problème de l'intégration d'une position de discours vrai par une position de discours efficace » (2). Toutefois, la vérité ne vient pas à l'esprit par les mêmes voies ou, ce qui serait plus exact : par les mêmes voix.

Dans l'esprit de Pascal, la volonté d'apologétique, si l'on peut dire — mais pourquoi ne le pourrait-on dire puisqu'on parle de « volonté de puissance » ? – la volonté d'apologétique est liée à des expériences qui le dispensent de tout recours à la philosophie. Ces expériences ont un nom : le mot « conversion ».

Ce mot revient sous la plume de celui qui raconte la vie de Pascal ou qui parle de son œuvre.

Il revient dans la vie de Pascal au moins à deux reprises. On reconnaît « une première conversion », à Rouen, en 1646-1647 (3), puis, en 1654, celle qui s'accomplit à Paris dans la mystérieuse soirée du 23 novembre, dont le Mémorial garde le souvenir (4). Et c'est une question de savoir s'il n'y eut pas une « troisième conversion », voire plusieurs autres « conversions » (5) ; mais pourquoi ne pas dire que la vie du chrétien, si elle est vraiment chrétienne, est une conversion continue ? N'abusons pas d'un mot dont la définition est si difficile ; on s'en tiendra aux deux conversions que Pascal et les témoins de sa vie ont reconnues comme telles.

Dans ces conversions, il ne s'agit pas d'un incrédule qui trouve ou retrouve la foi mais d'un chrétien qui découvre les exigences de la foi. Pascal, – ou plutôt les Pascal, car son père et ses deux sœurs, Gilberte et Jacqueline, se « convertissent » en même temps que lui à Rouen – les Pascal, donc, croyaient être de bons catholiques ; accomplissant leurs devoirs religieux et vivant honnêtement, ils avaient l'illusion de respecter les commandements de Dieu : or ils ne voyaient pas quelle « réformation de l'homme intérieur » implique un tel respect. Ces mots « réformation de l'homme intérieur » sont tirés du titre d'un opuscule de Jansénius (6). La conversion des Pascal, en effet, a pour cause occasionnelle la vie exemplaire et les propos de deux gentilhommes normands dont la foi reconnaît comme docteur en théologie l'auteur de l'*Augustinus,* comme maître en spiritualité l'abbé de Saint-Cyran, comme haut lieu de la Chrétienté catholique le monastère des religieuses de Port-Royal avec ses deux maisons, Port-Royal de Paris et Port-Royal des Champs (7). M. Jean Mesnard le rappelle fort justement, parler d'« une conversion au jansénisme » serait « une erreur totale », car, à Port-Royal et autour de Port-Royal, personne n'a le sentiment d'appartenir à une secte pourvue d'une étiquette particulière (8) ; mais, cela admis, il convient d'« interpréter la conversion de Pascal en fonction de la doctrine de Saint-Cyran » (9).

Chacun des Pascal va vivre sa conversion en tenant compte de sa situation. Le père, Etienne Pascal, continue à exercer ses fonctions de « commissaire député par Sa Majesté pour l'impôt et la levée des tailles » en Normandie. Pour Gilberte déjà mariée à Florin Périer, nous verrons très vite les conséquences de sa conversion dans l'éducation de ses enfants. Jacqueline a des devoirs envers son père et c'est seulement après sa mort qu'elle pourra, en 1652, entrer au monastère de Port-Royal-de-Paris où elle devient sœur Sainte-Euphémie. Blaise poursuit ses recherches sur le vide et attend encore huit ans pour recevoir la grâce de vivre comme il pense. Dans le cas de Jacqueline et de Blaise, même dans une analyse sommaire, deux faits décisifs doivent être soulignés.

Toute conversion, semble-t-il, porte en elle une certaine révélation du caractère ou de la personnalité du converti. Celle de Jacqueline devient assez vite un irrésistible appel à quitter le monde ; celle de Blaise le pousse aussitôt sur la scène du monde pour y jouer le rôle d'un « intellectuel engagé », dirions-nous aujourd'hui, « engagé » au service de la vraie religion. La conversion éveille en Pascal une âme naturellement militante ; en d'autres termes, la grâce et la nature le jettent dans la vie active, voire combattante du christianisme de son temps.

Sous quelles formes se manifestera le zèle du militant Blaise Pascal ? Disons tout de suite que, sans les chercher, il va en trouver trois.

Il y aura ce qu'il faut bien appeler la direction de conscience : communiquer sa foi, aider les autres à vivre selon leur foi, donner les conseils conformes aux exigences de la foi. De là, des lettres de direction et aussi, sans doute, des écrits spirituels comme ceux que nous connaissons sous les titres de *Mystère de Jésus, Sur la conversion du pécheur, Prière pour le bon usage des maladies.*

Jusqu'à sa mort en 1662, Pascal se veut au service de la religion à laquelle sa conversion l'a définitivement attaché ; disons pour simplifier : celle des maîtres spirituels, des théologiens et des religieuses de Port-Royal, étant entendu que sa source est la doctrine enfin bien comprise de saint Augustin sur la grâce. Pascal va donc défendre cette religion contre ceux qui la tiennent pour une secte et l'auteur des *Provinciales* sait que la défensive la plus efficace est l'offensive. Mais il sait aussi qu'un exposé clair, lucide, précis de la pensée de saint Augustin serait la meilleure façon de réfuter ses adversaires, ce qu'il se proposait de faire dans les textes conservés sous le titre : *Ecrits sur la grâce.*

Troisième type d'écrits dont sa conversion inspire le projet à Pascal : il ne s'agit plus maintenant de la querelle dite « janséniste » ; le converti se fait convertisseur ; son but est de faire connaître et aimer la vraie religion en se tournant vers ceux qui lui sont hostiles ou indifférents : c'est le projet d'un ouvrage auquel les historiens de Pascal donnent pour titre « Apologie de la religion chrétienne ».

On voit en quel sens nous pourrons dire que les préoccupations fondamentales de Pascal sont non pas d'ordre spéculatif mais de l'ordre de l'action ; il faut entendre : d'une action de l'esprit sur d'autres esprits, soit dans la direction de conscience, soit dans une participation fervente à la polémique « janséniste », soit dans l'élaboration d'une apologétique écrite en pensant aux incroyants et aux soi-disant croyants tels qu'étaient les Pascal avant leur conversion. « Persuader, écrivait Charles Du Bos, est le mouvement naturel, l'acte normal de tout son être... voir d'abord, mais immédiatement après, faire voir aux autres ce qu'il voit, de la manière exacte dont il le voit et pour ce les amener à la position d'où cette vue est inévitable ». On ne saurait mieux dire comment la conversion, œuvre de la grâce selon Pascal, est en lui « inséparable » d'un « besoin de convertir » qui est une sorte de vocation naturelle (10).

La première conversion éveille aussitôt en Pascal une véritable vocation de directeur de conscience. La lettre à Gilberte du 1er avril 1648, la lettre aux Périer du 17 octobre 1651 sur la mort du père (11) sont bien des « lettres spirituelles » comme le seront encore, après la seconde conversion, celles qui seront envoyées à Melle de Roannez en 1656 (12).

La première conversion éveille une autre vocation. Le « cœur nouveau » est celui d'un homme au tempérament batailleur ; toute sa vie, il sera spontanément porté à mettre les problèmes religieux en forme de procès. Le premier à en faire l'expérience sera Jacques Forton, sieur de Saint-Ange, venu à Rouen en quête d'une cure confortable, théologien humaniste prêt à montrer combien les mystères de la foi sont satisfaisants pour la raison. En février, mars et avril 1647, le jeune Pascal, avec la complicité de deux amis, lui mène la vie dure, le dénonçant aux autorités ecclésiastiques (13). Henri Bremond exagère à peine en écrivant : « Il fait la police théologique du pays normand. » (14).

Mais le « nouveau converti » songe déjà à des procès qui se dérouleraient à un niveau plus élevé et d'une autre importance. Rentré à Paris au cours de l'été suivant, dès la fin de cette année 1647 ou au début de 1648, il rend visite à M. de Rebours, un des confesseurs des religieuses de Port-Royal : or, il laisse entrevoir un projet qui relève de la défense de la vraie religion. Le compte rendu du second entretien doit être lu de près.

« Je lui dis... que nous avions vu leurs livres et ceux de leurs adversaires ; que c'était assez pour lui faire entendre que nous étions de leurs sentiments. » C'est net : Pascal est, sans réserves, du côté de Port-Royal. Bien mieux : il est prêt à combattre pour la bonne cause : « Je lui dis ensuite que je pensais que l'on pouvait, suivant les principes mêmes du sens commun, montrer beaucoup de choses que les adversaires disent lui être contraires, et que le raisonnement bien conduit portait à les croire quoiqu'il les faille croire sans l'aide du raisonnement. » (15). Quelles sont les choses en lesquelles il pourrait argumenter avec compétence, lui, jeune laïc déjà pourvu d'une solide réputation scientifique ? de quel ordre est « le raisonnement » qu'il se juge capable de bien conduire ? philosophique ? historique ? que signifie ce recours au « sens commun » ?

Rappelons seulement qu'à cette époque les théologiens de Port-Royal sont engagés au moins dans deux polémiques : l'une porte sur la pénitence et l'eucharistie : *De la Fréquente Communion,* d'Arnauld est de 1643 ; l'autre porte sur la grâce puisque la campagne est déjà commencée qui aboutira en 1649, en 1650 et en 1653 à la condamnation de cinq propositions hérétiques attribuées à Jansénius : *Cornelii Jansenii Episcopis Iprensis Augustinus sive doctrina sancti Augustini de humanae naturae sanitate, De aegritudine, medicina, adversus Pelagianos et Massilienses, tribus tomis comprehensa* a été publiée en 1641 (16). Ce qui doit retenir ici notre attention, c'est le rapprochement entre la réaction du « nouveau converti » devant M. de Rebours et celle que nous constaterons devant M. de Sacy lorsque Pascal sera, pour la seconde fois, « nouveau converti ».

Environ deux mois après la nuit du Mémorial, Pascal est à Port-Royal des Champs. Il s'entretient avec M. de Sacy (17). Ce dernier avait eu pour directeur Saint-Cyran ; il était considéré, avec M. Singlin, comme un des héritiers spirituels de l'abbé ; il était connu pour son hostilité à la philosophie, que ce soit celle d'Aristote ou celle de Descartes. Pascal, personnellement, n'a, pas plus que lui, besoin de philosophie ; mais dans une société où il y a des « honnêtes gens », voire des religieux, qui trouvent leur bien dans Epictète et d'autres qui se mettent à l'école de Montaigne, le défenseur de la vraie religion ne doit-il pas les suivre sur leur propre terrain, les amener au moins à souhaiter autre chose par un examen obligatoirement critique de ces deux philosophies (18) ? De là, le rôle possible d'un laïc chrétien qui a vécu et qui vit encore dans le monde, qui sait ce qui intéresse et ce qui touche les gens du monde, qui a des possibilités de dialogues avec eux, que n'auraient pas le théologien le plus savant ni même un prédicateur d'une profonde piété.

La vocation de directeur de conscience apparaît donc avec la première conversion. Et aussi, le goût de la lutte pour la défense de la vérité dont le sieur de Saint-Ange est la première cible. Bien mieux, dès cette époque, au cours d'une visite à M. de Rebours, nous entendons déjà le jeune Pascal offrir ses services aux gens de Port-Royal. Enfin, peu après la nuit de la seconde conversion, il expose à M. de Sacy les grandes lignes d'une apologétique mieux adaptée à la culture des contemporains. Ainsi, les trois directions que sa piété militante ne cessera de fixer à sa pensée, ces trois directions sont mieux qu'indiquées à l'époque où commence à l'animer vraiment « un cœur nouveau ».

Tout dépend désormais des circonstances. Ce sont elles qui poussent dans une direction ou dans une autre.

Les circonstances qui vont alors provoquer la première manifestation du zèle de Pascal sont les qurelles jansénistes, étant bien entendu que la religion de Port-Royal est celle de « l'Eglise Catholique, Apostolique et Romaine » (19). Le moment arrive, en effet, où, dans leur combat avec les jésuites, les théologiens de Port-Royal souhaitent atteindre un public plus étendu que celui de leurs confrères. Tout paraît se passer comme s'ils profitaient alors des offres de service sous-jacentes à l'entretien avec M. de Sacy mais pour un autre service que celui de préparer les lecteurs d'Epictète et ceux de Montaigne à se convertir. En vérité, le but des *Provinciales* (20) – la première est datée : 23 janvier 1656 – rappelle plus celui de la possibilité envisagée, environ huit ans plus tôt, devant M. de Rebours : ici comme là, il s'agit de combattre les adversaires de Port-Royal et l'arme prévue, « le sens commun » va servir surtout dans la critique de la casuistique et de la morale de la Compagnie (21).

La dernière brochure des *Provinciales* imprimée et publiée a pour date « le 24 mars 1657 ». Cela ne signifie certes pas que le combat est arrêté ; Pascal le poursuit en collaborant à la rédaction de divers *Ecrits des Curés de Paris* contre la morale relâchée : il aurait même déclaré « qu'il regardait comme le plus bel ouvrage qu'il eût fait » le Cinquième : *Sur l'avantage que les hérétiques prennent contre l'Eglise de la Morale des Casuistes et des Jésuites* (22). Mais, à cette époque, « le zèle de la maison de Dieu » (23) pousse l'âme militante de Pascal vers d'autres projets.

Dans une brève note chronologique, devant « 1656, 24 mars : » M. Jean Mesnard écrit : « Miracle de la Sainte Epine. La nièce et filleule de Pascal, Marguerite Périer, est guérie d'une fistule lacrymale dans la chapelle de Port-Royal de Paris, par l'attouchement d'une épine de la couronne du Christ. L'événement a un retentissement considérable et Pascal en est vivement touché. Sa réflexion sur ce miracle est à l'origine de son projet d'*Apologie.* » (24). D'abord, en effet, l'auteur des *Provinciales* eut l'idée d'une nouvelle lettre, à l'intérieur de la polémique avec les Jésuites, sur la signification d'un événement dans l'histoire de Port-Royal : « Voici que Dieu choisit lui-même cette maison pour y faire éclater sa puissance. » (25). Cela conduit Pascal à dépasser le cas particulier du 24 mars 1656 et à réfléchir sur le miracle comme fondement de la religion, sur le thème classique : « Les miracles discernent la doctrine et la doctrine discerne les miracles » (26). Enfin, tout naturellement, sa réflexion se porte sur les autres fondements de la religion et à situer son argumentation à l'intérieur d'une apologétique plus générale (27).

Nous discernons maintenant les deux voies, différentes mais nullement divergentes, sur lesquelles Pascal, à sa façon, travaille *ad majorem Dei gloriam.* La publication des *Provinciales* survient, semble-t-il, sur celle que nous avons entrevue quand le « nouveau converti » de Rouen rendait visite à M. de Rebours et se proposait de défendre les positions de Port-Royal dans les polémiques en cours, ce qui est bien le cas lorsqu'à la fin de 1655 la Faculté de théologie de Paris condamne le docteur Arnauld pour avoir affirmé que les fameuses cinq propositions ne sont pas dans Jansenius. Le projet d'Apologie de la religion chrétienne est sur la voie ouverte dans l'entretien de Pascal avec M. de Sacy : il ne s'agira pas spécialement de la défense de Port-Royal dans les polémiques en cours, mais de la propagation de la foi, comme on dira plus tard, dans une apologétique d'un style nouveau.

En quoi nouveau ? D'une part, en ce sens que cette apologétique sera accordée à la théologie de Port-Royal qui exclut les facilités des apologétiques humanistes où l'on peut faire un bout de chemin avec des philosophes, fussent-ils païens comme Platon ou Aristote. Et aussi, d'autre part, en ce sens que l'apologiste a une expérience de la vie dans le monde, qu'il connaît la mentalité des gens du monde, qu'il sait quels arguments seront efficaces... Tel était bien le sens des propos tenus par Pascal devant M. de Sacy, mais, là, il pensait à ceux de ses contemporains qui ont pris pour maître, les uns Epictète, les autres Montaigne ; maintenant, il envisage une apologétique qui s'adresse à tous les « impies » : athées, déistes, sceptiques, et aussi à ces pseudo-chrétiens dont il était avant sa « conversion ».

Que reste-t-il de cette Apologie ? La famille et les amis de Pascal ont publié en janvier 1670 *Les Pensées de M. Pascal sur la Religion et sur quelques autres sujets ;* ces derniers mots montrent que les éditeurs ne limitaient pas leur choix aux textes destinés à l'Apologie ou présumés tels. Depuis cette publication jusqu'aux éditions actuelles, sous le titre encore plus indéterminé, *Pensées* de Pascal, le nombre desdites « Pensées » n'a cessé de s'accroître, allant jusqu'à inclure des propos tenus par Pascal et rapportés par tel ou tel, sa nièce Marguerite Périer ou son ami Nicole, par exemple (28). De là, une grave difficulté, que les historiens de Pascal connaissent bien (29) mais qui a été examinée sous tous ses aspects par Roger E. Lacombe dans les premières pages de son ouvrage sur *L'Apologétique de Pascal.* « D'abord, il faut discerner parmi les fragments trouvés dans ses papiers ceux qui se rapportent à l'Apologie. Certains se rapportent à d'autres projets (*Provinciales, Lettres sur les Commandements de Dieu,* polémique sur les miracles à propos du miracle de la Sainte Epine, *Discours sur la condition des Grands,* lettres à Melle de Roannez), d'autres expriment les méditations d'un chrétien ou des réflexions sur le christianisme étrangères à l'Apologie », le Mystère de Jésus, par exemple. Mais, tout cela est plus facile à dire qu'à faire : « Sommes-nous jamais sûrs que tel fragment qui semble sans rapport avec l'Apologie n'aurait pu y trouver place ? (30). Si Pascal ne songe pas seulement à la conversion des libertins, mais à celle des chrétiens qui ne pensent ni ne vivent selon la foi, « beaucoup de textes polémiques n'auraient-ils pu être utilisés» dans son ouvrage ? (31). Pour les « Pensées » retenons enfin ce qu'écrivait Nicole devant « l'écrit de M. Pascal » :

« J'y ai trouvé un grand nombre de pierres assez bien taillées et capables d'orner un grand bâtiment, mais le reste ne m'a paru que des matériaux confus, sans que je visse assez l'usage qu'il en voulait faire. » Dans ces « matériaux » nous trouvons, nous, beaucoup de petits morceaux « bien taillés » et nous nous accommodons de la « confusion » mieux que Nicole. Tenons compte pourtant de ce qu'il ajoute : « Il y a même quelques sentiments... qui ressemblent à des pensées hasardées que l'on écrit seulement pour les examiner avec plus de soin » (32). Toutes les « Pensées » de Pascal n'expriment peut-être pas ce que pense Pascal.

Avec les *Provinciales* et ce qui reste de l'Apologie Pascal entre à la fois dans l'histoire des lettres et dans celle des idées. Or Pascal avait aussi tourné autour d'un troisième type d'ouvrage. M. Jean Orcibal (33) et M. Jean Mesnard (34) ont fort justement insisté sur l'importance des textes publiés sous le titre *Ecrits sur la grâce* (35).

On voit volontiers une allusion à l'intention qui aurait dicté ces textes dans le souvenir que rapporte Nicole d'entretiens avec Pascal. « Quoiqu'il fût la personne du monde le plus raide et le plus inflexible pour les dogmes de la grâce efficace, il disait néanmoins que s'il avait eu à traiter cette matière, il espérait de réussir à rendre cette doctrine si plausible et de la dépouiller tellement d'un certain air farouche qu'on lui donne qu'elle serait proportionnée au goût de toutes sortes d'esprits ». Ce souhait, bien sûr, était accompagné d'une critique de « quantité d'écrits » où on n'y avait pas « gardé ce tempérament ». Mais ce qui suit n'est plus un vœu : c'est presque un projet. « Il m'a même dit quelquefois – soulignons ce quelquefois – que s'il eût disposé de son esprit et que ses maladies continuelles ne lui en eussent pas ravi l'usage, il n'aurait pu s'empêcher – autres mots à souligner – de s'y appliquer, et d'essayer de rendre toutes ces matières si plausibles et si populaires que tout le monde y aurait entré sans peine. » (36).

L'éditeur, Félix Gazier, renvoie, en notes, aux propos tenus devant M. de Rebours (37). C'est bien, en effet, la même intention qui mobilise Pascal : participer activement du côté de Port-Royal à la défense de la vraie doctrine catholique. Il y a, toutefois, une importante différence : il s'agit maintenant avant tout de la polémique sur la grâce et Pascal ne se propose plus de répondre aux adversaires mais de présenter la vraie doctrine sous une forme qui devrait prévenir certaines objections. En employant à deux reprises les mots « si plausibles » ou des mots que Nicole traduit par « si plausibles », il est clair que Pascal pense à un exposé accessible à un large public, voire « à tout le monde », c'est-à-dire un exposé en langue française et débarrassé du vocabulaire de la théologie scolastique. Mais Pascal veut aussi cet exposé « dépouillé d'un certain air farouche... ». Entendons-nous bien : Nicole a pris la précaution de commencer son récit en déclarant que « Pascal était absolument inflexible pour les dogmes de la grâce efficace » ; en d'autres termes : pas question de faire la moindre concession aux compromis humanistes des molinistes pour « flatter » l'homme en lui laissant croire qu'il est « maître de son salut ou de sa perte » (38). Le mot « farouche » qualifie la forme, non le contenu des « dogmes ».

Ce qui inquiète et même ce que refuse la conscience religieuse trois siècles plus tard ne pose pas de problème ou ne pose que des problèmes vite résolus dans le milieu spirituel où les *Ecrits sur la grâce* sont conçus (39). Aux yeux de Pascal et des théologiens qui lisent saint Augustin dans l'*Augustinus* de l'évêque Jansénius, le péché originel est une faute si radicale que la damnation de tous les fils d'Adam est pure justice et la rédemption de quelques uns, si petit que soit leur nombre, est pure miséricorde ; d'autre part, puisqu'elle est une offense à Dieu, Dieu seul a le pouvoir de la pardonner. Il ne pourrait, croyons-nous, venir à l'esprit de Pascal l'idée de juger « farouche » une telle doctrine : une fois admise la signification profondément existentielle de la chute du premier homme, comment penser autrement ? Le sens de : moins « farouche » semble donc être très proche de : plus « plausible ». Parler comme si « les dogmes de la grâce efficace » ne pouvaient être exposés qu'en latin et avec les termes de la théologie scolastique, voilà, selon Pascal, ce qui est inutilement rébarbatif.

Quand Pascal exprime devant Nicole son regret de ne pouvoir réaliser un tel projet à cause de sa santé, sans doute veut-il dire : continuer à réaliser... car il n'a « pu s'empêcher d'essayer » et il a dans ses tiroirs nos *Ecrits sur la grâce* et un copieux dossier de documents.

En attendant l'édition critique de M. Jean Mesnard, voici notre impression : ces écrits et ce dossier correspondent à trois projets. On renvoie aux titres et numéros adoptés dans l'édition Brunschvicg-Gazier.

1° Le premier est un écrit visiblement rédigé pour être lu par quelqu'un, sinon publié (40). Le titre n'est pas de Pascal mais sa banalité ne l'empêche pas d'être celui qui convient : « Exposé sommaire du problème de la grâce. » En effet, on trouverait difficilement en langue française un exposé à la fois aussi clair et pourtant aussi profond de ce « problème », c'est-à-dire de ses solutions : l'erreur pélagienne, l'erreur calviniste, la vérité augustinienne. Félix Gazier a trouvé dans les papiers de son père, Augustin Gazier, un petit fragment de cet écrit reproduit avec cette mention : « Tiré d'un manuscrit de Melle Périer » et avec ce titre : « Extrait d'un écrit de M. Pascal, où il expose à une Religieuse les différents systèmes sur la grâce. Voici un des articles du système des Disciples de St. Augustin. » (41). Jusqu'à plus ample informé, comme disent les juristes, retenons l'indication.

Le second Ecrit semble être une première mise en forme de l'exposé qui fait l'objet du précédent (42).

2° Huit morceaux de diverses longueurs ont été groupés sous le titre : *Fragments d'une lettre de Pascal sur la possibilité des commandements, les contradictions apparentes de S. Augustin, la théorie du double délaissement des Justes, et le pouvoir prochain.* (43).

Il s'agit d'une lettre envoyée à la suite de plusieurs conversations sur la théologie de la grâce ; elle répond à une des questions posées au cours de ces entretiens ; cette question porte sur quelques canons du Concile de Trente, Chapitre XI de la session VI. L'interlocuteur est, semble-t-il, un thomiste (44). Dans ce nouveau projet comme dans le précédent, Pascal doit montrer la vérité opposée à deux erreurs ; il retrouve donc les Pélagiens et, comme nous sommes au Concile de Trente, les Luthériens remplacent les Calvinistes. Le Concile dit que les Justes ont toujours le pouvoir d'accomplir les Commandements contre les Luthériens qui croient qu'ils ne l'ont jamais, même aidés de la grâce ; mais il ne faut pas en conclure, comme les Pélagiens, que les Justes ont toujours le pouvoir prochain de persévérer dans la Justice : le Concile suppose avec saint Augustin et la tradition que les Justes n'ont pas ce pouvoir sans un secours spécial.

La rédaction de certains morceaux, les numéros V, VII, VIII a été très poussée, tandis que les autres restent proches d'études préparatoires : extraits de saint Augustin et aussi de saint Prosper, saint Fulgence, accompagnés de commentaires. Les éditeurs des *Pensées* ont recueilli plusieurs notes prises en vue de ce projet de Lettre (45).

3° Sous le titre *Fragments sur la possibilité des Commandements* Félix Gazier a réuni deux longs morceaux et deux plus courts (46). Le sujet est le même que celui du précédent groupe, mais la forme de l'ouvrage envisagé est différente : il n'est pas question d'une lettre, Pascal ne fait plus comme s'il répondait à quelqu'un. A partir du deuxième Fragment, il parle de « ce discours » (47).

Le projet de *Lettre* exige un style très différent de celui des *Lettres provinciales :* le problème est posé au-dessus de la mêlée... tout au plus, à propos de la doctrine pélagienne, l'expression « ces nouveaux dogmes » introduit-elle une allusion aux polémiques en cours (48). Le « discours », au contraire, fait ressortir l'actualité des questions posées par les Pères et de leurs solutions, particulièrement prises dans les écrits de saint Augustin ; toutefois, c'est une polémique sans noms propres ; Pascal combat les Pélagiens de son temps, non les Jésuites...

Ainsi, à peu près à la même époque, au cours des années 1656 à 1658, Pascal achève les *Provinciales,* participe aux polémiques contre les casuistes, collaborant notamment avec les curés de Paris ; il met sur le chantier des essais, trois semble-t-il, dont la fin serait d'exposer la doctrine augustinienne de la grâce avec une telle clarté que, sans tomber dans la vulgarisation, le lecteur dépourvu de formation théologique, une religieuse, par exemple, ou un « honnête homme » cultivé, puisse comprendre le sens des polémiques dont on parle même dans les salons et pas seulement à la Sorbonne ; toujours en même temps, Pascal envisage le projet d'une nouvelle apologétique générale et écrit une partie des textes recueillis dans ses *Pensées ;* tout cela sans parler d'un *Abrégé de la Vie de Jésus-Christ* (49) ni des lettres de direction si importantes qu'il envoie à Melle de Roannez (50). Ainsi, quand nous lisons une « Pensée » de Pascal, nous devons savoir qu'elle survient dans un esprit en qui la conversion coïncide avec un devoir d'agir sur d'autres esprits ; de plus, ce devoir s'accomplit dans des écrits dont le but et le style peuvent être très différents ; si l'Apologie de la religion chrétienne est le plus important, ce n'est pas une raison pour oublier la présence des autres, ne serait-ce que parce qu'un certain nombre des « Pensées » appartiennent à ces autres.

Ajoutons dès maintenant : on n'oubliera pas non plus cette présence quand il nous arrive de considérer l'inachèvement de tous ces travaux que nous avons rappelés. A partir de 1656 jusqu'à sa mort, le 19 août 1662, ce qui représente seulement six années, Pascal est un homme très occupé, on vient de le voir, et encore nous n'avons pas parlé de ses « divertissements » tels que, en 1658-1659, l'institution d'un concours entre mathématiciens sur les propriétés de la courbe appelée « roulette » ou « cycloïde », problème dont Pascal avait la solution, et, en 1662, la mise en route des carrosses à cinq sols. Si Pascal n'a conduit jusqu'au bout aucun de ses projets, c'est sans doute à cause des graves maladies qui ne lui ont pas permis d'atteindre la quarantaine : c'est peut-être aussi parce que la multiplicité et la diversité de ses entreprises ne lui laissaient pas la possibilité de les mener à bien en même temps.

A l'origine de son engagement et des œuvres que Pascal entreprend, il y a donc une conversion : la conversion, on l'a vu, a immédiatement éveillé dans le converti une vocation de convertisseur. Ainsi s'explique le point de vue choisi pour regarder Pascal en train de devenir Pascal par l'accomplissement de sa vocation.

Il est clair que nous devons commencer par l'analyse du texte fondamental qui définit la conversion (chapitre I) ; ce qui implique celle de deux termes fondamentaux, néant (chapitre II) et cœur (chapitre III). Puisque la conversion est l'œuvre de la grâce, il convient alors de montrer comment la grâce agit, très exactement comment la grâce est une délectation (chapitre IV) ; il convient aussi de reconnaître la sagesse propre à la vie qui est celle du converti, fort différent des sagesses naturelles (chapitre V). Il faut bien alors poser le grave problème : si la conversion est l'œuvre de la grâce, que reste-t-il à faire au convertisseur ? (chapitre VI). Quand le convertisseur est Pascal, à qui s'adresse son discours ? qui veut-il aider à se convertir ? (chapitre VII). S'adressant à un public d'hommes et de femmes cultivés, il ne peut pas ne pas se demander ce que la philosphie pourrait apporter à son apologétique : or la conversion telle qu'il l'a vécue inclut une opposition radicale entre le Dieu des philosophes et des savants, d'une part, et, de l'autre le Dieu d'Abraham et de Jésus-Christ (Chapitre VIII). De là, une enquête sur la culture philosophique de Pascal et les grandes lignes qu'il dessine dans l'histoire des philosophies de manière à rendre leurs échecs manifestes (chapitre IX) ; un plus long arrêt étant prévu devant la philosophie de M. Descartes (chapitre X).

L'ordre choisi dans cette étude n'est donc pas un ordre des raisons : on a recueilli une suite de prises de vue en tournant autour d'une même réalité, celle qui est sous les trois mots « conversion-converti-convertisseur ». Cette réalité existe pour nous dans des textes : on peut même dire qu'elle coïncide avec celle des textes qui nous la donnent. Il est donc normal que la convergence des prises de vue provoque des répétitions dans les explications de textes. Nous n'avons en aucune façon cherché à les éviter. D'abord, y a-t-il vraiment répétitions lorsqu'un même texte est expliqué sous des points de vue différents ? C'est le cas, par exemple, de la Pensée L. 131 : « Les principales forces des pyrrhoniens... ». Nous rencontrons ce long morceau lorsque nous cherchons qui vise la nouvelle apologétique et comment elle parle aux pyrrhoniens pour les aider à sortir du pyrrhonisme (chapitre VII). On le retrouve dans l'histoire des philosophies arrangée par Pascal pour rendre inévitable la décision de les écarter toutes de son apologétique (chapitre IX). On y revient, pour la troisième fois, dans l'analyse des textes où Pascal rappelle les arguments classiques du scepticisme pyrrhonien en y mêlant des réminiscences (ou souvenirs ?) du doute méthodique cartésien (chapitre X).

Ajoutons une autre préoccupation dans la composition de cet ouvrage. Il n'est pas un recueil d'articles ; il est donc fait de chapitres rédigés pour apparaître à une place bien déterminée dans une « table des matières ». Toutefois, on voudrait que chacun puisse être lu sans avoir à faire de trop longues excursions dans ce qui le précède ou dans ce qui le suit. Pour donner à chaque chapitre une relative indépendance qui le rapprocherait d'un article, on a parfois préféré la répétition au simple renvoi.

Reste à examiner les questions posées à l'historien par ce qu'il faut bien appeler « le cas Pascal » : une fois mis à part ses travaux scientifiques, ne pourrait-on dire qu'aucun des divers projets de Pascal n'a été conduit jusqu'au bout, qu'aucune de ses œuvres n'a été achevée ? Mais il faut s'entendre sur la notion d'achèvement.

Prenons *Les Provinciales* : la publication d'un recueil sous ce titre en août 1657, signifie-t-elle qu'aux yeux de Louis de Montalte il s'agissait d'un ouvrage achevé ? Mais ce qui avait été remis à l'imprimeur, c'étaient dix-sept lettres, la dix-huitième fut ajoutée pendant le tirage : faut-il dire qu'avant cette adjonction l'ouvrage était inachevé (51) ? De même : on a retrouvé dans les papiers de Pascal les premières feuilles d'une dix-neuvième lettre ; devons-nous en conclure que le recueil de 1657 offre une œuvre inachevée et que nos éditions qui comprennent le début d'une dix-neuvième soient plus complètes ?

En vérité, il n'y a inachèvement que par rapport à une totalité prévue ou prévisible ou, au moins, postulée. La *Dix-neuvième Provinciale* est inachevée parce qu'en écrivant la première page son auteur admettait qu'il y en aurait une dernière, même s'il n'en voyait pas encore le contenu ; rien, cependant, ne l'invitait à prévoir qu'il y en aurait une vingtième. Ainsi, chacune des *Provinciales* est un tout mais n'est pas elle-même le fragment d'un tout. Quand Pascal commence à rédiger les premières, il n'a aucune idée de ce que sera ou de ce que pourrait être le nombre de celles qui suivront. Il n'y a donc pas à se demander si Pascal est allé jusqu'au bout de son projet, car son projet en tant que tel n'a pas de bout. Ainsi, *Les Provinciales* seraient le seul cas où il serait permis de ne pas parler d'inachèvement mais précisément parce qu'il s'agit d'un recueil où la notion d'achèvement n'a pas de sens.

Voilà qui ne doit pas être oublié quand nous pensons à l'Apologie de la religion chrétienne. Il nous paraît probable qu'au moins pendant un certain temps, Pascal l'a conçue comme une série de lettres (52). Par conséquant, à l'époque où il donne déjà les titres de quelques unes de ces Lettres, le projet lui-même exclut la prévision d'une totalité les unissant dans une œuvre aux contours bien déterminés que l'on eût pu dire achevée ou inachevée. Mais, ici, à la différence des *Provinciales,* aucune de ces Lettres n'est achevée. Pascal meurt à l'âge de trente-neuf ans, n'ayant peut-être pas encore trouvé le plan ni le titre véritable de son ouvrage.

De la Lettre sur les Miracles il ne reste que trois liasses de notes. De la conférence exposant à Port-Royal les grandes lignes de sa nouvelle apologétique, sans doute en 1658, nous n'avons que quelques morceaux (53). *Ecrits sur la Grâce* est un titre donné par les éditeurs à trois assemblages de fragments et d'ébauches également opérés par les éditeurs (54).

Qu'en résulte-t-il pour la façon de lire Pascal ?

Constatons que, dans l'usage courant, le mot « fragment » a deux sens. D'abord, celui qu'impose son étymologie et que donne le Petit Larousse : « Morceau d'un objet qui a été brisé, rompu. » Autrement dit : le fragment suppose un tout préexistant qui a été fragmenté. Mais on a pris l'habitude d'appeler aussi fragment un morceau détaché d'un tout présupposé : un peintre dessine un personnage avec l'attitude et l'expression qu'il devrait avoir dans un groupe sur un tableau dont l'esquisse n'existe encore que dans l'imagination du dessinateur ; ainsi, lorsqu'on parle des « fragments » de Pascal, qu'on le veuille ou non, on suppose un contexte virtuel, celui de l'ouvrage dont une fragmentation anticipée aurait détaché des morceaux. C'est en tenant compte de cette situation imaginée ou imaginaire qu'il convient de les lire (55).

De l'ouvrage virtuellement présent, nous connaissons l'intention qui l'anime : dans le cas de la plupart des « Pensées », cette intention est apologétique ; c'est elle qui nous apprend sous quel point de vue chaque « fragment » doit être regardé. Mais le « fragment », ici, existe avant le tout : ne faisons pas comme si nous connaissions de ce tout plus que l'intention qui en est le principe vital. Quel que soit le texte que nous avons sous les yeux, n'oublions pas la recommandation discrètement glissée sous cette observation de M. Jean Mesnard à propos des *Pensées :* « les éditeurs de Pascal nous paraissent avoir été obsédés par le désir de transformer une œuvre inachevée en une œuvre achevée » (56). Nous avons choisi le risque de trop bien réussir à refouler cette obsession.

Si une épigraphe devait être mise en tête de ce livre, ce serait donc ce sage propos de Maurice Barrès : « ne rien dire qu'en me déclarant tout prêt à me rectifier si l'on m'aide à mieux voir. » (57).

Chapitre Premier

DE « LA VÉRITABLE CONVERSION »

1. Définition : L. 378.

Qu'est-ce donc que la conversion pour Pascal ? Une « pensée » nous l'apprend : « la conversion véritable consiste à s'anéantir devant cet être universel qu'on a irrité tant de fois et qui peut vous perdre légitimement à toute heure, à reconnaître qu'on ne peut rien sans lui et qu'on n'a rien mérité de lui que sa disgrâce. Elle consiste à connaître qu'il y a une opposition invincible entre Dieu et nous et que sans un médiateur il ne peut y avoir de commerce. » (1).

Ce texte vient à la suite de quelques lignes sur la conversion qui n'est pas « véritable ».

Pascal répond à ceux qui disent : « Si j'avais vu un miracle, je me convertirais ». Mais, riposte-t-il, ils ne peuvent savoir ce qui se passerait en eux : « Comment assurent-ils qu'ils feraient ce qu'ils ignorent ? » C'est que pareille assurance suppose une fausse idée de la conversion. « Ils s'imaginent que cette conversion consiste en une adoration qui se fait de Dieu comme un commerce et une conversation telle qu'ils se la figurent. » (2). Tout tient donc au sens du mot « commerce » qui se trouve ici, dans la définition de la fausse conversion et qui reviendra à la dernière ligne, dans celle de la véritable.

Les interlocuteurs de Pascal « se figurent » le « commerce » avec Dieu comme une « conversation » où chacun prend la parole : ainsi, étonné par un miracle, je me tourne de moi-même vers Dieu et lui dis mon « adoration » ; dans cette hypothèse, il est clair que rien ne m'empêche de prévoir avec assurance ma « conversion ». Or, la « conversion véritable » signifie, au contraire, qu'aucun « commerce » n'est possible entre l'homme et Dieu sans la médiation de Celui qui est à la fois homme et Dieu ; l'effet d'une telle médiation ne peut évidemment pas être prévu avec assurance et, si la « conversion » se produit, on ne saurait « l'imaginer » comme une « conversation ».

Pascal oppose ici la vision chrétienne de l'homme devant Dieu à une vision strictement humaniste. Ses interlocuteurs supposés sont des incrédules. Les uns énoncent la condition : « si j'avais vu un miracle... » avec un sourire qui sous-entend : comme il n'y a point de miracles... C'est un conditionnel sans risque. Pour d'autres peut-être, le conditionnel : « si j'avais vu... » est le mode de l'espérance : ils ne demanderaient qu'à se convertir : à Dieu de jouer... Toutefois, ici et là, la relation de l'homme à Dieu est imaginée sur un modèle conçu au niveau de la nature ; certes, un miracle est un épisode surnaturel, mais qui doit déclencher une réaction naturelle : si je suis témoin d'un miracle, il est naturel que je sois surpris, que cette surprise soit admiration, que cette admiration s'exprime en « adoration » ; c'est ce caractère naturel de la soi-disant « conversion » qui permet justement de la prévoir avec assurance.

Dans la vision chrétienne le rapport de l'homme à Dieu est une « opposition » ; cette « opposition » n'est nullement naturelle ; son origine est historique : il est arrivé quelque chose qui a créé une situation telle que l'homme est désormais en « disgrâce » et Dieu en état d'« irritation » ; il y a eu offense et la disproportion entre l'offensé et l'offenseur rend l'opposition « invincible ». Entendons-nous : « invincible » du côté de l'homme qui « ne peut rien », absolument rien pour la lever ; mais du côté de Dieu... Une « opposition » qui est la suite d'une offense ne peut être levée que par un pardon de l'offensé ; pardon qui est, ici, le don d'une « grâce » substituée à la « disgrâce ». Bien entendu, puisque l'opposition a une origine historique la réconciliation doit s'opérer à l'occasion d'épisodes historiques, la vie et la mort du Médiateur. De là l'économie de « la conversion véritable » : je ne mérite que la « disgrâce » de Dieu en tant que je suis existentiellement lié à une histoire qui me fait pécheur ; la grâce ne saurait modifier cette situation qu'à la façon d'un événement qui se produit dans le cours de mon existence historiquement déchue ; comme je n'ai ni mérite ni pouvoir, la « véritable conversion » est imprévisible. Je ne peux même pas dire : « si j'avais vu un miracle, je me convertirais » : il est parfaitement possible que je sois témoin d'un miracle et que je ne sois pourtant pas converti. « Ce qui fait qu'on ne croit pas les vrais miracles est le manque de charité. » (3). Ainsi prévisibilité et imprévisibilité sont ce à quoi on reconnaît la fausse et la vraie conversion.

Cette « pensée » sur « la véritable conversion » se trouve dans une liasse où Pascal a groupé six notes sur l'amour de Dieu à partir de l'expérience qui dicte ces simples mots jetés sur un bout de papier : « Qu'il y a loin de la connaissance de Dieu à l'aimer. » (4).

Trois des cinq autres fragments de la liasse disent la foi « des personnes simples qui croient sans raisonnement » (5), « sans avoir lu les Testaments » (6), « sans la connaissance des prophéties et des preuves » (7). D'où vient donc cette foi ? C'est que Dieu incline leur cœur, comme le demandait David : *Inclina cor meum Deus...* (8). « On ne croira jamais, d'une créance utile et de foi, si Dieu n'incline le cœur et on croira dès qu'il l'inclinera. » Et encore : « C'est Dieu lui-même qui les incline à croire et ainsi ils sont très efficacement persuadés.... *Deus inclinat corda eorum* » (9). Sous les mots « croire » et « foi » Pascal ne met pas une connaissance ou, plus précisément, s'il y a une connaissance, elle est comme immanente à un amour ; ce qui fait que nous pouvons dire la « créance » « utile » et parler de son « efficacité ». Autrement dit : ce n'est pas une connaissance de Dieu qui déclenche l'amour mais l'amour qui, en nous portant vers lui, rend possible la connaissance de Dieu.

On discerne alors la place et la portée de la « pensée » sur « la conversion véritable ». La fausse postule un « commerce » avec Dieu imaginé sur le modèle d'une conversation ; dans la vraie, le mot qui convient est « communication » et il renvoie à une intervention de Dieu en nous : « ... si Dieu ne vient à eux, ils sont incapables d'aucune communication avec lui... » (10).

Le fragment sur la « conversion véritable », on l'a vu, montre Pascal se proposant d'aborder la question « connaissance et amour de Dieu » à l'occasion du miracle. On devine le sens de sa réponse : pas plus que « le raisonnement » et la lecture des Testaments, la « connaissance » d'un miracle ne provoque, par elle-même, l'amour de Dieu. On n'est donc pas surpris de trouver aussitôt après le fragment : « Si j'avais vu un miracle... » un bout de papier contenant une indication sur la finalité propre à l'argument du miracle en apologétique : « Les miracles ne servent pas à convertir mais à condamner. ». Suit une référence à un texte de saint Thomas que Pascal avait l'intention de commenter (11).

Cette liasse est publiée par divers éditeurs sous le titre : Conclusion. Peu importe ici la discussion sur ce titre. Ce qui paraît indiscutable, c'est que les six fragments se complètent : ils sont les notes d'un même développement qui aurait montré que l'amour de Dieu est indépendant de toute connaissance, serait-ce celle qui est comprise sous le mot « Dieu », serait-ce celle du Dieu dont on pourrait lire le nom dans les Testaments. En clair : un philosophe peut donner des preuves de l'existence de Dieu, un exégète peut commenter des textes de l'Ecriture sur Dieu, la connaissance qu'ils ont l'un et l'autre de Dieu reste loin du Dieu dont la présence est affirmée dans ce que Pascal appelle amour de Dieu.

Le postulat de tout le fragment est cette vérité fondamentale dans la vie et dans la pensée de Pascal : quand il écrit : connaissance de Dieu et amour de Dieu, il ne parle pas du même Dieu. Le seul amour de Dieu que

Pascal puisse considérer est don de Dieu ; le donateur n'est connu comme tel que dans et par le don ; on ne saurait donc parler ici de la connaissance de Dieu comme si ces mots pouvaient la mettre entre parenthèses en la détachant par abstraction de l'amour qui l'inclut.

Dans cette « pensée » sur la conversion au Dieu de Jésus-Christ, n'est-il pas alors surprenant d'entendre Pascal appeler ce Dieu « l'être universel », expression qui, au premier abord, évoque plutôt le Dieu des philosophes ? Quel que soit le sens que Pascal lui donne dans d'autres textes, ici celui qui explique son usage tient au contexte.

Pascal avait d'abord écrit : « la conversion véritable consiste à s'hum... ». La plume s'est arrêtée, a rayé le dernier mot et « s'humilier » a été remplacé par « s'anéantir ». Le terme est plus fort mais la rhétorique n'explique pas seule la substitution : s'humilier est une disposition morale, une manière d'être du moi ; or ne plus être n'est pas une manière d'être : s'anéantir vise l'être même du moi. Sans doute est-ce cette intention qui appelle les mots que l'on n'attendait pas ici pour nommer Dieu « l'être universel ». Un « être universel qui s'irrite » représente, en effet, un curieux assemblage d'une image biblique grossièrement anthropomorphique et d'un nom divin supposant une élaboration métaphysique raffinée. Or, dans cette « pensée » sur « la véritable conversion », ces mots « être universel » ne viennent pas, par exemple, à la suite d'une réflexion sur la révélation faite à Moïse et couramment traduite : « Je suis Celui qui suis. » (12). Quand Pascal emploie ces mots, le contexte qui en éclaire le sens est religieux et moral beaucoup plus que philosophique.

Voici, par exemple, une « pensée » très proche par l'esprit de celles de notre liasse puisqu'il s'agit de la haine de soi. Il faut se haïr, écrit Pascal, et « chercher un être véritablement aimable pour l'aimer ». « Mais, continue-t-il, nous ne pouvons aimer ce qui est hors de nous », « il faut aimer un être qui soit en nous, et qui ne soit pas nous » : puisque « cela est vrai d'un chacun de tous les hommes », évidemment « il n'y a que *l'être universel* qui soit tel ». Or, qu'est-ce que cet « être universel en nous » ? La phrase suivante le dit ; c'est une parole de saint Luc : « Le royaume de Dieu est en nous. » « Etre universel » et « bien universel » sont synonymes, traduction de la parole de Jésus aux Pharisiens rapportée par saint Luc (13).

Dans ce cheminement vers la parole de Jésus, on a reconnu presque mot-à-mot un texte de saint Augustin : « Tu étais au dedans de moi, et j'étais, moi, en dehors de moi-même. Et c'est au dehors que je te cherchais... Tu étais avec moi et je n'étais pas avec toi... » (14). Avec ses résonances augustiniennes l'expression « être universel » est toujours employée lorsque Pascal parle de l'amour avec l'intention d'opposer universel à individuel. Tel est le sens du texte bien connu : « le cœur aime l'être universel naturellement, et soi-même naturellement selon qu'il s'y adonne. » (15). Il est donc tout à fait normal de la retrouver, cette expression, dans la liasse des notes concernant la « conversion véritable. ».

En effet, la « pensée » sur « la conversion véritable » est accompagnée de fragments qui en explicitent le double aspect : se tourner vers Dieu, c'est, du même coup, se détourner de soi, et se détourner de soi, c'est ne plus faire attention à sa propre existence. A ces « personnes simples » qui croient « sans raisonnement » ou « sans avoir lu les Testaments », Dieu donne « l'amour de soi et la haine d'eux-mêmes » ; « n'aimer que Dieu », c'est aussi se « haïr » soi-même (16). C'est cette « haine » de soi-même vraiment immanente à « la conversion véritable » que Pascal entend recommander quand il substitue « s'anéantir » à « s'humilier ». Le thème pascalien de l'anéantissement oppose alors celui qui doit perdre son être à Celui en qui réside la plénitude l'être.

Toutefois, ne rapportons pas ces mots à une ontologie ou à une métaphysique : nous sommes dans le vocabulaire de la spiritualité. Le contexte de l'expression ici commentée doit être cherché dans la lettre à Gilberte du 1er avril 1648 où Pascal glisse entre parenthèses à la suite du mot « péché » : « qui est le véritable néant, parce qu'il est contraire à Dieu, qui est le véritable être » (17). De même, lorsque, proposant aux Périer une méditation spirituelle sur la mort du père, Pascal leur recommande de s'anéantir devant Dieu « en adorant sa souveraine existence qui seule existe réellement », l'adverbe final ayant été préféré à « essentiellement » et « véritablement » (18).

II. « Vue ».

Cette « conversion véritable » par anéantissement du *moi,* comment nommer l'effet qui la manifeste ? Spontanément, semble-t-il, les mots « voir » et « vue » viennent sous la plume de Pascal.

Sans doute, Pascal emploie le plus souvent ces mots avec les multiples sens qu'ils ont dans la langue commune, mais on les trouve aussi avec un contexte qui les fait entrer dans le vocabulaire de la spiritualité pascalienne. Tel est précisément le cas dans l'inépuisable « Pensée » L. 378 sur « la conversion véritable ».

« Si j'avais vu un miracle, je me convertirais » : ceux qui disent cela sont manifestement des incrédules ; mais il y a aussi des croyants ou pseudo-croyants qui disent : « Un miracle, dit-on, affermirait ma créance... » (19). Aux premiers, Pascal répond : vous ne pouvez pas savoir ce que vous auriez fait si vous l'aviez vu ; aux seconds : « on le dit quand on ne le voit pas » ; deux mots rayés : « mais quand » devaient introduire un développement sur : « mais quand on le voit... ». Dans un cas comme dans l'autre, la vraie question est donc : qu'est-ce que *voir* un miracle ?

Elle est très exactement posée dans une lettre à Melle de Roannez. Quelques mois plus tôt, le 24 mars 1656, dans la chapelle de Port-Royal de Paris, Marguerite Périer a été guérie d'une fistule lacrymale par l'attouchement du reliquaire contenant une épine de la couronne du Christ ; au début d'août, dans cette même chapelle, Charlotte de Roannez, venue pour vénérer la relique, s'est brusquement sentie « touchée » du désir d'être religieuse dans cette maison (20). En septembre probablement, Pascal lui écrit donc : « Il s'est fait... un miracle à une religieuse de Pontoise qui sans sortir de son couvent a été guérie d'un mal de tête extraordinaire par une dévotion à la Sainte Epine. Je vous en manderai un jour davantage ; mais je vous dirai sur cela un beau mot de saint Augustin, et bien consolatif pour de certaines personnes... ». Voici le mot : *« ceux-là voient véritablement les miracles auxquels les miracles profitent. »* Et Pascal ajoute : « car on ne les voit pas si on n'en profite pas. » (21).

Le « profit » est donc à la fois l'effet et la condition du miracle : la vue du miracle et la conversion sont contemporaines. Autrement dit : il y a bien une perception des faits que les médecins déclarent objectivement inexplicables par les lois de la nature et miraculeux ; c'est aussi celle des Jésuites qui ne nient pas la guérison miraculeuse de Marguerite. Est-ce à dire qu'ils le « voient véritablement » ? Pascal ne pouvait pas ne pas penser ici à l'opposition biblique : « vous verrez de vos yeux et vous ne verrez point », dans la version de saint Matthieu (22). Les Jésuites ne voient que ce qui peut être vu par les yeux : leur conduite prouve bien qu'ils n'ont pas cette « vue » en quoi consiste la conversion.

C'est elle, en effet, que Pascal fait apparaître dès le début de ses réflexions « sur la conversion du pécheur » : « La première chose que Dieu inspire à l'âme qu'il daigne toucher véritablement, est une connaissance et une *vue* toute extraordinaire par laquelle l'âme considère les choses et elle-même d'une façon toute nouvelle. » Ainsi, cette *vue* est un point de vue ; voici, dit encore Pascal, qu'« elle considère les choses périssables comme périssables, et même déjà péries » ; par suite, cette « *vue* intérieure » l'empêche désormais de « goûter avec tranquillité les choses qui la charmaient » ; « la *vue* certaine de l'anéantissement de tout ce qu'elle aime » provoque en elle « crainte », « trouble », « confusion », « effroi »... (23).

On comprend ce que veut dire le mot « connaissance » que nous venons de lire à côté du mot « vue ». Sous ce mot « vue » Pascal décrit une espèce d'inversion dans les sentiments. Or, tout sentiment inclut un jugement de valeur et, en ce sens, une connaissance : l'avare qui aime l'argent juge que l'argent est un bien et, ainsi, le connaît comme étant un bien ; qu'il soit véritablement converti et il n'aime plus l'argent, il ne juge donc plus que l'argent est un bien et il le connaît comme n'étant plus un bien. Ecartons, ici, les souvenirs platoniciens qui nous portent à imaginer une vision par les yeux de l'esprit calquée sur la vision par les yeux du corps. Il s'agit d'une révolution dans le monde des valeurs : ce qui plaisait cesse de plaire, ce qui avait du prix n'en a plus, des jugements qui nous paraissaient naturels perdent leur évidence.

« Qu'ils y a loin de la connaissance de Dieu à l'aimer », lisions-nous en tête de la liasse sur « la conversion véritable » : Pascal ne se contredit pas quand, décrivant le vrai converti, il écrit : « sa raison aidée des lumières de la grâce lui fait connaître qu'il n'y a rien de plus aimable que Dieu... » (24). Dieu « incline le cœur » et alors la raison explicite et énonce les valeurs immanentes aux inclinations de ce « cœur nouveau ».

On comprend la présence et le sens du mot « vue » que Pascal introduit dans son *Mémorial* au moment où il en fit une copie calligraphiée sur un morceau de parchemin. Le premier texte jeté sur un bout de papier disait :

« certitude certitude sentiment joie paix »

le second :

« certitude joie certitude sentiment *vue* joie » (25).

L'amour de Dieu exclut tous les autres ; il fait *voir* les biens de ce monde de telle façon qu'ils ne sont plus sentis comme des biens. Pareille *vue* n'est pas plus naturelle que l'amour qui la produit : Dieu, en inclinant le cœur, opère un changement de point de vue.

« La conversion véritable consiste à s'anéantir, lisons-nous, devant cet être universel qu'on a irrité tant de fois et qui peut vous perdre légitimement à toute heure... » : il s'agit donc bien du Dieu qu'Adam et Eve ont offensé. La définition de « la conversion véritable » est, en quelque sorte, commandée par l'économie du salut ; l'anéantissement est alors pensé en fonction du péché, étant exigé du pécheur jeté par son péché trop loin de « l'être universel » pour avoir encore le droit d'être. En d'autres termes : telle qu'elle est ici vécue et conçue, « la véritable conversion » est finalisée par le souci du salut ; l'humilité qu'elle requiert et dont la forme extrême est dite « anéantissement » est imposée par le sentiment de notre radicale impuissance : en cette affaire, l'homme non seulement n'a aucun mérite à faire valoir mais il n'a aucun pouvoir ; la médiation qui rétablit le « commerce » avec Dieu doit être aussi rédemption ; un texte de la liasse le précise : « étant tous corrompus et incapables de Dieu, Dieu s'est fait homme pour s'unir à nous. » (26).

Les cinq « pensées » qui commentent : « Il y a loin de la connaissance de Dieu à l'aimer » éclairent le drame de toute apologétique, celle de Pascal comprise : sa fin est la conversion du pécheur et elle n'a aucun moyen de la provoquer.

Les mots « croire sans raisonnement », du fragment 380, visent toutes les preuves et pas seulement celles de la philosophie : il y a aussi « raisonnement » dans l'apologétique qui a recours à l'Ecriture, aux prophéties, aux miracles. Pascal a si clairement vu la conséquence de ses propos sur la foi comme *docte ignorance* qu'il a barré une première rédaction et pris la peine de donner une seconde rédaction de son texte à ce sujet (27).

Oui, Pascal le reconnaît, les hérétiques et les infidèles n'ont qu'à reprendre ses propos pour justifier leur égarement : puisque la religion chrétienne n'a pas de preuves, nous ne croyons pas ce qu'elle enseigne. « Nos propositions n'étant semblables que dans les termes », répond Pascal, « elles diffèrent » à la faveur d'un autre sens mis sous le mot « preuve » lui permettant de dire : votre non-croyance est sans preuves, notre croyance est « très solidement prouvée ». Pascal a recours à ce que nous appelons « expérience religieuse » : le chrétien qui expérimente l'inclination que Dieu imprime à son cœur, ce chrétien n'a nul besoin de preuves ; mais ce qui est probant pour lui ne l'est évidemment pas pour ceux qui n'éprouvent pas cette intime certitude. Ainsi, aucun dialogue n'est concevable entre les gens qui ne veulent pas croire sans preuves et les chrétiens qui croient avec des preuves inefficaces. Cependant, si nous comprenons bien ce fragment 382, Pascal le dicte en se mettant au point de vue d'un troisième personnage : l'apologiste.

« Nous avons des preuves que Dieu [imprime] incline véritablement ceux qu'il aime à croire la religion chrétienne », dit la première rédaction : or « nous » ne renvoie évidemment pas à « ceux qu'il aime », mais à Pascal pensant à l'ouvrage qu'il prépare. La seconde rédaction met les points sur les i : « J'avoue bien qu'un de ces chrétiens qui croient sans preuves n'aura peut-être pas de quoi convaincre un infidèle qui en dira autant de soi » ; lisons attentivement ce qui suit : « mais ceux qui savent les preuves de la religion [trouveront] prouveront sans difficulté que ce [chrét] fidèle est véritablement inspiré de Dieu, quoiqu'il ne peut le prouver lui-même. »

On voit les articulations de la pensée de Pascal. La foi du chrétien s'affirme avec une certitude irrésistible puisqu'elle vient de Dieu : celui-ci ne peut pourtant pas en faire une preuve recevable par l'incroyant. Intervient alors le troisième homme, celui qui, comme Pascal, est capable de prouver la vérité de la religion chrétienne et, à partir d'elle, garantir l'authenticité de l'expérience spirituelle vécue par le fidèle. Un bref alinéa fait ressortir l'espèce de déduction qui va du général au particulier ou, plus exactement, du tout à la partie.

« Car », mot important qui introduit la justification de ce qui vient d'être dit, « car Dieu ayant dit dans ses prophètes *(qui sont indubitablement prophètes)* que dans le règne de J.C. il répandrait son esprit sur les nations et que les fils, les filles et les enfants de l'Eglise prophétiseraient » – voilà ce qui fait office de principe et voici la conséquence : « il est sans doute que l'esprit de Dieu est sur ceux-là et qu'il n'est point sur les autres. » Ce bref résumé suppose admise l'argumentation dont la liasse « Prophéties » conserve les notes préparatoires ; rappelons simplement celle dans laquelle nous reconnaissons la finale de notre fragment 382 : « Car Dieu se fera sentir à tous. Vos fils prophétiseront. Je mettrai mon esprit... en votre cœur. Prophétiser c'est parler de Dieu, non par preuves de dehors, mais par sentiment intérieur et immédiat. » (28).

Pascal indique ici ce que l'apologétique peut faire mais définir ses moyens n'implique aucune conséquence quant à son efficacité. Il n'y a aucun « doute » sur la vérité inscrite dans le cœur du fidèle parce que les prophètes de la religion chrétienne sont « indubitablement » des prophètes, mots soulignés dans le texte ; mais, précisément, cette indubitabilité n'est pas l'effet d'un commentaire raisonné de l'Ecriture : c'est l'esprit de Dieu qui rend le cœur croyant pendant que sa raison argumente.

Ainsi, Pascal étant de « ceux qui savent les preuves de la religion » a bien quelque chose à dire à l'infidèle ; il peut enrichir sa connaissance de Dieu, mais il y a loin, très loin de la connaissance de Dieu à l'aimer, si loin que l'apologétique la plus savante ne peut franchir la distance. Dans des notes marginales barrées, Pascal joue sur le double sens de l'expression amour de Dieu... : « Dieu incline le cœur... de celui qui l'aime... celui qu'il aime. » Or, « celui qui l'aime » ne peut être que « celui qu'il aime » (29).

Chapitre II

« ANÉANTISSEMENT »

I. *L'Idée de néant.*

« La conversion véritable consiste à s'anéantir... » avons-nous lu dans la « Pensée » qui la définit, L. 378. Qu'est-ce donc que ce « néant » auquel renvoie le verbe « s'anéantir » ?

Le mot « néant » a de multiples sens ; quel est celui qui convient ou plutôt quels sont ceux qui conviennent ici ?

« Néant » est employé pour traduire *ex nihilo* quand on parle de la création : « L'homme est tiré du néant », « toutes choses sont sorties du néant » (1)... En ce sens, le mot désigne un terme de l'alternative : être ou n'être pas, exister ou ne pas exister. Alternative sur laquelle Pascal compose une variation en forme d'interrogation adressée à ceux qui nient la résurrection : « Quel est plus difficile... que ce qui n'a jamais été soit, ou que ce qui a été soit encore ? est-il plus difficile de venir en être que d'y revenir ? » (2). On peut encore donner comme exemple de ce sens ce que Pascal appelle, dans le Mystère de Jésus, « le néant d'avant la naissance » (3). Et aussi, le néant d'après la mort dans la pensée des impies : « je ne sais où je vais, je sais seulement qu'en sortant de ce monde je tombe pour jamais ou dans le néant ou dans les mains d'un Dieu irrité. » (4).

L'idée de néant aura aussi une fonction de négation : « un néant de nombre », « un néant de mouvement », « un néant de temps », « un néant d'étendue » (5). Avec, toutefois, l'interdiction d'employer ce mot pour dire d'une chose qu'elle n'est pas une autre : « ... quoiqu'une maison ne soit pas une ville, elle n'est pas néanmoins un néant de ville : il y a bien de la différence entre n'être pas une chose et en être un néant. » (6). Assez naturellement, l'idée de néant est alors pensée par le géomètre comme une espèce de passage à la limite en considérant les infiniment petits : « ...quelque mouvement, quelque nombre, quelque espace, quelque temps que ce soit, il y en a toujours un plus grand et un moindre : de sorte qu'ils se soutiennent tous entre le néant et l'infini, étant toujours infiniment éloignés de ces extrêmes. » (7). L'idée de néant devient donc un des trois termes d'un schème important dans la pensée de Pascal ; appelons-le pour simplifier : l'entre-deux.

Schème ancien que Pascal avait spontanément utilisé quand on lui avait demandé : qu'est-ce que le vide ? ou, plus exactement « un espace vide » ? il « tient le milieu, répond Pascal, entre la matière et le néant, ... il diffère du néant par ses dimensions, et son irrésistance et son immobilité le distinguent de la matière : tellement qu'il se maintient entre ces deux extrêmes, sans se confondre avec aucun des deux. » (8).

Dans les lettres au P. Noël et à M. Le Pailleur, Pascal explique une nouvelle façon d'aborder un problème de physique et il construit son schème de l'entre-deux avec le néant comme troisième terme pour faire comprendre ce qu'est un espace vide, qui n'est pas un corps puisqu'il est vide et qui pourtant n'est pas néant puisqu'il est espace à trois dimensions. Dans *De l'esprit géométrique,* le point de vue est différent : le schème est repris pour penser tout ce qui est indéfiniment divisible de sorte que l'idée de néant peut être représentée par le chiffre zéro. « ... le zéro n'est pas du même genre que les nombres, parce qu'étant multiplié, il ne peut les surpasser » ; il est donc « un véritable indivisible de nombre, comme l'indivisible est un véritable zéro d'étendue ». Pascal continue : « Et on en trouvera un pareil entre le repos et le mouvement, et entre un instant et le temps... car toutes ces grandeurs sont divisibles à l'infini, sans tomber dans leurs indivisibles » et voici le schème qui est explicité : « de sorte qu'elles tiennent toutes le milieu entre l'infini et le néant. » (9). Or, chose vraiment inattendue, après avoir achevé sa dissertation sur l'usage de l'infini en mathématiques, Pascal ajoute un alinéa sur la condition de l'homme.

« Ceux qui verront clairement ces vérités pourront admirer la grandeur et la puissance de la nature dans cette double infinité qui nous environne de toutes parts, et apprendre par cette considération merveilleuse à se connaître eux-mêmes... ». Et voici que tous les exemples du géomètre se retrouvent à l'intérieur d'un texte où le schème de l'entre-deux sert à définir la situation des hommes : « ... à se connaître eux-mêmes, en se regardant placés entre une infinité et un néant d'étendue, entre une infinité et un néant de nombre, entre une infinité et un néant de mouvement, entre une infinité et un néant de temps. » Suit cette conclusion curieuse à la fin d'un assez long morceau sur « l'esprit géométrique » : « Sur quoi on peut apprendre à s'estimer à son juste prix, et former des réflexions qui valent mieux que tout le reste de la géométrie même. » (10).

N'est-ce pas, ici le thème de la Pensée : « Disproportion de l'homme », L. 199 ?

Dans les textes qu'il nous faut maintenant considérer, il n'est plus question de science mais d'apologétique ; le mot « néant » n'appartient plus au vocabulaire de la physique ou à celui de la géométrie, mais à celui de la spiritualité.

En physique, le mot « néant » a été appelé par le problème du vide : comment en obtient-on l'idée ? tout naturellement en essayant de faire le vide... « Il n'y a rien de si contraire à l'être que le néant », écrit Pascal à M. Le Pailleur ; par conséquent, puisque le physicien est dans le monde des choses matérielles, procèdons par élimination : « que faut-il pour arriver à la connaissance du néant, que de connaître une entière privation de toutes sortes de qualités et d'effets... » (11). Cette opération, en fait, ne laisse subsister qu'un espace vide de corps, le néant restant au delà, cet au-delà suffisant au physicien pour situer le vide entre le plein et le rien. Dans *De l'esprit géométrique,* le mot « néant » est appelé par le problème de la divisibilité à l'infini et « la connaissance du néant », comme disait Pascal à Le Pailleur, est visiblement obtenue par ce que nous pouvons appeler un passage à la limite. « Quelque petit que soit un nombre... on peut encore en concevoir un moindre, et toujours à l'infini, sans arriver au zéro ou néant. » Cela, Pascal le répète pour le mouvement, pour l'espace, pour le temps (12).

Lorsqu'il s'agit de la vie spirituelle, le mot « néant » entre dans un contexte où il signifie, disons pour simplifier : des valeurs, lesquelles valeurs vont imposer un devoir d'anéantissement.

Pour savoir ce que les mots « néant » et « anéantissement » signifient dans le langage de la spiritualité, le mieux est de prendre pour guide Bérulle ; celui-ci, dans un texte remarquable, explique que l'homme est trois fois néant (13) :

1º Il est néant comme créature tirée du néant et qui en conserve la marque dans la dépendance essentielle au Créateur. L'Etre véritable est celui qui existe par soi ; l'être qui n'existe pas par soi est non-être.

2º L'être est néant comme pécheur ; le péché qui le sépare du Créateur l'a rejeté dans le néant, un néant explicitement pensé comme néant de valeur.

3º L'être est néant comme racheté, car qu'est-ce que la grâce nous donne sinon le pouvoir de s'anéantir devant Dieu, de devenir, comme Bérulle le dit ailleurs, « un néant dans la main de Dieu » (14).

Il est clair que les deux premiers cas désignent des situations ou, si l'on préfère des conditions : celle de créature et celle de pécheur. Le troisième fait intervenir une opération : il y a néant là où il y a anéantissement : tout est alors dans le verbe « anéantir ».

On va retrouver ces trois néants dans les écrits de Pascal, mais l'atmosphère est bien différente. Il n'est pas question de construire ou d'expliciter une métaphysique de l'être comme relation qui serait, pour ainsi dire, la structure conceptuelle d'une théologie mystique, cela dans des textes destinés surtout à des religieuses et à des religieux, ce qui est précisément le cas dans les œuvres du futur cardinal qui fonde l'Oratoire et qui introduit le Carmel en France. Pascal est un laïc qui vit et entend agir dans le monde ; les lettres, opuscules et « Pensées » qui nous intéressent ont une fin apologétique, s'adressant à des gens qui sont dans le siècle, incrédules ou croyants non conscients des exigences de leur foi, en qui nous reconnaissons l'esprit de l'humanisme qui, libertin ou même chrétien, prédispose fort peu l'homme à s'anéantir.

Les deux premiers néants définis par Bérulle se retrouvent dans les textes de Pascal qui, dans son Apologie, auraient invité le lecteur à la connaissance de soi.

Le premier néant est la finitude propre à la nature de l'être créé. Il apparaît avec le schème de l'entre-deux dans sa version anthropologique déjà esquissée à la fin de l'opuscule *De l'esprit géométrique,* puis longuement déployé dans l'important fragment minutieusement revu et corrigé en tête duquel Pascal avait mis ce titre « Disproportion de l'homme », le premier mot remplaçant « incapacité » d'abord écrit puis barré (15).

Pour se connaître, l'homme doit commencer par se situer dans un monde qui est « une sphère infinie dont le centre est partout, la circonférence nulle part » (16) ; aussi ne disons pas seulement dans l'univers mais dans « une infinité d'univers » (17). « Qui se considérera de la sorte s'effraiera de soi-même... entre ces deux abîmes de l'infini et du néant il tremblera dans la vue de ces merveilles... ». Laissons les accents volontairement pathétiques de tout le morceau pour ne retenir que la définition de l'homme dans le schème de l'entre-deux : « Car enfin qu'est-ce que l'homme dans la nature ? Un néant à l'égard de l'infini, un tout à l'égard du néant, un milieu entre rien et tout... ». Pascal ajoute : « infiniment éloigné de comprendre les extrêmes », car il est « incapable de voir le néant d'où il est tiré et l'infini où il est englouti » (18).

Il paraît clair que, dans ce texte, le mot « néant » est pris dans deux sens qu'il convient de distinguer. Nous reconnaissons le sens courant qu'il a dans la création *ex nihilo* et qui pose un néant absolu. Mais quand l'homme est dit « un néant *à l'égard de* l'infini », l'expression même le dit relatif et c'est pourquoi ce même homme mis à l'intérieur d'une autre relation ne sera plus dit « un néant » : « ... un tout *à l'égard du* néant ». Pascal avait expliqué cette double relation dans l'alinéa précédent : notre corps « n'est pas perceptible dans l'univers » qui lui-même est « imperceptible dans le sein du tout », c'est-à-dire dans l'infinité des univers ; la rhétorique permet alors une sorte de passage à la limite qui ramène au néant cet *étant* quasi invisible. Toutefois, ce même corps, si on le considère pour lui-même, sans penser à l'univers dont il est une partie, il devient « un colosse, un monde » « ou plutôt », ici aussi, la rhétorique permet un passage à la limite, « un tout à l'égard du néant ».

Ce néant relatif n'a pas, à proprement parler, une signification ontologique. C'est pourquoi il n'y a aucune contradiction lorsque, dans le même morceau, Pascal écrit : « Nous sommes quelque chose et nous ne sommes pas tout » et ensuite dit très naturellement : « ce que nous avons d'être », « le peu que nous avons d'être ». Cela, bien entendu, n'empêche pas Pascal de recourir au schème de l'entre-deux pour définir la situation de l'homme « qui tient le milieu entre deux extrêmes » (19). Simplement, son vocabulaire le met ici au point de vue de l'ontologie : plus haut, il le mettait à un point de vue tel que ce peu d'être était assimilable à zéro.

Dans ces textes de « Disproportion de l'homme », ce dernier apparaît comme néant à l'intérieur d'une relation au tout, à « la nature entière », comme dit Pascal au début du morceau. Dans le vocabulaire de la spiritualité, l'homme est néant relatif mais à l'intérieur d'une relation à l'Etre non créé. Si l'on usait de la distinction faite par Descartes, nous dirions : dans le premier cas, l'homme est néant par rapport à un univers indéfini et, dans le second, il l'est par rapport à Dieu infini.

II. « Mon néant ».

Lorsqu'il est question de la conversion et, par suite, de l'apologétique, je me reconnais pour néant en face de Dieu. « Croirai-je que je ne suis rien ? Croirai-je que je suis dieu ? » Voilà la question (20).

Ainsi posée, il est clair que la réponse à la question est : je ne suis pas Dieu, donc je ne suis rien. Mais je ne suis rien à l'intérieur de deux relations : l'homme est néant devant Dieu par sa nature en tant qu'être créé, il l'est par son histoire en tant que pécheur. Nous devons, certes, distinguer ces deux raisons de tenir l'homme pour néant, comme le faisait Bérulle, mais il est concrètement difficile de les séparer.

Pascal sait qu'une longue partie de son Apologie sera consacrée à ce que nous appellerions une anthropologie ; il s'agit, en effet, de provoquer des prises de conscience : que l'homme prenne conscience de son néant comme créature, que l'homme prenne conscience de son néant comme pécheur. Toutefois, cette lucidité ne sera pas l'effet d'un discours métaphysique ou théologique, mais d'une réflexion sur la vie quotidienne ; plus exactement : si toutes les parties d'une apologétique sont téléguidées par une théologie, ici celle de saint Augustin et de Jansénius est immanente à une psychologie.

La pensée du néant fournit d'abord à Pascal une image pour exprimer une impression d'inconsistance proprement existentielle à laquelle correspond une affectivité *sui generis*. Il y a, en effet, des sentiments qui ne doivent pas être rapportés à l'humeur mais à notre condition ; dans la vie quotidienne ils sont refoulés ; c'est même là l'office du « divertissement », mot dont le sens n'est pas limité aux amusements mais s'étend à toutes les occupations et préoccupations qui me jettent au dehors ou me tournent vers l'avenir, dans la mesure où elles écartent toutes les occasions de me sentir exister. La connaissance de soi suppose donc *mon cœur mis à nu*, ce qui veut dire, l'expérience le prouve, livré à la pure tristesse d'être.

Regardez les jeunes gens... « ôtez leur divertissement vous les verrez se sécher d'ennui. Ils sentent alors leur néant... ». Pascal précise : « sans le connaître ». Il ne s'agit pas d'une réflexion sur les misères de la vie ou la nature de l'homme mais d'une expérience : « aussitôt qu'on est réduit à se considérer, et à n'en être point diverti », on éprouve « une tristesse insupportable » dont Pascal exprime la signification en parlant de néant (21). Cette métaphysique de l'ennui est complètement exposée dans une courte « pensée » :

1° Voici d'abord la *réduction* qui fait surgir l'« ennui » : « Rien n'est si insupportable à l'homme que d'être dans un plein repos, sans passions, sans affaires, sans divertissement, sans application. Il sent alors son néant... ».

2° Suivent quelques images équivalentes : « ... son néant, son abandon, son insuffisance, sa dépendance, son impuissance, son vide. » Il serait trop facile de commenter en alignant des formules empruntées à l'existentialisme contemporain. Remarquons plutôt la diversité des images que Pascal rassemble pour traduire l'impression mise sous le mot « néant ».

3° Impression aux multiples nuances... un dernier alinéa énumère divers modes de cette affectivité fondamentale : « ... Incontinent, il sortira du fond de son âme l'ennui, la noirceur, la tristesse, le chagrin, le dépit, le désespoir. » (22).

Parmi les divertissements qui nous exilent de nous-même, il y a la fuite dans les vies imaginaires. « Nous ne nous contentons pas de la vie que nous avons en nous et en notre propre être. Nous voulons vivre dans l'idée des autres d'une vie imaginaire et nous nous efforçons pour cela de paraître. » De là une espèce de vie à l'envers : « Nous travaillons incessamment à embellir et conserver notre être imaginaire et négligeons le véritable. » Peut-être des souvenirs de Montaigne et de Charron se mêlent-ils à l'observation de la comédie humaine : proprement pascalienne est la dimension métaphysique qu'ajoute le commentaire de notre instabilité : « Grande marque du néant de notre propre être, de n'être pas satisfait de l'un [l'être véritable] sans l'autre [l'être imaginaire] et d'échanger souvent l'un [l'être véritable] pour l'autre [l'être imaginaire]. » (23).

Autre « marque du néant de notre propre être » : Pascal la trouve en accomplissant son métier d'écrivain, dans la fuite de la pensée devant les mots. « En écrivant ma pensée, elle m'échappe quelquefois » : voilà le fait ; « mais cela me fait souvenir de ma faiblesse que j'oublie à toute heure » : bonne leçon d'humilité, par conséquent, leçon qui est aussi une instruction, une contribution à la connaissance qui importe le plus, celle de l'homme : Pascal, en effet, continue : « ce qui m'instruit autant que ma pensée oubliée, car je ne tiens qu'à connaître mon néant. » (24).

« Mon néant », association bien curieuse de deux mots dont le premier suppose et le second exclut la présence d'un possesseur. Pourtant, cette conscience de « *mon* néant » est la condition de *ma* conversion. Est-ce « mon néant » en tant que créature ? Est-ce « mon néant » en tant que pécheur ? Dans une lettre à sa sœur Gilberte, Pascal a l'air de privilégier, si l'on peut dire, le second : « ... le péché, qui est le véritable néant, parce qu'il est contraire à Dieu, qui est le véritable être » (25). Au début du morceau sur « le pari », nous allons voir l'argumentation faire intervenir, au départ, la finitude de l'être créé. C'est simplement affaire de contexte ; dans la pensée de Pascal, je suis, concrètement, deux fois néant ; ce qui importe, c'est la conséquence de la conscience que j'en ai : le troisième néant selon Bérulle, le néant par anéantissement.

« L'homme sentant d'un côté... son néant, et découvrant de l'autre la grandeur de Dieu... » ne peut plus avoir que « dégoût pour les délices du péché », ne peut plus que « se porter » vers « le bien incorruptible » (26). Dans cette *18e Provinciale,* c'est le pécheur qui est invité à anéantir tout ce qui, en lui, le détourne de Dieu. Au début du morceau sur le pari, la même disposition est requise de l'être créé : « Infini, rien,... le fini s'anéantit en présence de l'infini et devient un pur néant », réduction décisive qui conduit à l'antithèse : « gain infini », d'un côté, « perte du néant » ; de l'autre, antithèse qui ne permet pas à la raison de rester indifférente à la possibilité de l'existence de Dieu (27).

Avec le néant par anéantissement, nous sommes au point de vue de l'amour : la question est de savoir ce qui est digne d'être aimé ; la négation frappe les objets vers lesquels se portent nos désirs. Le néant par anéantissement, c'est là l'idée directrice de la spiritualité qui est l'essence même du vrai christianisme selon Pascal à partir de 1646. On ne saurait trop insister sur l'importance de sa lettre du 1er avril 1648 à sa sœur Gilberte (28). Elle est postérieure à la première conversion et bien antérieure à la seconde, celle de novembre 1654. Sans doute, il faut reconnaître la part de l'imitation et de la récitation : le jeune Pascal a pour modèles des écrits de direction spirituelle et il répète ce qu'il a appris dans les enseignements de Port-Royal ; mais déjà apparaissent son intelligence de la théologie, sa maîtrise dans l'exposition des problèmes, son art de clarifier sans simplifier, et aussi cette pathétique rigueur qu'obtient la rhétorique au service de la logique.

Dans la lettre du 1er avril 1648, celle où Pascal dit du péché qu'il « est le véritable néant », le thème majeur de la vie spirituelle et de toute morale est posé : « il n'y a que Dieu qui doive être la dernière fin comme lui seul est le vrai principe. » Par suite, chercher dans le monde « la dernière fin de ses désirs » est « sacrilège ». On dira, bien sûr : la création introduit une relation de ressemblance entre le créateur et son œuvre ; mais, riposte Pascal, aimer les créatures sous prétexte qu'elles sont images de Dieu, c'est violer « le premier commandement du Décalogue, qui enferme tous les autres » et qui défend d'adorer les images de Dieu. Ainsi, à l'argumentation de style humaniste qui essaierait de faire bénéficier les créatures de l'amour qui nous porte vers Dieu, Pascal oppose le péché d'idolâtrie.

Il faut bien voir ici la logique de la position prise par Pascal. Tous les chrétiens reconnaissent que Dieu doit être « la *dernière* fin » et qu'aucune créature ne peut être prise pour « *dernière* fin » ; oui, personne ne dira le contraire, « il n'y a point de crime qui lui soit plus injurieux ni plus détestable que d'aimer *souverainement* les créatures quoiqu'elles le représentent ». Le désaccord surgit lorsque Pascal met sous les mots *dernière* et *souverainement* un sens qui exclut la légitimité de fins secondes et d'amours hiérachisés, ceci parce que l'amour de Dieu dont il parle est essentiellement surnaturel. Là est sans doute la signification du long alinéa qui termine la lettre.

Ceux qui reçoivent la grâce ont, pour ainsi dire, été créés deux fois. D'abord par la création qui les a « tirés du néant », ce qui leur impose une première obligation : « se tenir dans l'ordre des créatures et ne pas profaner le lieu qu'ils remplissent » ; or, continue Pascal, « ils s'acquittent de leur obligation en se tenant dans une perfection bornée, parce que la perfection du monde est aussi bornée » ; autrement dit, il y a un ordre de la nature où l'être fini vise des biens finis. Mais il y a, pour le chrétien, un autre ordre : « la régénération » l'a tiré de ce néant qu'est le péché : la première création a introduit l'homme dans l'univers, à une certaine place ; la seconde en assigne au chrétien une dans l'Eglise qui est le temple de Dieu ; de là, une nouvelle obligation : « aspirer à se rendre digne de faire partie du Corps de Jésus-Christ » ; or il s'agit d'« un corps tout divin et infiniment parfait ». et faire partie d'un tel corps, c'est ne plus accepter de se tenir dans une perfection bornée ; Jésus a dit : « Soyez donc parfaits comme votre Père céleste est parfait » (Math. V, 48) : « le commandement de la perfection... nous en propose un modèle où elle se trouve infinie », de sorte que « les enfants de Dieu » ont toujours du mouvement pour aller plus loin.

L'Eglise comme temple de Dieu et comme corps du Christ, les expressions « régénération » et « enfants de Dieu » sont des images banales dans la théologie et la spiritualité chrétiennes. Mais on doit souligner la signification historique des dernières lignes : « Aussi c'est une erreur bien préjudiciable et *bien ordinaire* parmi les chrétiens et parmi *ceux-là mêmes qui font profession de piété...* » : il ne s'agit donc pas de baptisés devenus sceptiques ou indifférents mais de fidèles qui entendent penser et vivre chrétiennement ; d'autre part, l'erreur que Pascal dénonce n'est pas celle de quelque théologien isolé mais on la dit « bien ordinaire ». Elle consiste à « se persuader qu'il y ait un certain degré de perfection dans lequel on soit en assurance et qu'il ne soit pas nécessaire de passer... » ; la suite explique ces derniers mots : « puisqu'il n'y en a point qui ne soit mauvais si on s'y arrête, et dont on puisse éviter de tomber qu'en montant plus haut... ». Traduisons : l'« ordre des créatures », dont on parlait, inclut des êtres finis dont la perfection est réelle, quoique bornée ; cela ne signifie certes pas que le chrétien ne doive pas viser plus haut ; mais puisque cette perfection est réelle, il est permis de s'y arrêter avant d'aller plus loin, et ce n'est pas impossible car s'arrêter n'est pas tomber plus bas.

Le texte de la lettre est ici coupé. Y avait-il une suite sur le même sujet ? Ce que nous lisons sous-entend des vues sur la chute que Pascal jugeait peut-être inutile d'expliciter : par elle, « l'ordre des créatures » est retourné au néant, les perfections finies ont été dévalorisées, on ne peut plus s'y arrêter sans tomber plus bas, il faut ou monter ou descendre.

« La conversion véritable consiste à s'anéantir... », avons-nous lu dans la « Pensée » qui la définit, l'inépuisable L. 378. L'expérience de celle qui fut pour Pascal enfin la « véritable » pourrait bien être sa référence intime lorsqu'il écrit ce petit traité de l'anéantissement que sont les pages *Sur la conversion du pécheur.*

On reconnaît qu'une âme est convertie lorsqu'« elle considère les choses périssables... comme déjà péries » ; on traduirait aujourd'hui les mots « anéantissement de tout ce qu'elle aime » en disant : « elle néantise tout ce qu'elle aime ». Pascal précise, impitoyablement : elle va « considérer comme un néant tout ce qui doit retourner dans le néant, le ciel, la terre, son esprit, son corps, ses parents, ses amis, ses ennemis, ses biens, la pauvreté, la disgrâce, la prospérité, l'honneur, l'ignominie, l'estime, le mépris, l'autorité, l'indigence, la santé, la maladie et la vie même... ». Alors, sans autre amour que celui du seul être vraiment « aimable », « elle s'anéantit en sa présence », elle cherche à « se rabaisser jusqu'aux derniers abîmes du néant » (29). En termes clairs : l'amour de Dieu exclut tous les autres, *néantise* tous les autres.

III. Les deux spiritualités.

Quand Pascal introduit l'anéantissement dans la véritable conversion, posant que sans cet anéantissement la conversion ne serait pas véritable, il emploie un mot qui appartient au vocabulaire de deux itinéraires de l'âme vers Dieu qu'il est permis de ne pas opposer mais qu'il serait simpliste d'identifier : dans l'un, l'anéantissement est lié à l'idée de la pureté de l'amour ; dans l'autre, à la condition de l'homme pécheur.

En gros : il y a une vie spirituelle directement inspirée par la première partie du *Pater,* celle qui souhaite le règne de Dieu et va jusqu'à l'anéantissement de la volonté humaine dans le vœu final : *Fiat voluntas tua !* Il y a, d'autre part, une vie spirituelle plus directement accordée à la seconde partie du *Pater,* celle qui demande à Dieu le pain quotidien, le pardon des offenses et un secours contre les tentations, acte d'humilité d'un cœur conscient de sa faiblesse et qui s'achève dans l'imploration : *Sed libera nos a malo.*

Bien entendu, il n'y a aucune contradiction entre les deux parties de la prière que Jésus lui-même a composée. L'histoire de la pensée chrétienne montre qu'elles ont été comprises et senties comme exprimant des exigences également impérieuses de « la bonne nouvelle » ; le plus souvent, elles sont si spontanément perçues comme complémentaires que leur distinction ne pose aucun problème de divergence. Toutefois, il y a des spiritualités qui semblent privilégier la prière-adoration, celle de saint François de Sales, par exemple, et d'autres qui semblent privilégier la prière-demande, ce qui est précisément le cas de Pascal.

Prenons, en effet, le *Traité de l'Amour de Dieu* publié en 1616 par saint François de Sales dont on connaît les relations très amicales avec les religieuses de Port-Royal. *Fiat voluntas tua !* ne signifie pas unir *ma* volonté à la volonté de Dieu, mais faire disparaître *ma* volonté afin, si l'on peut dire, de laisser toute la place à la volonté de Dieu ; il faut reprendre le mot de saint Paul : « la volonté de Dieu vit en moi » (30). Entendons-nous : comme tous les théologiens, comme tous les directeurs spirituels, l'évêque de Genève parle sans cesse de « l'union de notre volonté au bon plaisir de Dieu » ; mais une telle volonté suppose une indifférence à tous les biens qui ne sont pas Dieu et lorsque l'analyse va jusqu'au bout de cette indifférence, qu'arrive-t-il ? « Il est fort malaisé, lisons-nous, de bien exprimer cette extrême indifférence de la volonté humaine qui est ainsi réduite et trépassée en la volonté de Dieu... ». On va alors éliminer toutes les formules qui laissent subsister l'ombre d'un moi dans la volonté : « car il ne faut pas dire, ce me semble, qu'elle acquiesce à celle de Dieu, puisque l'acquiescement est un acte de l'âme qui déclare son consentement ; il ne faut pas dire non plus qu'elle accepte ni qu'elle reçoit, d'autant que accepter et recevoir sont de certaines actions qu'on peut en certaine façon appeler actions passives, par lesquelles nous embrassons et prenons ce qui nous arrive. » François de Sales va plus loin : « il ne faut pas dire aussi qu'elle permet, d'autant que la permission est une action de la volonté, et par conséquent un certain vouloir oisif qui ne veut voirement rien faire, mais veut pourtant laisser faire. » Ainsi, « en cette indifférence », « l'âme ne veut rien, mais laisse vouloir à Dieu ce qu'il lui plaira. » (31).

On comprend alors, dans cette spiritualité, la possibilité des fameuses « suppositions impossibles » : là où l'âme n'a plus d'autre désir que de laisser la volonté de Dieu se substituer à la sienne, il y a en elle un total désintéressement et elle n'est même plus en état de penser à son salut. « Le bon plaisir de Dieu est le *souverain* objet de l'âme indifférente », soulignons *souverain,* mot qui doit être pris dans son sens le plus fort. « Partout où va la divine volonté », le moi « la suit ». « Il aimerait mieux l'enfer avec la volonté de Dieu que le Paradis sans la volonté de Dieu. ». Et on insiste : « oui même, il préfèrerait l'enfer au Paradis, s'il savait qu'en celui-là il y eût un peu plus du bon plaisir divin qu'en celui-ci ; en sorte que si, par imagination de chose impossible, il savait que sa damnation fût un peu plus agréable à Dieu que sa salvation, il quitterait sa salvation et courrait à sa damnation. » (32).

La spiritualité pascalienne de l'anéantissement, elle, est en quelque sorte dominée par l'idée de péché. De fait, l'anéantissement en quoi consiste « la conversion véritable » est directement appelé par la conscience du néant lié à la condition de l'homme pécheur, encore plus néant, si l'on peut dire, que celui qui est lié à la finitude de l'être créé. Ainsi, dans la « Pensée » qui définit la conversion, nous avons lu : « s'anéantir devant cet être universel qu'on a irrité tant de fois et qui peut vous perdre légitimement à toute heure » (33). De même, déjà dans la lettre sur la mort du père, « la colère de Dieu » (34) est la métaphore qui, en dépit de son grossier anthropomorphisme, exprime le plus exactement le rapport de Dieu à l'homme tant que la grâce n'intervient pas ; c'est bien pourquoi avec elle commence la tragédie de la Passion dans la méditation sur « le mystère de Jésus » : « Et ainsi Jésus était délaissé seul à la colère de Dieu. » (35). Anéantissement et salut sont donc deux termes corrélatifs.

Dans cette perspective, on voit le sens de la correction relevée sur le manuscrit de la « pensée » qui définit « la véritable conversion » : celle-ci « consiste à s'hum... », mais Pascal ne va pas jusqu'au bout du mot et il écrit : « s'anéantir ». La substitution de l'anéantissement à l'humilité aurait pu signifier celle de l'abnégation proprement mystique à l'ascèse morale ; elle aurait marqué, pour ainsi dire, le passage d'un état à un autre : le *moi* s'anéantit pour adorer Dieu d'une adoration telle que l'union à Dieu serait, à la lettre, un oubli de soi-même. Ce serait, semble-t-il, un contre-sens : le *moi* s'humilie pour adorer Dieu d'une adoration qui se confond avec une supplication, reconnaissant qu'il ne peut rien sans la grâce pour son salut ; si Pascal met « s'anéantir » à la place de « s'humilier », la substitution souligne une différence non d'état mais de degré : l'anéantissement est, sous sa plume, l'humilité portée au superlatif ; le moi du pécheur est encore là.

C'est lui qui médite sur « le mystère de Jésus » et c'est à lui qu'il pense quand il médite sur ce « mystère de Jésus ». La méditation porte sur la Passion, sur la souffrance physique et la souffrance morale de Jésus qui n'est pas une seule fois appelé le Christ, sur son abandon, sa solitude. Mais voici que ce Jésus prend la parole... Pour dire quoi ? « Console *toi*... », « Je pensais à *toi* dans mon agonie, j'ai versé telles gouttes de sang pour *toi.* » « Laisse-*toi* conduire à mes règles... ». C'est mon affaire que *ta* conversion... », « les médecins ne *te* guériront pas... c'est moi qui guéris... ». « Je *te* suis présent par ma parole dans l'Ecriture... ». « Je *te* suis plus ami que tel et tel, j'ai fait pour *toi* plus qu'eux... ». « Je *t'*aime plus ardemment que tu n'as aimé tes souillures... », « ... je *te* veux guérir ». Les initiales J.C. apparaissent alors quand celui qui médite conclut : « J.C. le Juste » a été fait péché par *moi.* » ; il a voulu être « plus abominable que *moi* » ; « mais il s'est guéri lui-même et *me* guérira à plus forte raison. ».

IV. La haine de soi.

Je suis donc « abominable » : l'amour de Jésus pour *moi* implique, si l'on peut dire, une auto-abomination de *moi* et une auto-abomination permanente. Ainsi, la présence du moi subsiste dans l'anéantissement d'une façon bien curieuse : dans la haine de soi.

Le moi est, d'ailleurs, doublement présent : à la fois dans le sujet et dans le complément du verbe « haïr ».

L'âme convertie se trouve tournée et tendue vers Dieu. Or l'amour de Dieu ne peut être qu'exclusif : il exclut donc l'amour de soi. Ceci est l'essence même de la vie spirituelle. Mais, dans l'union proprement mystique, l'amour de soi disparaît avec le *moi ;* à l'absence du *moi* correspond un état d'indifférence à tout ce qui le concerne : l'amour exclusif de Dieu est aussi oubli de soi. Dans la perspective de Pascal, l'anéantissement proclame que la chute a fait tomber mon être sous la colère de Dieu et que je fais mienne cette colère : la conversion substitue l'amour de Dieu à l'amour-propre qui, depuis le péché, met le *moi* à la place de Dieu ; tenir pour rien ce moi qui « se fait centre de tout » (36), c'est donc aller en sens inverse du mouvement qui rend son existence coupable d'offense à Dieu et l'amour abusif de soi a pour contraire non l'oubli de soi mais la haine de soi. C'est très exactement l'enseignement de Jésus-Christ (37).

Il ne suffit pas de « ne pas s'aimer soi-même », comme le recommande l'auteur de l'*Imitation* (38). La « haine de soi » n'est pas une hyperbole ; l'expression doit être prise à la lettre : elle évoque à la fois le sentiment et le devoir qui résultent de l'amour de Dieu. La déduction est explicitement établie dans une « Pensée » où il suffit de souligner certains mots pour faire ressortir les articulations logiques (39) :

1° « S'il y a un Dieu il ne faut aimer que lui et non les créatures passagères... ».

2° « ... il y a un Dieu, ne jouissons donc pas des créatures. ».

3° « Donc tout ce qui nous incite à nous attacher aux créatures est mauvais... »

4° « Or nous sommes pleins de concupiscence », c'est-à-dire de cette incitation à nous attacher aux créatures.

5° « Donc nous sommes pleins de mal, donc nous devons nous haïr nous-mêmes. ».

Cette déduction fait apparaître deux temps dans le cheminement de la pensée de Pascal.

1° Il y a une première étape : est-ce que Dieu existe ? si c'est oui, il ne faut aimer que lui ; donc il ne faut pas aimer les créatures. Cette étape est celle du « ne pas s'aimer soi-même », commandement fait à l'homme en général, fût-il Adam innocent.

2° La seconde étape est marquée par l'introduction du mot concupiscence dont le sens est lié à l'histoire de l'homme : c'est l'inclination qui, depuis la chute, le détourne de Dieu pour l'attacher aux créatures : le *moi* ainsi livré à la concupiscence est haïssable.

La haine de soi doit son sens fort à un système de vérités qui, avec leur résonance affective, constituent la pensée de Pascal sur l'homme. C'est le *moi* livré à la concupiscence qui doit être haï : reste à savoir ce qui, après le péché, est encore naturel dans ce *moi* et, comme tel, ne saurait être haïsable. Toute l'anthropologie théologique de Pascal est sous ces lignes lues en tête d'une note trouvée, dans la même liasse, à côté de celle qui vient d'être analysée : « Qui ne hait en soi son amour-propre et cet instinct qui le pousse à se faire Dieu est bien aveuglé... » (40). A l'intérieur du système pascalien de la nature et de la grâce, cet impératif est le terme le plus concret d'une de ces antithèses qui définissent la condition de l'homme. Dans une des notes mises sous le titre « contrariétés », « qu'il se haïsse » est explicité en : « je voudrais bien qu'il haït en soi la concupiscence qui le détermine d'elle-même » : ceci, en face d'un « qu'il s'aime », autre impératif, mais quand il se considère en faisant abstraction de la concupiscence (41).

« Haine de notre être » est donc « contradiction » (42). Cette « contradiction » est pourtant le principe fondamental de l'éthique chrétienne : « La vraie et *unique* vertu est donc de se haïr, car on est haïssable par sa concupiscence... » ; on soulignera *unique,* car le mot exige une suite : « ... et de chercher un être véritablement aimable pour l'aimer ». La vertu de haine n'est pas entretenue pour elle-même mais devient une invitation à l'amour (43). Ceci est rigoureusement impliqué dans les raisons qui font de la haine une vertu : l'amour de Dieu est exclusif ; le *moi* livré à la concupiscence s'est mis à la place de Dieu ; le remettre à sa place, c'est le livrer à un amour qui ne peut trouver sa fin qu'en Dieu. La haine qui opère cette remise en place relève sans doute de ce que l'historien de Pascal doit appeler sa psychologie de la grâce.

On comprend alors que cette « contradiction » soit aussi le signe de la vraie religion. « Nulle autre religion n'a proposé de se haïr, nulle autre religion ne peut donc plaire à ceux qui se haïssent et qui cherchent un être véritablement aimable» (44). On a reconnu, avec les mêmes termes, la corrélation qui, dans la « Pensée » sur « l'unique vertu », lie la haine de soi à l'amour en quête de l'être réellement aimable. Une fois encore, Pascal se plaît à heurter la sagesse des sages, avec une nouvelle variation sur la folie que représente la conversion aux yeux des gens raisonnables.

Cette note a été rangée dans la liasse *Fausseté des autres religions ;* or, on y trouve aussi celle qui commence par : « Tous les hommes se haïssent naturellement l'un l'autre... » (45). L'adverbe renvoie à ce qui est devenu naturel depuis le règne de la concupiscence : ce qui semble raisonnable, c'est, en quelque sorte, de neutraliser cette haine naturelle par un appel à l'intérêt bien entendu. « On s' est servi comme on a pu de la concupiscence pour la faire servir au bien public. ». De fait, le fragment suivant le constate, « on a fondé et tiré de la concupiscence des règles admirables de police, de morale et de justice. » (46). Pascal n'est pas dupe de ces ruses de la raison. « Mais, conclut-il dans sa première note, ce n'est que feindre et une fausse image de la charité, car *au fond* ce n'est que haine. » « Mais, conclut-il dans la seconde, *dans le fond,* ce vilain fond de l'homme, ce *figmentum malum* n'est que couvert. Il n'est pas ôté. » (47).

On voit ici le sens du célèbre fragment : « Le *moi* est haïssable. Vous, Miton, le couvrez, vous ne l'ôtez point pour cela. Vous êtes donc toujours haïssable. » (48). Le « on » des deux « Pensées » que nous venons de citer a maintenant un nom et ce nom est celui d'un personnage représentatif : dans la comédie humaine selon Pascal, Miton est le porte-parole des honnêtes gens selon la morale du monde. Le « on » des deux « Pensées » « couvrait » le « vilain fond » en essayant d'instituer une société policée avec des individus qui se haïssent mutuellement : Miton le « couvre » en se montrant homme de bonne compagnie, courtois, complaisant... Mais, justement, Miton ne soupçonne pas qu'il y a un « vilain fond » ; Pascal le remarque d'ailleurs, il voit bien que « l'honnêteté » n'est pas naturelle ; toutefois il ne sait pas pourquoi (49) ; de là son illusion qui est pour Pascal l'occasion de mettre au point sa psychologie de l'*homo homini lupus* (50) à partir de sa théologie de la haine de soi.

Nous ne sommes point haïssables, déclare l'honnête Miton, « car en agissant comme nous faisons obligeamment pour tout le monde on n'a plus sujet de nous haïr ». Autrement dit : si je suis aimable, pourquoi serais-je haïssable (51) ? Réponse de Pascal : je ne suis pas haïssable simplement lorsque ma conduite envers mes semblables paraît dictée par la haine ; Miton reste au niveau de la haine naturelle des hommes les uns pour les autres et il essaie de corriger la nature par l'honnêteté ; il ne connaît pas ce « fond » qui est au-dessous ; sinon, il verrait se retourner la relation de cause à effet : le *moi* n'est pas haïssable parce qu'il est naturellement porté à haïr l'autre ; la raison pour laquelle il est haïssable est, au contraire, ce qui explique pourquoi il est naturellement porté à haïr l'autre.

1° Le *moi* est haïssable parce que, depuis le péché originel, il est livré à la concupiscence qui détourne à son profit un amour dont Dieu était l'unique fin. La formule : « le moi est haïssable » exprime une condamnation sur l'homme tel qu'il se trouve dans sa relation à Dieu : « Il est injuste en soi en ce qu'il se fait centre de tout », soulignons en soi qui fait tomber la condamnation non sur un acte mais sur une situation proprement existentielle. Par suite, « si je le hais parce qu'il est injuste qu'il se fasse centre de tout, je le haïrai toujours. ».

2° Il s'agit de la relation du *moi* à Dieu et non du *moi* aux autres *moi*. Toutefois, quand le *moi* se fait « centre de *tout* », il fait aussi tourner tous les autres *moi* autour de lui : « Il est incommode aux autres en ce qu'il les veut asservir, car chaque moi est l'ennemi et voudrait être le tyran de tous les autres. ». La haine devenue naturelle des hommes les uns pour les autres est une conséquence de la situation dans laquelle le péché a mis Adam.

3° L'honnêteté, comme le croit Miton, parvient-elle à substituer l'amabilité à la haine dans les relations entre les hommes ? Admettons-le ; le *moi* reste ce qu'il est « en soi ». « Vous en ôtez l'incommodité mais non pas l'injustice. » Je n'ai personnellement aucun motif de haine quand je n'éprouve aucun « déplaisir » du fait de Miton : son *moi* reste haïssable en tant qu'il mérite la colère de Dieu (52).

Ce « vilain fond » de Miton, je n'ai pas, moi, Blaise Pascal, à le haïr ; cela est le devoir de Miton. « Le *moi* est haïssable » prononce un jugement qui concerne le *moi* en tant qu'il existe dans une situation définie par le péché originel.

C'est pourquoi Pascal peut donner un sens au précepte du *Lévitique :* « Tu aimeras le prochain comme toi-même » (XIX, 18). Son éthique de « la haine de soi » ne le portait guère à s'arrêter devant cette façon de recommander l'amour du prochain. Toutefois, il y renvoie dans une note de la liasse *Morale chrétienne :* « 2 lois suffisent pour régler toute la République chrétienne, mieux que toutes les lois politiques. » (53). Les commentateurs s'accordent pour penser que Pascal avait l'intention de commenter la réponse de Jésus à la question : Quel est le plus grand, le premier de tous les commandements ? Mais, dans la réponse de Jésus, le précepte du *Lévitique* est donné comme « semblable » à celui qui est vraiment le plus grand et le premier : « Tu aimeras le Seigneur ton Dieu de tout ton cœur, de toute ton âme et de tout ton esprit. » Aimer le prochain comme soi-même, devient aimer le prochain pour l'amour de Dieu.

Haïr le moi injuste n'empêche nullement d'aimer le moi tel que Dieu l'a voulu. Le *moi,* rappelons-le, est présent dans la haine de soi et c'est par cette présence que la haine de soi appartient à l'économie du salut. Le *moi* se sait haïssable à la lumière de la foi qui est espoir d'un *moi* aimable : le *moi* ne peut être là sans s'aimer lui-même tel qu'il devrait être. « Il faudrait que la véritable religion enseignât la grandeur et la misère, portât à l'estime et au mépris de soi, à l'amour et à la haine. » (55).

Chapitre III

DU « COEUR »

I. Inclina cor meum Deus.

Dans la liasse où nous trouvons la « pensée » sur « la conversion véritable », Pascal groupe des notes en vue d'un exposé montrant qu'il y a loin de la connaissance de Dieu à l'amour de Dieu, autrement dit : que l'amour de Dieu est indépendant de toute connaissance, serait-ce celle qui se dit « de Dieu ». Or un mot du vocabulaire courant a, ici, sous sa plume un sens qu'il convient de définir : « cœur » (1).

Dans la conversation, personne ne prend l'un pour l'autre les divers sens que nous mettons sous le mot « cœur ». Le contexte fixe immédiatement celui qui convient : « le cardiologue a examiné son cœur », « Rodrigue, as-tu du cœur ? », « le journal du cœur », « apprendre par cœur », « avoir mal au cœur », etc. Or nous n'éprouvons pas le besoin de réunir tous ces sens sous un même concept ; des analogies plus ou moins lointaines et surtout l'usage nous suffisent pour les juxtaposer sous un même mot : Littré en aligne vingt-et-un. Pourquoi en serait-il autrement pour les divers emplois du mot sous la plume de Pascal ? Pourquoi ne pas considérer qu'ici aussi le sens du mot est toujours lié à un certain contexte et qu'il y a des contextes bien différents ? (2). Il peut même arriver que ce contexte soit tout simplement la langue de la vie quotidienne ; quand nous lisons : « ces gens manque de cœur – On n'en ferait pas son ami... » (3), ne voyons rien de plus dans le propos de Pascal que dans nos formules banales : « avoir du cœur », « avoir bon cœur ».

La question n'est pas alors de savoir s'il n'y aurait pas une définition assez générale du mot « cœur » pour se retrouver au fond de chacune de ses acceptions sous la plume de Pascal. Ce qui importe, c'est de retenir les textes où il s'agit vraiment de la pensée de Pascal et, là, de reconnaître le sens qui serait le premier, entendons : non pas le sens primitif selon l'histoire de la langue mais celui, si l'on peut dire, qui dans la pensée de Pascal donnerait le ton, celui par rapport auquel pourraient être établies des filiations et des analogies.

Tout porte à croire que ce sens privilégié apparaît dans le contexte religieux, celui que Pascal trouve en lisant le Psaume 118 selon la Vulgate : *Inclina cor meum Deus in...* (4).

Nous avons rencontré cette citation dans des textes où Pascal joue sur le double sens de l'expression « amour de Dieu » qui signifie, à la fois, l'amour de l'homme pour Dieu et l'amour de Dieu pour l'homme : or celui qui aime Dieu est celui que Dieu aime (5), l'origine de l'amour de Dieu en l'homme est l'« inclinaison » qui devient en lui une « inclination ». Alors, demanderons-nous, quel est dans l'âme le point d'application de ce mouvement venu de Dieu ? Ce ne peuvent être les facultés auxquelles nous avons l'habitude de rapporter nos connaissances, puisqu'il s'agit d'un amour qui ne dépend en aucune façon d'un savoir : le mot « cœur » désigne le lieu privilégié où s'exerce la pression divine (6).

Le lecteur d'aujourd'hui doit oublier les résonances romantiques du mot « cœur » : il a, ici, une signification proprement religieuse, liée à son origine biblique, laquelle signification, d'ailleurs, pourrait difficilement accueillir toutes les exigences des amours romantiques. L'« inclination » a un double effet :

> Incline mon cœur vers tes témoignages
> Et non vers la vénalité

et la prière de David continue :

> Détourne mes yeux de la vue des choses vaines
> Fais-moi vivre sur ta voie.

Pour être tournée vers Dieu, l'âme doit être détournée des biens de ce monde et c'est Dieu qui, en la tournant vers lui, la détourne des biens de ce monde, image qui est dans l'étymologie de *convertere.* Ce que David implore, c'est bien la « conversion » : le « cœur » est donc cette partie de l'âme qui, en dehors de la raison et des sens, peut recevoir de Dieu le mouvement qui la porte vers lui et qui, de ce fait, l'éloigne de tout ce qui n'est pas lui. Ainsi, quand Pascal parle de « la véritable conversion du cœur », l'expression est presque tautologique : si la conversion est véritable, elle est du cœur ; si elle est du cœur, elle est véritable.

« Cette véritable conversion du cœur, qui fait autant aimer Dieu qu'on a aimé les créatures » (7) trouve dans l'Ecriture d'autres images que celle de l'*inclinatio :* l'image du « vieil homme » qui appelle celle de la « seconde naissance ». L'âme « en se convertissant, détruit le vieil homme », écrit Pascal à Melle de Roannez et, dans une autre lettre, il reprend l'expression en indiquant sa source : « Notre vieil homme périt, dit saint Paul... ». Et, comme dans les textes de saint Paul, il continue : « et se renouvelle de jour en jour », la mort du vieil homme impliquant la naissance de l'homme nouveau (8). Puisque c'est le cœur qui est converti, c'est lui qui est « renouvelé » ; l'image la plus précise est alors celle du « cœur nouveau » : dans la *18e Provinciale,* Pascal cite, à la suite, une série de textes de l'Ecriture sur la conversion et, parmi eux, se trouvent les deux paroles d'Ezéchiel : « Faites-vous un cœur nouveau », « je créerai en vous un cœur nouveau » (9), paroles prises par Saint-Cyran comme épigraphe en tête de son opuscule *Cœur nouveau,* que Jacqueline et sûrement Blaise ont lu (10).

Le mot « cœur » a donc, sous la plume de Pascal, d'abord, un sens proprement religieux, lié, bien sûr, à l'idée que Pascal se fait de la religion, c'est-à-dire celle qu'exprime « la conversion véritable », lorsqu'intervient dans l'âme de l'homme pécheur un amour pour Dieu qui est un don du Dieu qui aime cette âme. Par conséquent, disons-le tout de suite, s'il y a aussi un usage profane du mot « cœur », ce n'est pas la signification profane qui, par analogie, est devenue religieuse : c'est la signification religieuse qui, par analogie, est devenue profane.

A partir de ce sens religieux lié à une opération précise et bien définie, le mot « cœur » est prononcé dans des contextes liés à des situations fort différentes.

Et d'abord, hors des instants privilégiés où Dieu l'« incline », que devient le cœur ? a-t-il encore une fonction ? laquelle ?

Tourner le cœur vers Dieu, c'est le détourner de ce qui n'est pas Dieu : autrement dit, quand la grâce ne le porte pas à aimer Dieu, la nature le porte à aimer ce qui n'est pas Dieu, à commencer par soi-même. Le mot reçoit ici un sens très étendu désignant le désir d'être heureux immanent à tout amour, « heureux » couvrant, ici, les plaisirs les plus divers ; « cœur » coïncide donc, en langage augustinien, avec « volonté » qui signifie, en abrégé, volonté d'être heureux (11).

Nous allons donc trouver chez Pascal plusieurs groupes de textes à distinguer.

1° Il y a ceux dans lesquels le mot « cœur » a une signification qui le rapporte à « la conversion véritable » et ceux dans lesquels il est mis en dehors de tout contexte religieux.

2° Ceux du premier groupe doivent être, eux-mêmes, rapportés à deux situations différentes : celle où Dieu incline le cœur et celle où il ne l'incline pas.

3° Enfin la volonté d'être heureux qu'est le cœur, prise quand Dieu ne l'incline pas, peut être pensée dans deux perspective. Dans la perspective chrétienne, l'absence de l'inclination ne cesse d'être présente dans l'esprit de Pascal lorsqu'il décrit la situation de l'homme sans la grâce à la lumière de ce que la foi lui apprend sur le péché et le salut. Mais, et c'est là une des difficultés dans la lecture des « Pensées », si c'est toujours Pascal qui écrit ou qui dicte, ce n'est pas toujours Pascal qui parle ; il lui arrive de faire parler celui auquel il veut répondre ; il décrit alors ce que nous appellerions la vie affective telle que la sent ou la considère l'homme du monde, libertin ou chrétien tiède, vie où l'absence de la grâce n'est pas perçue dans un regret, dans un vœu, dans une attente.

Il convient donc d'examiner avec attention, en le situant, chaque texte où Pascal parle du cœur.

Il y a un sens religieux du mot « cœur » qui lui est donné par la présence de la grâce de Dieu et, *ipso facto,* par son absence.

Puisque se tourner vers Dieu, c'est se détourner du *moi* et de tout ce qui plaît au *moi,* amour de Dieu et haine de soi sont complémentaires. Dire que Dieu n'incline pas mon cœur n'est pas seulement une négation : c'est affirmer que mon cœur est livré aux inclinations dont l'inclination divine l'eût délivré. « Ouvrez mon cœur, Seigneur, entrez dans cette place rebelle que les vices ont occupée... » (12). L'homme « trouve dans le fond de son cœur les biens temporels ou les biens spirituels » (3), les premiers sont « dans le fond » comme les seconds. « La malice du cœur » (14), « la malignité » qui « tente le cœur » (15) « que le cœur de l'homme est creux et plein d'ordure » (16), ces expressions ne relèvent pas de la seule rhétorique. Il y a une coloration religieuse du cœur sans Dieu comme du cœur avec Dieu. Pascal doit donc parler d'un cœur qui est à la fois le même et pas le même : « le cœur nouveau », bien sûr, n'est pas le cœur du « vieil homme » et pourtant il reste entre eux l'identité propre à toute métamorphose : dans le vocabulaire du converti qu'est Pascal, « cœur » désigne une disposition à aimer, ici, le moi lui-même et les biens de ce monde, là Dieu, Souverain Bien qui élimine tous les autres ; mais cette diversité des fins est si radicale qu'elle implique une différence d'origine : le premier amour est naturel, le second a une cause surnaturelle.

On voit alors le risque de contre-sens quand on cite, coupée de son contexte, la formule : « Dieu sensible au cœur ». Ce n'est pas le Vicaire savoyard qui parle mais Pascal qui griffonne, à la suite du « pari » : « C'est le cœur qui sent Dieu et non la raison. *Voilà ce que c'est que la foi.* Dieu sensible au cœur non à la raison. » (17). Rousseau distingue raison et conscience, « instinct divin », certes, mais instinct naturel quoique divin (18). Pascal distingue raison et cœur mais pris comme synonyme de foi dans les instants bénis où Dieu se rend sensible à lui.

Dans quelles circonstances le sens proprement religieux du mot « cœur » apparaît-il ? Que ce soit pour commenter l'imploration de David ou pour montrer la condition misérable du pécheur, il s'agit, évidemment, de la conversion puisque le mot « cœur » a été choisi pour entrer dans sa définition. Il est normal, alors, de le trouver dans le discours apologétique et dans la prière.

La plupart des « Pensées » appartiennent aux dossiers préparatoires d'un ouvrage d'apologétique. Ne l'oublions surtout pas car Pascal, lui, ne l'oublie jamais et, d'ailleurs, ne peut l'oublier. L'apologétique, en effet, a pour fin la « conversion véritable » du lecteur et, précisément, elle n'a pas le pouvoir de la provoquer puisque celle-ci dépend de Dieu seul. C'est le mot « cœur » qui marque l'intervention du surnaturel dans une âme naturellement occupée par l'amour de soi : du même coup, il est comme le signal qui indique jusqu'où l'apologétique peut aller, fixant les limites de son efficacité. Dans la liasse qui regroupe les notes de Pascal sur les divers projets le lettres qu'il a envie d'écrire pour faire aimer la religion chrétienne, dans cette liasse, nous ne devons pas être surpris de lire, sous le projet de titre « Lettre qui marque l'utilité des preuves », cette déclaration : « La foi est différente de la preuve. L'une est humaine et l'autre est un don de Dieu... » ; ces derniers mots introduisent alors celui de « cœur » : « ... mais cette foi est dans le cœur et fait dire non *scio* mais *credo.* » (19). Tout ce que l'apologétique a le pouvoir de faire reste au niveau du savoir et des sentiments ou dispositions liées au savoir.

Puisque le mot « cœur » est celui qui convient dans tous les cas où l'on veut parler d'un mouvement de l'âme imprimé par Dieu, il est normal qu'il se retrouve dans la définition même de la prière. On croit volontiers « qu'on tient la prière de soi » ; « cela est absurde » : Dieu « donne la prière à qui il lui plaît » (20) ; prier, c'est donc, d'abord, demander la grâce de prier, et comme le cœur est le point d'insertion de la grâce dans notre âme, c'est dire à Dieu : « entrez dans mon cœur et dans mon âme » (21), telle est la *Prière pour demander à Dieu le bon usage des maladies :* « mon cœur est endurci », « ayant donné aux créatures mon cœur que vous n'aviez formé que pour vous », « tous les mouvements naturels de mon cœur se portant tous vers les créatures ou vers moi-même », « je ne puis m'adresser qu'à l'Auteur et au Maître tout-puissant de la nature et de mon cœur » pour lui demander « la conversion de mon cœur » (22).

Cette acception religieuse et très précise du mot « cœur » doit permettre d'éviter les confusions, les illusions, les erreurs. Pascal pense-t-il à la délicate mission des directeurs quand il distingue « ceux qui croient par superstition » et « ceux qui croient par un sentiment du cœur » (23) ? Même question quand nous lisons : « les hommes prennent souvent leur imagination pour leur cœur ; et ils croient être convertis dès qu'ils pensent à se convertir. » (24). Et aussi, dans les écrits polémiques des Jésuites, il ne faudrait pas prendre tel « changement de leur style » pour « l'effet de la conversion de leur cœur » ce qui est « une adresse de leur politique » (25). Quant à ceux qui voudraient « mettre la religion dans le cœur par la force et par les menaces », ils se trompent gravement ; c'est « la grâce » et non « la terreur » qui opère la conversion du cœur (26).

La discontinuité entre la naturel et le surnaturel perçue sous le mot « cœur » pris dans le vocabulaire de la spiritualité, est trop évidente pour interdire un emploi analogique à l'intérieur de l'ordre naturel, dans la mesure où un chrétien averti, c'est-à-dire converti, ne peut s'y tromper ; une apparente ressemblance, en effet, permet de rapprocher amour de Dieu et amour humain puisqu'il y a amour ici et là. Ce que Pascal accepte, semble-t-il, lorsqu'il écrit : « Le cœur a ses raisons que la raison ne connaît point : on le sait en mille choses. » (27). Les notes qui voisinent sur la même feuille montrent Pascal méditant sur le rôle de la raison en apologétique lorsque la foi dépend de Dieu seul, de sorte qu'une référence au surnaturel est, ici aussi, dans la définition même du mot cœur ; toutefois « mille choses » renvoient évidemment à des expériences d'amours humains. « Est-ce par raison que vous vous aimez ? », demande Pascal : la question peut être posée à l'homme qui aime une femme ou à celui qui aime la chasse. Même usage du double sens lorsqu'à la fin d'une « pensée » sur « l'ordre du cœur » Pascal écrit : « On ne prouve pas qu'on doit être aimé en exposant d'ordre les causes de l'amour : cela serait ridicule. » Que le fragment appartienne à une argumentation « contre l'objection que l'Ecriture n'a pas d'ordre », cela n'empêche pas la remarque d'être valable pour tous les amours. Les éditeurs, ici, renvoient à Montaigne citant saint Jérôme : *Amor ordinem nescit,* mais justement dans une page où il n'est en aucune façon question de l'amour de Dieu (28).

Pascal n'est pas dupe de rapprochements superficiels : c'est même pourquoi il peut accepter les équivoques du langage courant. Mais les façons de penser les ressemblances ne sont pas les mêmes dans son esprit et dans celui des gens qu'il voudrait guider au moins jusqu'au seuil du Temple. Un esprit dont Dieu « incline le cœur » est capable de percevoir une apparente ressemblance dans la réelle différence quand il se souvient de son attachement aux biens de ce monde ; mais il sait qu'il y a une inversion irréversible entre un amour inspiré par Dieu et un amour venu de la nature. Celui qui ne connaît que les amours humains est peut-être capable d'apercevoir une ressemblance avec ce qu'il croit être l'amour de Dieu, mais c'est du Dieu des philosophes et des savants puisqu'il ne peut même supposer ce qu'est l'amour du Dieu de Jésus-Christ.

II. Le cœur qui sent les trois dimensions.

Ainsi, il conviendrait d'examiner avec attention, en le situant, chaque texte où Pascal parle du cœur.

On voudrait ici esquisser une telle analyse pour un texte qui, quoique bien connu, nous paraît étrange, car non seulement il ne retient rien du sens religieux, mais il pourrait mettre en question la radicale discontinuité que Pascal pourtant veut établir entre la connaissance et l'amour de Dieu, laissant soupçonner sous « sensible au cœur » une certaine faculté de connaître.

Dans la « pensée » n° 110 de l'édition Lafuma et n° 282 de l'édition Brunschvicg, nous lisons : « Le cœur sent qu'il y a trois dimensions dans l'espace et que les nombres sont infinis. » Il n'y a, évidemment, aucun rapport entre ce cœur-là et celui que Dieu « incline » dans « la conversion véritable », ni même celui qui, pris quand Dieu ne « l'incline » pas, reste simplement un désir d'être heureux inconscient de sa vocation : on ne saurait parler d'amour à propos des trois dimensions, ni de bonheur quand on perçoit l'infinité des nombres. Alors ?

Puisque nous sommes dans le champ des mathématiques, cherchons donc le mot « cœur » dans les écrits de Pascal sur les sciences et sur leurs méthodes. Réfléchissant sur la science la plus scientifique, si l'on ose dire, Pascal est amené à distinguer dans la géométrie les démonstrations et les principes ; ces derniers fondent les démonstrations et ne sont pas démontrables ; ils ne sont pas même définissables ; ceci non pas, certes, parce qu'ils ne sont pas clairement et distinctement perceptibles, mais, au contraire, parce que leur éblouissante vérité s'impose à la pensée. Dans l'opuscule couramment cité sous le titre *De l'esprit géométrique,* Pascal justifie cette extraordinaire propriété d'être vrai sans preuve en usant des mots « nature », « naturel », « naturellement » ... « la nature nous en a elle-même donné une intelligence plus nette » (29) ce « que tout le monde entend naturellement », « lumière naturelle » (30), « une extrême clarté naturelle » ... (31). Pascal donne comme exemples de « ces choses qui sont évidentes d'elles-mêmes » : « espace, temps, mouvement, nombre » (32). Dans cet opuscule où Pascal géomètre expose sa distinction entre principes et démonstration, il ne parle ni de « cœur » ni de « sentiment » pour dire comment l'esprit saisit les premiers.

Passons à l'opuscule *De l'art de persuader.* Cet opuscule, le sujet permet de le supposer, est écrit par Pascal à une époque où il a dans ses projets un ouvrage d'apologétique. C'est peut-être pourquoi, ne voulant pas mêler les genres, il commence par déclarer qu'il ne s'occupera pas de l'art de persuader en religion. « Je ne parle pas ici des vérités divines que je n'aurais garde de faire tomber sous l'art de persuader, car elles sont infiniment au-dessus de la nature : Dieu seul peut les mettre dans l'âme, et par la manière qu'il lui plaît. ». Sur cette « manière », on peut dire en gros : « il a voulu qu'elles entrent du cœur dans l'esprit, et non pas de l'esprit dans le cœur ». Ce qui est une nouvelle façon d'exprimer la coupure entre connaître Dieu et l'aimer qui est une sorte de constat fondamental dans l'analyse de la véritable conversion. « Et de là vient, continue Pascal, qu'au lieu qu'en parlant des choses humaines on dit qu'il faut les connaître avant que de les aimer... les saints au contraire disent en parlant des choses divines qu'il faut les aimer pour les connaître », et, par suite, « qu'on entre dans la vérité que par la charité », ce qui est, d'ailleurs, une formule de saint Augustin, *non intratur in veritatem, nisi per charitatem.* Il n'y a donc ici aucune équivoque possible : « Dieu a établi cet ordre surnaturel » qui est, on le voit, « tout contraire à l'ordre naturel » (33). Dans cette partie de l'opuscule le mot « cœur » est pris avec le sens essentiellement religieux qu'il a dans le *Psaume 118.*

A partir du moment où Pascal annonce : « Je ne parle donc que des vérités de notre portée », nous sommes dans « l'ordre naturel » et quand il continue en ajoutant : « et c'est d'elles que je dis que l'esprit et le cœur sont comme les portes par où elles sont reçues dans l'âme » (34), il est certain que le mot « cœur » n'appartient plus au vocabulaire de la vie dévote : les deux portes ouvrent l'une et l'autre sur la nature. D'autre part, elles ne représentent pas dans notre nature deux formes de connaissance : si « l'art de persuader consiste autant en celui d'agréer qu'en celui de convaincre », cela veut dire qu'« agréer » est obtenu par des moyens qui ne relèvent pas de l'entendement. Il faut, à la fois, écrit Pascal, « connaître l'esprit et le cœur » de celui à qui on s'adresse ; très précisément, il faut savoir « quels principes il accorde », voilà pour « l'esprit », « quelles choses il aime » voilà pour « le cœur » (35). Tel est bien l'*a b c* de l'art oratoire : l'argumentation la plus convaincante ne suffit pas, il est nécessaire de savoir aussi ce qui intéresse l'interlocuteur, ce qui peut lui plaire, le toucher... Pascal, certes, voit le problème : il doit être souvent difficile d'accorder « convaincre » et « agréer », d'accommoder les preuves à l'inconstance de nos caprices » (36) ; en bref, comment, à la fois, émouvoir et dire la vérité ?

Dans cette partie de l'opuscule, le mot « cœur », employé ici seulement trois fois, renvoie au cœur sans la grâce qui l'inclinerait vers Dieu, tel que le décrirait une psychologie de ce que M. Ferdinand Alquié appelle « la conscience affective » (37). Ce qui est tout à fait normal dans cet opuscule réservé à des réflexions sur l'esprit scientifique, Pascal n'introduit pas les jugements de valeur qui rapporteraient sa description à la situation de l'homme pécheur. Il est entendu, on l'a vu, qu'il n'écrit pas ici pour les prédicateurs ni pour les auteurs d'apologétique.

Dernière remarque : dans cet *Art de persuader,* contrairement à ce que nous aurions pu attendre, Pascal ne s'est guère arrêté à la distinction entre « principes » et démonstration qu'il avait proposée dans *De l'esprit géométrique.* Pas un instant il ne laisse supposer que l'on pourrait retrouver cette distinction dans son image des « deux portes », le « cœur » devenant celle par laquelle les « principes » seraient « reçus dans l'âme ».

Voici enfin un texte, *le* texte où le mot « cœur » semble appartenir au vocabulaire de la géométrie comme à celui de la religion. C'est la « pensée » L. 110 qui appartient à la liasse « Grandeur » (38). Pascal l'a dictée à un secrétaire ; il y a, en marge, des figures géométriques qui, selon Tourneur, semblent se rapporter au problème de la roulette, dont Pascal s'est particulièrement occupé en 1658.

Nous trouvons, d'abord, la distinction faite dans *De l'esprit géométrique* entre « les premiers principes » et le raisonnement, mais, ici, la connaissance des « premiers principes » est explicitement rapportée au « cœur ». « Nous connaissons la vérité non seulement par la raison mais encore par le cœur. C'est de cette dernière sorte que nous connaissons les premiers principes. ». Les pyrrhoniens ne sauraient trouver là un argument : que la raison soit impuissante à prouver leur vérité, cela n'enlève rien à la certitude qui s'impose à notre esprit quand nous parlons « d'espace, temps, mouvement, nombre » : bien mieux, « c'est sur ces connaissances du cœur et de l'instinct qu'il faut que la raison s'appuie et qu'elle y fonde tout son discours ». Pascal insiste et précise : « le cœur sent qu'il y a trois dimensions dans l'espace et que les nombres sont infinis... » ; « les principes se sentent, les propositions se concluent » ; c'est pourquoi « il est inutile et aussi ridicule que la raison demande au cœur des preuves de ses premiers principes », tout comme « il serait ridicule que le cœur demandât à la raison un sentiment de toutes les propositions qu'elle démontre... ».

Ainsi Pascal reprend purement et simplement la distinction établie dans *De l'esprit géométrique,* mais, ici, il emploie le mot « cœur » quand il parle de la connaissance des premiers principes. Pour commenter ce texte, il ne convient donc pas de consulter *De l'art de persuader,* puisque le mot « cœur » y correspond à ce que notre vieille psychologie appelait la vie affective, celle de l'âme en quête de ce qu'elle croit être son bien. Dans la « pensée » L. 110, il n'est évidemment pas question d'un cœur qui aimerait les trois dimensions, que, comme dans le cas des choses humaines, il les aime parce qu'il les connaît ou que, comme dans le cas des vérités divines, il les connaisse parce qu'il les aime.

Soulignons, d'abord, ce point : ce texte est exceptionnel ; il convient donc de chercher quelle était l'intention de Pascal en l'écrivant.

Dans cette liasse « Grandeur », Pascal a groupé des notes qui montrent « la grandeur de l'homme » dans la raison, la pensée, la connaissance, bref tout ce qui le distingue des bêtes. C'est dans cette liasse que l'on trouve un des deux fameux textes sur « le roseau pensant » (39), celui, non moins célèbre, sur le thème « c'est être grand que de connaître qu'on est misérable » (40), et, pour illustrer notre grandeur dans notre misère, l'image de l'homme « roi dépossédé » (41). Rien d'étonnant, par conséquent, si Pascal se propose de combattre, ici, le pyrrhonisme qui met en question la supériorité de l'animal raisonnable ; de là le fragment ayant pour titre : « Contre le pyrrhonisme » (42). Or, le nôtre, enfilé à côté dans la liasse, a la même fin.

C'est d'abord le géomètre qui prend la parole : il apprend au pyrrhonien qu'il ne faut pas lier certitude et démonstration ; dans la géométrie, il y a d'indubitables certitudes là où il n'y a pourtant pas possibilité de démontrer. Mais cette critique du pyrrhonisme n'est pas destinée à entrer dans un traité de méthodologie scientifique comme *De l'esprit géométrique.* Nous dépouillons des notes écrites, conservées, classées par Pascal en vue d'un ouvrage qui serait une apologie de la religion chrétienne. Aussi faut-il se demander en quoi ses réflexions de mathématicien peuvent bien intéresser l'apologétique.

L'alinéa qui suit celui que nous avons analysé commence par une phrase remarquable : « Cette impuissance ne doit donc servir qu'à humilier la raison – qui voudrait juger de tout (mots ajoutés dans l'interligne) – mais non pas à combattre notre certitude. ». Il est clair que, dans tout le morceau, il s'agit de la raison qui raisonne : le fait de ne pouvoir prouver les premiers principes est donc bien pour elle une « impuissance » ; cette « impuissance » n'est, en aucune façon, un argument en faveur du scepticisme ; mais elle en est un contre un certain impérialisme de la raison qui raisonne ; et, à cet égard, la géométrie donne une leçon d'humilité à ceux qui veulent « n'admettre que la raison » (43), la raison qui raisonne, bien entendu.

Sautons par-dessus quelques lignes sur l'imperfection d'une nature qui ne nous permet pas de tout connaître, Descartes dirait : intuitivement. Soulignons les mots qui ouvrent l'alinéa suivant : « Et c'est pourquoi... » : voici donc le « pourquoi » Pascal a écrit cette « pensée ». « Et c'est pourquoi ceux à qui Dieu a donné la religion par sentiment de cœur sont bien heureux et bien légitimement persuadés, mais ceux qui ne l'ont pas nous ne pouvons la donner que par raisonnement, en attendant que Dieu la leur donne par sentiment de cœur, sans quoi la foi n'est qu'humaine et inutile pour le salut » (44).

Le « pourquoi » de la « pensée » est donc dans l'intention de l'ouvrage dont elle est une note préparatoire : il s'agit d'un texte écrit en vue d'une apologie de la religion chrétienne. Pascal ne peut évidemment pas songer à cette apologie sans voir sa condition paradoxale : Dieu seul opère la conversion, aucun raisonnement ne saurait provoquer plus qu'une conviction raisonnable. Cependant, ce n'est pas un motif pour ne rien tenter ; Dieu pouvant se servir de la nature comme d'un instrument, faisons en sorte que la nature soit prête à devenir cet instrument. Le fragment L. 110 appartient ainsi à cette partie ratiocinante de l'apologétique.

Vous humiliez la raison devant la foi, ceci révolte l'incroyant, homme du monde ou savant ou philosophe ; mais, riposte Pascal, il ne se passe en religion rien de plus qu'en géométrie : ici et là, la raison raisonnante ne rend pas compte de tout ce que nous tenons pour vrai ; le fait de n'être pas démontré ne diminue donc en rien la certitude qui est le signe de la présence en nous de l'indubitable. La « pensée » L. 110 exploite, si l'on peut dire, une *analogie :* en religion, l'amour de Dieu est à la raison raisonnante ce que, en géométrie, la connaissance des principes est à cette même raison raisonnante. L'argumentation sous-jacente à cette analyse tient en une ligne, lorsque Pascal dit de la raison : « Que si les choses naturelles la surpassent, que dira-t-on des surnaturelles ? » (45). Cela ne signifie pas que l'amour de Dieu soit connaissance de Dieu, ni que la connaissance des principes soit amour de ces principes : l'analogie porte sur les deux contrastes, et c'est elle qui va provoquer un certain usage du vocabulaire religieux dans l'expression du second.

En écrivant ce texte, répétons-le, Pascal pense à son œuvre d'apologétique : son esprit va donc de la religion à la géométrie et non l'inverse ; tout naturellement, la première lui fournit le modèle et les mots quand il considère la seconde. Ici et là, il y a possibilité d'avoir une absolue certitude sans la devoir au raisonnement. Pascal aurait-il parlé d'« humiliation » dans le second cas s'il n'avait été question que de « réflexions sur la géométrie en général » comme dans l'opuscule où nous avons trouvé sa distinction entre raisonnement et principes ? Qu'y a-t-il d'« humiliant » pour la raison qui raisonne à reconnaître qu'une éblouissante évidence la dispense d'intervenir quand nous savons « qu'il y a trois dimensions dans l'espace » ? Mais, dans le fragment L. 110, l'expérience du géomètre est invoquée pour entrer dans l'argumentation de l'apologiste qui, lui, entend bien humilier la raison.

Même glissement dans l'emploi du mot « cœur ». Dans l'esprit de Pascal, au départ, le ton est donné par le psalmiste : *Inclina cor meum Deus...* C'est le « cœur » qui sent la présence de cette inclination par et vers le Dieu de Jésus-Christ, tout à fait indépendante de ce que les raisonnements peuvent m'apprendre même sur ce que la raison appelle Dieu. Si l'apologiste est aussi géomètre, une comparaison lui vient à l'esprit avec une autre dualité qui est proprement scientifique : principes et démonstrations ; de chaque côté, la raison qui raisonne reconnaît, au-dessus ou en dehors d'elle, une espèce de donnée, don de Dieu ou don de la nature. Le mot « cœur » vient alors sous la plume de l'apologiste reprenant le schéma du géomètre : c'est le « cœur » qui sent les principes. Ceci ne veut nullement dire que le « cœur » serait connaissance de Dieu au sens où il est connaissance des principes. L'analogie est entre deux rapports sans exclure l'irréductible discontinuité qui subsiste entre les deux références exceptionnellement réunies sous le mot « cœur ».

Il est, certes, tentant de chercher à superposer le couple preuve-principe de la géométrie et le couple preuve-cœur de la religion. Un texte décisif écarte la tentation. Nous le lisons sur le premier des vingt-quatre morceaux de papiers qui constituent la liasse publiée sous le titre : « Preuves de Jésus-Christ ». Le mot qui pose le thème de ce premier texte est : « L'ordre », suivi de cette indication sur le sens de la recherche : « Contre l'objection que l'Ecriture n'a pas d'ordre ». Pascal écrit alors : « Le cœur a son ordre, l'esprit a le sien qui est par principe et démonstration. Le cœur en a un autre. On ne prouve pas qu'on doit être aimé » (46). C'est clair : il n'y a aucune correspondance entre « cœur » et « principe ». La discontinuité entre les deux ordres est celle du surnaturel et du naturel. Il y a l'ordre du cœur où l'amour de Dieu est au-delà des preuves et peut même s'en passer ; et il y a l'ordre de l'esprit qui inclut la distinction entre preuve et principe sans sortir de la nature.

Melle Jeanne Russier avait déjà remarqué le caractère exceptionnel du texte de L. 110 sur le cœur qui sent les trois dimensions de l'espace et l'infinité des nombres – « ce texte est unique » (47) – et elle avait très justement vu la question : « Que vient faire le cœur dans ces connaissances mathématiques ? » (48). « La volonté et sa tendance à l'amour n'ont évidemment rien à voir là-dedans » (49). Toutefois, Melle Jeanne Russier cherche à élargir le sens du mot « cœur » de telle façon que l'on puisse y mettre, sans contradiction, une faculté de connaître et même, ce qui serait ici capital, de connaître des choses qui ne sont pas objets d'amour (50).

Il faut souligner l'intérêt et l'importance de cette tentative d'explication. Dans des perspectives et sous des formes très différentes, c'est bien dans cette direction que vont les explications de quelques uns des plus fidèles et des plus pénétrants interprètes de la pensée de Pascal.

Comprenons bien que le sens originel, c'est-à-dire religieux du mot « cœur » exclut, dans l'esprit de Pascal, toute tentation de voir en lui une faculté naturelle de connaître. Dans l'amour de Dieu, la seule connaissance convenable est celle qu'apporte l'amour lui-même dans la foi. Lorsque la grâce incline le cœur, elle ne surnaturalise pas, semble-t-il, une faculté naturelle de connaître qui, lorsqu'elle n'est pas surnaturalisée, resterait capable de connaître des vérités naturelles, les principes de la géométrie, par exemple. Le texte de L. 110, pris à la lettre, met dans le cœur une telle faculté nouvelle de connaître. De là, pour sauver l'unité de la pensée de Pascal, le désir de trouver sous les diverses acceptions du mot « cœur », une espèce de sens commun fondamental qui serait comme le tronc dont les autres seraient les branches.

« Le cœur, écrit Jacques Chevalier, n'est pas seulement l'organe du sentiment et de la vie morale, mais encore un des organes de sa connaissance... ». Fort justement, J. Chevalier remonte jusqu'au mot hébreu de l'Ancien Testament et au mot grec du Nouveau : or, constate-t-il, ceux-ci « servent à désigner... le siège de la vie spirituelle tout entière, aussi bien dans l'ordre de la connaissance que dans l'ordre du sentiment et de la volonté, et *dans l'ordre naturel comme dans l'ordre surnaturel.* ». On ne saurait être plus clair. Sans justifier autrement la substitution de *νοῦς* à *χαρδία*, Jacques Chevalier déclare donc : « Entre le cœur et la raison, Pascal dans les *Pensées,* établit une distinction analogue à celle que les Grecs établissaient entre le *νοῦς* et la *διάνοια*, entre la pensée pure et la pensée discursive. » (51). Si nous comprenons bien la longue étude que l'auteur consacre aux rapports de la raison et du cœur chez Pascal, tout semble se passer comme si la lumière surnaturelle de la grâce remplaçait la lumière naturelle dans le cœur qui « peut être assimilé aux yeux de l'esprit » (52).

C'est bien ce que dit aussi l'abbé Baudin quand il distingue « le cœur naturel » et « le cœur surnaturalisé par la grâce ». Ce « don de Dieu » fait passer d'un ordre à un autre, mais, ici et là, le cœur est « organe de connaissance ». Dans la vingtaine de pages très remarquables qu'il consacre au sujet, l'abbé Baudin prend à la lettre notre texte de L. 110 comme si le mot « cœur » appartenait au vocabulaire de Pascal savant ; il va donc établir une « liste de vérités naturelles et surnaturelles connues par le cœur » (53). Ce qui signifie clairement : la grâce rend la faculté de connaître les premières capables de connaître les secondes. L'abbé Baudin, lui aussi, rappelle la distinction platonicienne entre *νοῦς* et *διάνοια*, qu'il propose de traduire par « raison intuitive » et « raison opératoire » (54), ce qui permet de « tenir pour une même chose la raison et le cœur organe de la connaissance des premiers principes et de Dieu ». Ici comme dans l'esprit de Jacques Chevalier, cette construction, au fond, a pour but d'écarter de Pascal tout soupçon d'irrationalisme ; c'est pourquoi l'abbé Baudin ajoute : « En fin de compte il faut considérer le cœur, organe de la connaissance des premiers principes et de Dieu... comme la forme supérieure de la raison humaine. » (55).

L'abbé Baudin accepte donc un certain accord entre le couple : cœur-raison (raisonnante) et le couple : principe-démonstration mais sans aller jusqu'au couple esprit de finesse et esprit de géométrie : « Tous les hommes ont le cœur, peu ont l'esprit de finesse » (56). Il semble bien, en effet, que Pascal ait vu dans la finesse une qualité personnelle, propre à certains esprits et qui, d'ailleurs, a besoin d'être associée à l'autre qualité qui fait les bons géomètres (57). Pourtant le rapprochement est présenté comme allant de soi dans l'important ouvrage de Jean Laporte : *Le cœur et la raison selon Pascal.* Le chapitre II a pour titre : *Le domaine du cœur ;* premier sous-titre : *A. La foi ;* deuxième sous-titre : *B. L'esprit de finesse ;* or dans la dizaine de pages que couvre ce sous-titre, on ne trouve le mot « cœur » qu'une seule fois, mais dans une citation du *Discours sur les passions de l'amour,* où, d'ailleurs, il est pris dans un sens plus mondain que proprement pascalien (58). Ainsi non seulement Jean Laporte ne rencontre pas le mot « cœur » dans les textes sur l'esprit de finesse qu'il analyse mais le mot ne vient pas au bout de sa plume quand il les commente. Ce ne sont donc pas les explications de Pascal sur « l'esprit de finesse » qui font entrer celui-ci dans « le domaine du cœur », mais un certain souci de mettre sous le nom de Pascal une doctrine cohérente de la connaissance. Le « domaine du cœur » couvre toutes celles qui ne relèvent pas de la raison raisonnante : à côté de la foi et de l'esprit de finesse, on y verra la conscience morale, le goût esthétique, le sentiment par lequel sont donnés les principes de la géométrie. Il n'y aura par conséquent aucune contrariété quand on passe du cœur qui sent les trois dimensions au cœur qui sent Dieu, insisterait-on, comme le fait Jean Laporte, sur l'inspiration surnaturelle dans le second cas (59).

Dans cette direction, on aboutit aux simplifications qui suivent immédiatement une citation de L. 110 dans le livre de l'abbé Jean Steinmann : « Le cœur est l'organe d'intuition de ces esprits fins que Pascal oppose aux géomètres... Ce qu'il entend par le cœur et le sentiment n'est que la forme la plus vive de l'intelligence ». Voilà qui fait de Pascal un « précurseur de Newman et Bergson » (60).

Si proches des textes soient-elles, les explications des derniers historiens de Pascal vont dans la même direction : sauver une unité de sens fondamentale dans les divers domaines où Pascal emploie le mot « cœur » et écarter de sa pensée tout véritable irrationalisme.

Dans son commentaire de L. 110, M. Pol Ernst déclare « laisser de côté l'orientation apologétique qui clôt le fragment » ; du même coup, semble-t-il, les résonances religieuses du mot « cœur » se trouvent éliminées ; reste alors le fait que le texte appartient à une critique du pyrrhonisme auquel on oppose les deux « voies différentes par où la certitude est atteinte », la raison (raisonante) et le cœur, la vérité relevant, ici et là, de « la clarté naturelle ». (61).

Michel et Marie-Rose Le Guern n'estompent pas le sens religieux du mot « cœur » ; au contraire : mais, disent-ils, dans la Bible, « il désigne à peu près toutes les facultés de l'âme, à la fois l'intelligence, la mémoire, la volonté ». Il y a donc chez Pascal deux groupes de textes : d'une part, ceux où « l'influence biblique est indéniable » et, par suite, où « le mot garde cette signification indistincte » ; d'autre part, ceux « où c'est sa propre conception du cœur que Pascal manifeste » et où précisément est établie une distinction entre le cœur et la raison. Or, si nous comprenons bien, à l'indistinction biblique succède une distinction cartésienne. La distinction cœur-raison de la « Pensée » L. 110 est un texte qui appartient à un groupe où il voisine avec ceux de *L'Esprit géométrique.* Le schème est bien le même : il trace une distinction entre la raison qui raisonne et des certitudes qui ne relèvent pas de cette raison ; simplement « la lumière naturelle » de *L'Esprit géométrique* « sera remplacée par le cœur dans le fragment des Pensées (L. 110) qui étudie le problème de ces vérités primitives ». Ce remplacement permet alors de retrouver dans « l'opposition entre la raison et le cœur... la célèbre distinction entre l'esprit de géométrie et l'esprit de finesse » (62).

Cette intéressante explication provoque une objection et, du même coup, permet de discerner le vrai problème. Dans le Psaume, la prière de David suppose un cœur capable d'être incliné ; ce que Pascal trouve dans la Bible sous le mot « cœur », c'est, plus ou moins mêlée à d'autres, une fonction relativement déterminée, celle d'aimer ; par suite, le problème est de savoir comment mettre aussi sous le mot une fonction de connaître des vérités qui ne sont en aucune façon objet d'amour. « Le fragment 110 est tout imprégné de l'influence cartésienne », constate M. Michel Le Guern (63) ; c'est exact, mais dans une « Pensée » où la lumière surnaturelle doit éclairer et « incliner » vers le vrai bien une capacité d'aimer.

M. Pierre Magnard voit dans « le cœur qui sent que les nombres sont infinis » « une rationalité supérieure » (64) et, retrouvant L. 110 dans son chapitre si profondément pascalien : *Le cœur nouveau,* il en tire que « la connaissance par sentiment du cœur a seule prise sur la réalité » (65). On ne pourrait citer tous les historiens de Pascal qui ont proposé des explications de L. 110, différentes mais convergentes : pourtant, retenons encore celle de M. Jean Mesnard, car elle exprime ce qui est vraiment essentiel dans le commentaire traditionnel.

Voyant dans L. 110 une reprise de ce que Pascal avait dit sur la connaissance des principes dans *De l'esprit géométrique* sans toutefois se servir du mot « cœur », M. Jean Mesnard déclare : « Voilà donc éclairé le *premier* sens de ce terme... le cœur est *d'abord* la faculté des principes ». Il doit « relayer la raison » qui ne peut « indéfiniment remonter la chaîne des propositions », cela « en posant de premières vérités ». On soulignera *premier* et *d'abord* : ces mots qualifient bien ce « sens privilégié » dont nous parlions au début de notre recherche ; ce n'est donc pas le sens religieux mais un sens défini comme « une sorte d'intuition immédiate » qui est de l'ordre des connaissances naturelles (66). Le cœur « apparaît alors comme le fond de l'être humain, comme une structure primitive faisant que pour l'homme... il y a trois dimensions dans l'espace ». Ces notions de « fond de l'être » et de « structure primitive » vont permettre d'accueillir une seconde fonction du cœur : « Le cœur, au sens religieux du terme, est encore le fond de l'être, en un sens qu'illustre souvent la Bible, mais considéré surtout sous le rapport de la volonté. Le mot désigne en l'homme cette structure primitive qu'est la faculté d'aimer. » (67). Nous retombons donc sur notre question : comment serait-ce le même cœur qui connnaîtrait les principes de la géométrie et qui aimerait Dieu ou les idoles ?

« Le cœur qui sent les trois dimensions de l'espace et l'infinité des nombres », avouons-le, est bien encombrant. On vient de le voir en consultant quelques unes des études les plus approfondies et suggestives sur le cœur et la raison selon Pascal (68). La question qu'elles posent, en effet, est de savoir comment faire entrer notre « pensée » L. 110, Br. 282 à l'intérieur d'une philosophie de l'esprit où nos moyens de connaître sont définis et classés, distingués et coordonnés. Or, pareille question, croyons-nous, Pascal ne l'a pas lui-même posée et cela parce que le texte de L. 110 tel que nous le comprenons ne la pose pas. Bien entendu, il convient de présenter notre explication comme une hypothèse certainement discutable ; la discussion pouvant porter sur ses postulats, les voici : ne pas lire L. 110 comme si elle appartenait à une théorie de la connaissance. Ne pas prendre pour contexte de la distinction cœur-raison d'autres oppositions qui relèvent d'une théorie de la connaissance : « esprit de finesse » et « esprit de géométrie », principes et démonstration, voire *νοῦς* et *διάνοια*, intuition de style cartésien et déduction... On se méfiera donc de ce que nous pourrions appeler un éclairage par superposition, source d'équivoques.

Ne pas substituer au mot « cœur » des mots présumés synonymes tels que « sentiment », « instinct », « volonté » : l'utilisation de la synonymie ne saurait être admise qu'une fois celle-ci bien établie, qu'une fois remis dans leur contexte les passages de Pascal qui ont l'air de la suggérer.

Ces précautions prises, reconnaître que nous rencontrons le cœur qui sent les trois dimensions de l'espace et l'infinité des nombres à l'intérieur d'une argumentation dont la finalité est purement apologétique. Répétons-le : dans cette perspective, la « pensée » L. 110 n'est pas, comme *De l'esprit géométrique,* un texte à classer dans le dossier « Pascal savant » ; elle semble être une note préparatoire ou même une première rédaction d'un morceau qui devait trouver place dans un chapitre de l'Apologie. Là, Pascal entendait dire : il n'y a pas de l'indémontrable seulement en religion ; à ceux qui en font grief au Christianisme, il faut répondre : regardez donc du côté de la géométrie... Il s'agit d'une analogie entre deux situations ; très exactement : l'analogie porte sur une relation et nullement sur les termes de cette relation ; aucune similitude entre l'indémontrable géométrique et l'indémontrable religieux sauf le fait d'être indémontrable ; en géométrie, les deux termes appartiennent au domaine de la nature, tandis que dans la foi l'un d'eux est de l'ordre du surnaturel.

Chapitre IV

DE LA « DÉLECTATION »

I. « On ne quitte les plaisirs que pour d'autres plus grands. »

Après la mort du père, Pascal écrit pour sa famille « un discours bien consolatif » (1) : cet adjectif renvoie ici à ce que les spirituels appellent « consolations sensibles » ; l'expression n'apparaît pas dans le texte de la lettre, mais les états d'âme qu'elle désigne sont bien ceux auxquels pense ici le consolateur.

Pour accepter chrétiennement la mort d'un père, il faut une conversion par laquelle l'amour de Dieu retrouve sa primauté accaparée par l'amour-propre depuis la chute, ceci supposant un anéantissement du moi livré à la concupiscence. Or, cet anéantissement est trop contraire à la nature actuelle de l'homme pécheur pour être l'effet d'une sagesse comme celle de Socrate ou des stoïciens : il requiert une grâce. Mais comment cette grâce agit-elle ? Pascal sait que le christianisme nous demande l'impossible : la mort d'un père ne peut nous laisser « sans ressentiment » ; nous ne sommes pas « des anges qui n'ont aucun sentiment de la nature » ; « le coup est trop *sensible,* il serait même insupportable sans un secours surnaturel » ; et ce « secours surnaturel » doit être, lui aussi, sensible pour « l'emporter par-dessus les sentiments de la nature » (2).

Ce qui est indiqué, en passant, comme allant de soi, dans la lettre du 17 octobre 1651, se trouve distinctement perçu et expliqué dans l'écrit *Sur la conversion du pécheur.* le pécheur étant, bien sûr, Pascal lui-même qui tire de sa propre expérience une phénoménologie de l'âme mue par la « disposition intérieure toute sainte ».

Nous avons déjà lu cet opuscule qui commence ainsi : « La première chose que Dieu inspire à l'âme qu'il daigne toucher... ». Or nous savons que cette « première chose » est « une vue toute extraordinaire » qui lui découvre le néant des « choses qui faisaient ses délices » (3). De là, un « trouble » dont les remous sont des sentiments porteurs de nouvelles valeurs ; quand Pascal parle de « la raison aidée de la lumière de la grâce », il faut entendre : la grâce agit en faisant surgir des sentiments à l'intérieur desquels elle rend lumineux les jugements de valeur qui imposent à ma vie un changement de cap (4).

Précisons : il ne conviendrait pas de parler, ici, de grâces de lumière et grâces de sentiment, comme, par exemple, dans la théologie de Malebranche ; le contre-sens serait total si, distinguant fort justement deux temps dans la conversion, on réservait le premier aux grâces de lumière et le second aux grâces de sentiment.

Toute grâce est de sentiment. Si l'on veut isoler un premier temps, il est grâce de sentiment. Mais tout sentiment inclut un jugement de valeur et un jugement de valeur immanent à un sentiment inspiré par Dieu ne peut évidemment pas rester dans une espèce de flou artistique : il impose donc immédiatement sa vérité à la raison. Toutefois, ce qui est efficace, c'est le sentiment et non ce qu'il apporte de satisfaisant pour la raison. Bref, il ne s'agit pas de bien juger pour bien faire.

Dans *Sur la conversion du pécheur,* Pascal se plaît à décrire les contradictions de l'âme travaillée par la grâce. Ainsi, voir que les biens périssables ne sont rien n'implique pas que, de ce fait, ils cessent de plaire, mais l'âme « ne peut plus goûter avec tranquillité les choses qui la charmaient ; un scrupule continuel la combat dans cette jouissance ». Voir que les biens périssables ne sont pas des biens n'implique pas que, de ce fait, les vrais biens, même reconnus comme tels, causent du plaisir et deviennent attirants. L'âme, alors, est même dans une disposition si paradoxale qu'elle éprouve « encore plus d'amertume dans les exercices de piété que dans les vanités du monde » ; car ces vanités sont trop sensibles pour n'être pas plaisantes malgré le jugement qui les discrédite et la piété est trop purement spirituelle pour n'être pas rebutante malgré les exhortations de la raison. Il faut donc prendre à la lettre le mot « désordre », qui qualifie pareil état de l'âme : « D'une part, la *présence* des objets visibles la touche plus que l'espérance des invisibles, et de l'autre, la *solidité* des invisibles la touche plus que la *vanité* des visibles. » Comme la contradiction entre le vouloir et le pouvoir qui, dans l'*Epitre aux Romains* (VII), offre à la pensée et à la rhétorique chrétiennes un modèle pour décrire notre condition, le paradoxe dont Pascal exploite la puissance de choc, ce paradoxe est dans la vie la plus intime de l'âme : « Et ainsi la *présence* des uns et la *solidité* des autres disputent son affection ; et la *vanité* des uns et l'*absence* des autres excitent son aversion. » (5).

Sous le discours aux effets visiblement destinés à dramatiser la situation, on a reconnu la vie de Pascal avant la « nuit de feu ». Sa sœur Jacqueline, la confidente de ses pensées, écrit, le 8 décembre 1654 : « depuis plus d'un an » il éprouve un grand mépris du monde et un dégoût presque insupportable de toutes les personnes qui en sont... » (6) ; dans le portrait plus achevé qu'elle dessine le 25 janvier, on retrouve tous les traits de la description soigneusement rédigée dans le texte *Sur la conversion du pécheur :* « ... une aversion extrême qu'il avait des folies et des amusements du monde... détaché de toutes choses... », ce qui deviendra le thème de l'anéantissement ; « ... le reproche continuel que lui faisait sa conscience », c'est-à-dire l'impossibilité de « goûter avec tranquillité » les choses qui lui plaisaient ; enfin, il « se portait » vers Dieu « de tout son pouvoir » ... (7) mais c'est ici le point délicat et le moment qui aurait pu être celui d'un carrefour si Pascal n'avait spontanément suivi la voie augustinienne sans même voir la possibilité d'une autre.

On a déjà remarqué que l'anéantissement du *moi* concupiscent était impliqué dans l'exclusivité essentielle à l'amour de Dieu : le même mouvement de conversion détourne du *moi* la puissance d'aimer et la tourne vers le seul être aimable ; c'est pourquoi, ce mouvement est déjà un effet de la grâce. Mais, le témoignage de Jacqueline pris sur le vif et le discours *Sur la conversion du pécheur* sont ici convergents, l'âme ainsi disposée se trouve spirituellement élevée à un point de vue où elle sait en qui est son souverain bien sans cependant sentir le mouvement irrésistible qui la porterait vers lui. Revenons à la lettre de Jacqueline qui, peut-être, rapporte les propos de son frère sur sa relation à Dieu : « ... il s'y portait de tout son pouvoir, mais il sentait bien que c'était plus sa *raison* et son propre espoir qui l'excitait à *ce qu'il connaissait le meilleur...* ». Que lui faut-il donc de plus ? « ... que non pas, continuait-il, le mouvement de celui de Dieu », ce qu'il appelait, quelques lignes plus haut, « un attrait » (8). Ainsi Pascal a perçu dans sa propre histoire ce qui, en définitive, opère « la conversion véritable » : une grace qui incline le cœur vers Dieu par le moyen de sentiments a le pouvoir de vaincre toute résistance opposée par d'autres sentiments.

Tel est le sens de ce qui est arrivé dans la soirée du 23 novembre 1654, mettant fin à la situation trouble dont Jacqueline avait été le témoin attentif.

> Certitude, certitude, sentiment, joie, paix
>
> . . . .
>
> Joie, joie, joie, pleurs de joie.

Sur la copie qu'il fera du « mémorial », Pascal ajoutera même :

> Eternellement en joie pour un jour d'exercice sur la terre.

Les textes convergents des lettres de sœur Sainte-Euphémie et de l'écrit *Sur la conversion* dérivent de ce que Pascal a expérimenté entre la première et la seconde conversion. Autrement dit, ils nous apprennent comment la grâce devient efficace. Concrètement, qu'est-ce qui se passe dans l'âme lorsque la grâce opère la conversion du cœur ?

« Il y a loin de la connaissance de Dieu à l'aimer. » Nous avons déjà rencontré cette « pensée » I. 377 avec celles de la même liasse qui en éclairent le sens. Nous pouvons maintenant préciser : la « vue » que donne une première grâce n'est pas sans effet sur la volonté ; comment connaître l'Etre souverainement aimable sans vouloir l'aimer ? Mais, et voici la vraie formule qui conviendrait à la situation : il y a loin de la volonté d'aimer Dieu à l'aimer. Or, cette conversion de la volonté d'aimer en amour est liée à la présence d'états affectifs qui, comme tels, sont des modifications de l'âme accompagnant et signalant l'action d'une attraction au sens le plus dynamique du mot.

Un texte remarquable de *Sur la conversion du pécheur* fait nettement ressortir ce qui est donné à l'âme au second temps en disant ce qui lui manque au premier : « Car encore qu'elle ne *sente* pas ces *charmes* dont Dieu récompense l'habitude dans la piété, elle *comprend* néanmoins que les créatures ne peuvent être plus aimables que le Créateur, et sa *raison* aidée de *la lumière de la grâce* lui fait *connaître* qu'il n'y a rien de plus aimable que Dieu. » (9). Remarquons bien que cet état est celui d'une âme visitée par Dieu, ce que Pascal, d'ailleurs, rappelle dans la phrase suivante : « c'est le posséder que de le désirer » ; – « tu ne me chercherais pas si tu ne m'avais trouvé », lirons-nous dans « le mystère de Jésus » (10). Mais la possession dans le désir, la rencontre dans la recherche ne sont que virtuelles quand on les considère avant l'heureuse fin de l'itinéraire. Or cette fin est une grâce de sentiment dont l'effet n'est pas seulement d'opérer une inversion dans la table des valeurs mais de donner la force de vivre comme on pense.

Ces modifications de l'âme qui manifestent l'efficacité de la grâce relèvent de ce que nous appelons la psychologie de la vie affective ; de fait, Pascal use de mots qui doivent leur signification à l'introspection : plaisir, délectation, douceur, charme, attrait. La psychologie, pourtant, ne saurait expliquer l'origine de ces modifications de l'âme : quand Pascal parle de « douceurs célestes » (11), l'adjectif rapporte l'impression sentie à une cause surnaturelle. Il est, évidemment, impossible de séparer les données de la conscience et l'interprétation théologique qui les fait signes de la grâce : la conscience perçoit ce qu'il y a de « céleste » dans les « douceurs » qui l'affectent et le théologien, ici, pense la grâce comme une douceur ; là est même l'essentiel de la spiritualité pascalienne. Ainsi, l'efficacité de la grâce est à la fois obtenue et manifestée par ce que le « mémorial » appelle une « joie » qui ne saurait être l'objet d'aucune réduction ou explication au niveau de l'affectivité naturelle.

Il y a donc une psychologie de l'âme sous la grâce : qui exprime, semble-t-il, une espèce de dialectique immanente à la souffrance comme au bonheur du chrétien. Son expression la plus pathétique est dans une lettre à Melle de Roannez de décembre 1656 (12). « Ceux qui entreront dans la bonne vie, dit saint Paul, trouveront des peines et des inquiétudes en grand nombre. » « Cela, commente Pascal, doit consoler ceux qui en sentent » car leurs « peines et inquiétudes » signifient qu'ils sont sur « le chemin du ciel ». Or c'est là une consolation sensible : les « peines et inquiétudes » sont, en effet, doublées d'un « plaisir » qui permet de les « surmonter » (13). Ainsi il est dur, en vérité, de renoncer aux biens de ce monde, mais si le renoncement est déjà l'effet d'une grâce, comme la grâce est toujours en quelque manière sentie, elle se manifeste dans une douceur intérieure qui accompagne la souffrance du chrétien.

Pas plus que sa souffrance le bonheur du chrétien n'est sans mélange. Jésus-Christ a promis « une joie que le monde ne peut ni donner ni ôter » (14). Or cette joie est en quelque sorte déduite de la situation historique de l'homme pécheur et définie par rapport à deux cas-limites : « Les bienheureux ont cette joie sans aucune tristesse ; les gens du monde ont leur tristesse sans cette joie, et les Chrétiens ont cette joie mêlée de la tristesse d'avoir suivi d'autres plaisirs, et de la crainte de la perdre par l'attrait de ces autres plaisirs qui nous tentent sans relâche. » (15). Ainsi, les plaisirs spirituels, les douceurs célestes, les consolations sensibles sont, comme tout sentiment, vécus au présent, mais avec une référence au passé dans un regret et une référence à l'avenir dans une crainte.

La grâce est donc sentie ; ceci veut dire que, pour être efficace, le saint plaisir doit être préférable à ceux du monde. Une logique subtile chemine, immanente à cette psychologie de l'âme sous la grâce, y introduisant une espèce d'arithmétique des plaisirs.

Deux mois avant la lettre à Melle de Roannez que nous analysons, Pascal avait déjà expliqué à la jeune fille que la vie du chrétien est un combat continu : il y a « le poids de sa concupiscence, qui porte à la terre » ; puis « quand Dieu attire en haut », l'âme se trouve livrée à « des efforts contraires », état de « violence que Dieu seul peut faire surmonter » (16). Comment ? C'est justement ce que précise la lettre de décembre : un plaisir ne peut cesser de plaire que si un plaisir plus vif le remplace ; précisons : « on ne quitte les plaisirs que pour d'autres plus grands. » (17). Cet élément quantitatif est, en quelque sorte, une qualité du plaisir : dès que les mots interviennent, ceux qui expriment le *plus* et le *moins* arrivent spontanément sous la plume. Ainsi, dans cette lettre à Melle de Roannez où Pascal décrit l'affectivité propre à la vie militante du chrétien de telle façon que les effets les plus pathétiques de son analyse font ressortir la cohérence logique de cette psychologie.

L'amour n'aime que ce qui est aimable et le plaisir est le signe de cette amabilité : c'est là affaire de « charme », mot que nous avons déjà lu dans l'écrit *Sur la conversion du pécheur* et que Pascal reprend volontiers quand il parle de la grâce. Ainsi, « ceux qui quittent Dieu pour retourner au monde ne le font que parce qu'ils trouvent *plus de douceur* dans les *plaisirs* de la terre que dans ceux de l'union avec Dieu, et que ce *charme* victorieux les entraîne... ». De même, continue Pascal – et soulignons ces mots – « *de même* on ne quitterait jamais les *plaisirs* du monde pour embrasser la croix de Jésus-Christ, si on ne trouvait *plus* de *douceur* dans le mépris, dans la pauvreté, dans le dénuement et dans le rebut des hommes, que dans les *délices* du péché. » (18). Autrement dit, ce point est capital, la psychologie de l'amour est la même, qu'il se porte vers les créatures ou vers Dieu : c'est pourquoi l'imitation de Jésus-Christ est possible à la faveur de plaisirs plus délectables que ceux dont elle nous prive.

La finesse géométrique de ces analyses psychologiques laisse entrevoir le canevas que Pascal a trouvé, définitif et non modifiable, dans la théologie de Port-Royal. Quand il n'a plus l'obligation de parler, comme le ferait un directeur de conscience, à une jeune fille du monde, quand il se propose de mettre au net la pensée de saint Augustin sur la grâce pour la distinguer des erreurs calviniste et moliniste, il ne reste plus que l'architecture doctrinale de son sensualisme spirituel. Après le péché d'Adam, « la concupiscence s'est donc élevée dans ses membres et a *chatouillé* et *délecté* sa volonté dans le mal... » ; celle-ci « se trouve maintenant *charmée* par la concupiscence qui s'est élevée dans ses membres » ; désormais, sans la « grâce de Rédemption », « tous les hommes sortis d'Adam » « demeurent tellement *chatouillés* et *charmés* par leur concupiscence, qu'ils aiment mieux infailliblement pécher que ne pécher pas, par cette raison qu'ils y trouvent *plus de satisfaction* ». Que la bonté divine forme le projet de sauver une partie de l'humanité, la question du moyen à employer relève de ce que nous avions appelé l'« arithmétique des plaisirs » : « la grâce de Jésus-Christ n'est autre chose qu'une *suavité* et une *délectation* dans la loi de Dieu » ; « non seulement *égalant*, mais *surpassant* encore la concupiscence de la chair », cette grâce « remplit la volonté d'une *plus grande délectation* dans le bien, que la concupiscence ne lui en offre dans le mal ». Le processus déclanché est le même, c'est pourquoi Pascal use des mêmes formules : « *charmé* par les *douceurs* et par les *plaisirs* que le Saint-Esprit lui inspire, *plus que* par les attraits du péché », notre *moi* « choisit infailliblement lui-même la loi de Dieu par cette seule raison qu'il y trouve *plus de* satisfaction » (19).

« Infailliblement » marque bien l'espèce de déterminisme qui est complémentaire d'une échelle arithmétique des plaisirs. Ceci est très fortement souligné dans le 3e *Ecrit sur la grâce :* l'homme « est maintenant esclave de la délectation » ; d'où le principe qui introduit la quantité dans l'intensité des états affectifs et un certain déterminisme dans l'exercice de la volonté ; « ce qui le délecte davantage l'attire infailliblement » ; ou encore : « c'est une nécessité que nous opérions selon ce qui nous délecte davantage » (20). Pareille nécessité suppose un autre fondement que l'autorité : le principe est de « sens commun » (21) ; c'est bien pourquoi saint Augustin en fait une articulation décisive de sa théologie. En invoquant « le sens commun », Pascal entend fonder une nécessité de fait : personne ne peut nier que... ; il s'agit d'un *constat.* Quand nous lisons : « qu'y a-t-il de plus clair que cette proposition, que l'on fait toujours ce qui délecte le plus ? », la clarté qui justifie notre assentiment immédiat est celle d'une loi qui régit l'action, loi incontestablement perçue et perceptible.

Il convient, certes, d'insister sur la logique rigoureuse de la pensée pascalienne dans la construction de son anthropologie théologique ; mais cette logique est celle d'une situation. Qu'on lise le commentaire qui suit l'énoncé de la « proposition ». Pascal semble d'abord voir en elle la clarté du principe d'identité : « on fait toujours ce qui délecte le plus » est parfaitement clair « *puisque* ce n'est autre chose que de dire que l'on fait toujours ce qui plaît le mieux, c'est-à-dire que l'on veut toujours ce qui plaît, c'est-à-dire qu'on veut toujours ce que l'on veut... ». Voici donc des séries de « c'est-à-dire » qui, par un jeu d'identités, conduisent la « proposition » à prendre une forme telle que la menace d'une grossière contradiction interdit toute hésitation. Mais il y a un autre « c'est-à-dire » qui, lui, découvre sous la « proposition » une situation de fait : « ... et que, continue Pascal, *dans l'état où est aujourd'hui* notre âme réduite, il est inconcevable qu'elle veuille autre chose que ce qu'il lui plaît vouloir, c'est-à-dire ce qui la délecte le plus. » Ainsi, la boucle est bouclée : la « proposition » rejoint et retrouve son premier énoncé ; sa clarté, en définitive, est alors celle d'un « état de l'âme », connu par expérience et compris à l'intérieur d'une histoire dont les épisodes décisifs sont connus par révélation (22).

On comprend alors l'assurance et l'aisance avec lesquelles dans la *Dix-huitième Provinciale,* Pascal trouve dans la grâce délectante la solution au faux problème qui l'oppose à notre libre-arbitre. En quelques lignes, il dit tout ce qui peut être dit, avec les mots qui, en quelque sorte, constituent le vocabulaire technique de la « conversion ». « L'opération de Dieu », écrit-il, ne « détruit en aucune sorte la liberté naturelle de l'homme », ceci « par les secrètes et admirables manières dont Dieu opère ce changement, que saint Augustin a si excellemment expliquées ». « Car, continue-t-il, selon ce grand Saint... Dieu change le cœur de l'homme par une *douceur céleste* qu'il y répand, qui surmontant la *délectation* de la chair, fait que l'homme *sentant* d'un côté sa mortalité et son néant, et découvrant de l'autre la grandeur et l'éternité de Dieu, conçoit du *dégoût* pour les *délices* du péché... et trouvant sa plus grande *joie* dans le Dieu qui le *charme*, il s'y porte infailliblement de lui-même... ». Ces mots « de lui-même » ôtent à l'adverbe « infailliblement » toute référence à une contrainte venue du dehors. « La volonté ne se porte jamais qu'à ce qui lui plaît le plus » : qu'une inclination divine la pousse vers un bien tel qu'on n'en saurait concevoir de plus grand ? comment voudrait-elle s'en écarter ? Bref, « le libre arbitre... se porte aussi librement qu'infailliblement à Dieu lorsqu'il veut *l'attirer* par la *douceur* de ses inspirations efficaces » (23).

On ne sera donc pas surpris d'entendre Pascal rappeler cette tactique de Dieu dans les pages qu'il consacre à « l'art de persuader » : le mécanisme de la persuasion est le même dans la psychologie religieuse que dans la psychologie des relations humaines : ici et là, son déclanchement est provoqué par l'attrait d'un plaisir ; mais dans le cas de la grâce il s'agit d'un plaisir *sui generis* radicalement différent de ceux que nous offent les biens de ce monde. « Nous ne croyons presque que ce qui nous plaît », constate Pascal. « De là vient, continue-t-il, l'éloignement où nous sommes de consentir aux vérités de la religion chrétienne » puisqu'elles sont « tout opposées à nos plaisirs ». Nous sommes comme les juifs déclarant à Moïse : « Dites-nous des choses agréables et nous vous écouterons ». « Comme si, s'écrie Pascal, l'agrément devait régler la créance ! ». Cependant, que fait Dieu ? « il ne verse ses lumières dans les esprits qu'après avoir dompté la rébellion de la volonté par une *douceur toute céleste* qui la *charme* et qui l'entraîne. » (24).

II. Voluptas cordis *et pur amour.*

« Saint Augustin... ce grand Saint que les Papes et l'Eglise ont donné pour règle en cette matière... » (25). Pascal a pris la peine de traduire quelques textes d'une clarté décisive sur la grâce comme *delectatio, suavitas,* voire *voluptas* (26). Pour « accomplir la justice », il faut que Dieu « rende doux ce qui ne délectait pas », *et suave faciat quod non delectabat* (27). Car il y a une *delectatio justiciae* pour vaincre en nous les *delectationes* de la concupiscence (28). Pascal n'hésite pas à dire avec saint Augustin, que « l'homme animé de l'esprit de Dieu... convoite contre la chair », *concupiscitur adversus carnem,* « ceci par une plus puissante force de la charité » (29). Car il y a « une volupté du cœur », *voluptas cordis ;* les voluptés des sens corporels, *corporis sensus voluptates,* ne sont pas les seules ; l'esprit a les siennes, *animus habet voluptates suas* (30). C'est une loi de notre condition : l'homme « embrasse-t-il jamais une chose qui ne le délecte pas ? »: Alors, « est-il en notre puissance de faire que les choses qui nous délectent arrivent ? » ; est-il en notre puissance « que celles qui arrivent nous délectent ? » (31). Que ce soit « la délectation de la grâce de Dieu », qui rende le bien désirable (32), ou « la délectation du mal », *delectatio malitiae* (33), la question est capitale.

Il arrive à Pascal, bien sûr, de puiser dans son dossier des extraits de traités augustiniens traduits par lui. Ainsi, dans les *Fragments d'une lettre de Pascal sur la possibilité des commandements,* il cite un passage où il est dit : devant la bonne œuvre à faire, « chacun de nous quelquefois y sent de la délectation » et « quelquefois il n'en sent point », cela précisément pour montrer notre impuissance à faire le bien si, par un « don de Dieu », nous n'y « sentons cette délectation » (34). Texte que Pascal résume dans un autre fragment (35). Dans les écrits *Sur la possibilité des commandements,* en vue d'un « discours » et non plus d'une « lettre » (36), on trouve un morceau qui reprend, presque mot pour mot, quelques lignes de saint Augustin affirmant la nécessité d'une « délectation de la charité » pour vaincre « la délectation du péché » (37). Mais lorsque Pascal ne reprend pas les termes mêmes de saint Augustin, il ne cesse dans ses *Ecrits sur la grâce* de vouloir être son interprète et M. Philippe Sellier peut parler d'« une véritable mosaïque augustinienne » (38).

Ajoutons que Pascal doit son érudition à un gros recueil de textes de saint Augustin sur la grâce du Christ et le libre arbitre aux pages duquel, d'ailleurs, il renvoie pour les extraits qu'il recopie ou traduit en vue de ce que nous supposons avoir été trois projets d'ouvrage quand nous lisons les *Ecrits sur la grâce* (39).

La grâce comme délectation est une thèse fondamentale dans la spiritualité et la théologie de Pascal (40). Celui-ci ne semble pas avoir été sérieusement troublé par la crainte de l'illusion (41). Il n'a pas l'air de voir le risque que saint François de Sales, en bon directeur de conscience, tient à signaler. Lui aussi, certes, reconnaît dans l'amour de Dieu une grâce qui « répand imperceptiblement au fond du cœur une certaine douce suavité », signe de « sa présence » (42). Toutefois, attention ! nos cœurs « petit à petit étant duits [dressés à] et exercés au saint amour, ils prennent imperceptiblement le change, et en lieu d'aimer Dieu pour plaire à Dieu, ils commencent d'aimer pour le plaisir qu'ils ont eux-mêmes ès exercices du saint amour » et alors « en lieu qu'ils étaient amoureux de Dieu, ils deviennent amoureux de l'amour qu'ils lui portent » (43). Mais, heureusement, si la présence d'une délectation ne signifie pas nécessairement celle de la grâce, l'absence de délectation ne signifie nullement celle de la grâce. On pourrait presque dire : au contraire : « l'amour est extrêmement pur et net » quand « étant privé de tout plaisir par lequel il puisse être attaché à son Dieu, il nous joint et unit à Dieu immédiatement, volonté à volonté, cœur à cœur, sans aucune entremise de contentement... ». « Ainsi, lit-on quelques lignes plus loin, Madeleine, ayant rencontré son cher Maître, n'en reçoit aucun allègement, d'autant qu'elle ne pensait pas que ce fût lui, mais seulement le jardinier. » (44).

Constatons, ici encore, la coexistence au XVIIe siècle de deux tendances de la vie dévote : une spiritualité hantée par l'idée de péché et une spiritualité hantée par le souci de la pureté de l'amour ou, si l'on veut, une spiritualité du salut et une spiritualité de l'adoration. Or la logique de la seconde implique ce que nous appellerions une « dévalorisation » de la délectation de la grâce.

L'amour vraiment pur est totalement désintéressé ; le moyen le plus radical de le purifier est d'anéantir le *moi* auquel se rapporte l'intérêt ; avec le *moi* se trouve éliminée l'affectivité qui est comme la coloration du *moi ;* ainsi, le plaisir signifie toujours ce qui *me* plaît et si la grâce est sentie comme un plaisir l'amour de soi est réintroduit dans l'amour de Dieu. Ce que Fénelon avait clairement reconnu dans les *Maximes des saints* en disant ce qu'est le pur amour selon « les mystiques » : « l'âme y est dépouillée de toutes les grâces sensibles, de tous les goûts, de toutes les facilités, de toutes les ferveurs qui pourraient la consoler et la rassurer. » (45).

On comprend alors que Fénelon ait pensé comme une opposition inadmissible la coexistence, en son temps, des deux spiritualités et qu'il ait choisi la délectation de la grâce comme terrain de combat. Fénelon a d'abord consacré à la délectation de la grâce la première de ses *Lettres* au P. François Lami (ou Lamy), bénédictin, écrite en 1708 mais publiée après sa mort (46). Surtout il a attaqué directement et violemment les « jansénistes » sur ce sujet dans l'ouvrage qu'il a publié quelques mois avant sa mort : *Instruction pastorale de Mgr. l'archevêque de Cambrai au clergé et au peuple de son diocèse en forme de dialogues divisée en trois parties,* dont le sujet est aussitôt indiqué ; on lit : *Première partie qui développe le système de Jansénius, sa conformité avec celui de Calvin sur la délectation et son opposition à la doctrine de saint Augustin* (47). Fénelon avait rêvé d'écrire en français une sorte d'*Augustinus* présentant un autre saint Augustin que celui de Jansénius. En fait, il a composé un ouvrage de critique polémique, « en forme de dialogues » rapportés dans des lettres... Dans une sorte de prologue, l'archevêque de Cambrai se montre frappé et très inquiété par « les profondes et dangereuses impressions que les *Lettres à un Provincial* ont faites sur le public » ; de là l'idée de se servir, lui aussi, « du jeu du dialogue » pour rétablir la vérité sur la grâce et tout particulièrement dénoncer le dangereux épicurisme de la doctrine janséniste de la délectation (48).

Si nous relisons la lettre du 17 décembre 1656 à Melle de Roannez, nous voyons maintenant que la différence entre la spiritualité de Pascal et celle du pur amour tient sans doute à ce simple petit mot *que* : « les peines » qu'impose le sacrifice de l'amour de soi, « ne sont pas sans plaisir, et ne sont jamais surmontées *que* par le plaisir » ; « on ne quitte les plaisirs *que* pour d'autres plus grands » (49).. C'est ce *que* qui est refusé dans l'autre spiritualité où l'on dirait : le saint plaisir n'est pas toujours aussi saint que nous le croyons et la sécheresse n'est pas nécessairement le signe d'un abandon de Dieu.

Chapitre V

LES DEUX SAGESSES

I. Le péril stoïcien.

Pensée avec la double référence à la chute d'Adam et à la rédemption par Jésus-Christ, « la conversion véritable », est radicalement différente de celle qu'implique la sagesse des philosophes : il y a là deux schèmes non superposables même partiellement.

La certitude de cette incompatibilité est intimement liée à l'idée que Pascal se fait de la conversion : on dirait qu'il craint une confusion, tout particulièrement avec la conversion selon la sagesse stoïcienne.

Sans doute convient-il de rappeler ici qu'à toutes les époques il y eut des penseurs chrétiens tentés d'annexer le stoïcisme et ceci tout particulièrement dans la seconde moitié du XVIe siècle où commencent à paraître des traductions d'auteurs stoïciens en langue française (1). Signalons seulement que le stoïcisme christianisé entre à l'Université de Louvain avec Juste Lipse (2), tandis qu'en France les *Entretiens* et le *Manuel* d'Epictète trouvent pour traducteurs un évêque, Guillaume Du Vair (3), un Général des Feuillants, Dom Jean de Saint-François (4). Ajoutons les religieux « humanistes chrétiens » étudiés dans une vingtaine d'articles du P. Julien-Eymard d'Angers (5).

Le contexte culturel explique donc pourquoi, dans une apologétique sans compromission humaniste, Pascal saisira toutes les occasions de dissiper l'équivoque d'un certain accord entre la vie chrétienne et la morale stoïcienne (6) ; mais cette partie critique n'est pas une sorte de parenthèse historique à l'intérieur d'une méditation sur « la conversion véritable » : elle est si essentielle dans la connaissance de sa signification qu'elle s'impose à l'esprit de Pascal même lorsqu'il s'agit de sa conversion ou plutôt de ses conversions puisqu'il y en a deux, l'une en 1646, l'autre en 1654 : dans la lettre aux Périer du 17 octobre 1651 pour la première, dans l'*Entretien avec M. de Saci* en janvier 1655 pour la seconde, Pascal, spontanément, fait appel à la doctrine stoïcienne pour rendre sensible ce qu'il y a de proprement chrétien dans les expériences qu'il vient de vivre.

En 1646, Pascal se convertit au christianisme de Port-Royal représenté à Rouen par M. Guillebert, curé de Rouville ; l'année suivante il entend M. Singlin qui prêche dans la chapelle de Port-Royal de Paris où sa sœur Jacqueline veut devenir religieuse (7). Or, quand au milieu de 1647, il rend visite à M. de Rebours, confesseur dans la sainte maison, il croit pouvoir lui dire que « *nous* avions vu leurs livres et ceux de leurs adversaires », ce qui était une façon de « lui faire entendre que nous étions de leurs sentiments » (8). Quels titres mettre sur ces livres dont Pascal ne paraît pas avoir cru nécessaire de nommer les auteurs ? Il avait probablement lu le *Discours de la Réformation de l'homme intérieur, où sont établis les véritables fondements des vertus chrétiennes selon la doctrine de saint Augustin,* prononcé par Cornelius Jansénius (9) ; quelques chapitres de l'*Augustinus* (10), le livre d'Arnauld *De la fréquente communion* (11) ; il est sûr qu'il a lu avec Jacqueline la *Théologie familière* de Saint-Cyran (12) et sa *Lettre à un Ecclésiastique de ses amis touchant la disposition à la prêtrise.* Or, l'effet immédiat de la « conversion » accompagnée de telles lectures semble être surtout d'ordre culturel : la relève des maîtres à penser ne pose aucun problème ; l'esprit éduqué à l'école des Anciens n'offre aucune résistance aux évidences de la nouvelle foi, tandis que l'homme du monde survivra jusqu'à la seconde conversion en 1654.

L'importante lettre du 1er avril 1648 à sa sœur Gilberte montre que, dès cette époque, Pascal a fait sienne la vision du monde et de l'homme dans le monde qu'expriment la théologie et la spiritualité de Jansénius et de Saint-Cyran. Il semble n'avoir rencontré aucune difficulté d'ordre doctrinal : autrement dit, les vues philosophiques, morales, théologiques dont il pouvait avoir quelque connaissance ne créent en lui aucun trouble. Blaise et Jacqueline sont en train de lire la lettre de Saint-Cyran « de la vocation » que nous venons de citer ; elle « a choqué beaucoup de monde » mais pas eux ; ils la disent « fort relevée » ; il est entendu que « nos péchés nous retiennent enveloppés parmi les choses corporelles et terrestres », ce qui est proprement un état de « captivité », « nous devons nous considérer comme des criminels dans une prison »; sans doute, il y a là les signes de la présence du « libérateur » qui nous fait « sortir de la servitude », mais, seule, « une lumière surnaturelle » nous rend capables de les voir ; la famille Pascal est de « ceux que Dieu, par la régénération, a retirés gratuitement du péché » (13) ... Si Pascal n'opère pas alors le radical changement de vie qu'exigeraient la mort du « vieil homme » et l'avènement d'un « cœur nouveau », du moins les certitudes de la vraie religion vont-elles s'affirmer en s'opposant aux fausses valeurs de la culture classique. C'est une telle substitution d'un monde culturel à un autre que nous pouvons déjà constater dans la méditation didactique que Blaise envoie aux Périer le 17 octobre 1651 à l'occasion de la mort de leur père (14).

Il s'agit d'un « discours bien consolatif » (15), genre littéraire dont la littérature ancienne fournissait des modèles aux écrivains chrétiens. La lettre de Pascal commence par un morceau qui, à quelques mots près, pourrait être écrit par un stoïcien : refus du hasard et de la fatalité aveugle, soumission à une providence qui a tout prévu pour le mieux ; « ... et unissant notre volonté à celle de Dieu même, nous voudrons avec lui, en lui, et pour lui, la chose qu'il a voulue en nous et pour nous de toute éternité. » Pascal connaît suffisamment l'influence toujours persistante du stoïcisme pour n'être pas conscient de l'équivoque possible dans l'esprit d'un lecteur qui ne serait pas Gilberte ou Florin Périer : il la dissipe aussitôt : « Il est sans doute que Sénèque et Socrate n'ont rien de persuasif en cette occasion. » Sénèque... et tout particulièrement, bien sûr, l'auteur de la *Consolatio ad Polybium* et de la *Consolatio ad Helviam* où il donne la parole au Socrate des dialogues platoniciens. Il est probable que Pascal a lu des écrits de Sénèque quand il apprenait le latin : ce qui n'empêche pas de supposer qu'en 1651 ses souvenirs les plus récents aient pour références les citations et les exposés qu'en donne Jansenius (16). De fait, la critique qui suit semble reprendre celle de saint Augustin : « il n'y a de consolation qu'en la vérité seule » ; le discours de Socrate ne peut donc être « consolatif » puisqu'il a pour principe une « erreur » (17). Quelle est donc cette « erreur » ?

Elle consiste à « prendre la mort comme naturelle à l'homme ». Or, « la vérité que le Saint Esprit nous a apprise », cela dans « les livres canoniques », est que « la mort est une peine du péché ». Vérité qui est « consolation », car elle donne un sens à la mort : celle-ci est « nécessaire à l'homme pour le purger du péché » ; elle « seule peut délivrer l'âme de la concupiscence des membres » (18). Ce sens de la mort éclaire celui de la vie dont elle marque la fin : « la vie des chrétiens est un sacrifice continuel » ; de sorte que le mal et le bien se trouvent définis par rapport à cette vocation : les événements de notre existence ne doivent être appréciés « qu'à proportion qu'ils interrompent ou qu'ils accomplissent ce sacrifice » (19). Dans cette perspective, Jésus-Christ propose au chrétien le parfait modèle de la vie et de la mort selon la vérité ; en même temps, celles-ci opèrent la médiation rédemptrice, cause de la grâce qui le rendra capable de les imiter.

Ce sont là les lieux communs de la théologie et de la spiritualité chrétiennes que l'*Imitation de Jésus-Christ* a rassemblés dans un manuel de la vie dévote aux éditions innombrables. Mais Pascal s'applique à faire ressortir l'idée de l'homme qui est ici impliquée.

D'abord, il se retourne vers les stoïciens dont, dès cette époque, l'influence paraît l'inquiéter : qu'ils n'essaient pas de nous consoler en disant que la mort est naturelle, car, justement, la nature n'en peut supporter l'idée : « Sans Jésus-Christ elle est horrible, elle est détestable, et l'horreur de la nature. » (20). La consolation ne sera obtenue, au contraire, qu'en « domptant cette horreur » qui, soulignons-le, est naturelle (21). Pascal use d'expressions très dures dans la partie critique et très directement anti-stoïcienne de sa dissertation : « discours futiles » dont « l'inutilité » montre « combien l'homme en général est faible », ce qu'illustre aussitôt une antithèse aux superlatifs accablants : « puisque les plus hautes productions des plus grands d'entre les hommes sont si basses et si puériles » (22) ... C'est que la réaction de Pascal est ici celle du « moi fondamental », du « moi tout entier », pris à cette profondeur où l'intelligence elle-même se comporte avec la spontanéité d'un instinct (23).

La notion de création favorise la croyance en la bonté de la nature et du même coup un certain accord apparent de la pensée chrétienne avec le naturalisme quasi-religieux des sagesses anciennes telles que le stoïcisme. De là cette sensibilité de l'intelligence, si l'on peut dire, qui s'exprime dans une confiance postulant plus ou moins explicitement l'infaillibilité de la nature : sa manifestation métaphysiquement la plus raffinée se trouve dans la *Sixième méditation* où Descartes démontre que la nature ne peut nous tromper puisqu'elle a pour auteur un Dieu non trompeur (24). Or l'intelligence de Pascal, au contraire, sent dans la nature après la chute une puissance trompeuse. La méditation sur la mort de son père est pour lui l'occasion de le dire et redire en orateur qui cherche « l'effet » :

« Etouffons ou modérons par l'intelligence de la vérité, les sentiments de la nature corrompue et déçue qui n'a que les fausses images... » « Ne considérons donc plus la mort comme des Païens, mais comme des Chrétiens... Ne considérons plus un corps comme une charogne infecte, car la nature trompeuse se le figure de la sorte ; mais comme le temple inviolable et éternel du Saint Esprit, comme la foi l'apprend. » « Ne considérons plus un homme comme ayant cessé de vivre, quoi que la nature suggère ; mais comme commençant à vivre, comme la vérité l'assure. » « Corrigeons, par l'attention à ces vérités, les sentiments d'erreur qui sont si empreints en nous-mêmes, et ces mouvements d'horreur qui sont si naturels à l'homme. » (25).

Toutes ces oppositions sont commandées par le principe, « appris d'un grand homme », que Pascal a posé au commencement de son discours : la consolation est dans la vérité (26). Elles dénoncent dans la nature l'anti-vérité. Reste à savoir pourquoi et comment la nature est ainsi disposée. « C'est, dit Pascal, ce que j'ai appris de deux très grands et très saints personnages » : on peut reconnaître ici « le grand homme » déjà rencontré, saint Augustin, et son fidèle interprète, Jansenius (27). Pascal va donc rapporter leur théologie de la chute, mais en insistant sur ce qui en résulte pour la connaissance de l'homme : il ne saurait y avoir une anthropologie purement scientifique, une antrhopologie strictement philosophique.

« Dieu a créé l'homme avec deux amours. » Le premier, « pour Dieu », est infini, le mot « fin » étant dans « infini » avec ses deux sens : cet amour a Dieu pour fin et c'est pourquoi il est sans fin. L'autre amour, « pour soi-même », est fini : ce qui veut dire qu'il est limité à moi et que, de ce fait, je n'en peux être vraiment la fin, la fin dernière : il se trouve donc rapporté à la seule fin dernière possible, Dieu.

Par le péché, « l'homme a perdu le premier de ces amours » : formule tranchante, qui doit être prise à la lettre, la phrase suivante la confirme : « l'amour pour soi-même étant resté seul... ». Pourtant, si le premier amour a été inscrit par le Créateur dans la nature de l'homme, on ne voit guère comment l'homme pourrait le perdre sans cesser, *ipso facto*, d'être homme. En réalité, il reste en son âme une capacité d'amour infini, une pure capacité qu'aucune attirance ne fait passer à l'acte, une espèce d'élan dans le vide... Comme l'amour pour soi-même est désormais seul, c'est lui qui capte cet élan : l'homme s'aime infiniment, c'est-à-dire se prend comme fin dernière et rapporte toutes choses à soi (28).

Telle est la situation de l'homme déchu : il a perdu l'amour de Dieu et ne saurait retrouver ce qu'il a perdu sans une grâce, au double sens du mot, pardon et don ; la puissance d'aimer rendue disponible par cette perte s'est concentrée sur le moi et le moi ne peut que se complaire dans cet égocentrisme. On comprend alors ce qu'est la mort au point de vue de la nature et ce qu'elle doit être pour le chrétien.

« L'horreur de la mort était naturelle à Adam innocent ». Dieu lui avait donné la vie : cette vie était donc agréable à Dieu et, de ce fait, elle devait être agréable à l'homme. Mais, après le péché, notre vie est « corrompue », « infectée » ; la justice commande de la « haïr » : or « l'amour de la vie est néanmoins demeuré, et l'horreur de la mort... restée pareille. » Telle est, maintenant, « l'erreur de la nature » que doit corriger « la lumière de la foi » (29). Il n'est pas question, devant la mort d'Etienne Pascal, « que nous soyons sans douleur comme des anges qui n'ont aucun sentiment de la nature » ; mais, chrétiens, nous ne devons pas être « sans consolation comme des Païens qui n'ont aucun sentiment de la grâce » et « il est juste... que la consolation de la grâce l'emporte par dessus les sentiments de la nature » (30). La polémique contre la sagesse antique continue sans doute ici : il est probable que Pascal pense au stoïcien qui cherche la consolation dans l'insensibilité. L'horreur de la mort est naturelle mais la mort du pécheur n'est plus horrible : la consolation consiste non à ne pas éprouver ce qu'il nous est impossible de ne pas éprouver mais à supporter l'inévitable épreuve. Le chrétien le peut parce qu'il trouve dans la foi la grâce d'accorder sa sensibilité à la vérité de la mort : « quand elle finit une vie impure, quand elle ôte au corps la liberté de pécher, quand elle délivre l'âme d'un rebelle très puissant et contredisant tous les motifs de son salut », alors, continue Pascal, « ne quittons pas cet amour que la nature nous a donné pour la vie, puisque nous l'avons reçu de Dieu ; mais que ce soit pour la même vie pour laquelle Dieu nous l'a donné », cette vie dans « l'union au souverain vivant » (31).

Dans cette vision de l'homme selon la nature et l'histoire, nous comprenons ce que représente « l'anéantissement ». La référence à la vie et à la mort de Jésus-Christ en souligne fortement la finalité sotériologique.

Pascal ne se laisse pas aller aux effusions d'une âme dévote : il raisonne, il définit, il choisit dans les Ecritures des citations qu'il enchasse dans un discours rigoureusement construit. Il y a d'abord « l'oblation » : Jésus-Christ, « en entrant au monde, s'est offert : « *Obtulit semet ipsum...* », il a fait de son corps une « hostie », *hostia,* c'est-à-dire une victime. Son sacrifice est alors principe de sainteté : « sa sanctification a été immédiate de son oblation. » Mais « oblation » et « sanctification » « sont des dispositions » : « l'accomplissement est la mort, dans laquelle – la suite doit être lue mot-à-mot – par l'anéantissement de la vie, la créature rend à Dieu tout l'hommage dont elle est capable, en s'anéantissant devant les yeux de sa Majesté, et en adorant sa souveraine existence, qui seule existe réellement. » (32). C'est ici l'anéantissement tel qu'on le retrouvera dans la « pensée » sur « la conversion véritable ».

L'anéantissement est une manière de voir la mort qui devient une manière de voir la vie : je consens à la mort parce qu'elle signifie la destruction de la vie corrompue et, comme la mort est l'accomplissement d'un sacrifice qui a duré toute la vie, la volonté de s'anéantir commence avec l'oblation. En fait, elle coïncide avec la disposition intérieure sans laquelle le cœur n'est pas vraiment chrétien : il ne s'agit pas de céder au vertige de ne plus être mais de reconnaître que notre être n'est rien.

A supposer que le jeune Blaise Pascal ait cru sentir un certain accord entre la sagesse stoïcienne et la morale chrétienne, la « première conversion » aurait radicalement et définitivement effacé cette impression. Le « discours consolatif » du 17 octobre 1651 montre qu'il éprouve même le besoin de faire explicitement remarquer l'incompatibilité entre la doctrine des Chrétiens, c'est-à-dire celle de saint Augustin et de son interprète Jansénius, et celle des Païens en général, des stoïciens en particulier. Or, répétons-le, cette discussion n'est pas une digression d'allure historique : dans la pensée de Pascal, l'idée de conversion implique un refus explicite qui est comme l'envers de l'adhésion ; c'est ce que l'on constate quelques années plus tard : après la seconde conversion, même réaction anti-stoïcienne qu'après la première. On ne saurait trop fortement souligner le parallélisme entre la lettre « consolative » sur la mort du père et l'entretien avec M. de Sacy sur Epictète.

Quelques semaines après la nuit du 23 novembre 1654, sans doute en janvier 1655, Pascal est à Port-Royal des Champs ; il entreprend de montrer à M. de Sacy qu'une apologétique moderne ne peut pas ignorer les livres d'Epictète et de Montaigne que lisent des chrétiens cultivés aussi bien que les libertins. De là, le dialogue trouvé dans les *Mémoires* de Nicolas Fontaine, secrétaire de M. de Sacy et publié en 1728 sous le titre : *Entretien de M. Pascal et de M. de Sacy sur la lecture d'Epictète et de Montaigne* (33). Il est possible qu'il y ait eu, sur ce sujet, une ou plusieurs conversations entre Pascal et M. de Sacy. Ce qui est aujourd'hui admis, c'est que Fontaine a sous les yeux deux textes soigneusement préparés et rédigés : celui de Pascal est une collection de citations d'Epictète et de Montaigne enchaînées les unes aux autres de façon à former un discours cohérent ; celui de M. de Sacy est une collection de citations de saint Augustin nettement moins copieuse et, bien sûr, accompagnée de réflexions. Fontaine a donc opéré un « montage » en découpant ces deux dissertations et en ajoutant les quelques mots qui doivent donner l'impression de lire un dialogue.

Ce qui était une critique occasionnelle de Sénèque dans la lettre sur la mort du père est dans l'*Entretien* une critique systématique d'Epictète.

« Epictète est un des philosophes du monde qui ait mieux connu les devoirs de l'homme... ». Pascal commence donc par louer Epictète comme pourraient le faire un de ces humanistes chrétiens, Guillaume Du Vair et Jean de Saint-François, par exemple, qui reconnaissent dans le stoïcisme un pressentiment de la vraie religion. Adorer un Dieu qui gouverne le monde avec justice, se soumettre à lui de bon cœur, accepter avec piété ce qui arrive, ne s'attacher à aucun bien terrestre, tout considérer « comme un homme qui fait voyage se regarde dans une hôtellerie » (34) ; ce « grand esprit qui a si bien connu les devoirs de l'homme » conclut Pascal, « j'ose dire qu'il mériterait d'être adoré si... ». Mais il y a un « si » qui opère un total retournement : « s'il avait aussi bien connu son impuissance » (35).

Savoir ce que l'on doit faire est bien, certes, mais à condition de savoir aussi ce que l'on peut faire et, *ipso facto,* ce que l'on ne peut pas faire ; sans ce second savoir, le premier devient dangereux. Epictète « se perd dans la présomption de ce qu'on peut ». « Parfaitement connaître Dieu, lui obéir, l'aimer, lui plaire, se guérir de tous ses vices, acquérir toutes les vertus, se rendre saint et ainsi compagnon de Dieu », Epictète croit tout cela en notre pouvoir (36). « Principes d'une superbe diabolique » ! (37)

s'écrie Pascal qui alors découvre les équivoques gravement trompeuses dont il avait fait semblant d'être dupe : le Dieu d'Epictète est celui de ce que nous appelons panthéisme et nos âmes en sont des parcelles ; la soumission à l'ordre du monde n'est que le défi d'une raison orgueilleuse qui nie que la douleur soit un mal, on retrouve ici ce que Pascal avait déjà dit dans la « lettre consolative » quand il reprochait au stoïcisme de nier que la mort fût un mal (38).

« Il fallait être Dieu pour apprendre l'un et l'autre aux hommes », c'est-à-dire ce qu'ils doivent et ce qu'ils ne peuvent pas faire (39) : là est le mot qui dit tout : « ce qu'ils ne peuvent pas faire » est justement ce que le stoïcisme leur demande de faire. « Levez vos yeux vers Dieu... Vous pouvez vous rendre semblable à lui ; la sagesse vous y égalera... Haussez la tête, hommes libres, dit Epictète... » (40). Entre la sagesse stoïcienne et la doctrine chrétienne, l'opposition est totale : la première ne peut même pas être baptisée ; la conversion selon Epictète est une conversion au surhumain.

De fait, Epictète a vaguement entendu parler de ces Galiléens qui se prétendent, eux aussi, libérés de toute crainte et de toute contrainte : il voit là l'effet non de la raison mais simplement d'un bon entraînement de la volonté, de l'habitude ! (41).

II. Sagesse et folie.

Quelle est donc cette sagesse qui est celle du vrai converti ?

La description donnée dans la *Prière pour demander à Dieu le bon usage des maladies* est particulièrement significative. Les premiers mots sont pour dire : « Faites-moi la grâce de n'agir pas en païen. » (42). Par conséquent, pas question d'ouvrir quelque livre d'Epictète ou de Sénèque. « Mon Dieu, je m'adresse à vous, Dieu tout-puissant, pour vous demander un don que toutes les créatures ensemble ne peuvent en aucune sorte m'accorder. Je n'aurais pas la hardiesse de vous adresser mes cris, si quelque autre les pouvait exaucer. Mais, mon Dieu, comme la *conversion de mon cœur* que je vous demande est un ouvrage qui passe tous les efforts de la nature, je ne puis m'adresser qu'à l'Auteur et au Maître tout-puissant de la nature et de mon cœur. » A première vue, le raisonnement paraît singulier : ce que je souhaite n'est pas de l'ordre de la nature, donc je le demande à l'auteur de la nature. Mais il faut entendre : ce que je souhaite dépasse les forces de la nature déchue, donc je me tourne vers l'auteur de la nature innocente seul capable de lui restituer sa pureté originelle. Or il peut opérer cette restauration parce qu'il est le « maître de mon cœur » : « Ouvrez mon cœur, Seigneur, entrez dans cette place rebelle que les vices ont occupée... ». Les deux fonctions, auteur de la nature et maître du cœur, sont complémentaires en vertu de la logique propre à l'idée de création : « Vous seul avez pu créer mon âme, vous seul pouvez la créer de nouveau. ». Plus précisément, le renvoi explicite à *Genèse,* I, 27, étant ici inutile : « Vous seul y avez pu former votre image, vous seul pouvez la reformer, et y réimprimer votre portrait effacé... » (43).

Il y a loin de cette conversion du cœur à cette rectification de la nature que les philosophes proposent sous le nom de sagesse.

Certes, le penseur chrétien peut annexer ce mot. Il appartient, d'ailleurs, au vocabulaire biblique. Il donne son titre à un livre de l'Ancien Testament et, dans les *Proverbes,* personnifiant et déifiant la Sagesse, Salomon la fait parler (44). Pascal imite visiblement le fils de David dans sa conférence à Port-Royal : « Voyons ce que fera la sagesse de Dieu : N'attendez point, dit-elle, ô hommes, ni vérité ni consolation des hommes. Je suis celle qui vous ai formés et qui peut seule vous apprendre qui vous êtes... » (45). « Seule », ce qui exclut les philosophes. Cette « vérité » sur vous-même est le « bien » qui serait votre consolation « les philosophes vous l'ont promis et ils n'ont pu le faire » (46). Le discours ne laisse entrevoir aucune possibilité de récupérer la sagesse des « sages » ; celle-ci n'a rigoureusement rien à nous apprendre ; « la sagesse de Dieu » est révélation de ce que « les sages n'ont pas connu » et de ce qu'ils sont incapables de connaître.

De fait, si le vocabulaire chrétien adopte le mot « sagesse », c'est à la faveur d'un radical changement de sens : ce qui est folie pour l'homme est sagesse pour Dieu et inversement. Ce changement est lié à une distinction entre deux effets de la parole : convaincre et croire. Ici encore, Pascal commente saint Paul, très exactement le Ch. I de la *1ère Epître aux Corinthiens,* 17-25 : « ... Et ainsi saint Paul qui est venu en sagesse et signes, dit qu'il n'est venu ni en sagesse ni en signes car il venait pour convertir, mais ceux qui ne viennent que pour convaincre peuvent dire qu'ils viennent en sagesse et signes. » (47). Le texte de l'Epître précise : les Juifs exigent des signes, des miracles par exemple ; les Grecs cherchent la sagesse ; or la Croix du Christ, loin d'être un signe, est scandale pour les Juifs ; loin d'être sagesse, elle est folie pour les Grecs et les païens. Notre religion, continue Pascal, ne manque ni de signes ni de sagesse ; mais ce ne sont ni ces signes ni cette sagesse qui sont causes de la « créance », c'est-à-dire de l'amour de Dieu, c'est-à-dire de la conversion ; ceci est « la vertu de la folie de la croix » (48).

A travers les « pensées » qu'inspire le texte de saint Paul, on a reconnu les explications dont Pascal accompagne habituellement sa définition de la conversion. Les preuves de la religion n'ont pour objet que de convaincre non de faire croire, même celles qui s'appuient sur les miracles ou les prophéties, et encore l'apologiste doit-il se demander dans quelle mesure elles sont convaincantes (49). A plus forte raison lorsqu'il s'agit de la sagesse profane puisque celle-ci est non seulement inefficace mais contraire à la vérité selon la foi. Que Pascal, comme saint Paul, mette sous le même mot tantôt la sagesse des sages, tantôt la sagesse de Dieu, l'équivoque est trop volontaire pour être trompeuse.

« Notre religion est folle... » (50), « les chrétiens obéissent aux folies... » ; Pascal explique aussitôt : « non pas qu'ils respectent les folies mais l'ordre de Dieu qui pour la punition des hommes les a asservis à ces folies. » (51). Pour la punition des hommes, car : « Le péché originel est folie devant les hommes, mais on le donne pour tel. ». Il ne faut pas essayer d'atténuer ce paradoxe qui choque la conscience humaniste ; en le revendiquant l'apologiste désamorce un argument du libertin : « Vous ne me devez donc pas reprocher le défaut de raison en cette doctrine, puisque je la donne pour être sans raison. » Ici encore, un « mais » amorce l'explication : « Mais cette folie est plus sage que toute la sagesse des hommes, *sapientius est hominibus.* » (52). C'est la parole de saint Paul qui opère le retournement du sens en introduisant sous le mot une référence à la sagesse de Dieu.

Les deux sagesses sont si radicalement contraires qu'elles provoquent des réactions bien différentes dans les âmes. Pascal reconnaît la grandeur de la sagesse des sages : son ordre est celui de la justice ; il est aussi « le lieu de l'orgueil », de « la superbe », mais d'un orgueil parfaitement légitime : si un homme « s'est rendu sage », on ne peut lui dire « qu'il a tort d'être glorieux, car cela est de justice » ; autrement dit : il est juste que le juste se glorifie. Pascal continue : « Aussi Dieu seul donne la sagesse et c'est pourquoi : *qui gloriatur in domino glorietur.* ». « Aussi » est, semblet-il, une transition qui sous-entend : mais, dans sa condition de pécheur, l'homme peut-il « se rendre sage » ? Non, la sagesse qui légitimerait son orgueil est, en fait, un don de Dieu, c'est-à-dire une autre sagesse ; et de cette sagesse-là, celui qui s'en glorifie se glorifie dans le Seigneur : la citation de saint Paul est la conclusion du passage où il explique sa mission apostolique qui est de prêcher aux Corinthiens « la folie de la Croix » (53).

C'est aussi l'opposition de la sagesse de Dieu à celle des sages qui est affirmée lorsque Pascal traduit à sa façon le verset de saint Matthieu qui, justement, définit la conversion : « La sagesse nous envoie à l'enfance. *Nisi efficiamini sicut parvuli.* » (54). Explicitons le contexte, présent dans la pensée de Pascal qui jette rapidement sur le papier une note-memento : si vous ne vous changez pas de façon à devenir comme des petits enfants, autrement dit si vous ne vous convertissez pas en vous faisant petits enfants, vous n'entrerez point dans le royaume des cieux.

L'opposition entre les deux sagesses est donc liée à l'idée que Pascal se fait de la conversion, c'est-à-dire à ce qui est l'essence même de la vie chrétienne. Aucun compromis de style humaniste n'est donc concevable. N'y a-t-il point pourtant des textes qui paraissent le favoriser ?

A la fin de l'une des « Pensées » sur la folie de la Croix, nous lisons : « Ainsi notre religion est folle en regardant à la cause efficace et sage en regardant à la sagesse qui y prépare. » (55). Une note de Léon Brunschvicg disait : « car il n'y a d'efficace que la Croix », ce qui explique bien la première partie de la phrase ; « mais, lisons-nous ensuite, la sagesse mène à la Croix », ce qui répète, sans l'expliquer, la seconde partie. Tout tient, en effet, à ce que l'on met sous « sagesse » : or ce n'est nullement celle des sages. Dans la « pensée » : « Notre religion est sage et folle », Pascal commente : « Sage parce que c'est la plus savante et la plus fondée en miracles, prophéties, etc. » (56). Ainsi la sagesse qui prépare à la conversion renvoie au fait que l'apologétique chrétienne peut multiplier les bonnes raisons capables d'entraîner la conviction mais ce sont des raisons au bénéfice d'une religion qui ne prétend être ni rationnelle ni raisonnable, qui jette un défi à la raison en se proclamant « folie ».

On ne voit pas comment la sagesse des philosophes pourrait préparer à la folie de la Croix. Ce sont les païens qui ont besoin des vérités chrétiennes et non les chrétiens qui ont quelque chose à apprendre de la sagesse des païens, fussent-ils stoïciens.

Au point de vue de Pascal qui reprend celui de saint Paul, avons-nous dit, « ce qui est folie pour l'homme est sagesse pour Dieu, et inversement » : cet *inversement* exige une précision sur le sens du mot « folie » sous la plume de Pascal (57).

Il lui arrive, bien entendu, d'employer le mot avec ses sens courants, sens propre quand il écrit « un hôpital de fous » (58), surtout sens figuré, qui, dans la conversation, renvoie à une sagesse présumée commune et incontestable au nom de laquelle on juge telle conduite aberrante. Mais dans les textes de Pascal, il n'est pas toujours facile de savoir d'où vient cette sagesse. Lorsque nous lisons : « La puissance des rois est fondée sur la raison et sur la folie du peuple, et bien plus sur la folie », c'est là une phrase qui aurait été parfaitement comprise dans le salon de Mme de Sablé, personne n'ayant l'idée de demander à Pascal de définir le mot « raison » ni la mot « sagesse » qui vient ensuite (59). De même pour la maxime : « les hommes sont si nécessairement fous que ce serait être fou par un autre tour de folie de n'être pas fou. » (60).

Que le mot « fou » entre dans des formules ciselées pour plaire aux gens d'esprit, cela ne veut pas dire que ces formules ne pourraient pas être reprises dans certaines pages d'une apologétique concernant la connaissance de l'homme. Pascal va même se servir du mot dans son sens le plus banal à l'intérieur du long texte soigneusement rédigé qui expose sa psychologie de l'imagination. « Maîtresse d'erreur et de fausseté », elle trompe la raison, elle lui fait prendre le faux pour le vrai : « Je ne parle pas des fous, continue-t-il, je parle des plus sages... ». Un peu plus loin, ne considérant que l'imagination, une fois la raison mise à part, voici qu'il découvre : « elle a ses fous et ses sages ». Puis, plus subtilement encore ; « elle ne peut rendre sages les fous, mais elle les rend heureux », cela, ajoute-t-il, « à l'envi de la raison qui ne peut rendre ses amis que misérables » (61).

Dans tous ces cas, « fou » et « folie » sont pensés par rapport à ce que Pascal a, un jour, appelé « la sagesse naturelle » (62), sans dire ce qu'il met sous l'adjectif. Mais, qu'il s'agisse d'une hypothétique première nature ou d'une seconde, les deux mots renvoient à une toute autre forme de « folie » lorsqu'ils sont pensés par rapport à la sagesse surnaturelle. Quand Pascal se propose d'écrire « une lettre de la folie de la science humaine et de la philosophie » (63), il est clair que « folie » signifie l'absence de la sagesse surnaturelle. Ainsi, à l'intérieur de cette relation entre les deux sagesses, « folie » est pris en deux sens opposés. D'une part, de même qu'il désignait dans la langue commune l'état de celui qui est privé de la sagesse naturelle, il désigne l'état de celui qui est privé de la sagesse surnaturelle ; mais, d'une part, à la suite de saint Paul, on l'a vu, le mot est employé pour nommer cette sagesse surnaturelle elle-même.

Bon exemple du premier sens dans le fragment où Pascal distingue « trois sortes de personnes » : ceux qui ont trouvé Dieu, ceux qui ne l'ont pas trouvé mais qui le cherchent, ceux « qui vivent sans le chercher ni l'avoir trouvé » ; or « les premiers sont *raisonnables* et heureux, les derniers sont *fous* et malheureux », ceux du milieu étant « malheureux et *raisonnables* » (64). Il est clair que les mots *raisonnables* et *fous,* ici, visent des états qui ne sont pas ceux auxquels pensent l'honnête homme quand il les entend prononcer. C'est l'apologiste chrétien qui parle quand Pascal se propose de « confondre » ceux qui s'obstinent à ne pas prendre au sérieux la question de leur salut, de « les confondre par la vue de leur folie » (65) ; oui, « en vérité c'est toujours une grande folie que de se damner » (66).

Mais alors...

Si la vraie sagesse est folie – « Sagesse infinie et folie de la religion », comme dit encore Pascal – (67) si celui qui ignore et ne cherche pas la vraie sagesse est fou, un tel homme est fou de n'être pas fou...

Il n'y a là ni incohérence ni négligence. Pascal ne construit pas un système de philosophie ni une doctrine de vie spirituelle. La plupart de nos textes ont pour contexte plus ou moins lointain un projet d'apologétique. Or une apologétique doit être considérée sous deux aspects : son contenu et son public, les vérités qu'elle veut rendre persuasives et les lecteurs qu'elle veut persuader.

Du côté des vérités : l'imitation d'un Christ crucifié, le péché originel, le mystère de l'élection, et bien d'autres sont folie aux yeux du monde et de la raison.

Mais du côté des gens dont l'apologétique doit préparer la conversion ? On ne saurait, bien sûr, faire appel à une foi qu'ils n'ont pas. Il faut rester au niveau de la nature ; concrètement, cela veut dire : la raison et cet amour instinctif qui nous porte à aimer notre bien, ce que nous croyons être notre bien. Dans ces conditions, comment ne serait-il pas « fou », au sens que lui-même donne à ce mot, l'homme qui resterait indifférent à ce qui pourrait être son souverain bien ? Répétons-le : l'idée directrice de la spiritualité pascalienne est celle du salut, elle inclut, en apologétique, une argumentation qui fait appel à l'intérêt bien entendu, si rigoureuse que soit l'ascèse impliquée dans « bien entendu ». Un texte particulièrement significatif indique clairement la tactique de Pascal : « Avant que d'entrer dans les preuves de la religion chrétienne » – il s'agit donc d'un morceau situé dans l'Apologie tel que son auteur le conçoit au moment où il écrit – « je trouve nécessaire de représenter l'injustice des hommes qui vivent dans l'indifférence de chercher la vérité d'une chose qui leur est si importante et qui les touche de si près. » Voici alors le mot qui convient à tous les incrédules, athées, libertins, impies, peu importe le nom : « Dans tous leurs égarements, c'est sans doute celui qui les convainc le plus de folie... » l'apologétique se proposant « de les confondre » en n'évoquant que « le sens commun » et « les sentiments de la nature » (68).

Cela reconnu, une fois guéri de cette folie, l'homme devenu sain d'esprit est invité à une autre folie, qui, justement, conduit au delà du « sens commun » et des « sentiments de la nature » ! « la grandeur de la sagesse qui n'est nulle sinon de Dieu, est invisible » même « aux gens d'esprit ». Il faut ici un secours « d'un autre ordre » qui est « surnaturel » (69).

« Aussi Dieu seul donne la sagesse » (70), avons-nous lu. Ce qui pose une grave question sur la portée et l'efficacité d'une Apologie de la religion chrétienne.

Chapitre VI

LE SENS DE L'APOLOGÉTIQUE

I. « C'est mon affaire que ta conversion ».

La pensée sur « la conversion véritable » et celles qui l'accompagnent dans la même liasse fixent le sens de l'apologétique et, du même coup, marquent ses limites. La conversion est la fin que vise l'apologétique mais elle n'est « véritable » que par la grâce de Dieu. Même la vue d'un miracle, même la lecture des deux Testaments, même la connaissance des prophéties, toutes les preuves ne sont sont efficacement persuasives que si Dieu incline le cœur à les croire (1). La « conversion véritable » implique donc une critique de l'apologétique au sens où, *mutatis mutandis,* Kant doit procéder à une critique de la raison dans son usage théorique et dans son usage pratique : ici et là, il est nécessaire de savoir ce qui est à la portée de l'esprit humain et ceci en prenant bien conscience de ce qui ne l'est pas.

Il faut insister sur *mutatis mutandis.* Il est, certes, permis aux philosophes d'aujourd'hui d'extraire des écrits de Pascal une théorie de la connaissance et les éléments d'une métaphysique, de même qu'il leur est permis d'extraire des écrits de saint Thomas une théorie de la connaissance et les éléments d'une métaphysique. Mais l'intention du second est d'élaborer une théologie, celle du premier de préparer un ouvrage d'apologétique. En d'autres termes : il n'est nullement faux de parler d'une philosophie thomiste et d'une philosophie pascalienne ; toutefois, elles sont immanentes, l'une à une apologétique, l'autre à une théologie ; on veut alors simplement dire que l'historien, lui, les laisse là où elles sont ; ainsi, quand il explique un texte de Pascal, il le lit dans son contexte qui est celui d'un ouvrage dont la finalité est apologétique.

Pour sentir la dramatique contradiction de l'apologétique selon Pascal il faut lire un texte décisif à la fois par sa précision et par son extension : c'est l'imploration qui se trouve dans la *Prière pour demander à Dieu le bon usage des maladies.* Elle a été écrite à partir de ce que Pascal sait, par expérience, sur la conversion : un converti parle de la conversion.

Il commence donc par reconnaître la force de la résistance à vaincre : « Je reconnais, mon Dieu, que mon cœur est tellement endurci et plein des idées, des soins, des inquiétudes et des attachements du monde que... ». Or la suite va montrer qu'une grâce particulière est requise pour la « conversion du cœur » même dans la pratique sacramentelle : « ... que, ni les discours, ni les livres, ni vos Ecriture sacrées, ni votre Evangile... ni les miracles... ». Ce sont là des cas déjà rencontrés dans les cinq « pensées » sur « la connaissance de Dieu », mais Pascal ajoute maintenant : « ni vos Mystères les plus saints, ni les aumônes, ni les jeûnes, ni les mortifications, ... ni l'usage des Sacrements, ni le sacrifice de votre corps... » à plus forte raison « ni tous mes efforts, ni ceux de tout le monde ensemble ne peuvent rien du tout pour *commencer ma conversion,* si vous n'accompagnez toutes ces choses d'une assistance toute extraordinaire de votre grâce. » (2).

Il y a là une réminiscence, sinon un *à la manière* du fameux chapitre XIII de la *1ère aux Corinthiens :* « ... si je n'ai pas la charité, tout cela ne me sert de rien ». Mais soulignons les mots : « commencer ma conversion » ; ils éclairent la contradiction inscrite dans la finalité qui définit l'apologétique : elle a pour fin la conversion des pécheurs et elle n'a aucun moyen non seulement de la provoquer mais même de la « commencer ».

Tel est aussi le sens de l'émouvante parole du « Mystère de Jésus » que l'on cite souvent sans avoir l'air de voir le drame qu'elle dévoile : « Console-toi. Tu ne me chercherais pas si tu ne m'avais trouvé. » Les mots « console-toi » trouvent leur explication quelques lignes plus loin : « C'est mon affaire que ta conversion... » ; autrement dit, c'est moi et moi seul qui te donne la volonté de me chercher (3). Même cercle lorsque dans les pages « sur la conversion du pécheur », Pascal écrit : « c'est le posséder que de le désirer » puisque la possession est la condition du désir (4).

Le cercle est dessiné en gros traits lorsqu'à l'origine de : « l'homme cherche Dieu » on découvre : « Dieu cherche l'homme ». De même que l'expression « amour de Dieu » peut signifier l'amour de l'homme pour Dieu et l'amour de Dieu pour l'homme, de même l'expression « recherche de Dieu » signifierait la recherche de Dieu par l'homme et la recherche de l'homme par Dieu, dans les deux cas, la seconde action étant la cause de la première. Dans les *Fragments d'une lettre de Pascal sur la possibilité des commandements* que l'on appelle parfois *Troisième Ecrit sur la grâce,* Pascal distingue la recherche de l'homme par Dieu qui est au commencement de la conversion et dont l'effet est la prière, d'une part, puis, d'autre part, celle qui a pour effet « la conversion véritable » en exauçant la prière.

Lisons ce texte qui ne laisse rien entre les lignes : « Il ne faut que remarquer qu'il y a deux manières dont l'homme recherche Dieu ; deux manières dont Dieu recherche l'homme. » Pascal les définit en les comparant : « Car, ajoute-t-il, la manière dont Dieu cherche l'homme lorsqu'il lui donne les faibles commencements de la foi, pour faire que l'homme lui crie dans la vue de son égarement : Seigneur, cherchez votre Serviteur [Psaume CLXVIII selon la Vulgate, 116] est bien différente de celle dont Dieu recherche l'homme quand il exauce cette prière et qu'il le cherche pour se faire trouver ». « On ne peut demander la grâce de prier sans l'avoir » (5) : c'est clair.

On voit alors la situation de l'auteur qui écrit une apologie de la religion chrétienne. Qu'a-t-il devant lui ? « Il n'y a que trois sortes de personnes : les uns qui servent Dieu l'ayant trouvé, les autres qui s'emploient à le chercher, ne l'ayant pas trouvé, les autres qui vivent sans le chercher ni l'avoir trouvé. » L'amateur d'âmes se plaît aux distinctions rigoureuses. « Les premiers, continue-t-il, sont raisonnables et heureux, les derniers sont fous et malheureux, ceux du milieu sont malheureux et raisonnables. » (6). Le mot « raisonnable » renvoie-t-il à la seule raison ? Si les seconds sont raisonnables parce qu'ils cherchent Dieu, cela veut dire que Dieu les a rendus raisonnables parce qu'il les a cherchés. Ainsi, comme il y a « deux manières dont Dieu cherche l'homme », il y a aussi « deux sortes de personnes » : on reconnaît, dans la classification proposée, en ceux du milieu ceux que Dieu cherche afin d'être trouvés, ceux que Dieu cherche « pour leur donner les faibles commencements de la foi », les premiers étant évidemment ceux dans lesquels Dieu a poursuivi jusqu'à son terme la conversion de leur cœur. Quant aux troisièmes, Pascal leur dit ailleurs : « c'est au moins un devoir indispensable de chercher », mais on se demande ce qu'une apologétique pourrait bien faire pour les aider à accomplir ce « devoir indispensable » (7).

A quoi bon « une lettre pour porter à rechercher Dieu ? » (8). A quoi bon une « lettre d'exhortation à un ami pour le porter à chercher » ? (9). Pourquoi « après la lettre qu'on doit chercher Dieu, faire la lettre d'ôter les obstacles... » (10). De même devant « la lettre qui marque l'utilité des preuves », comment ne pas demander en quoi peuvent donc être « utiles » des preuves qui prouvent sans « incliner » le cœur ? (11).

Ce qui est ici en question, c'est la théologie de Port-Royal dont Pascal donne de lumineux exposés dans les fragments couramment appelés *Ecrits sur la grâce.*

« Jansénisme et apologétique sont deux termes contradictoires », écrivait F. Strowski (12). Maurice Blondel allait alors jusqu'à conclure : puisque Pascal écrit un ouvrage d'apologétique, c'est qu'il n'est pas « janséniste » ; « L'idée même d'une apologie telle que Pascal la conçoit et telle qu'il commence à la préparer en accumulant ses matériaux durant les cinq dernières années et jusqu'aux derniers jours de sa vie, est une idée aussi peu janséniste que possible, tant pour l'inspiration générale que pour les moyens de l'exécution. Cette entreprise suppose en effet l'efficacité de la connaissance méthodique, du travail sur soi et sur les autres esprits... » (13). C'est « une sorte de *Novum Organum* où vont être mises en œuvre, simultanément et hiérarchiquement, toutes les puissances de l'être humain pour correspondre à toutes les prévenances et à toutes les exigences de la charité divine. » Mais faire intervenir ces « puissances » et cette « correspondance », c'est regarder le réel, oubliant les concepts et les formules de la théologie apprise. « Déjà donc, conclut Maurice Blondel, l'idée-mère des *Pensées* n'est pas issue du Jansénisme. Elle y échappe. Elle y remédie. » (14).

L'historien pose ici une question préalable.

On doit bien supposer qu'une contradiction aussi fondamentale n'aurait pu échapper à Pascal ni à ses amis. Et ceci d'autant moins que la légitimité de l'apologétique fut précisément mise en question à Port-Royal (15). Ceux qui ont donné une réponse positive savaient ce qu'ils disaient et il s'agit de nous demander pourquoi cette réponse leur paraissait satisfaisante ; partager ou ne pas partager cette satisfaction est une autre histoire ou plutôt une autre chose que l'histoire.

Pascal et ses amis ont cru à la possibilité d'une apologétique non point parce que celle-ci ne contredit pas leur théologie mais parce que leur théologie la recommande. Si Pascal envisage une aussi lourde tâche, s'il en accepte toutes les servitudes, longues recherches, difficultés de la mise en ordre, diversité des styles à inventer, s'il consacre à son projet les heures que lui laisse la maladie, s'il accumule tant de notes dans ses dossiers, ce n'est sûrement pas à la faveur d'une simple tolérance théologique. Pascal obéit à un impératif de la charité et celle-ci trouve cet impératif dans la vision du monde telle que l'ordonne la doctrine augustinienne dans l'édition de Port-Royal.

Dans le premier *Ecrit sur la grâce,* aussitôt après avoir exposé le point de vue augustinien sur la prédestination, Pascal continue : « Que tous les hommes du monde sont obligés sur peine de damnation éternelle et de péché contre le S. Esprit irrémissible en ce monde et en l'autre de croire qu'ils sont de ce petit nombre d'Elus pour le salut desquels J.C. est mort et d'avoir la même pensée de chacun des hommes qui vivent sur la terre quelque méchants et impies qu'ils soient, tant qu'il leur reste un moment de vie, laissant dans le secret impénétrable de Dieu le discernement des Elus d'avec les réprouvés. » (16). Sur une autre copie, on lit ensuite : « Ce qui les oblige de faire pour eux ce qui peut contribuer à leur salut. » (17).

Ainsi, sa théologie de la conversion n'empêche pas Pascal d'envisager une œuvre apologétique. Il est évidemment très conscient de ce qu'il ne peut faire : pourquoi ne juge-t-il pas alors cette œuvre absolument vaine ?

Un mot, semble-t-il, permet de comprendre l'« utilité » de l'apologétique malgré sa radicale inefficacité. Certes, Pascal n'a pas choisi spécialement le mot « instrument » pour formuler sa réponse au problème posé ici : le mot, semble-t-il, vient spontanément sous sa plume lorsqu'il s'agit d'expliquer le rôle des écrits et des discours dans la vie dévote. Ainsi, le 5 novembre 1648, Pascal écrit à sa sœur Gilberte qui hésitait à dire et à redire ce que la lumière de la foi lui apprend : « ton discours... peut servir d'*instrument* à la grâce », et un peu plus loin, il précise : « un livre et un sermon, si communs soient-ils » sont de « ces moyens extérieurs dont Dieu se sert » dans la conversion (18). De même, ce qui justifie une « lettre qui marque l'utilité des preuves », c'est justement le fait que « la preuve est souvent l'*instrument* » de « cette foi que Dieu lui-même met dans le cœur », commentaire du mot de saint Paul dans l'*Epître aux Romains,* X, 17 : *fides ex auditu :* « la foi vient d'avoir entendu », traduction précisée dans la Bible de Crampon : « la foi vient de la prédication entendue » et peut-être imprudemment simplifiée dans la Bible de Jérusalem : « la foi naît de la prédication » (19).

Disons par exemple, en reprenant la distinction que Pascal fait entre « convaincre » et « convertir » : des « preuves » tirées de la métaphysique ou de l'Ecriture pourraient créer une conviction qui serait un « instrument » dont la grâce se servirait pour entraîner la conversion.

II. « Capable de la grâce ».

Ne serait-ce pas alors admettre qu'il y a dans la nature des dispositions qui peuvent être, en quelque sorte, surnaturalisées ? Mais il faudrait savoir ce que Pascal met sous le mot « nature ».

Rappelons-le une fois encore : nos textes ne viennent pas d'un livre comparable aux *Méditations métaphysiques* de Descartes ou à l'*Ethique* de Spinoza : ils sont tirés d'écrits différents, opuscules de piété, esquisses de mises au point théologiques, et surtout fragments jetés sur le papier à diverses époques et destinés à entrer ou à ne pas entrer dans un ouvrage d'apologétique qui ne fut jamais composé. Ne nous étonnons pas si certaines expressions sont équivoques.

Ainsi « seconde nature » : dans certains textes l'expression désigne un effet de la coutume : « La coutume est une seconde nature qui détruit la première », lit-on dans L. 126 où Pascal joue avec ce sens pour ôter à l'idée de Nature la possibilité de prendre un N majuscule : « Mais qu'est-ce que nature ? Pourquoi la coutume n'est-elle pas naturelle ? J'ai grand peur que cette nature ne soit elle-même qu'une première coutume, comme la coutume est une seconde nature. » (20). On remarquera que cette dissolution de l'idée de nature est affirmée sans nuances dans les textes où Pascal dissipe l'illusion d'une morale naturelle, et d'un droit naturel. C'est dans le morceau : « J'ai passé longtemps de ma vie en croyant qu'il y avait une justice... », c'est là que nous lisons : « ... j ai vu tous les pays et hommes changeants... après bien des changements de jugement touchant la véritable justice... j'ai connu que notre nature n'était qu'un continuel changement... » (21).

Voilà donc des textes dans lesquels « nature » s'oppose à « coutume », c'est-à-dire où inné s'oppose à acquis, dans un contexte où la possibilité est envisagée de voir la nature comme absorbée par la coutume, l'inné réduit à l'acquis. Peut-être n'est-ce qu'une hypothèse mais que Pascal juge assez sérieuse pour être examinée.

Ce qui n'est pas hypothétique, c'est l'autre sens de l'expression « seconde nature » sous sa plume. On le trouve dans les textes où « seconde nature » s'oppose à une « première nature » qui serait celle d'Adam avant la chute : « La concupiscence nous est devenue naturelle et a fait notre seconde nature » ; ainsi, « il y a deux natures en nous, l'une bonne, l'autre mauvaise » (22). De même, dans sa conférence à Port-Royal, Pascal définit « l'état où les hommes sont aujourd'hui » en les disant « plongés dans les misères de leur aveuglement et de leur concupiscence qui est devenue leur seconde nature » (23).

Ce dernier texte contient une importante précision : « il leur reste quelque instinct impuissant du bonheur de leur première nature ». « Malgré la vue de toutes nos misères, écrit encore Pascal, nous avons un instinct que nous ne pouvons réprimer qui nous élève. » (24). Et aussi : « Naturellement on aime la vertu et on hait la folie. » (25). Nous avons déjà lu : « je dis que le cœur aime l'être universel naturellement et soi-même naturellement. » (26). N'y aurait-il pas alors un amour naturel de Dieu qui serait un « instrument » dont l'apologétique se servirait avec l'espoir qu'il sera surnaturalisé par la foi ? Pascal ne va-t-il pas jusqu'à reconnaître parmi les païens, à côté des « adorateurs de bêtes », des « adorateurs d'un seul Dieu dans la religion naturelle » ? (27).

Il faut d'abord s'entendre sur cette expression « religion naturelle » alors peu usitée : « naturel » doit être compris en tant qu'opposé à « surnaturel », très précisément à « divine », adjectif qui qualifie notre seule religion (28). L'opposition est si radicale qu'elle rend le mot de « religion » équivoque et introduit une discontinuité entre la religion divine et toutes celles qui ne le sont pas. S'il y a un amour naturel de Dieu, il ne devrait pas être considéré comme la première étape d'un cheminement dont la grâce pourrait marquer la seconde en quelque sorte sur la même ligne : on peut concevoir la première sans la seconde comme la seconde sans la première. Un mot indique le sens et la raison de cette discontinuité : nous avons lu dans le texte de la conférence à Port-Royal : « quelque instinct du bonheur de leur première nature » « reste » dans « la seconde » mais *« impuissant »*. Voilà le mot qui crée le drame de l'apologétique.

Dans tous ces textes, on a reconnu la doctrine augustinienne de la volonté. Bien que saint Augustin ne soit pas nommé, c'est elle qui inspire la « Pensée » L. 148 sur le Souverain Bien (29). « Tous les hommes recherchent d'être heureux. Cela est sans exception, quelques différents moyens qu'ils y emploient. Ils tendent tous à ce but. La volonté fait jamais la moindre démarche, que vers cet objet. C'est le motif de toutes les actions de tous les hommes, jusqu'à ceux qui vont se pendre... ». Bref, il est clair que ce désir naturel d'être heureux ne saurait être qu'un mouvement qui, même inconsciemment, porte l'âme vers Dieu puisque Dieu seul peut le remplir. Or cet exposé a pour titre : « Seconde partie – Que l'homme sans la foi ne peut connaître le vrai bien, ni la justice. ». Ainsi, Pascal affirme l'existence de ce qu'il faut bien appeler un amour naturel d'un souverain Bien donc de Dieu mais dans un morceau soigneusement rédigé pour montrer « notre impuissance d'arriver au bien par nos efforts ». Voilà donc revenu le mot « impuissance ».

Si manifestes que soient les sources de Pascal, elles n'expliquent que les souvenirs mais non la façon dont les souvenirs sont re-pensés. On verra comment le thème augustinien de la volonté est devenu pascalien en revenant au discours A.P.R., là où est expliquée la formule qui dit l'homme *capax Dei.*

« Nous sommes si bas, écrit-il, que nous sommes par nous-mêmes incapables de connaître si [*mots rayés :* nous sommes incapables de Dieu et si] sa miséricorde ne peut pas nous rendre capables de lui. » (30). Par conséquent, nous ne sommes pas naturellement « capables de Dieu » puisqu'il faut la miséricorde de Dieu pour nous rendre tels. Et pourtant le mouvement naturel qui nous porte vers un Bien absolu qui ne peut être que Dieu n'est-ce pas une « capacité » ? Oui, mais une « capacité vide » : c'est là une des « contrariétés » qui font à la fois la misère et la grandeur de l'homme. « ... Il y a en lui une nature capable de bien, écrit Pascal : qu'il se méprise parce que cette capacité est vide ; mais qu'il ne méprise pas pour cela cette capacité naturelle. » (31).

Texte important que complètent ces quelques lignes résumant l'essence du christianisme selon Pascal : cette religion enseigne « ces deux vérités :

et qu'il y a un Dieu, dont les hommes sont capables, et qu'il y a une corruption dans la nature qui les en rend indignes. » (32). Or cette « indignité » explique pourquoi cette « capacité » est « vide ». L'idée en apparence paradoxale de « capacité vide » nous permet de voir comment Pascal comprend la volonté de style augustinien, ce désir naturel d'être heureux que l'on prend volontiers pour un amour naturel de Dieu. Quand Pascal parle de l'homme « capable de Dieu », il ne faut pas comprendre que Dieu est là ; il n'est pas question d'une présence dans l'absence. La formule exacte, plutôt que « capable de Dieu », serait « capable de la grâce », de la grâce par laquelle Dieu devient présent. On lit dans un brouillon : « il paraît clairement que l'homme en ce qu'il est capable de la grâce est rendu comme semblable à Dieu. » (33). Et ailleurs, dans une courte note, cette précision : « ... sa double capacité de recevoir et de perdre la grâce » (34).

Mais revenons à la « pensée » sur « la capacité vide ». Aussitôt après avoir demandé à l'homme de ne pas la mépriser, Pascal continue : « il y a en lui la capacité de connaître la vérité et d'être heureux mais il n'a point de vérité, ou constante, ou satisfaisante. ». Pensée remarquable parce qu'elle permet à Pascal d'indiquer précisément ce qu'il souhaite obtenir en écrivant une Apologie : « Je voudrais donc porter l'homme à désirer d'en trouver [en renvoie à *vérité*], à être prêt et dégagé des passions pour la suivre où il la trouvera... » (35). Amener l'homme à prendre conscience de la vanité des biens de ce monde, à reconnaître que sa quête de bonheur vise un Bien trop souverain pour être de ce monde, c'est là faire appel à la raison et à l'expérience, donc rester au niveau de la nature pour obtenir un résultat qui soit aussi au niveau de la nature : « le porter à désirer », à « être prêt »... Voilà très exactement ce que peut l'apologétique.

Nous sommes sans doute déjà au delà de la nature quand Pascal ajoute : « ... je voudrais bien qu'il haït en soi la concupiscence... afin qu'elle ne l'aveuglât point pour faire son choix et qu'elle ne l'arrêtât pas quand il aura choisi. » N'est-ce pas alors la grâce qui rend efficace cette haine de la concupiscence ? La haine de la concupiscence est une forme de la haine de soi qui est en quelque sorte l'envers négatif d'un amour de Dieu nécessairement exclusif. Or un tel amour est donné dans une conversion qui doit être laissée à la grâce de Dieu. Mais l'apologétique prépare le terrain, si l'on peut dire, elle est ce qu'à une autre époque on a appelé une « apologétique du seuil », mais sans prendre le narthex pour le seuil : les « instruments » qu'elle trouve dans la nature ne lui permettent évidemment pas de quitter l'ordre de la nature ; pourtant, ce qu'elle obtient n'est pas rien et Pascal a jugé que cela valait bien la peine d'y consacrer son talent et son temps.

Cela n'est pas seulement une ambition de la raison : c'est, dans le cœur de Pascal, un impératif de la charité : « plaindre les athées », « plaindre les incrédules » ne sont pas des formules de politesse (36). Pascal éprouve une souffrance réelle devant ceux qui n'ont pas la foi, d'abord ceux qui la cherchent sans l'avoir, puis ceux qui ne la cherchent pas et même qui la combattent. De là, deux grands morceaux visiblement rédigés en vue de la publication : « Ils blasphèment ce qu'ils ignorent... » (37) et : « Qu'ils apprennent au moins quelle est la religion qu'ils combattent avant que de la combattre... » (38).

Ce second morceau appartient, semble-t-il, à un projet d'introduction au livre présentant la nouvelle Apologie de la religion chrétienne. Nous lisons à la fin : « ... Qu'ils donnent à cette lecture quelques unes de ces heures qu'ils emploient si inutilement ailleurs » : c'est donc bien un auteur qui s'adresse à des lecteurs ; lesquels seront de deux sortes : « quelque aversion qu'ils y apportent, continue-t-il, peut-être rencontreront-ils quelque chose, et pour le moins ils n'y perdront pas beaucoup », voilà pour la première sorte. « Mais », voici pour la seconde, « pour ceux qui y apporteront une sincérité parfaite et un véritable désir de rencontrer la vérité,.. j'espère qu'ils seront convaincus des preuves d'une religion si divine que j'ai ramassées ici. » Cet auteur est donc celui d'un ouvrage d'apologétique. De fait, Pascal exprime cette espérance après avoir présenté la justification la plus pathétique de l'apologétique dans la vision « janséniste » du monde.

Après avoir parlé de gens « raisonnables », ceux qui connaissent Dieu, de ceux qui cherchent à le connaître, Pascal ajoute : « Mais pour ceux qui vivent sans le connaître et sans le chercher... il faut avoir toute la charité de la religion qu'ils méprisent pour ne les pas mépriser jusqu'à les abandonner dans leur folie. » Suit alors le mouvement du cœur intimement mêlé de théologie qui pousse Pascal à prendre la plume : « cette religion nous oblige de les regarder toujours, tant qu'ils seront en cette vie, comme *capables de la grâce* qui peut les éclairer, et de croire qu'ils peuvent être dans peu de temps plus remplis de foi que nous ne sommes... » ; ici, comme dans le fragment cité plus haut, la *capacité* de recevoir est aussi celle de perdre, Pascal ajoute donc : « et que nous pouvons au contraire tomber dans l'aveuglement où ils sont » ; ce qui immédiatement a pour conséquence : « il faut faire pour eux ce que nous voudrions qu'on fît pour nous si nous étions à leur place. » (39). Ainsi, une fois admis que « la conversion véritable » est un pur don de Dieu, la possibilité et l'utilité de l'apologétique trouvent leur raison dans le fait que l'homme est « capable de grâce », capacité à se remplir quand elle est vide, capacité à se vider quand elle est remplie.

III. De la religion « aimable ».

Si l'apologétique peut trouver des instruments dans la raison et dans un certain désir indéterminé d'être heureux, comment s'en servira-t-elle ? Très normalement en essayant de montrer que la religion est « aimable ».

On ne saurait lire trop attentivement la « pensée » L. 12 : les hommes méprisent la religion et « ont peur qu'elle soit vraie » : voilà le sentiment plus ou moins avoué que l'apologétique peut et doit extirper. « Pour guérir cela » Pascal prévoit deux temps : « il faut commencer par montrer que la religion n'est point contraire à la raison », ce qui la rend « vénérable », mot qui implique un impératif : « en donner respect ». « Ensuite » il faut « la rendre aimable, faire souhaiter aux bons qu'elle fût vraie et puis montrer qu'elle est vraie ». Reprenons les deux adjectifs qui disent les sentiments que l'apologétique est parfaitement capable de substituer au mépris de la religion : « Vénérable parce qu'elle a bien connu l'homme. Aimable parce qu'elle promet le vrai bien. » (40).

En face de courtes notes qui semblent détachées chacune d'une argumentation sous-entendue : « De là je refuse toutes les autres religions », « Par là je trouve réponse à toutes les objections », Pascal ajoute un autre « de là » dans la marge : « De là cette religion m'est aimable », nous devinons une première raison de la trouver « aimable » en lisant la suite : « et je la trouve déjà assez autorisée par une si divine morale », conclusion, ici aussi, d'une argumentation sous-entendue ; « mais j'y trouve de plus », bout de phrase inachevée qui annonce peut-être les preuves brièvement résumées dans les notes jetées sur la même feuille et qui se rapportent à l'histoire du peuple juif (41).

Nous voyons d'une façon particulièrement précise dans le dialogue du « pari » ce que Pascal entend par rendre la religion « aimable ». Il sait qu'il n'a pas le pouvoir de déclancher la foi que Dieu seul peut donner. Pascal a donc développé son argumentation ; « cela est démonstratif », conclut-il. « Je le confesse, je l'avoue... », constate son interlocuteur. « Oui mais... » ; il y a un « mais » : « je suis fait d'une telle sorte que je ne puis croire » ; du moins l'argumentation a-t-elle déclanché la volonté de croire : « Vous *voulez* aller à la foi », « vous *voulez* vous guérir de l'infidélité ». Tout ce que l'apologétique a le pouvoir de faire est obtenu lorsque « l'infidèle » s'écrie : « Ce discours me transporte, me ravit, etc. ». Soulignons ce « etc. ». Il est clair que « ce transport », ce « ravissement » n'est pas la foi qui rend la conversion « véritable ». Mais celui qui l'a tenu peut répondre : « Si ce discours vous plaît » ; ce qui n'est pas une hypothèse mais une constatation, c'est-à-dire une invitation à continuer. L'interlocuteur est si peu converti que Pascal va continuer en l'invitant à imiter les convertis. C'est ici qu'est le fameux conseil. « prenez de l'eau bénite. ». Puisque nous pouvons tenir la coutume pour, en un sens, une « nature », pourquoi l'apologétique ne trouverait-elle pas en elle aussi un « instrument » (42) ?

On remarquera que tout cela était prévu, avec la résistance de l'interlocuteur, dans un projet de « lettre d'exhortation à un ami pour le porter à chercher ».

– « Et il répondra : mais à quoi me servira de chercher : rien ne paraît. ».

– « Et de lui répondre : ne désespérez pas. »

– « Et il répondrait qu'il serait heureux de trouver quelque lumière. Mais que selon cette religion, même quand il croirait ainsi cela ne lui servirait de rien. Et qu'ainsi il aime autant ne point chercher. »

– « Et à cela lui répondre : La Machine. » (43)

Ainsi, on ne saurait être plus conscient de la situation paradoxale de l'apologétique : l'acte décisif de la conversion ne dépend pas d'elle et pourtant il est bon que M. Singlin prêche et qu'un ami de Port-Royal prépare une apologie de la religion chrétienne. Pascal accuse donc fortement le contraste entre l'inefficacité et l'utilité de toute apologétique. Par exemple, dans la « pensée » L. 808 : « Il y a trois moyens de croire, écrit-il : la raison, la coutume, l'inspiration », il avait d'abord écrit : « la révélation » ; peut-être réserve-t-il ce mot au contenu objectif de la révélation destinée à toute l'humanité, « inspiration » convenant mieux à l'action de Dieu dans l'âme d'un élu, qui est, dirions-nous aujourd'hui, « personnalisée ». Or, ajoute aussitôt Pascal, « la religion chrétienne... n'admet point pour ses vrais enfants ceux qui croient sans inspiration ». Le mot « croire », bien entendu, est pris ici dans son sens usuel, et pas dans celui qui oppose *credo* à *scio*. Pourtant « ce n'est pas qu'elle exclue la raison et la coutume, au contraire » : ce « au contraire » assure la possibilité d'une apologétique dont Pascal semble dire en quoi elle est utile et en quoi elle est cependant inefficace quand il continue : « mais il faut ouvrir son esprit aux preuves, s'y [*mot barré :* dispo] confirmer par la coutume », un second *mais* introduit le moment où il est difficile de discerner ce qui dépend de nous et ne qui n'en dépend pas : « mais s'offrir par les humiliations aux inspirations qui seules peuvent faire le *vrai* et *salutaire* effet » (44). *Vrai* et *salutaire* semblent bien signifier que « s'offrir aux humiliations » est déjà « l'effet » d'une grâce, cette première grâce qui est à l'origine de la recherche de Dieu et de la prière.

IV. « L'indifférence de la religion ».

Nous ne pouvions pas ne pas nous demander ce que signifie l'idée même d'apologétique dans un monde où Dieu seul opère « la véritable conversion ». Or il nous est maintenant permis de voir clairement où est l'utilité de l'apologétique : elle a le pouvoir de tirer les esprits de cette forme d'impiété qu'est « l'indifférence de la religion » (45), principal et premier obstacle à « la véritable conversion ».

L'apologétique a ce pouvoir parce qu'elle peut venir à bout de l'indifférence sans quitter l'ordre de la nature. Disons tout de suite : elle exerce ce pouvoir en mettant la raison et le désir d'une vie heureuse en face de l'inévitable mort. Le mystère du salut sera l'idée directrice et motrice des premières démarches de l'apologétique : faisant appel à l'intérêt bien entendu de l'âme, elle est capable de l'obliger à prendre au sérieux les questions dont la solution est dans la foi et à écouter ceux qui les posent.

Dissipons tout de suite une équivoque sous le mot « indifférence » qui, dans les spiritualités de l'époque, a deux sens radicalement opposés. Dans la spiritualité du pur amour, il signifie : indifférence à tout ce qui n'est pas la volonté de Dieu ; dans Pascal, il signifie indifférence à mon salut. L'indifférence dont parle saint François de Sales est au sommet de la vie spirituelle ; celle dont parle Pascal est une aberration. Sans doute, l'ascèse recommandée est la même, ici et là, pendant une longue partie de l'ascension. « l'indifférence, écrit l'auteur du *Traité de l'Amour de Dieu,* se doit pratiquer ès choses qui regardent la vie naturelle, comme la santé, la maladie, la beauté, la laideur, la faiblesse, la force ; ès choses de la vie civile, pour les honneurs, rangs, richesses... » (46). Pascal aurait certes pu signer ces lignes, mais avec une autre intention : il s'agit de se détacher des biens de ce monde pour arriver, selon saint François de Sales, à un état où je ne pense même plus à mon bien, pour arriver, selon Pascal, à un état où je vois enfin dans « une éternité de bonheur » (47) l'unique nécessaire. La théologie mystique du premier demande une indifférence qui exclut toute considération de mon intérêt ; l'apologétique du second s'attaque à une indifférence à mon intérêt le plus essentiel : de fait, elle consiste dans le bon usage du critère d'utilité.

Le combat contre l'indifférence religieuse est au premier plan de la nouvelle apologétique. Pascal le juge urgent. Son expérience de la vie mondaine l'en persuade. « Reprocher à Miton de ne point se remuer quand Dieu le reprochera. » (48). Miton (ou Mitton), voilà l'indifférence et aussi le parfait « honnête homme ». Tout naturellement, Pascal va donc s'attaquer à l'indifférence en se mettant à la place de « l'honnête homme ».

Dans un texte visiblement destiné à entrer dans l'Apologie, dont il nous reste une copie, Pascal écrit : « *Avant que...* » mot à souligner – « *avant que* d'entrer dans les preuves de la religion chrétienne, je trouve nécessaire de représenter l'injustice des hommes qui vivent dans l'indifférence de chercher la vérité d'une chose qui leur est si importante et qui les touche de si près. ». Et à la fin de ce fragment : « Ce repos dans cette ignorance est une chose monstrueuse et dont il faut faire sentir l'extravagance et la stupidité à ceux qui y passent leur vie... » (49).« Ignorance », « monstrueuse », « extravagance », « stupidité », ces jugements sont prononcés par la raison. De fait, avant de parler en chrétien, Pascal met au point une critique de l'indifférence religieuse en restant au point de vue de « l'honnête homme » : c'est la longue « Pensée » L. 427, connue, elle aussi par une copie, ces deux textes ayant peut-être été écrits ou dictés en 1661-1662 (50).

« Cela n'est point naturel... », « Il faut qu'il y ait un étrange renversement dans la nature de l'homme... » se désintéresser de son salut est tellement contraire à la nature que Pascal se demande si ce n'est pas une « pose », comme on dirait aujourd'hui : se vanter d'« avoir secoué le joug » paraît conforme aux « belles manières du monde »... or ceux qui croient acquérir ainsi « l'estime » se trompent, du moins « parmi les personnes du monde qui jugent sainement des choses » : celles-ci, en effet, « savent que la seule voie d'y réussir est de se faire paraître honnête », c'est-à-dire « fidèle, judicieux et capable de servir utilement son ami », cela « parce que les hommes n'aiment naturellement que ce qui peut leur être utile ». Nous retrouvons l'idée que « l'honnête homme » est « aimable » : il est aimé parce qu'il est utile. Soit : mais si l'on montre qu'il n'est pas utile, il cesse d'être « aimable ». On voit alors la tactique de Pascal : les vraies « bonnes manières du monde » vont tourner contre celui qui croyait leur être fidèle en jouant au bel indifférent, ceci parce que le critère d'utilité ne joue pas en sa faveur (51).

« Quel avantage y a-t-il pour nous » – voilà donc le critère d'utilité – « à ouïr dire à un homme qu'il a donc secoué le joug, qu'il ne croit pas qu'il y ait un Dieu qui veille sur ses actions, qu'il se considère comme seul maître de sa conduite, et qu'il ne pense en rendre compte qu'à soi-même ? ». Quelle « confiance » avoir en un tel homme, quelle « consolation » en attendre, quels « conseils », quels « secours dans tous les besoins de la vie » ? Et voici des paroles enregistrées au cours d'une conversation : « Prétendent-ils [ces gens-là] nous avoir bien réjoui, de nous dire qu'ils tiennent que notre âme n'est qu'un peu de vent et de fumée, et encore de nous le dire d'un ton de voix fier et content ? ». Comme si « c'était une chose à dire gaîment » ! N'est-ce pas, au contraire, « la chose du monde la plus triste » ?

Devant pareille attitude, Montaigne avait déjà parlé d'« une proposition comme dénaturée et monstrueuse », au point de se demander si ce n'était pas là le fait de gens qui « par vanité et par fierté de concevoir des opinions non vulgaires » voulaient « en affecter la profession par contenance... » (52), « hommes... écervelés, écrit-il encore, qui tâchent d'être pires qu'ils ne peuvent » (53). Toutefois, Pascal ne vise pas seulement l'athéisme militant : il pense aussi à « l'honnête homme » tel que ses amis Mitton et Méré lui en offrent le modèle. M. Michel Le Guern a donc raison de renvoyer ici à un ouvrage du premier, *Description de l'honnête homme* (54), et, quand nous recontrerons l'expression « bon air », de nous rappeler que le second met sous ces mots « une espèce d'agrément » (55). Mais ceux qui combattent la religion sont dans ce morceau condamnés précisément au nom de l'honnêteté de ceux qui ne cherchent pas à la connaître.

En effet, Pascal insiste : répétons-le, il reste sur le terrain où veulent se tenir ces gens qui jouent à l'indifférence en croyant être ainsi « dans le vent », comme on dirait aujourd'hui ; il leur parle en homme du monde mais en « honnête » homme du monde. « S'ils y pensaient sérieusement », à leurs propos si légers sur des choses si graves, « ils verraient que cela est si mal pris, si contraire au bon sens, si opposé à l'*honnêteté,* et si éloigné en toutes manières de ce *bon air* qu'ils cherchent... ». Alors, toujours au niveau de la simple nature, ils renonceraient à leur jeu, si, comme Pascal le veut généreusement supposer, ce n'est qu'un jeu. « ... ceux qui ne font que feindre ces sentiments », pourquoi, vraiment, iraient-ils « contraindre leur naturel pour se rendre les plus impertinents des hommes » ? Alors, nous l'avons déjà vu, si on laisse parler « le naturel », l'incroyant ne peut pas ne pas « souhaiter la vérité des promesses éternelles ».

Lisons de près ce qui suit, texte important pour l'apologétique de Pascal. Le véritable « honnête homme » ne peut être indifférent à la religion que par inadvertance. Qu'un Pascal le mette en face de ce qui est en cause et il ne peut plus ne pas s'intéresser à son salut ; il ne sera certes pas converti, mais disposé à écouter ceux qui ont au moins le droit de communiquer leurs raisons de croire. Aussi, quand Pascal se trouve devant ceux qui affectent dans les salons une indifférence souriante, doit-il d'abord les convertir à l'honnêteté, à supposer qu'il soit permis de parler de conversion dans les limites de la simple nature : devenir vraiment honnête homme, cela veut dire voir l'aberration qu'est l'indifférence. « Rien n'est plus lâche que de faire le brave contre Dieu » – la formule est de Montaigne – (56) : il est clair que la lâcheté est incompatible avec l'honnêteté. S'adressant donc à ces indifférents par bravade, Pascal continue : « Qu'ils laissent donc ces impiétés à ceux qui sont assez mal nés pour en être véritablement capables ». Qu'est-ce que signifie « mal nés » ? Faut-il penser à ce qu'ailleurs il appelle avec Montaigne « esprit boiteux » (57) ? Soulignons ce qui suit : *« Qu'ils soient au moins honnêtes gens s'ils ne peuvent être chrétiens et... »* ce *et* ajoute à ces mots leur explication : « et qu'ils reconnaissent enfin qu'il n'y a que deux sortes de personnes qu'on puisse appeler raisonnables : ou ceux qui servent Dieu de tout leur cœur parce qu'ils le connaissent ou ceux qui le cherchent de tout leur cœur parce qu'ils ne le connaissent pas. ».

On ne saurait séparer les mots soulignés de leur contexte. S'ils l'étaient, il signifieraient : si vous n'êtes pas chrétien, soyez au moins honnête homme, au sens où, *mutatis mutandis,* on dirait : si vous n'avez pas la charité qui est grâce, respectez du moins la morale naturelle. Etre vraiment « honnête homme », c'est ne plus être indifférent à cet intérêt majeur qu'est notre salut. Tel est au moins le gain assuré du « pari » : quelle que soit la réponse de Dieu, en prenant son « parti », « vous serez fidèle, honnête... » (58).

Ce commentaire de « Qu'ils soient *au moins honnêtes* gens » appelle une objection : l'interprétation que nous venons d'écarter n'est-elle pas précisément celle que présente Pascal lui-même à la fin du *Troisième Discours sur la condition des Grands* ?

Pascal vient de donner quelques bons conseils à un jeune duc : ne pas « traiter avec dureté »... les gens sur lesquels il est en quelque sorte appelé à régner ; « contentez leurs justes désirs ; soulagez leurs nécessités, mettez votre plaisir à être bienfaisant ». Mais ceci pour conclure : « Ce que je vous dis ne va pas bien loin ; et si vous en demeurez là, vous ne laisserez pas de vous perdre ; mais *au moins* vous vous perdrez en *honnête homme.* ». Pascal commente ce « au moins » en continuant : « Il y a des gens qui se damnent si sottement, par l'avarice, par la brutalité, par les débauches, par la violence, par les emportements, par les blasphèmes. ». Bref, n'ajoutez pas la sottise à la damnation ! « Le moyen que je vous ouvre est sans doute plus *honnête* » ; mais comme cette honnêteté ne vous empêchera pas d'être damné, « il n'en faut pas demeurer là » (59).

Ce texte fort clair nous obligerait-il à revenir sur l'interprétation de l'honnêteté proposée dans la Pensée L. 427 ? Ou bien, si les trois *Discours sur la condition des Grands* sont postérieurs à la rédaction de la Pensée L. 427, conviendrait-il d'envisager une évolution de la pensée de Pascal ? Non. Il y a simplement un changement de point de vue.

« Je vous veux faire connaître, Monsieur, votre condition véritable... », lit-on à la première ligne du *Troisième Discours* et un peu plus loin : « en connaissant votre condition naturelle... ». A ce point de vue, la question est : « Qu'est-ce... d'être un grand seigneur ? ». Réponse : « C'est être maître de plusieurs objets de la concupiscence des hommes » ; c'est cette concupiscence qui fait que certains sont à votre service et ont pour vous « des déférences ». « Ces gens sont pleins de concupiscence. Ils vous demandent les biens de la concupiscence. C'est la concupiscence qui les attache à vous. Vous êtes donc proprement un roi de concupiscence. » (60). Conseiller au jeune duc d'agir en honnête homme, c'est lui conseiller d'agir en bon « roi de concupiscence ». Nous sommes tout-à-fait en dehors de la perspective qui est celle de l'apologétique chrétienne. Dans cette perspective, Pascal l'indique juste avant de terminer, « il faut mépriser la concupiscence et son royaume et aspirer à ce royaume de charité où tous les sujets... ne désirent que les biens de la charité ». Mais, déclare alors Pascal : « D'autres que moi vous en diront le chemin. ».

Ajoutons une note : Pascal en dira le chemin dans un autre écrit, celui précisément dont il nous reste le fragment L. 427, mais où la recommandation d'être « au moins honnête homme » est donnée dans un autre contexte, celui d'un discours apologétique.

Pas un instant Pascal ne paraît prévoir le mauvais jeu de mot qui pourrait bien être celui de « l'honnête homme » : si, de toutes façons, je suis damné, alors, au diable l'honnêteté ! Peut-être a-t-il une trop haute idée de l'honnêteté dont certains amis tels que Mitton ou Méré lui donnent l'exemple pour les croire sensibles à une pareille logique. A ses yeux, la véritable logique de l'honnêteté conduit à reconnaître l'impossibilité de rester indifférent à la question du salut. L'image du damné « honnête homme » excite, au contraire, le zèle apologétique de Pascal ; car, si ses écrits n'ont pas le pouvoir de convertir, du moins ont-il celui de rendre intenable la position de « l'indifférence de la religion ».

Faire de l'indifférence religieuse une position intenable dans l'esprit de « l'honnête homme », c'est, en réalité, dissiper l'illusion de l'honnêteté.

Il est entendu que l'honnêteté reste en dehors de la vie vraiment chrétienne ; mais cela n'empêche point Pascal de reconnaître sa valeur dans la vie mondaine. C'est pourquoi certains propos de Pascal ne semblent pas s'accorder avec ceux qui ont pour objet la conversion de « l'honnête homme ».

Quelques lignes hâtivement griffonnées déclarent sous le titre : « Honnête homme » : « Il faut qu'on n'en puisse [dire] ni il est mathématicien, ni prédicateur, ni éloquent mais il est honnête homme. Cette qualité universelle me plaît seule. ». Certes, les qualités particulières, il faut bien les reconnaître mais « je voudrais qu'on ne s'aperçût... d'aucune qualité que par la rencontre et l'occasion d'en user ». Sans doute, Pascal doit être appelé mathématicien au moment où il résout un problème de mathématique, mais cela ne signifie pas qu'il est avant tout mathématicien : il entend éviter « qu'une qualité ne l'emporte et ne fasse baptiser ». Peut-être Pascal pense-t-il surtout aux gens de lettres : « Quand en voyant un homme on se souvient de son livre, c'est mauvais signe » : cela signifie que l'accidentel est pris pour essentiel (61). Ce qui est repris ailleurs dans un jugement lapidaire qui se passe de verbe : « Poète et non honnête homme. » (62).

Mais ce sont là des réflexions de Pascal homme dans le monde, peut-être provisoirement homme du monde : il observe et sans doute aussi envisage-t-il la façon de se comporter dans le milieu où il vit. Lorsqu'il s'agit de la conversion de « l'honnête homme », le point de vue est différent : Pascal sait que son honnêteté ne l'empêche pas d'être un homme et il se demande alors si le fait d'être un homme ne l'empêche pas d'être honnête.

Ce n'est point pas hasard si Pascal donne la forme d'un dialogue avec Mitton à l'espèce de dialectique qui inclut la haine de soi dans la « véritable conversion ». Or cette « haine de soi » est fondée sur ce que nous pouvons appeler l'égocentrisme propre à la nature de l'homme pécheur. Bien que le mot « honnêteté » ne soit pas employé, c'est elle qui est en question : ou bien « l'honnête homme » veut être aimable mais il ne peut être jugé tel qu'en cherchant à plaire à des gens dont il ne choque pas l'égocentrisme ; ou bien son propre égocentrisme le porte à « vouloir asservir » les autres et ceux-ci ne le jugent pas aimable (63). Un autre fragment où Mitton est aussi interpellé donne la véritable conclusion de ce morceau : « Mitton voit bien que la nature est corrompue et que les hommes sont contraires à l'honnêteté, mais il ne sait pas pourquoi ils ne peuvent voler plus haut. » (64).

On voit jusqu'où peut aller la nouvelle apologétique.

Ce que n'auraient pu faire ni M. de Sacy, ni M. Singlin, ni même le docteur Arnauld, Blaise Pascal sait parler à Mitton. Sans doute, dans son dialogue avec Mitton, Pascal fait les demandes et les réponses ; du moins celles-ci nous montrent-elles ce qu'il attend de son apologétique. Elle oblige « l'honnête homme » à constater que les hommes sont contraires à l'« honnêteté », ce qui est reconnaître une contradiction dans l'expression « honnête homme ». Et voici que Mitton lui-même doit voir dans cette contradicton ou mieux : cette « contrariété » « une corruption de la nature ». Rien de plus, bien sûr. Mais une apologétique qui conduirait Mitton jusque là ne serait pas vaine (65).

Chapitre VII

QUI CONVERTIR ?

I. Libertins et libertinage.

Tout discours apologétique s'adresse à un certain public d'auditeurs et de lecteurs. On voit mal le saint curé Vianney prêchant dans la chapelle de Port-Royal pas plus que M. Singlin prêchant dans l'église d'Ars. A qui pense Pascal quand il entreprend une apologie de la religion chrétienne ?

Disons-le tout de suite : il ne s'agit ni d'une apologétique populaire, ni de méditations à l'usage de religieux et de religieuses.

Pascal vient du monde et il y reste après sa conversion. Rien n'invite à supposer qu'il est tenté de rejoindre les Messieurs de Port-Royal. S'il ne veut plus être du monde, c'est en restant dans le monde. Or, il semble avoir eu très tôt le sentiment que sa situation le met en état de défendre la vraie religion dans un milieu qu'il connaît bien et que ni M. Singlin ni M. de Sacy ne connaissent. Laïc, il s'adresse à des laïcs qui appartiennent à la noblesse ou à la bourgeoisie cultivée, il sait ce qui les intéresse, il sait ce qui les trouble, il sait ce qu'ils lisent, il sait en particulier quels sont les maîtres de l'humanisme qui imprègne la pensée de chrétiens sincères comme celle des libertins.

Pour comprendre que Pascal ait envisagé de jouer un rôle en général tenu par des théologiens du clergé régulier ou du clergé séculier, il ne faut pas oublier que les violentes polémiques autour de l'*Augustinus* ne touchent pas seulement les religieux et les religieuses : l'émotion est vive chez les laïcs. L'extraordinaire succès des *Provinciales* montrait, d'ailleurs, à leur auteur qu'il y avait un public, comme on dirait aujourd'hui, pour des disputes sur « le pouvoir prochain », sur « la grâce suffisante », sur la crise de la morale provoquée par les nouveautés théologiques des Jésuites. N'est-ce pas sur ce public qu'il compte pour les lire et les diffuser lorsqu'il envisage une « Lettre pour porter à rechercher Dieu » (1), une « Lettre d'exhortation à un ami pour le porter à chercher » (2), une « Lettre qui marque l'utilité des preuves » (3), une « Lettre de l'injustice » (4), une « Lettre d'ôter les obstacles » (5), une « Lettre de la folie de la science humaine et de la philosophie » (6) ?

Dans les *Provinciales,* Pascal a été le collaborateur de théologiens, Arnauld et Nicole, qui, comme Saint-Cyran et Jansénius, assignent à la théologie pour objet la recherche de ce qu'enseignent les Ecritures, les Conciles, les Pères de l'Eglise et notamment « le plus grand », saint Augustin (7). Dans le *Fragment de Préface pour un « Traité du vide »,* Pascal sépare, sans équivoque possible, le domaine où le respect de l'antiquité doit être reconnu et celui où il doit être exclu. En théologie, la tradition et l'autorité sont la source de la vérité : dans les sciences de la nature, ces sources sont la raison et l'expérience. De là « le malheur du siècle » : des écrivains chrétiens – Pascal vise les Molinistes – introduisent des nouveautés en théologie et des physiciens invoquent l'autorité – celle d'Aristote – dans les sciences de la nature. L'apologétique de Pascal ne peut donc être qu'une défense et l'illustration de cette vraie théologie qui est comme une mémoire de la foi (8). Pourtant ceci ne signifie pas que le style de cette défense et de cette illustration ne doive pas être nouveau : il ne s'agit pas ici de vérité mais d'efficacité. En termes qui ne sont pas du temps de Pascal disons : il entend proposer une apologétique moderne sans modernisme doctrinal et même contre tout modernisme doctrinal.

Pascal a donc le sentiment d'apporter une nouvelle apologétique ; mais pour répondre vraiment à la question : qui voudrait-il convertir ou plutôt préparer à recevoir la grâce qui convertit ? il faut revenir à l'idée qu'il se fait de la conversion. Il ne s'agit pas seulement, on l'a vu, du passage de l'incroyance à la croyance mais aussi du passage d'un christianisme d'honnête homme à une foi vécue « en esprit et en vérité ». Or l'apologétique de Pascal, nous semble-t-il, vise ces deux fins. Elle doit briser les obstacles auxquels la grâce pourrait se heurter dans l'âme des incroyants et, en leur montrant au bout du chemin ce qu'est la conversion véritable, elle la révèle, du même coup, à ces bons paroissiens qui se disent chrétiens sans soupçonner qu'ils sont loin de l'être. Entendons bien : dans cette perspective il n'y aurait pas une partie de l'apologétique pascalienne réservée aux incroyants et une autre, aux fidèles qui prennent leur bonne foi pour la foi ; ici et là, l'argumentation est la même puisqu'il n'y a qu'une seule « conversion véritable ». Ainsi, essayer d'y conduire les incroyants, c'est rappeler aux croyants que l'amour de Dieu exclut tous les autres et va jusqu'à inclure la haine de soi, c'est les obliger à réfléchir sur leur attachement trop réel à l'esprit du monde, c'est particulièrement, dénoncer les dispositions humanistes qui favorisent les compromis avec cet esprit. Ce qu'Etienne Périer souligne très fortement en présentant la première édition des *Pensées :* son oncle « voulait déclarer la guerre » non seulement aux ennemis de la religion « mais même aux chrétiens et aux catholiques, qui, étant dans le corps de la véritable Eglise, ne vivent pas néanmoins selon la pureté des maximes de l'Evangile... » (9).

Dans un important article, *Pascal et les libertins,* M. René Pintard attire l'attention sur ce qui frappe un historien du libertinage quand il lit Pascal : on présente volontiers son apologétique comme ayant pour fin la conversion des libertins ; or, dans les *Pensées,* on ne le voit pas particulièrement soucieux de connaître leurs questions et leurs réponses, de s'informer sur « leurs curiosités » ; « peu d'attitudes, à tout prendre, semblent plus lointaines que celle de Pascal à l'égard des arguments invoqués par l'étudition libertine. » (10). Bref, même achevé, l'ouvrage eût été, à cet égard, bien différent de ceux du P. Marin Mersenne, ami d'Etienne Pascal, *L'impiété des Deistes, Athées et Libertins de ce temps combattue et renversée de point en point par raisons tirées de la Philosophie et de la Théologie,* Paris, 1624, deux tomes in 8° de 834 et 506 pages sans compter les pièces liminaires et les tables, et *La Vérité des Sciences contre les septiques* [*sic*] *ou Pyrrhoniens,* Paris, 1625, in-8° de 1008 pages sans compter les pièces liminaires et la table (11).

Si Pascal ne s'arrête guère aux « arguments de l'incrédulité philosophique », écrit encore M. René Pintard, c'est qu'« il s'intéresse davantage à ceux qui vivent leur incrédulité dans leurs sentiments, leurs goûts et leurs actes » ; il songe à la conversion de ces « libertins chez lesquels, moins spéculatif et moins abstrait, le libertinage sert d'abord à justifier un style de vie » (12). Ces libertins, Pascal les rencontre, plus que dans sa bibliothèque, dans le monde où il vit : « ... l'expérience m'en fait voir un si grand nombre... » (13).

Et d'abord, très jeune, il en rencontre dans le milieu savant et érudit où son père, le président Etienne Pascal, est accueilli lorsqu'il arrive à Paris en novembre 1631. Bien curieux est, ici, ce témoignage de Gilberte Périer : la Providence, dit-elle, avait préservé son frère des « vices de la jeunesse » et « *ce qui est encore plus étrange en un esprit de cette trempe et de ce caractère,* il ne s'était jamais porté au libertinage pour ce qui regarde la religion ayant toujours borné sa curiosité aux choses naturelles » ; « quelques discours qu'il entendît faire aux libertins, il n'en était nullement ému », ayant appris de son père que la raison n'est pas « au dessus de toutes choses » et que la foi est encore au-dessus d'elle (14). Ainsi le jeune Blaise vit dans un milieu où il a l'occasion d'entendre des « libertins », semble-t-il, très librement et, ce qui doit être souligné, il eût, selon sa sœur, paru normal qu'un « esprit de sa trempe » fût alors de leur côté, au moins le temps que jeunesse se passe.

Mieux encore : Pascal devient et reste après sa conversion l'ami de deux « libertins » alors connus comme tels non encore par leurs écrits mais par leur vie et par leurs propos : le chevalier de Méré (15) et Damien Mitton (16) ; des œuvres de l'un et de l'autre ne seront imprimées qu'après la mort de Pascal. Ainsi quand nous rencontrons Méré et Mitton dans la vie et dans les écrits de Pascal, il ne s'agit pas de sources littéraires.

Les sources littéraires sont, comme l'a remarqué M. Pintard, limitées. Quand Pascal fait allusion à une chanson de Des Barreaux, il convient probablement de voir là le souvenir non d'une lecture mais d'une conversation avec Mitton (17). On a pu supposer qu'il avait connu les thèses des *Trois imposteurs :* ce n'est pourtant qu'une hypothèse (18). Le nom de Pierre Charron n'apparaît que dans une seule « Pensée » : cela n'empêche certes pas de croire qu'il a lu *Les Trois Vérités,* qui se présentait comme une apologie de la religion catholique, et *La Sagesse ;* mais il tenait sans doute ce dernier livre comme une simple reprise des *Essais,* avec « des divisions qui attrisent et ennuient », faisant regretter l'heureuse « confusion de Montaigne » (19).

Les *Essais,* voilà la source littéraire constante de Pascal dans la partie profane de son dialogue avec les libertins : tous les ont lus ; chacun en retenant ce qui lui convient. Dès l'époque de l'*Entretien avec M. de Sacy,* Pascal a une connaissance de Montaigne assez complète pour savoir ce que les *Essais* peuvent apporter à l'apologétique sans ignorer ce qui manque au Christianisme de leur auteur. Ce dernier sera présent dans les « Pensées » beaucoup plus souvent que ne pourrait le faire croire le nombre des références où son nom est cité, dix-sept sauf erreur. Surtout si nous ajoutons : une apologétique moderne doit s'adresser à des lecteurs que leur culture humaniste dispose à trouver des maîtres chez les grecs et chez les latins ; or les *Essais* sont pour Pascal une sorte d'anthologie de textes philosophiques de l'Antiquité. Ainsi il reste une feuille couverte de citations de Sénèque, Cicéron, Virgile, qui ont toutes été prises dans Montaigne (20), et des bouts de papier sur lesquels ont été copiées des citations des mêmes auteurs, de Térence, de Pline, de Quintilien qui ont la même origine (21). L'érudition de Montaigne dispense Pascal d'être lui-même un érudit.

Ces remarques posent une question de vocabulaire : les mots « libertins » et « libertinage » n'auraient-ils pas été en quelque sorte privilégiés par les historiens des idées pour fournir une étiquette commode sous laquelle mettre tous ceux qui, au XVIIe siècle, sous des formes sans doute différentes, leur semblent s'être plus ou moins ouvertement « libérés » des croyances religieuses ? La portée actuelle des mots « libertins » et « libertinage » appartient à la vision rétrospective où ils introduisent quelque chose comme une catégorie de la pensée historique, qui va permettre d'opérer l'indispensable travail de classification et de dénomination (22). Dans cette vision rétrospective, on doit précisément à M. René Pintard l'usage d'une catégorie particularisée, celle de « libertinage érudit » pour désigner, dans la première moitié du XVIIe siècle, le « libertinage » qui a son origine dans la culture humaniste, l'érudition favorisant l'influence des philosophies païennes : stoïcisme ou épicurisme, aristotélisme non baptisé par saint Thomas ou platonisme non christianisé par saint Augustin, pyrrhonisme. Justement, ce que M. Pintard ne trouve pas dans l'ouvrage de Pascal, c'est, appuyée sur une bonne documentation, une discussion réelle avec ceux qui, aujourd'hui, dans notre vision rétrospective, sont les représentants de ce « libertinage érudit ».

Ni chez Pascal ni autour de lui, la notion de libertinage ne joue ce rôle de catégorie de la pensée historique. Quand Gilberte Périer en arrive au grand dessein apologétique de son frère, elle le montre « animé contre les athées » (23). Quand la nièce Marguerite Périer aborde le même sujet, elle le dit, à deux reprises, décidé à « travailler contre les athées » (24). Rapportant ses visites à Pascal au cours des semaines qui ont précédé sa mort, il m'avait dit, déclare le P. Beurrier, qu'il s'était « attaché à un dessein qu'il avait contre les Athées et Politiques de ce temps en matière de Religion » (25). Dans ses Mémoires, le P. Beurrier consigne le souvenir de propos sur son intention, « mettre par écrit ses pensées pour combattre toutes sortes d'impies », de « travailler à la conversion des impies », de « combattre fortement les impies et les athées » (26). Dans la Préface de la première édition des *Pensées* en 1670, Etienne Périer dit que « le dessein » de son oncle était d'abord « de réfuter les raisonnements des athées » et, un peu plus loin, il ajoute : « de déclarer la guerre aux athées, aux infidèles et aux hérétiques... » (27). Dans son *Discours sur les Pensées de M. Pascal,* Filleau de La Chaise, qui croyait alors écrire la préface de l'édition, fait allusion à « l'égarement des païens » et « l'aveuglement des athées » (28). Les libertins apparaissent bien dans certaines Approbations des Docteurs en théologie mais à côté et sur la même ligne que d'autres incroyants sans aucune indication qui les en distingue : l'ouvrage de Pascal eût rempli « de honte et de confusion » « tous les impies, les libertins et les athées », dit l'un ; un autre y voit « des foudres qui accablent les libertins et les athées » (29).

Ainsi, dans la vision rétrospective à l'intérieur de laquelle nous étudions aujourd'hui le XVIIe siècle, il est bien permis de montrer Pascal face aux libertins, comme le fait, par exemple, l'abbé Baudin dans deux volumes, de *La Philosophie de Pascal : Pascal, les libertins et les Jansénistes* (30) ; mais il doit être entendu que, dans la vision contemporaine de Pascal, les incroyants à convertir peuvent apparaître sous d'autres noms.

Pascal se sert du mot « libertin » dans la *Quatrième Provinciale,* par exemple, et du mot « libertinage », dans les « Pensées » L. 179, L. 954, mais en passant. Avec quel sens le mot vient-il sous sa plume ? Il y en a alors deux usuels : le sens primitif qui, comme plus tard « libre penseur », inclut l'idée d'une libération par rapport aux croyances religieuses ; et aussi le sens qui a seul survécu et qui inclut l'idée d'une libération par rapport à la morale et aux mœurs. Pascal prend spontanément le mot dans le premier sens.

Ainsi, la *Quatrième Provinciale* nous conduit chez un casuiste de la Compagnie qui enseigne « comme une vérité de foi » aux gens du monde « qu'ils sentent à chaque péché qu'ils commettent un avertissement et un désir intérieur de s'en abstenir ». Quelle dangereuse « maxime » ! « Mon Père », demande aussitôt Pascal, « ne remarquez-vous pas quel effet elle peut faire dans *ces libertins qui ne cherchent qu'à douter de la religion.* ». Ces derniers mots l'indiquent clairement, il s'agit d'un libertinage proprement philosophique et les suites fâcheuses de « la maxime » vont dans le même sens : « N'est-il pas visible, continue Pascal, qu'étant convaincus par leur propre expérience de la fausseté de votre doctrine en ce point que vous dites être de foi, ils en étendront la conséquence à tous les autres ? ». C'est-à-dire : « Ils diront que si vous n'êtes pas véritables en un article, vous êtes suspects en tous » ; de là à « conclure que la religion est fausse... » (31).

Même signification dans la curieuse « Pensée » que nous lisons au milieu de la liasse « soumission et usage de la raison » : « Il y a peu de vrais chrétiens. Je dis même pour la foi ». Pourquoi cette dernière précision ? pourquoi « même » ? Traduisons : il est trop clair que peu de chrétiens vivent chrétiennement ; ce que Pascal ne trouve pas en eux est plus profond encore : il pense non à ce qu'ils font mais à ce qu'ils croient. Ainsi, une fois mis à part les convertis, ce qui sera rappelé comme allant de soi à la fin de la note, regardons les gens du monde. Première constatation : « Il y en a bien qui croient mais par superstition. ». Seconde constatation : « Il y en a bien qui ne croient pas mais par libertinage. ». Troisième constatation : « peu sont entre-deux », ce qui n'est pas clair ; laissons ce troisième cas ; on y reviendra ; il nous paraît manifeste que dans le second Pascal dénonce le libertinage de l'esprit (32).

Que dans sa pensée le libertinage de l'esprit puisse entraîner le libertinage des mœurs, c'est probable ; ce serait peut-être le cas dans la courte note marginale recueillie dans L. 954 où Pascal vise les gens qui « cherchent par libertinage » « une religion accommodée » ; et encore, le mot « accommodée » fait penser à « accommodements » dans la doctrine et dont les conséquences seraient peut-être moins la débauche qu'une austérité tempérée, trop tempérée (33)... D'ailleurs, on va le voir, lorsque, sous des noms divers, le plus souvent sous celui d'« impies » (34), Pascal s'en prend à ceux que nous mettons aujourd'hui sous l'étiquette « libertins », il vise l'incroyance et rien ne permet de penser qu'il tient tous les incroyants pour des débauchés. Peut-être le libertinage des mœurs présuppose-t-il celui de l'esprit mais le libertinage de l'esprit n'implique pas nécessairement celui des mœurs.

L'apologétique de Pascal a donc une partie critique. Deux mobiles excitent alors son esprit : la charité et un certain goût de la lutte. Autrement dit, en devenant militante, la charité met au service d'une juste cause cette disposition qui faisait dire à Maurice Barrès : « Pascal a passé sa vie à faire des procès » ; « procès du frère Saint-Ange, continue-t-il, procès des jésuites, procès des hétérodoxes, procès des libertins... » (35). Mais le plaisir qu'il prend à la lutte n'enlève rien à la sincérité de la charité qui lui met la plume à la main.

II. Les « impies ».

« Les impies qui font profession de suivre la raison doivent être étrangement forts en raison. ». L'ironie du compliment sera justifiée par la pauvreté de leurs raisonnements. « Que disent-ils donc ? », ces gens si « forts en raison » : les bêtes vivent et meurent comme les hommes, les Turcs comme les chrétiens avec « leurs cérémonies, leurs prophètes, leurs docteurs, leurs saints, leurs religieux comme nous, etc. ». Ce « etc. » sous-entend bien d'autres arguments possibles, mais ce résumé suffit pour opérer la distinction entre ceux qui cherchent et les autres. « Si vous ne vous souciez guère de savoir la vérité, en voilà assez pour vous laisser en repos. Mais si vous désirez de tout votre cœur de la connaître, ce n'est pas assez regarder au détail... ». Pascal ajoute cette remarque bien significative : « *C'en serait assez pour une question de philosophie,* mais ici où il va de tout... » la phrase est inachevée. Ainsi cette « Pensée » annonce une partie importante de l'Apologie pascalienne où l'on va « regarder au détail » pour comparer la vraie religion aux fausses. Une note marginale rappelle que le passage sur l'homme et la bête vient de l'Ecriture – de fait c'est presque une citation de l'Ecclésiaste, III, 18-21 – de sorte que on « regardera au détail » dans les textes bibliques (36). Il s'agit donc d'herméneutique et non de philosophie ; toutefois, Pascal entend surtout dire : devant une « question de philosophie » l'esprit est vite satisfait, la recherche de la vérité n'a rien de dramatique, le sens de la vie n'est pas en jeu : « ici où il va de tout », c'est le « vous êtes embarqués » du pari (37).

Ainsi dans cette revue de ceux que Pascal appelle « les impies » et que nous appelons « les libertins », nous n'assistons pas à un débat entre philosophes, le philosophe Pascal réfutant d'autres philosophies pour établir la vérité de la sienne. Les textes que nous lisons appartiennent le plus souvent à un projet qui a pour fin la conversion du pécheur ; si ce pécheur est philosophe, on ne cherchera pas à remplacer sa philosophie par une autre mais à lui faire comprendre que le problème vital est celui du salut et que ce problème se pose et se résout au delà de la philosophie.

III. Les athées.

Il y a pourtant une forme d'impiété qui semble être essentiellement philosophique : l'athéisme.

Que Pascal envisage la « conversion » des athées, de multiples fragments montrent qu'il comptait bien s'adresser à eux dans son Apologie. Il ne sous-estime pas l'adversaire : « Athéisme marque de force d'esprit », la pensée vient de Pierre Charron et Pascal se contente de la relativiser en ajoutant : « mais jusqu'à un certain degré seulement. ». Pascal n'entend pas reconnaître la force de leurs arguments mais une certaine force d'âme, comme disait l'auteur des *Trois vérités :* « cette espèce d'athéisme... ne peut loger qu'en une âme extrêmement forte et hardie... il semble bien qu'il faut autant et peut-être plus de force et de raideur d'âme à... résolument se dépouiller de... la créance de Dieu comme à bien et constamment se tenir ferme à lui. Qui sont les deux extrémités opposites, très rares et difficiles. Mais la première encore plus. » (38).

Pascal, d'ailleurs, distingue deux cas. Dans la même liasse, un fragment dit : « Plaindre les athées qui cherchent, car ne sont-ils pas assez malheureux. Invectiver contre ceux qui en font vanité. » (39). On voit quelle eût été sa tactique au moins dans son dialogue avec les premiers. « Objections des athées : mais nous n'avons nulle lumière. » (40). Mais, et vous ? Voilà la riposte. Vous devez avoir ce que vous nous reprochez de ne pas avoir... ! « Les athées doivent dire des choses parfaitement claires : or il n'est point parfaitement clair que l'âme soit matérielle. » (41). La critique de Pascal va porter sur ce que l'on appelle « lumière » : n'est-ce pas souvent « la coutume » ? « Athées – Quelle raison ont-ils de dire qu'on ne peut ressusciter ? Quel est plus difficile de naître ou de ressusciter ? ... Est-il plus difficile de venir en être que d'y revenir. ». En somme, « la coutume nous rend l'un facile, le manque de coutume rend l'autre impossible. » Là où l'athée voit une assurance de la raison, Pascal dit : « Populaire façon de juger. » (42). Ainsi dans son Apologie, il ne va pas opposer philosophie à philosophie, spiritualisme à matérialisme par exemple ; il s'attaquera directement aux pseudo-évidences sur lesquelles s'appuie l'argumentation, mettant en question leur origine et leur valeur. On comprend que les lecteurs de pareils textes pensent à Hume (43).

Les athées ne sont pas les seuls « impies ». Dans la liasse où se trouve le fragment L. 156 : « Plaindre les athées... », le thème est repris sur un autre bout de papier mais avec une plus large extension. « Commencer par plaindre les incrédules, il sont assez malheureux par leur condition. » (44). La compassion n'est plus, explicitement du moins, limitée à ceux qui ont le désir de croire : la fine analyse de M. Pol Ernst le montre bien, les incrédules de L. 162 sont malheureux à nos yeux parce qu'ils sont incrédules, ce qui ne veut pas dire que la conscience de leur incrédulité les rend nécessairement malheureux ; dans L. 156, ceux qui sont malheureux, donc à plaindre, sont les athées qui cherchent et ceci parce qu'ils ne trouvent pas. Quoiqu'il en soit, dans la « Pensée » sur les incrédules, la consigne est : « Il ne les faudrait injurier qu'au cas où cela servît mais cela leur nuit. ». Ce n'est pas que des injures ne seraient point méritées, mais, en apologétique, il faut considérer ce qui « sert » : or l'injure est nuisible si elle rebute l'incrédule et lui ôte l'envie d'écouter...

IV. Les Pyrrhoniens.

Qui sont donc ces « incrédules » en dehors des athées ? Sûrement ceux que Pascal appelle « les pyrrhoniens ». Mais ici, il y a une difficulté : « Le pyrrhonisme est le vrai. » (45).

Sans doute, Pascal a écrit aussi sur un autre bout de papier : « Tous leurs principes sont vrais, des pyrrhoniens, des stoïques, des athées, etc. », avec ce correctif : « mais leurs conclusions sont fausses parce que les principes opposés sont vrais aussi. » (46). Texte surprenant. Pour les stoïciens, pas de difficultés : sur ce que l'homme doit être, leurs principes sont vrais ; leur erreur est dans la conclusion qui lui accorde le pouvoir de l'être. Mais en quoi les principes de l'athéisme peuvent-ils être dits vrais ? Risquons une hypothèse : dans le texte dit du « pari », juste avant le pari proprement dit, Pascal déclare : « nous ne connaissons ni l'existence ni la nature de Dieu. ». L'athée n'aurait-il pas le droit de voir là une vérité et de tenir pour un principe : nous n'avons aucune connaissance naturelle de l'existence ni de la nature de Dieu ? Son erreur est d'en conclure que Dieu n'existe pas, car « par la foi nous connaissons son existence », autre vérité qui sera prise pour principe d'une recherche aboutissant à une autre conclusion (47). Quoi qu'il en soit, bien différent est le cas de la vérité du pyrrhonisme.

L'apologétique pascalienne, en effet, annexe son principe, c'est-à-dire l'idée qu'il se fait de l'homme dans le monde : « Le pyrrhonisme est le vrai. Car après tout les hommes avant J.C. ne savaient où ils en étaient, ni s'ils étaient grands ou petits. ». Prévoyant que des humanistes lui opposeront des citations de tel ou tel sage de l'antiquité, Pascal donne déjà sa réponse : « Et ceux qui ont dit l'un ou l'autre n'en savaient rien et devinaient sans raison et par hasard. ». Suit une petite phrase jetée en passant mais importante : « Et même, ils erraient toujours en excluant l'un ou l'autre. » (48). S'ils disaient l'homme « grand » – les stoïciens par exemple – ils ne voyaient pas qu'il est aussi « petit » ; et inversement dans le cas des pyrrhoniens ; ici et là, manquait la lumière qui éclaire la coexistence de la petitesse et de la grandeur en découvrant la cause de la première dans la chute et celle de la seconde dans la Rédemption ou du moins dans la capacité d'être racheté.

On comprend alors la tactique de Pascal apologiste pensant au lecteur dont il veut préparer la conversion. « S'il se vante je l'abaisse – S'il s'abaisse je le vante. » (49). Le pyrrhonien l'« abaisse », donc vantons-le. Mais ceci ne veut pas dire qu'il n'a pas raison de l'abaisser. Il y a, en effet, une différence capitale entre celui qui « se vante » et celui qui « s'abaisse » : le héros stoïcien se targue d'une grandeur non seulement qu'il n'a pas mais qu'un homme, quels que soient ses mérites, est incapable d'atteindre par les seules forces de la nature. Le pyrrhonien, lui, reconnaît une bassesse dont il ignore l'origine mais qui est bien réelle. L'apologétique chrétienne doit donc exorciser « la superbe diabolique » du héros stoïcien (50) et elle trouve de bonnes raisons pour le faire dans les réflexions critiques des auteurs pyrrhoniens. Elle récupère alors leurs vues sur les limites du savoir et la relativité des valeurs. Ainsi dans sa description de l'homme pécheur : « le pyrrhonisme sert à la religion. » (51). « Mon Dieu, que ce sont de sots discours ! Dieu aurait-il fait le monde pour le damner ? demanderait-il tant de gens si faibles ? etc. ». Grave question de théologie ! Or que répondra Pascal ? « Pyrrhonisme est le remède à ce mal et rabattra cette vanité. » (52).

Dans l'ouvrage que prépare Pascal les pyrrhoniens seraient donc à plusieurs reprises intervenus, sans noms propres cependant, sauf, mais accidentellement on le verra, pour celui d'Arcésilas. Dans le principal morceau les concernant, L. 131, Pascal renvoie à « leurs livres » sans dire lesquels (53). Il ne semble pas qu'il ait connu directement Sextus Empiricus ni même qu'il ait consulté les *Académiques* de Cicéron ; la seule citation qu'il donne de ces dialogues vient de Montaigne (54), comme, d'ailleurs, les autres citations de Cicéron. Si l'on considère le milieu dans lequel sa conversion l'a conduit, il paraît vraisemblable qu'il ait lu au moins quelques chapitres du *Contra Academicos* de saint Augustin ; mais rien ne le prouve : dans son « Index des citations, allusions et réminiscences augustiniennes dans l'œuvre de Pascal », M. Philippe Sellier ne donne que deux références au *Contra Academicos* (55), et encore il s'agit simplement de rapprochements portant sur des vues générales qui n'impliquent en aucune façon une connaissance de première main. En fait, Montaigne « pur pyrrhonien » (56) sera la principale source de Pascal quand il a besoin des arguments classiques du scepticisme, cela pour construire, non pour détruire, très exactement pour obliger l'homme à se voir tel qu'il est. Dans l'*Apologie de Raymond Sebond,* Montaigne, d'ailleurs, avait déjà fait tourner le pyrrhonisme au bénéfice de la foi, mais, si l'on peut dire, d'une foi sans théologie ; Pascal expliquera précisément à M. de Sacy que la même opération peut être reprise dans une apologétique inspirée par la théologie de Port-Royal.

Si paradoxal que cela puisse paraître, le pyrrhonisme a donc, en tant que critique, une valeur positive. Non seulement ses doutes sont une arme efficace contre la tentation toujours menaçante qui porte l'homme à se prendre pour un surhomme, mais ils aident à dévoiler la vérité sur la condition de l'homme pécheur. C'est pourquoi, à côté de brèves notes il reste quelques morceaux relativement longs et soigneusement rédigés sur le pyrrhonisme.

Les sceptiques, faut-il le dire, offrent une arme dangereuse pour celui qui s'en sert. Quand Pascal écrit : « ... On n'a qu'à voir leurs livres ; si l'on n'en est pas assez persuadé on le deviendra bien vite », il ajoute : « et peut-être trop » (57). Dans l'Apologie pascalienne de la religion, il y a nécessairement une critique du pyrrhonisme. En tête de la Pensée L. 109, dans la liasse « Grandeur », on lit ce titre : « Contre le pyrrhonisme. ».

En effet, à leur façon qui n'est pas celle des athées, les pyrrhoniens sont des « impies ». Quels que soient les services qu'ils peuvent rendre à la religion, eux aussi doivent être convertis : il faut faire sortir le pyrrhonien de son pyrrhonisme.

Rude travail si l'on en croit cette note : « Pyrrhonien pour opiniâtre. » (58).

En regroupant les textes de Pascal sur cette critique, on peut dire qu'elle a deux moments. D'une part, Pascal montre comment le pyrrhonien, de lui-même, sort du pyrrhonisme. D'autre part, à l'intérieur d'une apologétique chrétienne, le pyrrhonisme apparaît comme n'offrant qu'une vision singulièrement partielle de l'homme.

En gros : les pyrrhoniens affirment l'incertitude de toutes nos connaissances. Quelles conséquences en tirent-ils ? celle à laquelle pense Pascal lorsque, passant en revue les divers souverains biens des philosophes, il écrit : « et les braves pyrrhoniens » le trouvent « en leur ataraxie, doute et suspension perpétuelle » (59). Or, est-ce possible ? La question n'est pas nouvelle. Dans l'*Apologie de Raimond Sebond,* Montaigne apprend à Pascal qu'elle a conduit à une sorte de compromis ceux qui doivent être particulièrement appelés les académiciens.

Les académiciens, bien sûr, pensaient « que nous n'étions aucunement capables de savoir et que la vérité est engouffrée dans des profonds abîmes où la vue humaine ne peut pénétrer » ; toutefois ils « trouvaient trop cru de dire qu'il n'était pas plus vraisemblable que la neige fut blanche que noire » ; or « cette propension à une proposition plutôt qu'à une autre, qu'est-ce autre chose que la reconnaissance de quelque plus apparente vérité en celle cy qu'en celle la ? ». N'y aurait-il qu'« une once de similitude », comment parler de semblable au vrai sans référence à la notion de vérité (60) ? Montaigne trouve plus logique la hardiesse des pyrrhoniens, mais c'est cette inconséquence qui intéresse Pascal dans ce que Montaigne lui apprend sur les académiciens. Tel serait le sens du curieux fragment L. 109, « Contre le pyrrhonisme. ». Supposons l'accord de plusieurs personnes témoins d'un même fait et qu'elles racontent avec les mêmes mots ; certes « on tire une puissante conjecture d'une conformité d'idée, mais cela n'est pas absolument convaincant de la dernière conviction » ; « puissante », certes, mais « conjecture » : « il y a bien à parier pour l'affirmative », et tout naturellement, Pascal déclare : « Les académiciens auraient gagé » ; ce qui précède, en effet, définit exactement la position des académiciens selon Montaigne (61).

Qu'en résulte-t-il ? « Non que cela éteigne absolument la clarté naturelle qui nous assure de ces choses » mais « cela la ternit et trouble les dogmatistes », qui, en effet, voient trembler un pâle point d'interrogation au dessus de propositions qu'ils n'auraient jamais songé à mettre en doute ; Pascal peut donc continuer : « à la gloire de la cabale pyrrhonienne » (62). Gloire limitée, d'ailleurs... Traduisons : lorsqu'il y a seulement les pyrrhoniens en face des dogmatistes, la situation est simple : les premiers doutent de tout, les seconds disposent d'un stock de vérités au-dessus de tout soupçon ; mais les académiciens interviennent et dans le fragment 131 comme dans le fragment 109, Pascal parle d'« embrouillements » (63) ; les dogmatistes ne sont pas devenus pyrrhoniens : toutefois, leur dogmatisme n'est plus aussi tranquillisant ; grâce aux académiciens, le pyrrhonisme marque des points ; mais il faut ajouter : il perd des fidèles. Le prenant comme le parfait académicien, Montaigne déclare : « Arcésilas se départait du pyrrhonisme » (64). Pascal donne une traduction grossissante : « Le pyrrhonien Arcésilas qui redevient dogmatique. » (65).

Le rôle joué par les académiciens dans l'apologétique de Pascal explique le grossissement.

Il y a deux interprétations possibles de l'espèce de compromis qui distingue les académiciens des pyrrhoniens. Elles sont également perceptibles dans une courte note qui, écrite sur la même feuille, suit immédiatement la petite phrase sur Arcésilas redevenu dogmatique, de sorte qu'il est permis de se demander si elle n'est pas là pour l'expliciter (66).

« Il se peut faire qu'il y ait de vraies démonstrations », concession aux dogmatistes ; « mais cela n'est pas certain », constatation qui jette une ombre sur toutes les certitudes des dogmatistes.

« Aussi cela ne montre autre chose sinon qu'il n'est pas certain que tout soit incertain », concession aux dogmatistes mais qui, en définitive, réduit la certitude à une simple possibilité d'exclure une totale incertitude.

« A la gloire du pyrrhonisme », cette brève indication semble servir de conclusion : elle signifie que le compromis académicien ne compromet pas l'essentiel du pyrrhonisme qui ôte définitivement à la raison raisonnante toute prétention « dogmatiste ». L'apologétique pascalienne récupère cette interprétation qui minimise l'hérésie académicienne. Mais, en même temps, elle va tirer parti de l'autre interprétation qui maximalise la même hérésie, en allant jusqu'à déclarer Arcésilas « dogmatiste ». Arcésilas, en effet, représente une expérience exemplaire, celle du pyrrhonien obligé de reconnaître l'impossibilité du pyrrhonisme intégral. Or qu'est-ce qu'un pyrrhonisme qui ne serait pas intégral ?

« Je mets en fait qu'il n'y a jamais eu de pyrrhonien effectif parfait. » (67). Voilà le « fait » qui va obliger le pyrrhonien à écouter celui qui entreprend de le conduire sur le chemin de la vérité. Quelle est alors la tactique de Pascal lorsqu'il pense à ces impies que sont les pyrrhoniens ?

Rappelons la consigne qu'il se donne face à l'homme qui se juge : « ... s'il s'abaisse, je le vante. » (68). Le pyrrhonien « s'abaisse » : qu'est-ce que Pascal trouve à « vanter » ? En clair : le pyrrhonien « abaisse » l'homme en le jugeant condamné à douter de tout ; Pascal le « vante » en montrant qu'il lui est impossible de réaliser un doute d'une telle extension. « Peu parlent de l'humilité humblement, peu de la chasteté chastement, peu du pyrrhonisme en doutant. » (69). Alors, ce n'est sans doute pas par hasard que, dans la même liasse, nous trouvons le feuillet « Contre le pyrrhonisme » suivi immédiatement par le feuillet : « Nous connaissons la vérité non seulement par la raison mais encore par le cœur ». Pascal continue, en effet, comme si ce texte était la suite du précédent : « C'est de cette dernière sorte que nous connaissons les premiers principes et c'est en vain que le raisonnement qui n'y a point de part essaie de les combattre. Les pyrrhoniens qui n'ont que cela pour objet y travaillent inutilement. » (70). Pascal va donc faire d'une pierre deux coups : d'une part, il récupère l'argumentation sceptique contre la raison qui raisonne, ce qu'il appelle « humilier la raison » (71), et, en même temps, il oblige le pyrrhonien à reconnaître les limites, c'est-à-dire l'échec du pyrrhonisme, ce qui le prépare à entendre l'argumentation apologétique : s'il y a des certitudes inébranlables qui ne relèvent pas de cette raison, la croyance que la vie n'est pas un songe, par exemple, ou les principes de la géométrie, cela sans quitter l'ordre de la nature, comment reprocher à la religion d'offrir des vérités qui sont dans la même situation ?

Rendu conscient de ses limites, le pyrrhonisme peut « servir à la religion » sans danger. Il y a des évidences naturelles qui résistent à ses doutes mais, du même coup, leur est abandonné tout le domaine de la raison raisonnante. La conclusion de la longue étude du fragment « les principales forces des pyrrhoniens » met au point cette partie de l'apologétique pascalienne : « ... Certainement cela passe le dogmatisme et pyrrhonisme, et toute la philosophie humaine... Qu'on accorde donc aux pyrrhoniens ce qu'ils ont tant crié, que la vérité n'est pas de notre portée, ni de notre gibier », ce qui permet alors au chrétien d'intervenir : « qu'elle ne demeure pas en terre, qu'elle est domestique du ciel, qu'elle loge dans le sein de Dieu, et que l'on ne la peut connaître qu'à mesure qu'il lui plaît de la révéler » (72).

C'est dans cette perspective qu'il convient de lire deux curieux fragments de la liasse « Vanité ».

« Ce qui m'étonne le plus, déclare Pascal, est de voir que tout le monde n'est pas étonné de sa faiblesse. ». On voit les gens agir « comme si chacun savait certainement où est la raison et la justice ». Bien évidemment, « on se trouve déçu à toute heure ». Mais, « pour la gloire du pyrrhonisme », formule à souligner déjà rencontrée (73), « il est bon qu'il y ait tant de ces gens-là au monde qui ne soient pas pyrrhoniens ». Pourquoi ? « afin, continue Pascal, de montrer que l'homme est bien capable des plus extravagantes opinions » ; par exemple : « capable de croire qu'il n'est pas dans cette faiblesse naturelle et inévitable », c'est-à-dire, « de croire qu'il est au contraire dans la sagesse naturelle ». Traduisons : le mot dogmatiste n'est pas employé mais les « extravagantes opinions » visées ici sont les certitudes de l'esprit dogmatiste qui se croit doué précisément d'une « sagesse naturelle » là où il faudrait être conscient d'une « faiblesse naturelle » (74).

On comprend alors la conclusion du morceau : « Rien ne fortifie plus le pyrrhonisme que ce qu'il y en a qui ne sont point pyrrhoniens. Si tous l'étaient, ils auraient tort. ». Le fait qu'il y ait des dogmatistes « fortifie » le pyrrhonisme qui a beau jeu devant leurs certitudes « extravagantes », totalement « extravagantes » dans la vision chrétienne d'un monde déchu. Mais supposons qu'il n'y ait plus de dogmatisme ; n'oublions pas une autre extravagance, propre au pyrrhonisme ; Pascal doit la dénoncer dans son apologétique pour rendre inoffensif le pyrrhonisme au moment de s'en servir contre la raison présomptueuse : c'est l'illusion du pyrrhonisme intégral. Si « tous étaient pyrrhoniens », Pascal aurait encore à prouver qu'ils ont tort.

Une courte note de la même main que ces dernières lignes est parfois ajoutée par les éditeurs au morceau précédent, quoiqu'écrite dans un autre feuillet. De fait, elle n'est pas une simple variante de ces dernières lignes mais une explicitation de l'idée sous-jacente à toute l'argumentation de la « Pensée » L. 33. « Cette secte », c'est-à-dire le pyrrhonisme, « se fortifie par ses ennemis plus que par ses amis, car la faiblesse de l'homme paraît bien davantage en ceux qui ne la connaissent pas qu'en ceux qui la connaissent. » (75). En somme, l'ignorance est, à sa façon, une manifestation de ce qui est ignoré.

L'apologétique pascalienne met au service de la religion la critique pyrrhonienne de la raison raisonnante ; mais n'oublions pas que l'une de ses fins est la conversion du pyrrhonien ; elle doit donc donner au pyrrhonien des raisons de ne plus l'être afin de se trouver en état de recevoir la vérité sensible au cœur. On voit alors le sens de l'expression « pour la gloire du pyrrhonisme » que nous avons rencontrée dans trois Pensées (76). Ce n'est point Pascal qui glorifie le pyrrhonisme ; dans les trois cas, Pascal constate que les dogmatistes travaillent pour le plus grand profit des pyrrhoniens ; il le constate, certes, avec satisfaction, mais, par exemple, dans une « Pensée » qui a pour titre : « Contre le pyrrhonisme ». Aucune partie de son Apologie ne serait écrite « à la gloire du pyrrhonisme ».

V. Les déistes.

Dernière question concernant la conversion des « impies » : les « déistes » sont-ils des « impies » ? Dans le fragment qui les concernent directement, L. 449, on lit : « ... ce qui est proprement le déisme, *presque* aussi éloigné de la religion chrétienne que l'athéisme » et encore : « ... ils tombent ou dans l'athéisme ou dans le déisme qui sont deux choses que la religion chrétienne abhorre *presque* également ». On a certes raison de souligner *presque* mais la nuance marquée par ce mot n'empêche pas que déistes et athées ne soient « également » parmi les « impies » (77). Quand Pascal écrit : « Impiété de ne pas croire l'Eucharistie, sur ce qu'on ne la voit pas » (sous-entendu : la présence de Jésus-Christ) (78), ou : « La religion chrétienne... crie aux plus impies qu'ils sont capables de la grâce de leur Rédempteur » (79), il est clair que les déistes sont bien des gens qui ne croient pas à l'Eucharistie et qui ignorent la grâce du Rédempteur, ils sont donc des impies (80).

Mais qui sont ces déistes ? Certes, « déisme » s'oppose à « athéisme ». Pourtant, il n'est pas toujours facile de distinguer les deux notions (81). D'abord, parce que, en fait, « chez certains le déisme est tout simplement une forme... de l'indifférence, de l'opportunisme politique » (82). D'autre part, dans la polémique, le déiste est volontiers accusé d'être un athée déguisé (83). Dans le cas de Pascal, la question des sources semble être assez rapidement résolue. Ici encore, ne cherchons pas trop à mettre des noms propres sous l'étiquette. Le point de vue de Pascal n'est pas celui du P. Mersenne. Quand le Minime écrit un gros livre dans lequel il dénonce *l'impiété des déistes,* il entend la prouver *par raisons tirées de la Philosophie et de la Théologie,* et, si nous lisons le titre jusqu'au bout, il nous donne la référence à l'ouvrage où les propositions discutées ont été trouvées : ... *Et ensemble la réfutation du poème des déistes.* Après la Préface un faux-titre précise : ... *avec les quatrains du déiste réfutés* (84) ; et comme ces *Quatrains du déiste* ne sont pas imprimés le livre en met d'importants fragments sous les yeux du lecteur. Or il est certain que Pascal n'a pas pris la peine de faire une lecture critique de textes déistes. D'ailleurs, dans l'unique « pensée », sauf erreur, où il emploie le mot « déisme », il ne le fait pas pour réfuter la doctrine ainsi appelée, mais, incidemment, à l'intérieur d'une réponse aux « ils » anonymes de la première phrase du fragment : « Ils blasphèment ce qu'ils ignorent ». Le texte n'est connu que par une copie dont l'original est perdu ; peut-être venait-il à la suite d'un développement où ces « ils » avaient un nom. Il s'agit évidemment de gens dont l'impiété est agressive comme l'Eglise en a toujours trouvés contre elle et on renvoie, ici, fort justement à saint Jude : « Ils blasphèment tout ce qu'ils ignorent. » (85). Quels sont donc les « blasphèmes » qui provoquent la mise au point de Pascal ? Nous devons les découvrir dans cette mise au point.

Pascal interprète ici « blasphèmes » à l'intérieur d'un schème qui structure, pour ainsi dire, sa vision du monde. La religion chrétienne enseigne deux vérités : « il y a un Dieu dont les hommes sont capables » et « il y a une corruption dans la nature qui les en rend indignes » ; connaître la première vérité sans la seconde provoque « la superbe des philosophes » ; connaître la seconde sans la première provoque ou devrait provoquer « le désespoir des athées » (86). Les blasphémateurs que Pascal a devant lui, c'est-à-dire des impies dont l'incrédulité est agressive, n'appartiennent ni à l'une ni à l'autre catégorie : il est clair qu'ils ignorent les deux vérités, mais, quand ils attaquent la religion chrétienne, ils visent sans le savoir les gens de la première catégorie. C'est alors que le mot « déisme » revient à trois reprises dans le fragment pour dénoncer leur confusion : quand ils raisonnent contre « un Dieu considéré comme grand et puissant et éternel », c'est-à-dire contre un Dieu pourvu d'attributs philosophiques, ils s'en prennent au « déisme » ; alors, « qu'ils en concluent ce qu'ils voudront contre le déisme, ils n'en concluront rien contre la religion chrétienne. ». C'est bien pourquoi une apologie pour la religion chrétienne n'a pas à s'en préoccuper.

Dans cette « pensée » L. 449, « déisme » est donc pris comme opposé à « athéisme », tout en étant avec « athéisme » radicalement en dehors de la vision chrétienne du monde. Défini en quelque sorte abstraitement, le mot n'évoque pas ce qui, en fait, met les écrits déistes non seulement en dehors de la vision chrétienne du monde mais dans la littérature anti religieuse du temps : il y a, selon la juste expression de Fortunat Strowski une « libre pensée déiste » (87) : rejet des « superstitions », critique de la Providence, railleries sur l'enfer... (88). C'est bien pourquoi le mot « déisme » est tenu pour une injure dans les milieux orthodoxes. Telle est, par exemple, l'intention du jésuite qui a la singulière idée d'accuser Jansénius et Saint-Cyran de « déisme », ce qui provoque la vive réaction de Pascal dans la *Seizième Provinciale* où l'établissement du « déisme » n'est dite concevable que « sur les ruines du Christianisme » (89). Ici, bien entendu, le contexte est celui d'une polémique sur la place publique et non plus d'une apologétique qui a pour fin la conversion du lecteur.

VI. « La nonchalance des chrétiens d'aujourd'hui ».

« L'apologétique, écrivait Jean Laporte, ne sert pas seulement aux incrédules... Elle sert aussi... au chrétiens, qu'elle met en mesure... de rendre compte de leur foi à eux-mêmes et aux autres... L'apologétique *rassure* les fidèles, en même temps qu'elle *convainc* et *condamne* les infidèles. » (90). Est-ce vraiment là un des services que l'apologétique pascalienne doit rendre aux chrétiens ? le vrai fidèle a-t-il besoin d'être rassuré ? Il s'intéresse aux preuves de la religion s'il entreprend de la défendre et, à plus forte raison, s'il cherche à éveiller chez les incrédules le désir de la connaître. Mais il est évidemment inutile de préparer à recevoir la grâce de la conversion ceux qui l'ont déjà reçue. Les services que l'apologétique peut rendre à l'intérieur de la religion semblent être d'un autre ordre.

Rappelons une fois encore ce qu'est « la conversion véritable ». Pascal est un « converti » qui n'a jamais mis en doute l'existence de Dieu et qui n'a jamais vécu en dehors de l'Eglise catholique. La conversion signifie un amour de Dieu tel qu'il exclut tous les autres et qu'il se manifeste dans la haine de soi-même. Il ne suffit donc pas d'aller à la messe, d'obéir aux commandements de l'Eglise, d'avoir un comportement d'honnête homme.

Un opuscule de Pascal invite à penser que son apologétique a bien pour but d'autres conversions que celles des incrédules. Il est publié sous le titre : *Comparaison des chrétiens des premiers temps avec ceux d'aujourd'hui.* Rien ne permet de fixer exactement sa date ; Lafuma dit « peut-être 1656-1657 », c'est-à-dire l'époque où Pascal a rédigé une partie des textes recueillis dans les « Pensées ». Cet opuscule n'est connu que par des copies. Sur l'une d'elles un titre est proposé qui en esquisse le sujet : *Réflexions sur la manière dont on était autrefois reçu dans l'Eglise, comme on y vivait, comme on y entre et on y vit aujourd'hui.* Sur une autre copie, le titre proposé nous intéresse particulièrement : *Quelles sont les causes de la nonchalance et du peu d'instruction des chrétiens d'aujourd'hui ?* (91). Cette « nonchalance » et ce « peu d'instruction » des chrétiens de son temps, n'est-ce pas une des variétés de l'indifférence religieuse ? n'est-ce pas aussi une des raisons majeures qui poussent Pascal à concevoir une nouvelle apologétique ?

En gros : aux premiers temps, l'entrée dans l'Eglise était le fait d'« une conversion véritable du cœur » ; on voulait connaître ce qu'elle enseigne ; recevoir le baptême, c'était « abjurer » l'esprit du monde... Or, aujourd'hui, on est chrétien de naissance ; « il fallait autrefois sortir du monde pour être reçu dans l'Eglise, au lieu qu'on entre aujourd'hui dans l'Eglise en même temps que dans le monde. ». Par suite : « Quand l'instruction précédait le baptême, tous étaient instruits... au lieu que le baptême précédant aujourd'hui l'instruction, comme on a été fait chrétien sans avoir été instruit, on croit pouvoir demeurer chrétien sans se faire instruire. » (92).

Là, écrivait l'abbé Baudin, Pascal « se fait de confiance une idée chimérique de l'Eglise primitive... brillant et naïf tableau d'un âge d'or » tel que pouvait le « rêver » un primitivisme, « ignorant de l'histoire » (93). Mais l'opuscule n'annonce pas une recherche historique sur les origines du christianisme ; cette histoire est supposée connue et elle offre alors une référence à un modèle de communauté chrétienne qui doit entrer dans une antithèse éclairant la situation de la nôtre. C'est donc une question d'actualité : cette situation est telle que les chrétiens d'aujourd'hui doivent recevoir après le baptême une instruction que les chrétiens des premiers temps recevaient avant, instruction qui implique un renoncement au monde. Un alinéa de l'opuscule parlant de l'enfance est peut-être une allusion aux petites écoles de Port-Royal (94) ; mais ce qui visiblement préoccupe Pascal, ce sont ces adultes baptisés qui vivent comme s'ils ne l'étaient pas. Comment, alors, ne pas penser à l'ouvrage que Pascal est en train d'écrire ?

Dans une liasse de fragments où Pascal voudrait dire « en quoi consiste le vrai christianisme » (95), nous avons lu : « Il y a peu de vrais chrétiens » : Pascal, cela va de soi, écarte les gens qui sont incrédules « par libertinage » et aussi « ceux qui croient par superstition ». Or il est trop fin psychologue pour ne pas ajouter : « peu sont entre-deux » ; « peu » mais tout de même quelques uns... Qui sont donc ces quelques uns ? Tout semble dépendre du sens donné à « en cela » dans l'alinéa qui suit immédiatement : « Je ne comprends pas *en cela* ceux qui sont dans la véritable piété de mœurs et tous ceux qui croient par un sentiment du cœur. » (96).

Léon Brunschvicg entend par « en cela » les deux catégories visées dans le premier alinéa : cette troisième catégorie n'étant ni ceux qui croient par superstition ni ceux qui par libertinage ne croient pas, il ne resterait que les rares « vrais chrétiens » qui sont « à la fois dégagés de toute superstition et de tout libertinage ». Mais ceux-là sont au-dessus de ces deux catégories et non entre les deux.

On pourrait plutôt entendre sous « en cela » ces deux catégories et les gens de l'« entre-ceux », c'est-à-dire les trois catégories définies dans le premier alinéa, les rares « vrais chrétiens » étant mis à part, comme le rappelle précisément le second alinéa. Ces gens de l'« entre-deux » ne sont ni des superstitieux ni des incrédules ; en eux, la raison n'est pas étouffée par la superstition et pourtant elle ne les incline pas vers l'incrédulité. En somme, dans cette hypothèse, la Pensée L. 179 indiquerait les trois catégories de lecteurs que la nouvelle apologétique voudrait conduire jusqu'au seuil du Temple, Dieu seul pouvant en ouvrir la porte.

1º Les libertins : l'apologétique doit les mettre en face de leur intérêt primordial, les obliger à prendre au sérieux ou mieux au tragique le problème de leur salut.

2º Dans la même liasse, une autre feuille contient quelques brèves notes sur ce que Pascal aurait dit aux lecteurs de la seconde catégorie : « La piété est différente de la superstition – Soutenir la piété jusqu'à la superstition, c'est la détruire ». Suit ce thème important, qui fait sans doute allusion aux protestants : « Les hérétiques nous reprochent cette soumission superstitieuse ; c'est faire ce qu'ils nous reprochent. ». On trouve encore cette phrase inachevée : « Superstition de croire des propositions etc. » (97).

3º Entre les deux resterait cette petite catégorie de gens que leur refus des superstitions n'a pas conduit jusqu'au libertinage – pyrrhonisme, déisme, athéisme – et qui ne vont pourtant pas juqu'à penser et vivre dans le monde sans être du monde comme le voudrait la logique du vrai christianisme.

Chapitre VIII

LE REFUS DE LA PHILOSOPHIE DANS LA NOUVELLE APOLOGÉTIQUE

Le refus de la philosophie dans la nouvelle apologétique de Pascal, ce titre pose une question préalable : de quelle philosophie s'agit-il dans une étude sur Pascal ?

Le mot « philosophie » a dans la culture du temps un sens dont les programmes scolaires découvrent l'étendue. Au XVIIe siècle, dans les collèges de jésuites, l'enseignement de la philosophie s'étale sur trois années : il comprend celui de notre classe de philosophie et aussi celui de toutes les sciences de la nature rassemblées sous l'étiquette : physique (1). Le mot a la même extension dans le cartésianisme : en tête du livre consacré à ses *Principes,* Descartes compare la philosophie à un arbre dont les racines sont la Métaphysique, le tronc, la Physique, les branches, la Médecine, la Mécanique et la Morale (2). Rien n'empêche, d'autre part, les scolastiques et Descartes de donner aussi de la philosophie une définition proche de son étymologie et de l'appeler « étude de la sagesse » puisque la sagesse en est toujours le couronnement et la fin (3).

Si nous parlons de la culture philosophique de Pascal, il faut évidemment prendre l'adjectif avec le sens qu'il a dans le vocabulaire du temps.

Un inventaire de cette culture philosophique de Pascal coïnciderait avec sa biographie intellectuelle. Des travaux comme ceux de M. Le Guern et de M. Philippe Sellier ont fait apparaître l'importance de l'empreinte cartésienne (4) et celle de l'influence augustinienne (5). Ils contribuent heureusement à détruire la légende d'un Pascal romantique ou Kierkegaardien, tragiquement condamné par son jansénisme à osciller entre le scepticisme et le fidéisme. Mais le refus de la philosophie dans la nouvelle apologétique que Pascal conçoit n'est en aucune façon liée à cette légende et il subsiste même quand elle a perdu son crédit.

On trouve les mots « philosophie » et « philosophes » sous la plume de Pascal avec les diverses nuances que le sens a prises dans le vocabulaire de l'époque. Toutefois, le sujet même de la présente étude fera surtout intervenir la partie de la philosophie que scolastiques et cartésiens appellent « philosophie première » ou « métaphysique ». Dans cette perspective, trois thèmes seront soumis à la discussion.

1° La critique des philosophies tient au principe même de la nouvelle apologétique que Pascal se juge capable de promouvoir ; elle n'en est pas un corollaire polémique qu'on pourrait retrancher mais une implication essentielle.

2° Si l'on s'arrête particulièrement devant les textes qui concernent l'existence et la connaissance de Dieu, il faut bien constater qu'ils se contredisent.

3° La contradiction est levée si l'on fait intervenir la notion de faux Dieu dans la perspective du monothéisme comme on le fait couramment dans la perspective du polythéisme.

I. L'échec de la philosophie dans la nouvelle apologétique.

La critique des philosophies est dominante dans l'*Entretien de M. Pascal et de M. de Sacy sur la lecture d'Epictète et de Montaigne* (6). Nous tenons pour acquis les résultats de la recherche magistralement conduite par M. Pierre Courcelle dans son édition : il est bien entendu que les discours mis par Fontaine dans la bouche de Pascal reproduisent, à quelques mots près, le texte d'un écrit soumis par Pascal à M. de Sacy.

Une prise de position sur la philosophie coïncide, semble-t-il, avec l'idée mère du projet soumis par Pascal à M. de Sacy en janvier 1655, quelques semaines après la soirée dont le *Mémorial* du 23 novembre 1654 conserve le souvenir. Très exactement, un jugement sur la philosophie est impliqué dans les raisons qui le déterminent, lui, laïc sans compétence théologique reconnue ni autorité sacerdotale, à entreprendre une œuvre d'apologétique, genre de travail qui est, en général, celui de religieux.

Dans les écrits de Port-Royal et dans les vies exemplaires des religieuses, Pascal a appris qu'un conflit sans compromis oppose à l'Evangile l'esprit du monde. Il a lui-même douloureusement vécu ce conflit dans une espèce de remords accompagnant le souvenir de ce que ses historiens appellent « la période mondaine » de sa vie : un an, environ, avant la nuit du 23 novembre 1654, il sent « un grand mépris du monde », envahir son âme (7) et, vers la fin de septembre 1654, au cours d'une confidence qui ressemble à une confession, il « avoue » à la sœur Sainte-Euphémie l'« aversion extrême qu'il avait des folies et des amusements du monde », de sorte qu'il « était sollicité de quitter tout cela » (8). Mais pareille sollicitation reste inefficace tant que l'âme n'est pas portée ailleurs : quelques semaines plus tard, la grâce attire son âme vers Dieu et exauce son désir de n'être plus du monde. De là cette résolution qu'exprime le *Mémorial :*

« Oubli du monde et de tout, hormis Dieu.

« Il ne se trouve que par les voies enseignées dans l'Evangile.

« Père juste le monde ne t'a point connu, mais je t'ai connu... » (9).

L'opposition du monde à l'Evangile et de l'Evangile au monde a donc été vécue par Pascal d'abord dans l'apparent abandon de Dieu puis dans la « certitude » et la « joie » de la « soumission totale à Jésus Christ ». C'est là l'expérience de la « conversion » selon la théologie et la spiritualité de Port-Royal, telle qu'elle sera décrite dans les pages *Sur la conversion du pécheur* et définie en quelques lignes dans une « pensée » qui oppose la « conversion véritable » à celle qui ne l'est pas (10) : or elle implique une situation de l'homme liée à la chute originelle et un salut exigeant la médiation de Jésus-Christ : « C'est mon affaire que ta conversion », dit Jésus dans la méditation de Pascal sur son « mystère » (11). Autrement dit, la conversion suppose une histoire dont le sens est surnaturel, ce qui la distingue de toutes ces espèces de conversions que les philosophes prétendent obtenir au niveau de la nature, en affranchissant, par exemple, la raison des choses sensibles et la volonté de leur séduction.

Dans cette perspective, quel peut être le rôle de l'apologétique ? Disposer l'âme à entendre l'appel de Dieu, créer la situation la plus propice à l'action de la grâce s'il plaît à Dieu de l'envoyer ; à cet effet, obliger incrédules et chrétiens tièdes à prendre au tragique le problème de leur salut tel que le christianisme le pose et, du même coup, leur interdire tout recours à des sagesses promettant, si l'on peut dire, un salut naturel.

Voici donc notre hypothèse sur l'origine et le sens primordial du projet soumis à M. de Sacy : l'idée s'en est formée au cours de cette aventure spirituelle que fut la vie mondaine de Pascal ; celui-ci a compris qu'il serait urgent de concevoir une apologétique appropriée à ce milieu où il prit plaisir à vivre ; or, pour parler aux hommes de ce monde, il faut les connaître et pour bien les connaître il faut avoir vécu parmi eux : là est précisément l'avantage de Pascal. Insistons sur ce point : le projet ne relève pas de l'apologétique populaire. Pas un instant Pascal ne songe à donner des leçons aux prédicateurs ou aux religieux qui font des missions. Il s'adresse à un public de gens instruits, formés à l'école des « Humanités » ; certains suivent avec intelligence et compétence les progrès de la science en train de se faire ; mais leur indifférence au problème du salut reste fondamentale sous des formes variées : scepticisme affiché, athéisme plus ou moins déguisé, déisme plus ou moins teinté de panthéisme, pratique coutumière d'une religion peu gênante. Est-ce à dire que ces hommes vivent sans réfléchir sur le sens de la vie, la quête du bonheur, la nature du vrai et du souverain bien ? Non, mais ils attendent de la philosophie des réponses à ces questions. On voit alors l'importance et le sens de la critique de la philosophie dans l'apologétique pascalienne : il s'agit de la philosophie en tant qu'elle prétend connaître l'homme et fonder une sagesse sur cette connaissance ; l'apologie doit donc rendre manifeste l'échec de cette prétention, puis montrer que, seule, la révélation chrétienne tient les promesses de la philosophie.

De « la philosophie » et pas seulement des philosophes. On pourrait concevoir Pascal montrant qu'en fait les philosophes n'ont pas donné, jusqu'à ce jour, ce qu'ils annonçaient, ce qui n'empêcherait pas de penser que d'autres feront mieux dans l'avenir. Or le projet soumis à M. de Sacy est essentiellement une critique de « la philosophie » prise en tant que telle. Exige-t-il que l'on passe en revue toutes les philosophies ? Non, car il se trouvent que deux « sectes » représentent toutes les possibilités de la philosophie considérée comme sagesse, celles d'Epictète et de Montaigne ; montrer que ni Epictète ni Montaigne n'ont vraiment connu l'homme et, par suite, ne sauraient nous conduire au souverain bien, c'est montrer l'échec de « la philosophie » (12).

Mais, dira-t-on, ne conviendrait-il pas de justifier ce choix ? Il n'est pas tellement évident qu'Epictète et Montaigne puissent être considérés comme représentant tous les philosophes. Lisons de près le texte de Pascal : « j'ai trouvé qu'ils étaient assurément les deux plus grands défenseurs des deux plus célèbres sectes du monde... ». Bien sûr, Pascal a « trouvé » cela en étudiant le contenu des doctrines et ce qui suit découvre l'alternative qui logiquement impose le choix d'Epictète et de Montaigne. La raison « ne peut suivre qu'une de ces deux routes » : ou il existe un Dieu et l'homme voit en lui son souverain bien, ou Dieu est incertain et l'homme ne sait où est son souverain bien. Toutefois, les mots « plus célèbres » introduisent un critère qui ne fait pas intervenir seulement le contenu des philosophies mais leur efficacité : Pascal « trouve » aussi « les deux plus célèbres sectes du monde » dans « le monde » où il vit ; leur « célébrité » renvoie au contexte historique de l'entretien.

Dans la société de son temps, Pascal a rencontré des gens séduits par l'idéal héroïque des stoïciens et ceci même parmi des chrétiens : il a lu Epictète dans une traduction faite par un bénédictin, Dom Jean de Saint-François, nom religieux de Jean Goulu (13). D'autre part, il a fréquenté des « libertins qui ne cherchent qu'à douter de la religion », comme il dira dans la *Quatrième Provinciale* (14) ; or ceux-ci « cherchent » volontiers leurs raisons de douter dans les *Essais* de Montaigne et *La Sagesse* de Pierre Charron. Quelle que soit la pensée sûrement complexe de l'auteur de l'*Apologie de Raimond Sebond,* il est sûr que son influence s'est exercée dans le sens du scepticisme et d'un scepticisme favorisant l'indifférence religieuse.

On ne suivra pas l'argumentation de Pascal. Rappelons simplement son sens.

M. de Sacy est bien connu pour son agressivité envers les philosophes. Il n'aurait certes pas, comme M. Arnauld, perdu son temps à lire les *Méditations* de Descartes, la plume à la main, et à écrire des pages d'« objections » aussi flatteuses. Il mettait Aristote et Descartes dans le même sac. Dans l'*Entretien* avec Pascal, il trouve le moyen de s'appuyer sur saint Augustin pour déconseiller aux chrétiens les lectures profanes (15). On aurait pu concevoir Pascal s'opposant à M. de Sacy et disant : il est bon de lire d'abord Epictète ou d'abord Montaigne ; ensuite, la révélation sera présentée comme un complément avec les corrections rétrospectives qu'elle pourrait exiger ; en d'autres termes : faisons un bout de chemin avec les philosophes, puis, la foi aidant, nous irons plus loin. Or, là n'est nullement la tactique de Pascal ; la sienne est plutôt celle du défi : entrons dans le jeu des philosophes pour obtenir non un gain, si minime soit-il, mais une abdication.

Défi à Epictète qui a bien connu ce que l'homme doit être, c'est-à-dire ce sage parfaitement maître de ses passions, détaché des biens passagers de ce monde, reconnaissant son souverain bien dans la volonté de Dieu : mais croit-il que l'homme, par les seules forces de sa nature, soit capable de devenir ce qu'il doit être ? Défi à Montaigne qui a bien connu la faiblesse de l'homme livré aux seules forces de sa nature : relativité des sciences, incertitude de la métaphysique, confusion des mœurs et coutumes avec une morale naturelle : mais comment s'accommoder si aisément d'une pareille condition ? La sagesse d'Epictète est orgueilleuse, celle de Montaigne paresseuse.

Ainsi Pascal est complètement d'accord avec M. de Sacy sur l'inutilité de la philosophie pour les vrais chrétiens, pour les « convertis ». Le désaccord porte sur l'opportunité d'une nouvelle apologétique dans le monde de leur temps. Comme il y a un bon usage des maladies pour les « convertis », il y a un bon usage des philosophies pour les non convertis, bon usage parce qu'il fait ressortir l'incapacité de la philosophie à tenir ses promesses. Le premier projet apologétique de Pascal est, d'ailleurs, limité à cette tâche qu'il juge capitale et urgente : discréditer la philosophie.

II. Pascal devant le Dieu des philosophes.

La plus grande partie des textes constituant les *Pensées* de Pascal appartiennent à un projet d'ouvrage dont il n'est pas sûr que son auteur ait eu le temps de fixer définitivement le titre, la forme et le plan ; pour simplifier, suivons la tradition et appelons l'ouvrage *Apologie de la religion chrétienne.*

Cette *Apologie* eût été plus étendue que le projet soumis à M. de Sacy mais elle se serait adressée au même public : l'échec de la philosophie dans la connaissance de l'homme et la quête du souverain bien demeure ici un argument de choc. De fait, M. Pierre Courcelle l'a bien montré dans son chapitre V, Pascal utilise les notes du premier projet dans la préparation du second.

Pascal semble avoir envisagé, d'abord, une série de lettres à la façon des *Provinciales.* Aussi lisons-nous dans la liasse *Ordre :* « lettre pour porter à rechercher Dieu. Et puis le faire chercher chez les philosophes, pyrrhoniens et dogmatiques qui travailleront celui qui le recherche » (16). Cette dernière recherche fera l'objet d'une lettre au titre significatif : « Une lettre de la folie de la science humaine et de la philosophie » : dans ce même fragment, Pascal compte ironiquement « 280 sortes de souverain bien dans Montaigne » (17). Comment ne pas conclure avec ce dernier : « se moquer de la philosophie c'est vraiment philosopher » (18). Lorsqu'il présente à Port-Royal son projet de nouvelle apologétique, Pascal commence par un défi aux philosophes : ont-ils trouvé le remède à nos maux ? (19). Dans le classement Lafuma, il y a une liasse *Philosophes,* mais bien d'autres « pensées » les concernent, la dernière pièce de la liasse *Misère,* par exemple, qui passe en revue les problèmes dont ils sont incapables de donner la solution (20), et une partie des notes de la Série I.

Dans une esquisse qui doit s'en tenir à l'essentiel, il est clair que la philosophie sera jugée d'abord devant le problème de Dieu. Or les textes ne vont pas tous dans le même sens ; ils ont même embarrassé les historiens de Pascal (21). Disons tout de suite une des raisons de cet embarras : Pascal considère la théodicée des philosophes tantôt par rapport à son propre dessein apologétique, tantôt plus ou moins explicitement prise pour elle-même, en dehors de ce même dessein.

D'abord, un point incontestable : si la reconnaissance de l'homme concret implique celle de son rapport existentiel à Dieu dans le péché et dans la grâce, aucun philosophe, quel qu'il soit, ne saurait acquérir pareille connaissance. Ceci est affirmé dans les premières lignes du *Mémorial.*

« Dieu d'Abraham, Dieu d'Isaac, Dieu de Jacob, non des philosophes et des savants. »

Ainsi dans cette note intime, écrite pour lui-même, Pascal commence par le plus radical refus de la philosophie. Il y a donc là une vérité qui l'intéresse personnellement : le Dieu des philosophes et des savants, le monde le connaît, mais celui qui trouve son vrai nom quelques lignes plus loin, Dieu de Jésus-Christ, le monde ne le connaît pas et la « conversion » n'a rapport qu'à lui. Le *Feu* du *Mémorial* éclaire une saisissante opposition qui, quelques semaines plus tard, s'exprime dans le projet soumis à M. de Sacy, quand Pascal dresse l'un devant l'autre le Dieu de la philosophie stoïcienne et le Dieu de la révélation chrétienne (22). Cette opposition commande son attitude quand il se demande à qui pourrait bien servir la philosophie dans son apologie de la religion chrétienne.

Les preuves métaphysiques de l'existence de Dieu, les preuves qui démontrent l'existence du Dieu des philosophes et des savants n'ont aucune place dans l'apologétique qui doit créer la situation propice au « commerce » avec le Dieu de Jésus Christ. « ... Et c'est pourquoi je n'entreprendrai pas ici de prouver par des raisons naturelles l'existence de Dieu » (23). La connaissance de Dieu sans Jésus Christ est inutile : elle peut même être nuisible en favorisant l'orgueil. Il est donc entendu que Pascal n'a aucun besoin de la théodicée des philosophes dans son argumentation apologétique.

Mais est-ce que cette théodicée démontre encore quelque chose ? Admettons que la philosophie démontre l'existence de Dieu ; l'apologétique n'a que faire de ses preuves dans une argumentation dont la fin est la « conversion » au Dieu de Jésus Christ ; mais devons-nous même admettre le présupposé ? la philosophie démontre-t-elle l'existence de Dieu ? Question délicate : il nous faudrait discerner ce que Pascal pense de la théodicée rationnelle vue en dehors de son projet, et cela à l'intérieur de textes où, en général, il la considère par rapport à l'usage qu'il en peut faire.

Certains textes semblent bien mettre hors de discussion l'incapacité de la raison à démontrer l'existence de Dieu. « Nous ne connaissons Dieu que par Jésus Christ... hors de Jésus Christ nous ne savons ce que c'est... que Dieu » (24). Voilà qui est net et voici qui l'est encore plus : « Il est non seulement impossible mais inutile de connaître Dieu sans Jésus Christ » (25). Prenons l'argumentation du « Pari » faisant appel à la seule raison au cours d'un dialogue avec un incroyant de bonne volonté ; relisons le début : « Nous ne connaissons *ni l'existence* ni la nature de Dieu, parce qu'il n'a ni étendue, ni bornes. Mais, *par la foi nous connaissons son existence,* par la gloire, nous connaîtrons sa nature ». Et quelques lignes plus loin : « S'il y a un Dieu il est infiniment incompréhensible, puisque n'ayant ni parties ni bornes, il n'a nul rapport à nous. Nous sommes donc incapables de connaître ni ce qu'il est, ni s'il est » (26). Ceci n'est pas la simple constatation d'un fait : les philosophes, jusqu'à présent, n'ont pas trouvé les preuves de l'existence de Dieu ; ce qui réserverait la possibilité de faire mieux... Non, notre condition est telle qu'il nous est interdit d'espérer faire mieux. C'est bien pourquoi Pascal prend un autre chemin, celui du pari.

C'est dans cette perspective que nous lirons les textes où Pascal refuse à la raison la possibilité d'atteindre Dieu à partir de la nature. Certes, il n'oublie pas le verset de l'Epître aux Romains, I. 20 : dans une lettre à sa sœur Gilberte, il rappelle qu'ils ont souvent, ensemble, commenté la pensée de saint Paul : « les choses corporelles ne sont qu'une image des spirituelles, et Dieu a représenté les choses invisibles dans les visibles » ; « mais il faut avouer, ajoute-t-il, qu'on ne peut apercevoir ces saints caractères *sans une lumière surnaturelle* ». Ainsi le monde sensible ne conduit pas à l'existence de Dieu la raison qui sait le regarder : il faut d'abord connaître et aimer Dieu pour reconnaître son existence à partir du monde sensible (27).

C'est bien ce qu'exprime la « Pensée » classée dans la liasse « ordre » : « Et quoi ne dites vous pas vous-même que le ciel et les oiseaux prouvent Dieu ? ». Autrement dit, son interlocuteur lui rappelle le Psaume 19 : « Les cieux chantent la gloire de Dieu » (28). « Non », répond Pascal. L'autre insiste : « Et votre religion ne le dit-elle pas ? ». A nouveau : « non », mais avec cette précision : « Cela est vrai en un sens pour quelques âmes à qui Dieu donna cette lumière, néanmoins cela est faux à l'égard de la plupart » (29). C'est pourquoi « chose admirable » « jamais auteur canonique ne s'est servi de la nature pour prouver Dieu » (30). De là le projet de Préface où Pascal déclare qu'il ne fera pas comme les apologistes « dont le premier chapitre est de prouver la divinité par les ouvrages de la nature » : la preuve « par le cours de la lune et les planètes » ne prouve rien ; « les impies », « les personnes destituées de foi et de grâce » ne sauraient trouver Dieu dans une nature où il se cache et où il ne se rend visible qu'à ceux auxquels il veut se faire voir (31). Nous sommes dans un « univers muet » (32).

Pourtant, dans la lettre à Melle de Roannez où Pascal déploie le thème du Dieu caché dans toute son extension depuis la nature jusqu'à l'Eucharistie, il déclare bien : « Il est demeuré caché sous le voile de la nature qui nous le couvre jusqu'à l'incarnation », mais il écrit aussi : « le voile de la nature qui couvre Dieu a été pénétré par plusieurs infidèles, qui, comme dit saint Paul, ont reconnu un Dieu invisible par la nature visible » (33).

Y a-t-il donc une possibilité pour notre intelligence de « pénétrer le voile » ? C'est ce que semble indiquer trois « Pensées » sur quatre de la liasse mise sous le titre « Excellence ». Voici d'abord un fragment de Préface : « les preuves de Dieu métaphysiques sont si éloignées du raisonnement des hommes, et si impliquées qu'elles frappent peu » : si imparfaites qu'elles soient, il y en a donc, « et quand cela servirait à quelques-uns », continue Pascal admettant qu'elles peuvent tout de même « frapper » certains esprits, « cela ne servirait que pendant l'instant qu'ils voient cette démonstration, mais une heure après, ils craignent de s'être trompés ». Méfiance toute cartésienne : l'évidence devenue souvenir perd la force qui la faisait indubitable quand elle était présente (34). Sans transition, Pascal cite le mot de saint Augustin : « Ce qu'ils ont trouvé par la curiosité, ils l'ont perdu par leur orgueil » (35). C'est-à-dire : les preuves métaphysiques de Dieu éclairent l'intelligence un instant et d'une lumière sans chaleur : l'âme ne prend pas conscience de sa véritable situation par rapport à Dieu, de sa misère, de la nécessité de s'humilier... ; ceci dit, il reste que « la curiosité » avait « trouvé » quelque chose, sinon quelqu'un.

Plus embarrassant encore est le fragment qui commence en affirmant « nous ne connaissons Dieu *que* par Jésus Christ. Sans ce médiateur est ôtée *toute* communication avec Dieu... ». On ne saurait être plus catégorique. Or, à la fin, nous lisons : « Ceux qui ont connu Dieu sans connaître leur misère ne l'ont pas glorifié, mais s'en sont glorifiés ». Il y a donc des gens qui ont connu Dieu sans Jésus Christ ? Qu'une citation de la *1ère aux Corinthiens* vienne aussitôt sous la plume de Pascal rend le contraste, pour ne pas dire la contradiction, encore plus inquiétant. Les formules qui relient les premières lignes aux dernières sont trop équivoques pour appuyer le sens des unes plutôt que des autres. « Tous ceux qui ont prétendu connaître Dieu et le prouver sans Jésus Christ n'avaient que des preuves impuissantes » : faut-il entendre : « impuissantes à prouver » ou « probantes mais inefficaces » ? Sans le médiateur « on ne peut prouver absolument Dieu » : faut-il entendre : on ne peut absolument pas prouver Dieu, ou on ne peut obtenir qu'une probabilité (36) ?

La dernière « Pensée » de la liasse pose le même thème. « La connaissance de Dieu sans celle de sa misère fait l'orgueil. La connaissance de sa misère sans celle de Dieu fait le désespoir » – c'est là, presque mot à mot une citation de Saint-Cyran – « La connaissance de J.C. fait le milieu parce que nous y trouvons et Dieu et notre misère. » (37). On pourrait se demander si « milieu » est vraiment l'image qui convient : il reste que la connaissance de Dieu sans Jésus-Christ est envisagée comme possible.

C'est dans la liasse où nous lisons ces trois Pensées que nous avons pourtant trouvé celle qui déclare « impossible » de connaître Dieu sans Jésus-Christ (38). Même apparente contradiction dans la très importante « pensée » où Pascal annonce ses intentions. « Je n'entreprendrai pas ici de prouver par des raisons naturelles, ou l'existence de Dieu, ou la Trinité, ou l'immortalité de l'âme, ni aucune des choses de cette nature... ». Remarquons que l'existence de Dieu et l'immortalité de l'âme, vérités rationnelles selon la philosophie, sont dites de même « nature » que la Trinité, vérité théologique ; comme l'assimilation ne signifie sûrement pas que la raison peut s'élever jusqu'à la Trinité, il est clair qu'elle met en question le pouvoir qu'aurait la raison de s'élever jusqu'aux deux autres notions. Pascal continue : « non seulemant parce que je ne me sentirais pas assez fort pour trouver dans la nature de quoi convaincre des athées endurcis, mais encore parce que cette connaissance sans Jésus Christ est inutile et stérile ». On ne dit donc pas que l'entreprise est impossible mais Pascal ne se juge pas « assez fort » pour l'entreprendre et, d'ailleurs, comme elle est parfaitement vaine, il n'éprouve aucun regret. Dans cette phrase, le mot « nature » couvre-t-il une référence aux preuves de style thomiste qui conduisent à Dieu à partir des phénomènes physiques ? La suite montre que Pascal pense à tout ce qui appartient à l'ordre de la nature, y compris les rapports mathématiques inscrits dans notre intelligence : l'exemple choisi renvoie à la démonstration augustinienne qui s'appuie sur la présence en notre âme de vérités éternelles pour en conclure à l'existence du Verbe (39).

Qu'un homme puisse être « persuadé » en suivant cette voie, c'est une possibilité que Pascal ne paraît pas exclure, mais, déclare-t-il, « Je ne le trouverais pas beaucoup plus avancé pour son salut ». Tel est aussi le sens de l'examen critique des diverses théodicées qui vient ensuite et qui exigerait un commentaire historique assez long. Allons droit à la conclusion : « Tous ceux qui cherchent Dieu hors de Jésus-Christ et qui s'arrêtent dans la nature, ou ils ne trouvent aucune lumière qui les satisfasse, ou ils arrivent à se former un moyen de connaître Dieu et de la servir sans médiateur... ».

Les premiers « tombent dans l'athéisme », les seconds, « dans le déisme ». Il y a donc une alternative : si la possibilité de démontrer l'existence de Dieu n'est pas exclue en dehors de Jésus-Christ, il n'y a pas seulement l'athéisme mais le déisme, « deux choses que la religion chrétienne abhorre », bien sûr ; toutefois Pascal ajoute « *presque* également » ; plus haut, il avait déjà dit : « le déisme, *presque* aussi éloigné de la religion chrétienne que l'athéisme... » ce *presque* introduit plus qu'une nuance. Entre le christianisme et l'athéisme, c'est l'opposition du *oui* et du *non* : entre le christianisme et le déisme, il s'agit d'une distance, certes difficile à mesurer, au niveau du *oui* (40).

On pourrait citer d'autres « Pensées » qui inclinent à reconnaître une connaissance de Dieu sans la foi, Pascal parlant même d'une « foi humaine » (41). Il ne faut évidemment pas prendre à la lettre cette proposition qu'un spinoziste pourrait faire sienne : « je vois bien qu'il y a dans la nature un être nécessaire, éternel, infini » ; toutefois, le contraste ne semble pas réserver cette « vue » aux seuls cœurs qu'éclaire la lumière de la grâce (42). Autre texte : dans une « Pensée » sur les miracles, M. Philippe Sellier a raison de souligner ces mots : « tout clair qu'il soit qu'il y a un Dieu » : addition en fin de ligne, ils ne peuvent être pris pour un écart de plume (43). D'ailleurs, le thème majeur de la spiritualité pascalienne : « Il y a loin de la connaissance de Dieu à l'aimer » (44) n'implique-t-il pas la possibilité d'une connaissance de Dieu sans amour de Dieu ? C'est bien, en fait, ce que suppose le morceau de l'Apologie « contre les philosophes qui ont Dieu sans Jésus-Christ » : « ils ont connu Dieu », « il croient que Dieu est seul digne d'être aimé et d'être admiré » ; mais, si paradoxal que cela soit, voici qu'ils réclament pour eux ce qu'ils savent ne convenir qu'à Dieu : « ils ont désiré d'être aimés et admirés des hommes », cela parce qu'« ils ne connaissent pas leur corruption » (45).

Ce Dieu sans Jésus-Christ n'est, bien sûr, pas le Dieu de Jésus-Christ. Alors, est-il encore Dieu ? Voilà la question.

III. Vrai Dieu et faux Dieu.

Une interprétation paraît légitime. D'une part, qu'elle soit stoïcienne, augustinienne, thomiste, cartésienne, la théodicée des philosophes est inutile au salut ; Pascal ne s'en servira pas ; mais, d'autre part, il n'entend pas dire que les preuves ne sont pas probantes. Le Dieu des philosophes n'intéresse pas l'apologiste chrétien, c'est entendu : il ne s'ensuit pas qu'on le supprime. Le déisme est une bien pauvre chose : c'est tout de même plus que rien.

La thèse est solide (46). On sera d'accord avec les historiens qui lisent les derniers textes cités en insistant sur ce que la critique des démonstrations métaphysiques de Dieu laisse subsister ; on ne saurait toutefois interpréter ce que ces textes concèdent comme s'il n'y en avait pas d'autres qui ne concèdent rien. Précisons : la question n'est pas de prendre parti dans un conflit entre historiens de Pascal, sur un sujet trop grave pour supposer une contradiction dans la pensée.

Lorsqu'on parle de Dieu, il faut d'abord se méfier des images, ou plutôt, car comment ne point parler avec des images ? de leur logique. Ainsi, en distinguant le Dieu de Jésus Christ et le Dieu des philosophes, Pascal a employé l'image de la distance : or celle-ci appelle logiquement l'image du chemin ; ce chemin va de l'athéisme au Dieu de la religion en passant par le déisme qui représente une étape. « Sans mépriser les preuves métaphysiques, tout en les respectant même, Pascal ne s'en contentait pas et ne voulait pas *s'y attarder* », écrivait Jacques Chevalier qui continue : en effet, « par la raison pure », nous arrivons à Dieu cause de l'univers mais « si nous voulons *aller plus loin* afin d'essayer de voir ce qu'est Dieu en lui-même », nous trouverons le Dieu de la religion au bout du chemin (47). Sous la plume d'Henri Birault l'image de la distance a surtout pour fonction d'écarter celle de l'abîme ; mais sa logique impose l'idée d'un cheminement qui sera ici une ascension : « Ainsi, le Dieu des philosophes est comme le *point de départ* d'une certaine *progression* dans l'élévation de l'âme vers la divinité véritable : *au terme de cette progression,* le *point de départ* ne peut apparaître que ridicule ou dérisoire ; en lui-même, *à l'origine,* il n'est pourtant point erroné ou fallacieux... » (48).

L'image de la distance peut être déspatialisée pour devenir une analogie : elle signifierait que le Dieu des philosophes est en filigrane dans le Dieu de Jésus Christ ; ou encore, selon une fine comparaison d'Henri Birault,

« le concept métaphysique traditionnel de Dieu est comme une forme vide, impuissante à se remplir d'elle-même, mais cette forme n'est point fausse » (49) : le Dieu de la religion la remplit de sa vérité. N'est-ce point ce que Pascal veut dire quand il écrit « Le Dieu des chrétiens ne consiste pas en un Dieu simplement auteur des vérités géométriques et de l'ordre des éléments » (50) ? *pas simplement...* il est donc celui dont les philosophes démontrent l'existence + ce que lui ajoute la religion.

On pourrait se demander si ce dernier texte ne sous-entend pas : à supposer que les vérités géométriques aient besoin d'un auteur et que l'univers indéfini de la science moderne s'explique à partir d'éléments disposés selon un ordre perceptible. Mais allons droit à l'objection fondamentale qui met en question la thèse selon laquelle Pascal reconnaissait à la fois la possibilité et l'inutilité d'une théodicée rationnelle : s'il y a possibilité, comment y aurait-il inutilité ? Que Pascal ait voulu conduire les chrétiens tièdes directement à leur Dieu, on le comprend : mais les libertins, des gens qui viennent de si loin ? Comment n'aurait-il pas prévu une étape déiste si le chemin de la Croix passait par le déisme ? Si le Dieu des philosophes a son autel, non, certes, à l'intérieur du temple, mais sur le seuil, on ne voit pas pourquoi Pascal proscrit si résolument l'apologétique du bout de chemin avec les philosophes.

Alors ? Deux séries de textes semblent se contredire : personne ne peut songer à biffer ceux d'une série ; mais il faut bien privilégier ceux dont le sens est accordé à la conduite de Pascal, à son action, à ses réactions. La méthode de son apologétique ne fait aucune place à la théodicée des philosophes parce que, même considérée en dehors du projet apologétique, cette théodicée est un échec de la raison. La vraie pensée de Pascal est celle que l'on reconnaît dans son œuvre, guidant sa recherche, coïncidant avec l'intention qui lui met la plume à la main. Relisons donc le fragment dont, maintenant, la signification constitue une conclusion décisive : « Il est non seulement impossible mais inutile de connaître Dieu sans Jésus Christ » (51). Ainsi, il ne s'agit pas d'une inutilité qui laisserait place à une possibilité : l'impossibilité est première, l'inutilité est en quelque sorte un surplus.

Restent les textes qui paraissent incompatibles avec celui-ci. La vraie question se trouve exactement formulée par M. Henri Birault dans une de ces fausses questions, au sens où l'on parle de fausses fenêtres, dont le point d'interrogation devrait signifier qu'elles ne se posent pas. « Comment d'abord, et d'une manière très générale, le *même* nom de Dieu pourrait-il jamais convenir au Dieu de la *Causa sui* et au Dieu d'Abraham, si quelque déité cachée, *latens deitas,* résiduelle ou principielle, comme on voudra, ne sommeillait encore ou déjà dans le Dieu de la Métaphysique ? » (52). Laissons de côté ce qui concerne la question générale, c'est-à-dire les « vingt siècles d'interférences entre le Dieu des chrétiens et le Dieu des philosophes » où M. Henri Birault a raison de voir un fait historique sans doute non dépourvu de signification métaphysique : mais la théologie qui prêche un retour aux sources peut fort légitimement dispenser Pascal d'en tenir compte et même l'inviter à sauter par-dessus les dix-sept siècles qui le séparent des origines. En fait, il faut prendre à la lettre les deux lignes du *Mémorial :* le Dieu de la Bible n'est pas celui des philosophes et des savants, et quand, un peu plus bas, Pascal reprend les mots de la prière sacerdotale « toi, le seul vrai Dieu » (53), il fait clairement entendre que le Dieu des philosophes et des savants est un faux Dieu.

Le vocabulaire courant réserve pratiquement la notion de faux dieux à ceux du polythéisme, la pluralité étant le signe indiscutable et suffisant de la fausseté. Or, pour comprendre la pensée de Pascal au-delà des textes qui se contredisent, il faut sans doute faire intervenir la notion de faux dieu au niveau du monothéisme ; dire : « il n'y a qu'un seul Dieu » n'implique pas nécessairement qu'il soit « le seul vrai Dieu ». Dans la phrase qui rappelle la preuve par des vérités éternelles une formule s'est glissée que saint Thomas employait volontiers quand il arrivait au terme d'une « voie » : la présence de ces vérités dans un être qui n'est pas éternel oblige la raison à reconnaître « une première vérité en qui elles subsistent et qu'on appelle Dieu », (54) ... *quam omnes Deum nominant,* ou *et hoc dicimus Deum,* lisons-nous dans la conclusion des démonstrations thomistes (55). Il y a là une dissociation importante entre le mot et la chose : l'application du mot à la chose est légitime si tous sont d'accord sur cette façon de parler ; c'est pourquoi saint Thomas explicite ou sous-entend clairement cette unanimité. Le « on » de Pascal ne l'engage pas : Pascal rapporte ce qu'« on » dit ; c'est une information sur l'emploi du mot « Dieu » ; elle réserve le droit de contester cet emploi.

Il n'y a point contradiction dans la pensée de Pascal mais équivoque dans son langage. L'équivoque tient à la différence des points de vue, Pascal parlant de Dieu tantôt tel qu'il le pense à l'intérieur de son apologétique, tantôt tel qu'il le trouve, en dehors de son apologétique, dans les livres ou les conversations. Le Dieu de Jésus Christ, en effet, est aussi le seul vrai Dieu : l'apologiste juge inutile la théodicée des philosophes mais elle est inutile parce qu'elle n'est pas vraie. Entendons-nous ; M. Henri Birault écrit du Dieu des philosophes : « ce Dieu n'est point une chimère, il existe vraiment et il n'y a point de paralogismes dans les preuves métaphysiques de son existence » (56). Dans notre perspective la seconde partie de la phrase est parfaitement juste mais sans avoir pour conséquence nécessaire ce que dit la première. Des raisonnements rigoureux peuvent conduire Aristote à un Premier Moteur, Descartes à un Principe qui « donne une chiquenaude » (57) ; l'erreur apparaît quand on donne à l'un ou à l'autre le nom de Dieu.

Lorsque Pascal considère la théodicée des philosophes sans penser à ce que son apologétisme en peut faire, il parle comme eux, il rapporte leurs preuves de l'existence de Dieu, de ce qu'ils appellent Dieu. Cela ne signifie nullement qu'ils reconnaissent même une ombre du vrai Dieu sous le mot qu'ils emploient, et là ne serait pas, semble-t-il, le sens du « presque » qui atténue très légèrement la réprobation chrétienne du déisme comparé à l'athéisme. La religion « abhorre » le déisme : pareil sentiment serait peu compréhensible si le déisme pouvait marquer une étape dans l'itinéraire de l'âme vers Celui qui mérite le nom de Dieu. Mais si l'athéisme est « tout-à-fait contraire » à la religion, le déisme ne l'est point « tout-à-fait », car il n'inclut pas la négation radicale qui est essentielle à l'athéisme : objectivement, il faut mettre à son actif non son affirmation de l'existence de Dieu mais sa non-négation de l'existence de Dieu ; le déiste ne connaît pas plus le vrai Dieu que l'athée : du moins ne voit-il pas dans son nom qu'un mot. Le chrétien constate le fait : sa constatation est désintéressée. En somme, il y a deux mondes : celui au centre duquel la Croix est plantée et l'autre... Athéisme et déisme voisinent dans l'autre : entre eux un dialogue est possible, serait-ce pour affirmer le désaccord ; mais quand l'athée réfute les arguments du déiste, il a tort de croire qu'il atteint le Dieu de la religion : celui-ci est complètement en dehors de leur querelle : « Qu'ils en concluent ce qu'ils voudront contre le déisme. » (58).

Au delà des images spatiales même épurées il faut bien voir cette condition de toute pensée sur Dieu : Dieu est toujours pensé à l'intérieur d'une relation. Or, en gros, la distinction entre le Dieu de la Bible et le Dieu des philosophes nous présente Dieu posé à l'intérieur de deux relations si radicalement différentes que l'on ne voit guère comment il pourrait être le même Dieu ici et là.

Les Philosophes affirment une relation entre le monde et un principe *cosmique ;* leur recherche est suscitée par un problème *d'explication :* Dieu est requis pour expliquer ce que leur raison a découvert dans le monde.

Le christianisme affirme une relation entre l'homme et un Dieu qui intervient dans son *histoire,* son problème est celui du *salut :* un Médiateur est requis pour opérer cette délivrance qu'est le salut, un libérateur, comme Pascal aime à l'appeler (59), qui soit Homme-Dieu.

Ce sont là deux positions limites. Il y a des philosophies comme le stoïcisme, qui ont pour fin notre libération, mais elles comptent sur la raison et la volonté seules, sans recours à un libérateur. Il y a des philosophies qui posent Dieu dans une relation à l'homme, mais il s'agit d'une relation inscrite dans la nature de l'homme, contemporaine, si l'on peut dire, de la création : il est dans la nature de l'âme, selon la démonstration augustinienne, de participer aux vérités éternelles qui subsistent dans le Verbe divin, les démonstrations cartésiennes s'appuient sur la présence de l'idée d'infini et de parfait naturellement inscrite dans « la chose qui pense ». En somme, le Dieu des philosophes est toujours l'Auteur de la nature et dans la perspective de Pascal, il n'y a pas de religion naturelle. Le christianisme est une religion historique, et ceci non seulement parce qu'il est porteur d'une révélation sur l'histoire : la relation de Dieu aux hommes se réalise au cours d'événements, à l'intérieur de situations, bref dans un autre univers que celui de la philosophie, serait-ce la philosophie de l'esprit.

IV. La conversion des païens.

Reste à montrer que certains textes ne sont pas contraires à ces vues et que, du même coup, ils trouvent en elles leur explication.

Et d'abord, la « pensée » sur la conversion des païens. « La conversion des païens n'était réservée qu'à la grâce du Messie. Les Juifs ont été si longtemps à les combattre sans succès : tout ce qu'en ont dit Salomon et les prophètes a été inutile. Les sages, comme Platon ou Socrate, n'ont pu le persuader. » (60). Lignes hâtivement jetées sur le papier et dont nous n'avons pas le manuscrit : mais, si le tour est elliptique, le sens est clair.

Il n'y a point de conversion véritable qui ne soit réservée à la grâce du Messie : ceci est une vérité fondamentale ; il est bien évident que Pascal ne pouvait, ici, rien attendre des juifs ni des sages qui, les uns et les autres, ignorent le Messie. Pascal ne se propose donc pas de répondre à une question, car il n'y a pas de question ; le fragment est destiné à la partie historique de l'apologie de la religion chrétienne ; on montrera qu'en fait il n'y eut jamais de conversion véritable sans la grâce du Messie.

Pour comprendre cette « Pensée » assez étonnante à première vue, il convient de se demander ce que Pascal entend par « païens », « juifs » et « chrétiens ». Chacun de ces mots désigne à la fois une catégorie éthico-religieuse et une forme historique de la religion. Les païens « n'aiment que la terre » ; ce sont « des charnels » ; par là, ils sont comme les juifs : mais ceux-ci ont pu connaître le vrai Dieu, le Dieu d'Abraham, d'Isaac et de Jacob ; les païens n'ont pu le connaître ; c'est pourquoi ils sont « adorateurs des bêtes », fabricants d'idoles. Etre chrétien, c'est ne pas aimer la terre et la conversion au christianisme se reconnaît à cet amour du vrai Dieu qui, devenu Dieu de Jésus-Christ, détache radicalement des biens de ce monde. Pris comme catégories éthico-religieuses, les mots peuvent être employés sans références à des religions historiques : il y a des païens et des juifs parmi les gens qui, historiquement, appartiennent à la religion chrétienne, parce qu'ils sont des « charnels », voire des adorateurs d'idoles (61) ; n'oublions pas la « pensée » : « On se fait une idole de la vérité meme... » (62).

Dans la Pensée sur « la conversion des païens », Pascal parle selon l'histoire, mais sans oublier la signification plus générale des mots. Ainsi, il y eut des juifs qui n'étaient pas « des charnels », et ces « spirituels » peuvent être appelés « les chrétiens de la loi ancienne » (63) : or même ceux là n'ont pu détacher leurs contemporains païens des biens matériels ni des idoles. Isaïe a prédit la conversion des Egyptiens mais rien de plus (64). De même, parmi les païens, il y eut des sages qui ont eu l'idée d'un seul Dieu (65) : Platon et Socrate n'ont pas fait reculer le polythéisme.

Sans doute devons-nous percevoir sous cette « pensée » un écho des imprécations de saint Paul au début de l'*Epître aux Romains :* il y a des païens qui ont connu quelque chose du Dieu incorruptible et ceci ne les a pas empêchés d'adorer « des images représentant l'homme corruptible, des oiseaux, des quadrupèdes, des reptiles... » (I. 18-23). Pas plus que saint Paul, Pascal ne tient monothéisme et christianisme pour synonymes : le fait d'être unique n'a rien à voir avec ce qui est propre au Dieu de Jésus-Christ. Si nous comprenons bien, Pascal veut dire : même au niveau de ce qu'il appelle « religion naturelle » (66), Platon et Socrate ont été incapables d'opérer efficacement le passage du polythéisme au monothéisme (67). Peut-être faut-il rappeler ici le *proemium* du *De vera religione* où saint Augustin montre Socrate ridiculisant les superstitions et, pourtant, avec la foule, révérant les idoles ; là aussi est constaté l'échec de Platon, traité d'écrivain plus agréable que persuasif, *suavius ad legendum quam potentius ad persuadendum* (68).

Il paraît donc difficile de considérer comme allant de soi que Pascal prenne à son compte la note : « Platon, pour disposer au christianisme. » (69). Sans doute, c'est là une opinion assez répandue ; mais, si « disposer au christianisme » signifie « préparer à la conversion », on ne voit guère pourquoi l'apologétique aurait recours au platonisme, ce platonisme qui s'est historiquement montré incapable d'obtenir ce *minimum* qu'eût été la substitution du monothéisme au polythéisme.

Reprenons le bout de papier sur lequel Pascal a jeté sa note. Il a l'intention de développer le thème suivant : « que l'âme soit mortelle ou immortelle, cela doit mettre une différence entière dans la morale » ; c'est « indubitable » ; or « les philosophes ont conduit leur morale indépendamment de cela. ». Une petite barre sépare ce texte de la note qui le suit mais elle ne coupe pas le fil des idées. Ce qu'il vient d'écrire, Pascal le sait, est bien discutable ; la généralisation dans la dernière phrase est trop rapide : est-il permis de penser qu'aucun philosophe n'a subordonné la morale au problème de la survie ? Et Platon ? L'objection est facilement prévisible : une mise au point est ici indispensable. Les mots jetés sur le papier en indiquent le sens. On ne va pas nier que Platon ait admis l'immortalité de l'âme et compris le rapport de la morale à cette vérité : en passant du contexte platonicien au contexte chrétien, les vues sur l'au-delà découvrent deux « autres mondes » bien différents.D'un côté, le bonheur et les misères de la survie dépendent de nos mérites et la sagesse est, si l'on peut dire, une technique du salut ; de l'autre, la vie future est conçue à l'intérieur d'une théologie de l'histoire, à partir du péché d'Adam, en conséquence de la Rédemption du Christ... « Platon, pour disposer au christianisme » : c'est une question. Quant à la réponse...

Il nous faut renoncer à suivre un des plus pénétrants interprètes de Pascal qui lit dans cette note : « on conseillera à l'incroyant de lire Platon... tel est l'un des aspects de la propédeutique prévue par Pascal. » (70). Aucune « Pensée », en effet, ne porte trace de cette intention ; on ne voit nulle part l'apologiste renvoyer à une argumentation platonicienne, pas même au sujet de l'immortalité. D'ailleurs, si Pascal avait voulu « conseiller à l'incroyant de lire Platon », n'aurait-il pas commencé par le lire ? Or il ne semble pas qu'il l'ait connu autrement que par ouï-dire. Lorsqu'il écrit de Platon et Aristote : « quand ils se sont divertis à faire leurs lois et leurs politiques, ils l'ont fait en se jouant ; c'était la partie la moins philosophique et la moins sérieuse de leur vie... », cela prouve qu'il a lu Montaigne, mais s'il avait ouvert les *Lois* il n'y aurait pas vu un simple jeu de l'esprit sans portée philosophique (71) et une connaissance même superficielle des textes de Platon l'aurait dispensé de mettre sous son nom une définition de l'homme parfaitement niaise, se contentant de recopier Montaigne qui l'avait cueillie dans Diogène Laerce. « Quelle nécessité y a-t-il d'expliquer ce qu'on entend par le mot *homme* ? Ne sait-on pas assez quelle est la chose qu'on veut désigner par ce terme ? Et quel avantage pensait nous procurer Platon, en disant que c'était un animal à deux jambes sans plumes ? ... explication inutile et même ridicule : puisqu'un homme ne perd pas l'humanité en perdant les deux jambes, et qu'un chapon ne l'acquiert pas en perdant ses plumes. » (72). Remarquons le contexte du passage qui a retenu l'attention de Pascal dans l'*Apologie de Raymond Sebon :* Montaigne constate que « les plus grossières et puériles ravasseries se trouvent plus en ceux qui traitent les choses plus hautes et plus avant, s'abîmant en leur curiosité et présomption » ; voulant donner un exemple, il choisit Platon « en ses nuages poétiques » qui, parlant « le jargon des dieux », oublie la langue du bon sens quand il s'agit des mortels. Que Pascal se soit spontanément joint à ceux qui en profitent pour « se moquer » de lui semble prouver que, à l'époque où il écrit *De l'esprit géométrique,* vers 1658, il n'a aucune connaissance personnelle du platonisme et rien ne permet de penser qu'il a conscience d'une lacune à combler (73).

Chapitre IX

LE PASSÉ DE LA PHILOSOPHIE VU PAR PASCAL

I. Pascal hors de la philosophie.

Les rapports de l'apologétique avec la philosophie peuvent être très différents, car la frontière entre elles n'est pas toujours nettement dessinée. Ainsi il est permis de parler d'intentions apologétiques chez Descartes : toutefois, elles ne semblent pas être à l'origine de ses recherches et de leur publication : il construit une nouvelle « philosophie », c'est-à-dire, comme l'aristotélisme qu'elle doit remplacer, l'ensemble constitué par la « philosophie première » et la philosophie de la nature, ou, en d'autres termes, la métaphysique et la physique : Descartes constate alors et il entend bien faire savoir que sa nouvelle « philosophie » sert la religion quand elle démontre l'existence de Dieu et la pure spiritualité de l'âme « plus certainement... qu'aucune proposition de Géométrie. » (1). Donc, si la philosophie est recherche de la vérité et l'apologétique, recherche de l'efficacité, dans la perspective de Descartes, l'efficacité est l'effet de la vérité découverte par la philosophie. On pourrait parler dans les mêmes termes de l'apologétique selon Malebranche mais en mettant dessous une relation à la philosophie de sens inversé ; l'intention apologétique, ici, est originelle : il y a la foi qui d'abord cherche l'intelligence puis la trouve dans la philosophie ; les vérités de la philosophie sont, au moment même de leur découverte, reconnues comme accordées à la religion ; c'est bien pourquoi une telle philosophie peut être exposée dans des livres ayant pour titres : *Entretiens sur la Métaphysique et sur la Religion* (le mot *et* marquant une relation essentielle), ou même *Méditations chrétiennes* (2).

Or, ce qui intéresse Pascal dans la philosophie, ce sont ses échecs : elle n'a de portée apologétique que dans la mesure où sa critique contribue à établir une espèce d'« anthropologie négative » (3).

Rappelons rapidement ce que fut la culture philosophique de Pascal.

Sa formation philosophique représente un cas assez exceptionnel : le futur auteur des *Provinciales* ne sort pas d'un collège, comme Descartes ou Malebranche, comme Gassendi ou Bossuet, comme Corneille ou Molière. Il n'aura pas à se débarrasser de l'aristotélisme des écoles puisqu'il ne les a pas fréquentées. Son principal maître fut son père (4). Or Etienne Pascal appartient à ce milieu de physiciens-mathématiciens qui se réunissent autour du P. Mersenne (5), « le secrétaire de l'Europe savante » (6), a-t-on dit, mais un secrétaire « qui joue le rôle d'excitateur » et pas seulement d'informateur (7). Dans son *Harmonie universelle,* le P. Mersenne met une Epitre dédicace à Etienne Pascal en tête du Livre VI du *Traité des instruments à vent* (8). Le jeune Blaise se trouve donc immédiatement au niveau de la science en train de se faire. Par suite, il n'y aura dans son esprit aucun conflit entre la culture scolaire et les nouvelles façons de penser qu'impliquent la disparition des formes substantielles, la transcription mathématique des lois physiques, le passage d'un *cosmos* sphérique et limité aux Espaces infinis ou indéfinis d'un univers ouvert. S'il s'est heurté à des professeurs scolastiques comme le P. Noël, Pascal les a rencontrés non dans sa mémoire mais dans la société savante de son temps.

Ce n'était pas sa « conversion » qui pouvait éveiller en lui un intérêt pour la philosophie. Le contexte théologique de la conversion selon Pascal pourrait être un texte qu'il n'a sans doute pas lu mais qui définit clairement la situation. Dans sa présentation des *Oeuvres de l'éminentissime et révérentissime Pierre, cardinal de Bérulle,* le P. François Bourgoing rappelle qu'« il y a trois sortes de Théologies, la Positive, la Scolastique et la Mystique », ceci pour montrer d'abord que « l'éminentissime » avait excellé dans les trois mais qu'en définitive il avait tout réduit à la troisième. C'est pourquoi le P. Bourgoing se débarrasse de la seconde avec une élégante discrétion en déclarant que Bérulle « l'avait dégagée des épines de l'Ecole » pour retrouver en elle « la parole de Dieu ». Mais il est clair que l'on retrouve beaucoup plus directement cette « parole de Dieu » là où Dieu a parlé : dans l'Ecriture ; d'où l'indispensable recours à la théologie positive où « les épines de la scolastique » sont remplacées par l'enseignement des Pères et des Conciles. Toutefois le Père Bourgoing ne s'y arrête pas. Il a hâte d'arriver à la théologie mystique qui, elle « tend à nous tirer, à nous unir, à nous abîmer en Dieu » ; alors, « la grandeur de Dieu nous sépare de nous-même et des choses créées... sa plénitude nous anéantit... » (9). Laissons de côté le sens bérullien des mots « mystique », « unir », « anéantir ». Retenons que, dans la perspective de Pascal, comme dans celle du cardinal, la théologie spéculative, c'est-à-dire celle qui doit avoir recours à une philosophie, n'a vraiment pas grand intérêt.

La théologie sous-jacente à la spiritualité selon Saint-Cyran n'est pas liée à une métaphysique, à moins de prendre le mot avec le sens que lui donnait Henri Bremond quand il parlait d'une « métaphysique des saints » (10) : elle correspond bien à cette « théologie mystique » en laquelle Bérulle excellait et, rappelons-le, que saint François de Sales avait parfaitement définie dans son *Traité de l'Amour de Dieu* en 1616 (11). D'autre part, la théologie des amis de Pascal à Port-Royal n'est pas tellement la théologie spéculative que la théologie positive fondée sur l'histoire. Ce qui intéresse Arnauld, ce n'est pas vraiment de savoir comment accorder la transsubstantiation avec le physique, bien qu'il ait posé à Descartes des questions à ce sujet (12), mais de fonder sa vérité sur ce qu'enseignent les Evangiles, les Conciles, les Pères, saint Augustin en tête (13), les docteurs, François de Sales et Bérulle comptant parmi ceux « de ces derniers siècles » (14). N'oublions pas, enfin, que la querelle « janséniste », aux yeux des défenseurs de Jansénius, doit être traitée en fonction de la théologie positive, puisque l'*Augustinus* ne prétend qu'exposer la doctrine de saint Augustin.

L'esprit de Pascal physicien n'est donc pas encombré de réminiscences aristotéliciennes et sa foi n'est nullement gênée par le fait que la philosophie traditionnellement unie à la théologie spéculative soit manifestement périmée. Quelle est alors l'idée qu'il présente de la science moderne ?

Rappelons, une fois encore, que le mot « philosophie » couvre alors la métaphysique et la physique, ce dernier mot couvrant lui-même l'ensemble des sciences de la nature. En gros, disons alors : Pascal est un physicien-mathématicien dont le génie se révèle dans l'invention d'hypothèses expérimentalement vérifiables et, du même coup, des expériences susceptibles de les vérifier. Le caractère expérimental de ses recherches le situe toujours dans un secteur limité de la nature. Celles-ci, par suite, le disposent peu à croire que l'esprit humain doive et, d'ailleurs, puisse rattacher les résultats ainsi obtenus à un système du monde, système concevable avec un « monde clos » mais non avec « un univers infini », selon les heureuses formules d'Alexandre Koyré (15). Là est le sens des pages « Disproportion de l'homme » ; retenons seulement ces lignes qui suppriment toute cosmologie. Ignorant son infinité, « les hommes se sont portés témérairement à la recherche de la nature comme s'ils avaient quelque proportion avec elle. C'est une chose étrange qu'ils ont voulu comprendre les principes des choses et de là arriver jusqu'à connaître tout... ». « Je vais parler de tout, disait Démocrite » ; *« De omni scibili »*, lit-on en tête d'une thèse que Pic de la Mirandole se proposait de soutenir à Rome : « titre fastueux », déclare

Pascal, mais pas plus, si l'on y réfléchit, que celui du fameux livre de Descartes : *Des principes de la philosophie* (16). Tel est le véritable contexte historique de la célèbre boutade de Pascal sur la vanité de la philosophie. Elle se trouve à la fin d'une courte note sur Descartes : « Descartes – Il faut dire en gros : cela se fait par figure et mouvement. Car cela est vrai », n'est-ce pas accorder le principe même du mécanisme cartésien ? Oui, et cependant avec « mais » : « mais, continue Pascal, de dire quelles et composer la machine, cela est ridicule. ». Pourquoi ? Pour trois raisons : « Car cela est inutile et incertain et pénible. ». Pascal avait d'abord écrit : « Cela est faux » ; bien que « faux » ait été rayé, Pascal continue : « Et quand cela serait vrai... », hypothèse qui ne doit pas être séparée de la boutade : « Et quand cela serait vrai, nous n'estimons pas que toute la philosophie vaille une heure de peine. » (17).

On ne sera donc pas surpris si aucun des projets de Pascal ne relève de la philosophie telle que l'entendaient les aristotéliciens dans leurs manuels et Descartes dans ses *Principia Philosophiae.* Dans les œuvres complètes de Pascal on trouve des opuscules de mathématiques, – *Essai pour les coniques* et *Traité du triangle arithmétique,* par exemple –, des opuscules de physique : *Expériences nouvelles touchant le vide* et divers écrits sur le même sujet. On y trouve aussi des lettres spirituelles à la façon de Saint-Cyran, comme la célèbre lettre sur la mort de son père et les lettres de direction à Charlotte de Roannez. *Les Provinciales* ont une fin polémique, ceci au service de thèses théologiques ou morales. En les préparant avec Arnauld et Nicole dans le rôle de conseillers techniques, Pascal prend goût à l'étude des questions sur la grâce et, sans doute à l'époque où les *Ecrits des Curés de Paris* prennent la suite des *Provinciales,* l'idée lui vient de mettre la bonne parole à la portée des chrétiens cultivés dans des écrits de langue française ; de là les textes publiés sous le titre : *Ecrits sur la grâce ;* il ne s'agit nullement de philosophie ni de théologie spéculative mais de faire connaître la tradition vraiment catholique, ici en s'attachant à la doctrine de saint Augustin, là aux articles du Concile de Trente (18). C'est, semble-t-il, avec la même intention qu'il rédige un *Abrégé de la vie de Jésus-Christ* à partir d'un opuscule de Jansenius qu'il traduit et paraphrase très librement (19). Quant au livre dont la plus grande partie des *Pensées* représentent des fragments ou des notes préparatoires, nous ne savons quel titre Pascal lui aurait donné ni même s'il avait trouvé ce titre, mais les éditeurs l'appellent fort justement Apologie de la religion chrétienne ; de fait, le premier recueil paraît sous le titre : *Pensées de M. Pascal sur la Religion et sur quelques autres sujets, qui ont été trouvées après sa mort parmi ses papiers* (20) ; l'auteur de la Préface, Etienne Périer, croit devoir insister sur le fait que « le dessein de M. Pascal » n'était pas de faire appel à « des raisonnements métaphysiques » : « il voulait plus travailler à toucher et à disposer le cœur, qu'à convaincre et à persuader l'esprit. » (21).

Reste toutefois à se demander dans quelle mesure l'œuvre scientifique de Pascal, par sa nouveauté même, ne conduit pas une intelligence comme la sienne à des réflexions d'ordre philosophique.

Prenons des écrits comme le *Fragment de Préface pour un Traité du vide* (22) et les deux opuscules connus sous le titre : *De l'esprit géométrique* et *De l'art de persuader* (23). La philosophie ne reviendrait-elle pas ici sous la forme de ce que nous appelons « théorie de la connaissance » ? Renonçant à se dilater dans un vain effort pour coïncider avec une vision quasi divine de l'univers, la nouvelle science se replie sur l'esprit qui la fait : de là, ces réflexions sur les démarches méthodiques de la raison, sur la psychologie de l'intelligence mathématicienne, sur l'enquête expérimentale, sur la relativité et l'historicité du savoir. Toutefois, ici encore, il faut lire les textes en remontant aux intentions qui ont mis la plume à la main de leur auteur.

Le texte qui aurait ouvert le *Traité du vide,* déclare Léon Brunschvicg, « est inspiré par la méditation du *Liber proemialis* que Jansénius a mis en tête du second tome de l'*Augustinus : De Ratione et auctoritate in rebus theologicis,* particulièrement au Ch. IV : *Discrimen inter Philosophiam ac Theologiam.* » (24). Là, Pascal s'en prend à la fois aux physiciens des Ecoles et aux théologiens que nous appellerions modernistes : les premiers invoquent l'autorité et la tradition là où la raison et l'expérience ont, seules, à intervenir ; les seconds introduisent des nouveautés en théologie là où l'autorité et la tradition sont signes de vérité. Dans la théologie par définition historique, on a reconnu la théologie positive dont le modèle est l'*Augustinus ;* à ce type de recherche où l'histoire est celle d'une permanence, le physicien Pascal en oppose une qui, allant de découverte en découverte, est celle d'un progrès. Il y a là une philosophie de l'esprit mais qui est une réflexion comparative sur la théologie et sur les sciences prises dans leur dernière édition. Le cas Galilée l'a montré, il est urgent de repenser clairement les rapports de la raison et de la foi. « Ce fut en vain, lirons-nous dans la *Dix-huitième Provinciale,* que vous obtîntes contre Galilée ce Décret de Rome qui condamnait son opinion touchant le mouvement de la terre. Ce ne sera pas cela qui prouvera qu'elle demeure en repos... » (25). Pascal entend donc profiter de ses expériences décisives sur le vide pour procéder à une mise au point, qui élimine et le traditionalisme aberrant des professeurs aristotéliciens et la modernité abusive de certains théologiens.

Le sens des deux opuscules sur l'esprit de la géométrie et l'art de persuader est clairement indiqué par le seul fait que Pascal en confie le texte à ses amis Arnauld et Nicole préparant le traité qu'ils publient en 1662 : *La Logique ou l'Art de Penser, contenant, outre les règles communes, plusieurs observations nouvelles propres à former le jugement* (26) ; titre dont les derniers mots soulignent ce qui rend cette logique nouvelle : elle vise les erreurs de jugement tandis que les anciennes visent surtout les erreurs de raisonnement (27). Ainsi, comme Descartes dans la Seconde Partie du *Discours de la Méthode,* le géomètre Pascal éprouve le besoin de mettre noir sur blanc les principes et les règles d'une nouvelle logique directement fondée sur ce que lui apprend la pratique des mathématiques. Dans les œuvres complètes de Pascal nous trouvons donc quelques feuillets qui mêlent ce que l'on appelait alors logique à ce que nous appelons théorie de la connaissance et épistémologie. Cela dit, il convient d'ajouter qu'ici comme dans le *Fragment de Préface pour un Traité du vide,* l'intention qui provoque la recherche n'est sans doute pas purement philosophique.

L'apologiste a besoin, autant que le savant, d'une telle mise au point. Les rapports de la foi et de la raison sont une question primordiale et fondamentale dans le projet qui hante la pensée de Pascal depuis la première conversion. Ce que nous pouvons savoir ou deviner de ses conversations avec M. de Rebours au cours de l'hiver 1647-1648, l'entretien avec M. de Sacy au début de 1655, la défense des vérités théologiques et morales dans les *Provinciales* en 1656-1657, ensuite les travaux qui rendent possible la conférence faite à Port-Royal à l'automne 1658 et qui devaient aboutir à une Apologie de la religion chrétienne, dans tous ces cas, ce que Pascal se propose implique toujours une connaissance précise de ce que peut la raison et de ce qu'elle ne peut pas : or il s'agit évidemment de la raison prise dans sa dernière édition, celle des géomètres et des physiciens du temps présent. Ainsi, lorsque Pascal envisage dans sa nouvelle apologétique l'argumentation correspondant à la liasse « soumission et usage de la raison », lorsqu'il entend mesurer « la force de la raison » comme l'annonce la « Pensée » L. 170, lorsque dans la « Pensée » L. 183 il pose le principe « 2 excès, exclure la raison, n'admettre que la raison », il trouve ce que signifie concrètement le mot « raison » non dans les livres des philosophes mais dans son expérience de géomètre et de physicien, expérience dont les leçons ont fait l'objet d'écrits tels que *De l'esprit géométrique* et *De l'art de persuader.*

II. La critique des philosophes.

Ainsi, Pascal ne construit rien qui ressemble à une philosophie. Aucune de ses œuvres, écrites ou envisagées, ne peut être mise sur le même rayon que les *Méditationes de Prima Philosophia* de Descartes ou que l'*Ethica* de Spinoza, ni même que *L'Action* de Maurice Blondel ou *Le phénomène humain* de P. Teilhard de Chardin, ouvrages où la finalité apologétique devrait être acquise sans être recherchée, ou même l'autonomie rigoureuse de la philosophie est une condition de sa valeur apologétique.

Bien plus, on ne saurait trop le répéter, Pascal ne se propose pas de reconnaître parmi les philosophes ceux avec qui, dans son apologétique, il pourrait faire un bout de chemin, jusqu'au parvis du temple. A aucun moment il ne faut voir l'apologiste hors du temple : la foi ne cesse de le guider même quand il s'adresse à la raison des impies.

Cela ne signifie évidemment pas que Pascal va ignorer les philosophes : comment ceux-ci seraient-ils absents dans une apologétique qui s'adresse à des lecteurs cultivés, les uns tentés par le stoïcisme d'Epictète et de Sénèque, d'autres par la sagesse selon Montaigne et Charron, quelques uns, par les nouvelles philosophies, celle de Descartes notamment. Mais ils ne seront là que pour illustrer l'échec radical et irrémédiable des philosophes dans la recherche du Bien vraiment souverain. Que font-ils de mieux que les gens qui ne sont pas philosophes ? Une courte note en dit long... « Recherche du vrai bien – Le commun des hommes met le bien dans la fortune et dans les biens du dehors ou au moins dans le divertissement – Les philosophes ont montré la vanité de tout cela et l'ont mis où ils ont pu. » (28). Les philosophes ont balayé toutes les banalités des bien-disants ; et puis ? La plupart des notes sur leurs prétentions abusives invitent à prendre à la lettre les mots : « c'est vraiment philosopher » après « se moquer de la philosophie » dans la formule souvent citée (29) ; la boutade est aussi la conclusion d'une réflexion sur ce que Pascal sait de l'histoire de la philosophie.

Relisons les deux notes écrites par Pascal à l'époque où il envisage son apologie sous forme de lettres, à la façon des *Provinciales* : « Lettre pour porter à rechercher Dieu – Et puis le faire chercher chez les philosophes... » (30). Inutile d'ajouter qu'on ne l'y trouvera pas... Et encore : « Une lettre de la folie de la science humaine et de la Philosophie », avec cette précision : « Cette lettre avant le divertissement. ». Suivent alors trois lignes :

« *Felix qui potuit.*
Felix nihil admirari.
280 sortes de souverain bien dans Montaigne. » (31)

C'est là un abrégé dont le développement, ou mieux : dont un brouillon de développement se trouve sur un feuillet de la liasse « Misère » (32) : « Mais peut-être que ce sujet passe la portée de la raison » : quel « sujet » ? Sans doute un sujet trop visiblement de l'ordre de l'incompréhensible, car Pascal continue : « Examinons donc ses inventions » ; celles de la raison, « sur les choses de sa force », ou du moins qui semblent être de sa force. « S'il y a quelque chose où son intérêt propre ait dû la faire appliquer de son plus sérieux c'est à la recherche de son souverain bien... ». Voilà, certes, une question privilégiée devant laquelle la raison ne peut absolument pas rester indifférente. « Voyons donc où ces âmes fortes et clairvoyantes l'ont placé. Et si elles en sont d'accord. ». Les gens présumés de façon ironiquement si flatteuse sont évidemment les philosophes, ce qui implique leur présence dans un morceau qui précédait immédiatement celui-ci.

Vient alors le résumé de l'exposé ainsi annoncé : « L'un dit que le souverain bien est en la vertu, l'autre le met en la volupté, l'autre à suivre la nature, l'autre en la vérité, *felix qui potuit rerum cognoscere causas,* l'autre à l'ignorance totale, l'autre en l'indolence, d'autres à résister aux apparences, l'autre à n'admirer rien, *nihil mirari prope res una quae possit facere et servare beatum,* et les braves pyrrhoniens en leur ataraxie... ». En écrivant ce passage Pascal a sous les yeux un texte de l'Apologie de Raimond Sebond (33) ; il se contente d'y ajouter le vers bien connu de Virgile – « Heureux celui qui a pu connaître les causes des choses » (34) – et d'arranger la citation d'Horace correctement reproduite par Montaigne : « Ne s'étonner de rien, à peu près la seule chose qui puisse donner et conserver le bonheur. » (35).

A l'époque où il écrit ces notes, Pascal prévoit l'examen d'un second échec des philosophes : après l'échec dans la recherche du souverain bien, l'échec dans la connaissance de l'âme.« Si faut-il voir si cette belle philosophie n'a rien acquis de certain par un travail si long et si tendu, peut-être qu'au moins l'âme se connaîtra soi-même. Ecoutons les régents du monde sur ce sujet. ». Pascal griffonne alors quelques questions à leur poser : « Qu'ont-ils pensé de sa substance ? ... Ont-ils été plus heureux à la loger ?... Qu'ont-ils trouvé de son origine, de sa durée et de son départ ? ». La réponse est un chiffre sous chacune d'elles et ce chiffre est le numéro de la page de l'*Apologie de Raimond Sebond* où il a cherché cette réponse ou prétendue réponse (36).

Si le sens de ces réponses n'était pas facile à deviner, on le verrait clairement indiqué lorsque Pascal continue en constatant le troisième échec des philosophes. « Est-ce donc que l'âme est encore un sujet trop noble pour ses faibles lumières ? Abaissons-la donc à la matière. ». De là de nouvelles questions : « Voyons si elle sait de quoi est fait le propre corps qu'elle anime et les autres qu'elle contemple et qu'elle remue à son gré. Qu'en ont-ils connu ces grands dogmatistes qui n'ignorent rien ? » (37).

Harum sententiarum sert, en quelque sorte, de conclusion. Ce sont les premiers mots d'une citation de Cicéron que Pascal a trouvée dans les pages de Montaigne qu'il se propose de relire quand il écrira son propre texte : *Harum sententiarum quae vera sit, deus aliquis viderit ;* « de toutes ces opinions à quelque dieu de juger quelle est la vraie. » (38).

Ce fragment L. 76 est sans doute un premier développement encore très schématique du projet de lettre prévu dans la « Pensée » L. 408 qui semble être, lui-même, une autre formulation de celui de la note L. 4. Retenons donc ceci : l'éloquent échec des philosophes devait être évoqué dans une des premières lettres du recueil apologétique ou, si l'on suppose que Pascal a renoncé à la forme épistolaire, dans un des premiers chapitres de son livre. Ce que confirment les morceaux rédigés qui nous restent de la conférence donnée par Pascal à Port-Royal en 1658 pour exposer le dessein de son ouvrage (39).

Les mots que nous lisons en tête du manuscrit : « Commencement après avoir expliqué l'incompréhensibilité » sont, en réalité, ajoutés au dessus du texte. Sans doute trouvons-nous une idée de ce qu'eût été cette « explication » dans la brève note jetée plus loin : « Incompréhensible : Tout ce qui est incompréhensible ne laisse pas d'être. Le nombre infini, un espace infini égal au fini. ». Par exemple, Pascal l'a longuement expliqué à la fin de l'opuscule *De l'esprit géométrique,* un espace fini, étant divisible à l'infini, est, en quelque sorte, la somme d'une infinité d'éléments en eux-mêmes divisibles à l'infini. Mais revenons au texte : Pascal va à la ligne et annonce : « Incroyable que Dieu s'unisse à nous. » (40). Alors nous comprenons ce que devait être l'explication de « l'incompréhensibilité » sous entendue au début du fragment : avant de parler de ce qui est « incompréhensible » en religion, on rappellera qu'il y en a aussi en géométrie. Quoi qu'il en soit, une fois cette explication donnée, que signifie : « Commencement » ?

Dans son exposé oral, Pascal voulait sans doute dire immédiatement à ses auditeurs où il les conduisait : les « étonantes contrariétés » de l'homme sont telles que, seule, « la véritable religion » lui apprend comment il peut y avoir en lui à la fois « quelque grand principe de grandeur » et « un grand principe de misère » ; du même coup, seule, elle est capable de le rendre heureux. Mais avant d'en arriver là, il convient, si l'on peut dire, de déblayer le terrain. Il y a en nous un impérieux désir d'être heureux ; or les « philosophes » ont la prétention de savoir comment y répondre ; tout naturellement, l'apologiste doit commencer par se tourner vers eux : « ont-ils trouvé le remède à nos maux ? ». C'est après avoir enregistré leur échec que l'on va poser la même question aux religions, pour constater, enfin, que seule la religion chrétienne apporte la réponse.

Dans la « prosopopée » qui devait terminer la conférence sur une adjuration pathétique, Pascal reprend les thèmes majeurs de son discours : or il commence, ici encore, par l'échec des « philosophes » : « ô hommes », ce n'est pas avec « toutes vos lumières » que vous « trouverez ni la vérité ni le bien » : « les philosophes vous l'ont promis et ils n'ont pu le faire » ; deux lignes reprennent le schème de leur double échec : « ils ne savent ni quel est votre véritable bien ni quel est votre véritable état » (41).

Ainsi, le recours à la religion n'est possible qu'une fois définitivement éliminée l'idée d'un recours à la philosophie.

Mais quels noms met Pascal sous ce dernier mot ? A proprement parler, aucun, ceux d'Epictète et de Montaigne étant exceptés.

Pascal a lu le *Manuel* et les *Entretiens* d'Epictète dans le recueil publié en 1609 : *Les Propos d'Epictète, recueillis par Arrian, translatés du grec en français* par Fr. I.D.S.F., c'est-à-dire Frère Jean de Saint-François, feuillant dont le nom de famille est Jean Goulu. L'*Entretien avec M. de Sacy* montre que Pascal a fait une étude attentive et personnelle d'Epictète (42). Il est clair que Pascal n'a pas porté la même attention aux œuvres des autres philosophes de l'antiquité et il semble que, pour eux, sa principale source ait été les *Essais* de Montaigne.

Dans les *Pensées,* Platon est cinq fois nommé. Deux fois pour signaler qu'il n'a pu convertir au monothéisme les païens (43), peut-être un souvenir de saint Augustin qui, dans le *De vera religione,* développe longuement ce thème : « La vraie religion persuade aux hommes ce que Platon n'a pas cru pouvoir leur persuader. » (44). Le nom de Platon est encore cité dans une vague allusion à la question posée par saint Augustin sur la relation du platonisme au christianisme lorsqu'il suppose Platon encore vivant et ne pouvant pas ne pas reconnaître la vraie religion en y voyant les maximes les plus élevées de sa philosophie (45). L'unique et brève citation qui lui est accordée vient d'un texte de Montaigne (46). Quant à la « Pensée » déjà lue sur la philosophie politique de Platon et d'Aristote, elle n'a évidemment rien à voir avec leurs écrits (47). Le nom d'Aristote revient une seconde fois mais à l'intérieur d'un texte pris dans Montaigne. « Aristote qui a fait un *Traité de l'âme* ne parle, selon Montaigne, que des effets de l'âme, ce qui n'est ignoré de personne ; et ne dit rien de son essence, ni de son origine, ni de sa nature, et c'est ce qu'on en veut savoir. » (48). Même source pour plusieurs citations latines de Sénèque (49) et un propos attribué à Démocrite : « Je vais parler de tout, disait Démocrite... » (50). Le nom d'Epicure n'est pas prononcé ; sans doute, quelques expressions font allusion à un épicurisme si banal qu'il est inutile de coller dessus son étiquette ; quant aux épicuriens, ils apparaissaient simplement dans une liste des diverses « sectes » philosophiques ; « ... des stoïciens et des épicuriens, des dogmatistes et des académiciens etc. » (51).

Ce « etc. » dispense Pascal d'aller jusqu'aux modernes...

Le cas de Descartes étant réservé, que sait-il des nouvelles philosophies ? L'absence de références à Gassendi et à Hobbes ne signifie pas qu'il ne les connaît pas ; le second est encore vivant et le premier vient tout juste de mourir quand Blaise Pascal envisage le projet de son grand ouvrage ; mais ils ne sont pas encore entrés dans l'histoire et, d'ailleurs, puisque la nouvelle apologétique ne demande rien à la philosophie, il est normal que son auteur se soucie fort peu de savoir ce que pensent tous les philosophes de son temps. A ses yeux, dans son temps, il y a un philosophe qui compte précisément parce qu'il n'a pas construit de système : il n'est pas un chef de « secte », son influence dans le monde est très étendue :

la nouvelle apologétique doit donc, à la fois, annexer les justes observations de Montaigne sur l'homme et dénoncer la dangereuse insuffisance de ses explications dans la perspective chrétienne. Il lui arrive de renvoyer à des pages des *Essais* qui sont celles de l'édition de 1652 (52) ; ceci ne signifie pas qu'il ait attendu 1652 pour lire du Montaigne. Ce qui est sûr, c'est qu'au lendemain de la seconde conversion, au temps de l'entretien avec M. de Sacy, il sait parfaitement ce qu'il demande à Montaigne, et où il peut trouver ce qu'il lui demande.

D'une part, les *Essais* sont pour lui toute une bibliothèque ; si l'on prend la définition de l'humanisme qui inclut dans son essence même la culture gréco-latine, il faut dire que Pascal fréquente assidûment le Montaigne qui est, à nos yeux, le parfait humaniste. Mais, d'autre part, ce que Pascal retient dans les *Essais* et particulièrement dans l'*Apologie de Raimond Sebond,* c'est l'incertitude de ce qui nous paraît certain, c'est l'impuissance de la volonté en quête du vrai bien, c'est l'humiliation de la trop superbe raison ; bref il assimile tout ce qui dans la vision du monde de Montaigne fortifie l'anti-humanisme fondamental de la nouvelle apologétique.

III. Les deux voies : Epictète et Montaigne.

Descartes constate l'échec des philosophes qui l'ont précédé, cela simplement en constatant la réussite de la sienne : si ce qu'il dit est vrai, ce que les autres ont dit est faux ; donc, l'histoire des philosophies avant la sienne ne saurait l'intéresser.

Pascal constate dans l'échec des philosophes qui l'ont précédé l'échec de la philosophie ; il n'est donc pas question pour lui d'en apporter une nouvelle. Mais un tel constat suppose sous le mot « philosophie » un contenu qui exclut la possibilité d'écrire un livre sous le titre : *Principes de la Philosophie :* en fait, Pascal y met alors ce qui reste quand on a retiré les sciences de la nature. Par suite, lorsqu'il regarde le passé de ce que Descartes appelle encore « la philosophie », il voit non pas un mais deux cheminements :

1º Celui des sciences de la nature qui est un « progrès » et qui est vraiment une histoire, comme le rappelle la célèbre image dessinée à la fin du *Fragment de Préface pour le Traité du vide :* « ... toute la suite des hommes, pendant le cours de tant de siècles, doit être considérée comme un même homme qui subsiste toujours et qui apprend continuellement » ; alors, « comme la vieillesse est l'âge le plus distant de l'enfance, qui ne voit que la vieillesse dans cet homme universel ne doit pas être cherchée dans les temps proches de sa naissance, mais dans ceux qui en sont les plus éloignés ? ». Ainsi, « ceux que nous appelons anciens étaient véritablement nouveaux en toutes choses... ». Bref, s'il y a une « antiquité » à « révérer », c'est « en nous » qu'on peut la trouver (53).

Le second chemin est celui sur lequel nous voyons l'esprit s'occuper de ce qui reste dans la philosophie quand on a enlevé les sciences de la nature, c'est-à-dire, en gros, la métaphysique et la morale qui, d'ailleurs, tiennent étroitement l'une à l'autre dans la perspective de Pascal. En somme, pour lui, il y a déjà une histoire des sciences et une histoire de la philosophie correspondant à deux domaines. Or dans la seconde, il n'est plus question d'un progrès comme dans la première mais d'une faillite. Il faut donc montrer que l'on a demandé à la raison de chercher ce qu'elle est incapable de trouver. Il serait alors bien inutile de connaître l'histoire des tentatives faites dans ce sens ; l'exploration du passé de la philosophie n'a plus pour modèle l'histoire qui implique l'ordre chronologique. Mais quel ordre suivre si l'on veut établir le bilan de la faillite ?

Les mots « les philosophes » n'évoquent pas dans la pensée de Pascal une cohue de noms propres. Celui-ci semble avoir eu très tôt une perception dualiste qui, du moins en gros, distingue deux directions dans l'histoire de la philosophie prise, comme nous l'entendons aujourd'hui, séparée des sciences de la nature ; mais, ici encore, les textes doivent être lus dans leur contexte, car la perception dualiste peut avoir, dirons-nous, des points d'application différents.

Aussitôt après la seconde conversion, lorsque Pascal pense : « les philosophes », deux noms se détachent : Epictète et Montaigne ; or ces deux noms ont une signification symbolique. Exposant à M. de Sacy ce que la nouvelle apologétique peut tirer de la philosophie, nous l'avons entendu déclarer : en lisant Epictète et Montaigne, « j'ai trouvé qu'ils étaient assurément les deux plus grands défenseurs des deux plus célèbres sectes du monde », avec cette précision : « et les seules conformes à la raison, puisqu'on ne peut suivre qu'une de ces deux routes » ; savoir : ou « il y a un Dieu » et le souverain bien est en lui ; ou, « Dieu est incertain » et « le vrai bien l'est aussi » (54). Suivre la première route, c'est voir ce que l'homme doit être, c'est voir ce qu'il doit chercher ; son souverain bien en Dieu ; mais croire avec Epictète qu'il a le pouvoir de le trouver par les seules forces de sa nature, c'est « orgueil » (55), « superbe diabolique » (56). Suivre la seconde route, c'est voir ce que l'homme est réellement, c'est être conscient de ses faiblesses, mais, comme Montaigne, s'en accommoder trop facilement, c'est « paresse », « lâcheté » (57).

Cette perception dualiste ne conduit ni à un choix ni à quelque synthèse. Ce qui intéresse la nouvelle apologétique dans la philosophie, c'est son échec. Or, voici qu'il y a deux types de philosophies et deux seulement : constatons l'échec de l'une et de l'autre, un échec qui n'est pas accidentel et qui n'a d'autre cause que la logique de l'une comme de l'autre. Personne ne ferait mieux qu'Epictète dans le sens de sa « secte » ; personne ne ferait mieux que Montaigne dans le sens de la sienne. Les deux routes sont deux impasses. Il faut sortir de la philosophie pour trouver la solution aux problèmes qu'elle pose. « Je vous demande pardon », dit modestement Pascal à M. de Sacy, « de m'emporter ainsi devant vous dans la théologie, au lieu de demeurer dans la philosophie, qui était seule mon sujet ; mais il m'y a conduit insensiblement ; et il est difficile de n'y pas entrer, quelque vérité qu'on traite, parce qu'elle est le centre de toutes les vérités. » (58).

Ainsi ce schème dualiste est inscrit dans la structure de l'argumentation qui doit porter la nouvelle apologétique au delà de toute philosophie ; puisqu'il dessine les deux seules routes possibles, il élimine la philosophie de demain en même temps que celle d'hier. Pascal ne cessera donc de regarder le monde des philosophes en considérant ceux qui visent trop haut et ceux qui visent trop bas. Epictète et les stoïques représenteront toujours les premiers mais Pascal va rendre la divergence plus sensible entre les deux « sectes » en descendant au-dessous de Montaigne dans le sens que nous appellerions le matérialisme.

Cela apparaît dans la conférence à Port-Royal de 1658. Pascal pose le problème du souverain bien sous sa forme la plus concrète : comment « rendre l'homme heureux » ; tout naturellement, il commence par interroger ceux qui ont la prétention de le savoir, les philosophes : comme dans l'entretien avec M. de Sacy, il est inutile de passer en revue toutes les écoles ; on les connaît toutes quand on consulte ceux des philosophes « qui ont mis l'homme à l'égal de Dieu » et « ceux qui nous ont égalés aux bêtes ». De même, dans sa Prosopopée, la Sagesse interpellant chacun de nous, dénonce les uns et les autres. Les premiers ne vous ont parlé de Dieu « que pour exercer votre superbe », en vous « faisant penser que vous lui étiez semblables et conformes par votre nature » ; les seconds « vous ont jetés dans l'autre précipice en vous faisant entendre que votre nature était pareille à celle des bêtes » (59).

Ce schème dualiste n'est pas une hypothèse de travail qui doit permettre une classification : il correspond à la nature de l'homme. Dans les notes de cette même conférence, les deux types de philosophie ont pour origine « l'orgueil » et « la concupiscence » (60) ; « vos maladies principales sont l'orgueil qui vous soustrait de Dieu, la concupiscence qui vous attache à la terre » (61). Les philosophies ne sont donc pas l'œuvre de la seule raison : elles ont des racines psychologiques dans les passions de l'âme.

Cette nouvelle forme du schème dualiste est importante. Le schème dualiste, on l'a vu, ne propose pas un choix entre les deux grandes écoles philosophiques : nous constatons maintenant qu'il ne le peut pas. Il n'y a pas à choisir entre deux façons de rationaliser deux concupiscences ; la question ne saurait être : l'une ou l'autre ? La décision est nécessairement : ni l'une ni l'autre.

A qui pense Pascal pour représenter la seconde voie ? Il donne une indication dans un court fragment où il reprend son schéma dualiste. Son sujet, classique dans les tragédies comme en philosophie, est « cette guerre intérieure de la raison contre les passions » ; or, dit-il, elle « a fait que ceux qui ont voulu avoir la paix se sont partagés en deux sectes » : « les uns ont voulu renoncer aux passions et devenir dieux », inutile de mettre des noms, on reconnaîtra Epictète et les stoïciens ; « les autres ont voulu renoncer à la raison et devenir bête brute », ici Pascal ajoute : « Des Barreaux. » (62).

Il n'a pas écrit « Montaigne ». Il n'ignore certes pas que Montaigne a tendance à diminuer l'écart entre l'homme et l'animal ; il ne manque pas de le remarquer dans l'*Entretien avec M. de Sacy* (63), mais il n'irait pas jusqu'à nous proposer de « devenir bête brute », citation qui vient de Des Barreaux dont leur ami commun, Mitton, a sans doute prêté les chansons à Pascal.

Et par ma raison je butte
A devenir bête brute.

Et encore :

Je me dégrade de raison
Je veux devenir un oison (64)

Devant les deux sectes allant jusqu'au bout des deux routes divergentes, n'oublions pas les droits de la rhétorique à laquelle toute apologétique a nécessairement recours. L'homme qui se fait Dieu... l'homme qui se fait bête, quelle antithèse à gros effet ! Nous avons déjà vu Pascal en tirer parti dans la Prosopopée de son discours à Port-Royal : il reprend le schème dans un morceau soigneusement rédigé dont le ton pathétique permet de penser que Pascal ne l'a pas écrit pour lui seul. Comme dans la Prosopopée, il interpelle les auditeurs ou plutôt, ici, les lecteurs : « Levez vos yeux vers Dieu, disent les uns ; voyez celui auquel vous ressemblez, et qui vous a fait pour l'adorer. Vous *pouvez* vous rendre semblable à lui... », soulignons : *pouvez,* car c'est là l'erreur irrémissible de ces gens qui parlent si bien ; donc « vous pouvez vous rendre semblable à lui ; la sagesse vous y égalera, si vous voulez la suivre. » Pascal cite alors Epictète qui dit : « Haussez la tête, hommes libres. ». Puis il continue mais, cette fois, sans ajouter un nom propre : « Baissez vos yeux vers la terre, chétif ver que vous êtes, et regardez les bêtes dont vous êtes le compagnon. ». La question dramatique jaillit alors de l'antithèse : « Que deviendra donc l'homme ? Sera-t-il égal à Dieu ou aux bêtes ? Quelle effroyable distance ! Que serons-nous donc ? » (65).

Le schème trouve à exprimer sa dualité aussi bien dans l'image du dedans et du dehors que dans celle du haut et du bas. « Les stoïciens disent : rentrez au dedans de vous-même, c'est là où vous trouverez votre repos. Et cela n'est pas vrai. ». Pascal ne dit pas pourquoi : ce n'est qu'une simple note. « Les autres disent : sortez dehors et cherchez le bonheur en un divertissement. Et cela n'est pas vrai », cette fois il ajoute un exemple : « les maladies viennent. ». Le schéma ne pose jamais une alternative ; devant les deux « sectes », la décision est toujours : ni l'une ni l'autre. Toutefois, l'image du dedans et du dehors admet une profonde ambiguité que celle du haut et du bas ne permettait pas. Certes, ici encore, il faut dire : « Le bonheur n'est ni hors de nous ni dans nous : il est en Dieu », mais comme Pascal pense au Dieu de Jésus-Christ, il peut ajouter ce qui serait faux s'il s'agissait du Dieu des philosophes : « ... il est en Dieu et hors et dans nous. » (66). Telle était sans doute sa manière de sauver l'*Intravi in intima mea* de saint Augustin, qu'il ne faut pas séparer des deux mots qui suivent : *duce te ;* « j'entrai dans l'intimité de mon cœur, [Seigneur] et c'était vous mon guide. » (67).

IV. Les deux voies : dogmatistes et pyrrhoniens.

Dans les notes de Pascal sur ses projets nous avons lu : « Lettre pour porter à rechercher Dieu – Et puis le faire chercher chez les philosophes » ; lisons jusqu'au bout : « chez les philosophes pyrrhoniens et dogmatistes qui travailleront celui qui le recherche. » (68). Ici encore, quand il parle des « philosophes », Pascal use d'un schème dualiste mais qui les divise en pyrrhoniens et dogmatistes, schème qui se retrouve dans quelques morceaux importants par leur longueur et par l'attention portée à leur rédaction.

Est-ce un nouveau schème ? Est-ce une variante du schème précédent ? On dira sans doute « oui » à la seconde question. Epictète peut être considéré comme un « dogmatiste » : ainsi quand Pascal se propose de « montrer... la vanité des vies philosophiques, pyrrhoniennes, stoïques », il est clair que « stoïques » signifie « dogmatique » (69) ; d'autre part, il présente Montaigne à M. de Sacy comme un « pur pyrrhonien » (70). Toutefois, ces nouvelles étiquettes correspondent à une différence de point de vue, laquelle, semble-t-il, est liée à une différence de contexte : Pascal prépare alors son texte en lisant Montaigne ; pensant en compagnie de Montaigne, il parle comme Montaigne : c'est dans l'*Apologie de Raimond Sebond* qu'il trouve le mot : « dogmatiste » (71).

Quand Pascal fait intervenir les philosophes qui font de l'homme un dieu et ceux qui en font une bête, son point de vue, en général, est celui du souverain bien, avec, à la limite, la question de notre salut. Quand il fait intervenir les dogmatistes et les pyrrhoniens, son point de vue est plutôt celui de la vérité ou plus exactement de la certitude. Bien sûr, le problème du souverain bien est aussi un problème de vérité ; la recherche du souverain bien est aussi recherche de la vérité, mais de la vérité prise dans son rapport avec notre bonheur. Dans les textes où Pascal oppose les dogmatistes et les pyrrhoniens, son point de vue est celui de la vérité prise en elle-même, qu'il s'agisse des principes inscrits dans la nature de notre esprit, de la réalité du monde extérieur, de la justice, des règles morales aussi bien que de l'existence de Dieu. La divergence entre les dogmatistes et les pyrrhoniens porte sur la question : de quoi pouvons-nous être certains ? Or, dans la position historique de cette question, Pascal suit Montaigne. C'est même pourquoi nous allons voir, dans un même morceau, Pascal passer, sans explication, du schème dualiste : dogmatistes-pyrrhoniens à un schème tripartite ou plus exactement à un schème qui détache les académiciens des pyrrhoniens pour en faire une espèce de 2 bis.

Relisons la longue « Pensée » : « Les principales forces des pyrrhoniens... ». Ces « forces » sont dans les argumentations classiques du scepticisme auxquelles se mêlent des réminiscences cartésiennes sur l'ignorance de notre origine : Pascal insiste sur le thème de « la vie est un songe », sur l'explication des principes soi-disant naturels par la coutume. Enfin, comme dans le cas du schéma qui oppose les deux écoles représentées par les noms d'Epictète et de Montaigne, Pascal souligne le caractère strictement dualiste du schème : « il faut que chacun... se range nécessairement ou au dogmatisme ou au pyrrhonisme... qui pensera demeurer neutre sera pyrrhonien par excellence. Cette neutralité est l'essence de la cabale. Qui n'est pas contre eux est excellemment pour eux... » (72). On ne saurait plus nettement exclure la possibilité d'une troisième voie.

Mais après avoir montré « les forces » du pyrrhonisme, Pascal en découvre brusquement la faiblesse : le véritable scepticisme ne peut être que total ; or le douteur « doutera-t-il s'il doute, doutera-t-il s'il est » ; le « fait » est « qu'il n'y a jamais eu de pyrrhonien effectif parfait ». Cela ne signifie certes pas un retour au dogmatisme. Toujours comme dans le schème opposant l'homme qui se fait dieu et l'homme qui se veut bête, devant nos « contradictions », reconnaissons : « cela passe le dogmatisme et pyrrhonisme, et toute la philosophie humaine ». Pascal, ici, pouvait aller à la ligne et dire : « Ecoutez Dieu. » (73).

Lorsque, ayant sur sa table l'*Apologie de Raimond Sebond,* Pascal en arrive à la question de la certitude, voici que nous lisons : « On ne peut éviter en cherchant la vérité par la raison, l'une de ces trois sectes... On ne peut être pyrrhonien ni académicien sans étouffer la nature, on ne peut être dogmatiste... sans renoncer à la raison... ». Sans doute, ce texte, réduit ici à ce qui en reste une fois les ratures éliminées, a été griffonné dans la marge puis rayé. Dans l'alinéa suivant, non rayé, Pascal avait d'abord écrit : « La nature confond les pyrrhoniens et les académiciens et la raison confond les dogmatiques », puis il a rayé : « et les académiciens ». Et, très normalement, il a aussi rayé « trois » dans la fin de la phrase qui vient ensuite : « ... vous ne pouvez fuir une de ces trois sectes ni subsister dans aucune. » (74). Il est donc probable que, révisant cette page, Pascal a voulu en accorder le contenu à celui de la page précédente où il n'était question que de deux sectes. Il reste que, sans transition, sans explication, il a d'abord fait intervenir les académiciens et c'est après coup qu'il a jugé leur présence insolite. Pourquoi ?

Pour saint Augustin, « académicien » est le terme général qui désigne les écoles sceptiques ; le nom de Pyrrhon n'est pas prononcé dans le *Contra Academicos ;* toutefois, nous trouvons dans son ouvrage une distinction entre l'Ancienne Académie et la Nouvelle Académie qui ne paraît pas avoir été très différente de celle qui, dans nos textes, détache les académiciens des pyrrhoniens (75). Mais quand Pascal veut savoir ce que les philosophes ont pensé de la certitude, il ne consulte pas saint Augustin ; son vocabulaire le prouve, il puise dans les *Essais.* Il adopte alors le schème dualiste qui oppose pyrrhoniens et dogmatistes, trouvant, on l'a vu, ce dernier mot dans Montaigne. Mais il arrive à Montaigne de faire une distinction entre les pyrrhoniens et les académiciens qui, à défaut du vrai, acceptent de se contenter du vraisemblable : or Pascal a des raisons de s'intéresser à cette espèce de scepticisme mitigé : quel exemple remarquable à citer dans une argumentation qui s'appuie sur l'impossibilité du pyrrhonisme intégral ! Mais Montaigne a l'air de présenter les académiciens comme une troisième « secte » (76) : Pascal, tout naturellement, le suit et dédouble le premier terme du schème qui devient tripartite, cela au moins dans un brouillon.

En dehors du brouillon du fragment : « Les principales forces des pyrrhoniens », Pascal parle-t-il des académiciens ? Dans le fragment : « Contre les pyrrhoniens », ils font une courte apparition pour « gager » en faveur d'une proposition estimée probable, ce que ne devrait pas faire un pur pyrrhonien (77). Bien que le mot « académicien » ne soit pas employé, c'est leur école que représente Arcésilas lorsque, toujours en suivant Montaigne, Pascal voit en lui « le pyrrhonien qui redevient dogmatique » (78). On trouve bien encore leur nom cité dans une courte énumération des « diverses sectes » : après celle « des stoïques et des épicuriens » et avant : « etc. », viennent celles « des dogmatistes et des académiciens », opposition où les académiciens tiennent la place des pyrrhoniens dans le schème dualiste (79) ; mais Pascal, ici, use simplement d'un langage courant chez les philosophes qui identifie « académicien » et « sceptique », ce que nous venons précisément de constater dans le *Contra Academicos* de saint Augustin.

La doctrine des académiciens est en quelque sorte une hérésie pyrrhonienne et le schème pyrrhonien-dogmatiste reste dans l'esprit de Pascal celui qui dessine les deux grandes lignes divergentes de la recherche philosophique.

Mais, ici encore, le schème dualiste n'est pas un instrument utilisé pour classer les philosophies : il est inscrit dans la nature de l'homme. Lorsque Pascal pense à la recherche du souverain bien, le schème dualiste – divinisation et abêtissement, haut et bas, dedans et dehors – correspond à deux concupiscences (80) ; lorsqu'il pense à la recherche de la certitude, le schème correspond à deux facultés de connaître. Tout est dit en quelques lignes dans une courte note. D'abord, deux mots : « Instinct, raison. ». Puis : « Nous avons une impuissance de prouver invincible à tout le dogmatisme », voilà qui correspond au second mot qui, bien entendu, renvoie à la raison raisonnante ; et voici qui correspond au premier : « Nous avons une idée de la vérité invincible à tout le pyrrhonisme. » (81).

Sous sa forme pyrrhonien-dogmatiste comme sous sa précédente, le schème a des racines psychologiques. Quoique la présence des dogmatistes soit sous-entendue, on le voit bien dans ces mots jetés à la fin d'une note « Soumission » : « Pyrrhonien, géomètre, chrétien : doute, assurance, soumission. » (82). Le doute est une exigence naturelle de la raison raisonnante ; l'assurance est imposée par les principes que le géomètre saisit par instinct ; la soumission du chrétien est située au delà du schème qui reste au niveau de la nature. Dans une autre note, concupiscence et moyens de connaître se mêlent dans des dispositions définissant des caractères : « Les discours d'humilité sont matière d'orgueil aux gens glorieux et d'humilité aux humbles. Ainsi ceux du pyrrhonisme sont matière d'affirmation aux affirmatifs. ». Les mots « gens glorieux » remplacent « superbe », d'abord écrit puis rayé, mot volontiers appliqué par Pascal au dogmatisme stoïcien ; quant aux pyrrhoniens, ils deviennent dogmatistes s'ils affirment que rien n'est certain. « Peu, ajoute-t-il, parlent de l'humilité humblement, peu de la chasteté chastement, peu du pyrrhonisme en doutant. » (83).

Dans ce chapitre, le mot de la fin ne sera pas celui de Cicéron que Pascal a trouvé dans l'*Apologie de Raimond Sebond* : « On ne peut rien dire de si absurde qui n'ait été dit par quelque philosophe. ». Pascal a copié sûrement avec plaisir : *Nihil tam absurde dici potest quod non dicatur ab aliquo philosophorum* (84). A qui pense-t-il en écrivant cette maxime ? Aux aberrations des pseudo-physiciens ? aux déviations des prétendus moralistes ? Mais pense-t-il à quelqu'un ? Si bonne qu'elle soit, ce n'est qu'une boutade.

Quelques mots trouvés sur un bout de papier iraient plus loin. Le thème de la réflexion est posé dans une espèce de titre : « Grandeur, misère », puis, à la ligne, une phrase lapidaire : « A mesure qu'on a de lumière on découvre plus de grandeur et plus de bassesse dans l'homme. ». On entrevoit alors une idée déjà indiquée à propos de « la recherche du vrai bien » (85), Pascal reconnaissant une relative supériorité des philosophes sur « le commun des hommes » :

« Le commun [du peup] des hommes
[Les philosophes]
Ceux qui sont plus élevés
Les philosophes
Ils étonnent le commun des hommes »

On va alors monter encore plus haut :

« Les chrétiens. Ils étonnent les philosophes. »

On revient alors au thème initial :

« Qui s'étonnera donc de voir que la religion ne fait que connaître à fond ce qu'on reconnaît d'autant plus qu'on a plus de lumière. » (86).

Que signifie « donc » ? Peut-être un double sens sous le mot « lumière ». Tant que l'esprit fait appel à la lumière naturelle, ce qui est le cas avec « le commun des hommes » puis avec « les philosophes », l'esprit est capable de reconnaître l'étonnante « contrariété » annoncée au début du fragment : « grandeur, misère », « grandeur et bassesse dans l'homme ». Mais, seul, le « plus de lumière » qu'est la lumière surnaturelle éclaire le « fond », c'est-à-dire le sens de cette situation paradoxale dont l'origine est la chute d'Adam. L'étonnement des philosophes est alors le signe de la vanité radicale de la philosophie.

Chapitre X

UN CONTEMPORAIN CAPITAL : DESCARTES

Pascal a été immédiatement un « moderne ». Or, dans le milieu où il apprend à penser, il y a, si l'on peut dire, un « moderne » de grand format, qui fait beaucoup parler de lui, René Descartes, personnage étrange qui vit aux Pays-Bas, grand batailleur, philosophe décevant qui, après des travaux remarquables en géométrie et en optique, se complaît dans des rêveries cosmologiques, bâtit une métaphysique, regarde de haut Gassendi, Hobbes, Roberval, voire Fermat. Pascal, bien sûr, a lu ses livres ; il sait que le grand homme daigne s'intéresser à ses travaux ; il reçoit sa visite en 1647. L'incompatibilité d'humeur est si radicale qu'elle deviendra symbolique, avec toutes les simplifications que le symbolisme impose. Le couple « Descartes-Pascal » est une de ces antithèses étincelantes qui définissent le génie français : « Corneille et Racine », « Bossuet et Fénelon », « Voltaire et Rousseau », « Claudel et Valéry » ... Mais l'histoire ne vit pas de symboles (1).

Il convient de distinguer deux points de vue : celui de la parenté spirituelle et celui de l'influence. L'histoire peut constater l'influence réelle d'un penseur sur un autre penseur et, en même temps, reconnaître qu'ils appartiennent à des familles d'esprit bien différentes. Ce qui, en dépit des simplifications, demeure vrai dans l'antithèse « Descartes-Pascal », c'est que ces deux noms signifient deux façons d'être physicien, deux façons d'être chrétien, deux façons de vivre sur cette terre. Mais si nous entrons dans le monde de la culture où le fils d'Etienne Pascal devient Blaise Pascal, la relation se trouve vue dans une autre perspective : Descartes est là, c'est un contemporain capital ; c'est un « moderne » qui est peut-être en train de devenir un « ancien » ; toutefois, ce serait un « ancien » à l'intérieur de cette société d'esprits que crée la conscience de la modernité. Anti-cartésien par son génie, *ingenium,* Pascal est post-cartésien par la culture. Ainsi, discerner dans son langage et les schèmes familiers de sa pensée la marque cartésienne, c'est là un chapitre important dans l'étude générale de Pascal devant la philosophie. Pascal a réfléchi sur la méthode de Descartes ; il a mêlé les arguments du doute méthodique à ceux de Montaigne et des pyrrhoniens ; peut-être sous l'influence d'Arnauld, il a reconnu la portée du *cogito ;* il semble avoir admis la théorie des bêtes-machines ; et quand sa méditation sur l'infini le conduit au bord de la théologie, le modèle qui hante son intelligence à ce moment-là n'est pas le Dieu de Jésus-Christ.

I. « Principes » et « axiomes ».

Quelles que soient les réserves que puisse faire tel ou tel sur la philosophie ou sur la personne de M. Descartes, le jeune Pascal respire un air cartésien dans le milieu scientifique où son père l'introduit.

On voit bien ce qu'est alors la présence de Descartes dans sa pensée en lisant les premières réflexions méthodologiques que provoquent les polémiques sur le vide ; précisons même : les premiers essais de Pascal physicien pour dire ce qu'il entend par « principes ».

Le premier texte important de Pascal sur « les principes » se trouve en tête de sa lettre au P. Noël du 29 octobre 1647 ; il a donc pour occasion la polémique qui suit la publication de son opuscule *Expériences nouvelles touchant le vide.* Le P. Etienne Noël, recteur du Collège de Clermont, lui ayant écrit pour montrer que ces « expériences nouvelles » n'empêchent pas de conserver la physique traditionnelle avec l'idée que « la nature ne souffre point de vide » (2), Pascal lui envoie une longue réponse. Or, elle commence ainsi (3) : « ... pour le faire avec plus d'ordre, permettez-moi de vous rapporter une règle universelle que j'applique à tous les sujets particuliers où il s'agit de reconnaître la vérité. ». Aucun désaccord n'est à craindre ; cette « règle » est admise par tous ceux qui, « sans préoccupation », cherchent la vérité ; « c'est qu'on ne doit jamais porter un jugement décisif de la négative ou de l'affirmative d'une proposition, que ce que l'on affirme ou nie n'ait une de ces deux conditions, savoir... ».

Première condition : « ou qu'il paraisse si clairement et si distinctement de lui-même *aux sens* ou à la raison, *suivant qu'il est sujet à l'un ou à l'autre,* que l'esprit n'ait aucun moyen de douter de sa certitude ; et c'est ce que nous appelons *principes* ou *axiomes.* ». Suit un exemple emprunté au Livre I des *Eléments* d'Euclide : « comme, par exemple, *si à choses égales on ajoute choses égales, les touts seront égaux.* ».

Seconde condition : « ou qu'il se déduise par des conséquences infaillibles et nécessaires de tels principes ou axiomes, de la certitude desquels dépend toute celle des conséquences qui en sont bien tirées. ». Suit un exemple également emprunté au Livre I des *Eléments* d'Euclide : « *les trois angles d'un triangle sont égaux à deux angles droits* », proposition « qui, n'étant pas visible d'elle-même, est démontrée évidemment par des conséquences infaillibles de tels axiomes ».

Conclusion : « Tout ce qui a une de ces deux conditions est certain et véritable » ; du même coup « tout ce qui n'en a aucune passe pour douteux et incertain ». Etant entendu que, par prudence, le « douteux » et « incertain » est, provisoirement du moins, présumé faux.

Post-scriptum, si l'on peut dire, sur ce qui ne jouit pas de la certitude ainsi définie et qui, pourtant, n'est pas douteux : « Et nous réservons pour les mystères de la foi, que le Saint-Esprit a lui-même révélés, cette soumission d'esprit qui porte notre croyance à des mystères cachés *aux sens* et à la raison. ».

Il est clair que la structure philosophique de ce morceau est cartésienne. L'énoncé de la première condition reprend, presque mot pour mot, celui de la première règle du *Discours de la Méthode ;* « ne comprendre rien plus en mes jugements que ce qui se présenterait si clairement et si distinctement à mon esprit que je n'eusse aucune occasion de le mettre en doute » (4). La conclusion est la décision qui transforme le doute méthodique de Descartes en négation méthodique : tenir le douteux provisoirement comme faux : « ... il fallait... que je rejetasse, comme absolument faux, tout ce en quoi je pourrais imaginer le moindre doute » (5).

Dans l'exposé de sa méthode, l'auteur du *Discours* dit qu'il faut commencer « par les objets les plus simples et les plus aisés à connaître » (6) ; il n'emploie pas les mots « principes » et « axiomes » que nous avons lus dans la lettre de Pascal au P. Noël et que nous aurons l'occasion de retrouver dans *De l'esprit géométrique* et *De l'art de persuader* (7). Mais, lorsque, dans ses *Réponses aux Deuxièmes Objections,* Descartes expose *more geometrico* une partie de sa métaphysique, il dresse une liste d'*axiomata sive communes notiones* que ses lecteurs doivent « admettre pour vrais et indubitables », *pro veris et indubitatis* (8). Il reprend ces mots dans les *Principia* pour désigner une vérité qu'il est inutile de chercher à démontrer, *vocaturque communis notio, sive axioma* (9).

Quant au terme « principe » et à son usage, il appelle un curieux rapprochement : Pascal expose les « deux conditions » de la vérité dans les termes mêmes qu'emploie Descartes dans sa Préface à la traduction française des *Principia Philosophiae :* « ... ces Principes doivent avoir deux conditions : l'une, qu'ils soient si clairs et si évidents que l'esprit humain ne puisse douter de leur vérité... l'autre, que ce soit d'eux que dépende la connaissance des autres choses... », avec cette précision : « ... il faut tâcher de déduire tellement de ces principes la connaissance des choses qui en dépendent, qu'il n'y ait rien, en toute la suite des déductions qu'on en fait, qui ne soie très manifeste. » (10). Nous avions lu du jugement vrai selon Pascal : « ... ou qu'il se déduise par des conséquences infaillibles et nécessaires de tels principes ou axiomes » etc. (11).

Faut-il ajouter que si Pascal « réserve » les « mystères de la foi », Descartes « met à part les vérités de la foi », cela, écrit-il, puisque « elles ont toujours été les premières en ma créance » (12).

Un mot, pourtant, dans ce texte de Pascal nous invite à supposer que nous sommes plus loin de Descartes qu'il ne le paraît. Nous avons souligné deux fois le mot *sens*. Le texte de Pascal est parfaitement clair : il y a une évidence pour les sens et une évidence pour la raison. C'est pourquoi, lorsqu'il parle des mystères de la foi, Pascal les dit « cachés aux sens et à la raison » : puisqu'il y a pour nos jugements deux façons d'être indubitables, il n'y a mystères que là où elles sont, l'une et l'autres, exclues.

Cela dit, il est vrai que, dans son texte, Pascal emprunte ses deux exemples à la géométrie : il s'agit donc de « principes » dont la certitude relève de la raison. Mais quand, après une courte introduction méthodologique, Pascal aborde le sujet précis de sa lettre, la critique de ceux qui veulent « remplir de quelque matière l'espace vide » des tubes utilisés dans ses expériences, il leur reproche précisément de ne pouvoir invoquer aucune évidence sensible : « Que si on leur demande... qu'ils nous fassent voir cette matière, ils répondent qu'elle n'est pas visible ; si l'on demande qu'elle rende quelque son, ils disent qu'elle ne peut point être ouïe ; et ainsi de tous les autres sens... » (13).

En bref : Descartes a pris pour modèle de certitude celle des axiomes et des déductions de la géométrie ; or il est manifeste que l'existence des choses sensibles ne jouit pas d'une telle certitude ; elle reste alors dans la zone du douteux, de ce douteux tenu provisoirement pour faux ; il n'y a donc de principes qu'au niveau de la raison.

Pour Pascal puisqu'il y a une certitude propre aux données sensibles, il y a là aussi principes. Devant la matière invisible des aristotéliciens et la matière subtile de Descartes, Pascal déclare : « Car toutes les choses de cette nature, dont l'existence ne se manifeste à aucun des sens, sont aussi difficiles à croire qu'elles sont faciles à inventer. » (14). Voilà donc la sensibilité critère de certitude. Sans doute, dans cette lettre au P. Noël, le mot « principe » n'est employé que dans la page d'introduction méthodologique, mais la vérité des données sensibles est supposée comme un principe dans la critique des théories physiques qui n'en tiennent pas compte et substituent l'imagination à l'observation.

On fera de semblables rapprochements, justifiés certes mais équivoques, en analysant les pages dans lesquelles Pascal retrouve la question des « principes » posée, cette fois, par des réflexions non sur la physique mais sur « l'esprit géométrique ».

Sur la copie de l'abbé Périer qui sert aujourd'hui à l'édition, on lit : *Réflexions sur la géométrie en général (Première partie concernant l'esprit de la géométrie ou la véritable méthode).* Que ce titre soit de Pascal ou de son neveu, il indique bien la portée des pages qui suivent ; elles sont, pour leur auteur, une espèce de « discours de la méthode », laquelle méthode, comme celle de Descartes, trouve son modèle dans la géométrie.

Cette méthode consiste à « conduire par ordre » ses pensées, « en commençant par les objets les plus simples et les plus aisés à connaître » (15). Or, pour Pascal comme pour Descartes, avec « les choses les plus simples » se pose la question des principes : en vertu de leur simplicité, elles sont si « aisées à connaître » qu'elles échappent à tout discours. Pascal précise en les présentant soit comme des « choses indéfinissables », soit comme des propositions indémontrables, distinction explicitement utilisée dans l'opuscule (16).

Ainsi les principes interviennent dans cet opuscule à l'occasion des définitions en géométrie. Dès 1648, Pascal a clairement dit ce qu'il a toujours entendu par définir : « donner un nom » à « l'idée d'une chose » (17), ce qui signifie qu'il ne parle que des « définitions de nom » (18). D'autre part, si les principes interviennent à l'occasion des définitions, c'est en tant que leur simplicité et leur clarté les en dispensent : leur étude tend à devenir une réflexion sur l'indéfinissable, même en dehors de la géométrie. Enfin l'inutilité des définitions inclut celle de certaines démonstrations.

Le géomètre, écrit Pascal, « ne définit aucune de ces choses, espace, temps, mouvement, nombre, égalité, ni les semblables qui sont en grand nombre... l'éclaircissement qu'on en voudrait faire apporterait plus d'obscurité que d'instruction. » (19).

On est tenté de rappeler ce que Descartes écrivait au P. Mersenne : nous savons ce qu'est la vérité « mais on ne peut donner aucune définition de Logique qui aide à connaître sa nature. Et je crois le même de plusieurs autres choses, qui sont fort simples et se connaissent naturellement, comme sont la figure, la grandeur, le mouvement, le lieu, le temps, etc. en sorte que, lorsqu'on veut définir ces choses, on les obscurcit et on s'embarrasse. » (20). Cette lettre a bien été publiée par Clerselier en 1659, mais son texte s'arrête alors quelques alinéas avant ce passage... Cela dit, si Pascal n'a pas connu ce que Descartes avait écrit à Mersenne, il a pu lire dans *Les Principes de la Philosophie,* Première Partie, le titre de l'article 10 : « Qu'il y a des notions d'elles-mêmes si claires qu'on les obscurcit en les voulant définir à la façon de l'Ecole », ces derniers mots traduisant : *definitionibus logicis* (21).

Ainsi, comme Descartes dans le *Discours,* Pascal se propose de « conduire par ordre ses pensées » ; comme Descartes, il regarde le géomètre travailler ; comme dans les *Principes,* « les choses simples et aisées à connaître » l'obligent à poser la question de leur définition. Toutefois, dans *De l'esprit géométrique,* cette question, posée pour elle-même, est une des raisons qui poussent Pascal à écrire cet opuscule ; c'est sans doute pourquoi il parle comme si la clarté des « choses simples » dispensait de démontrer en même temps que de définir. Le géomètre « ne définit pas tout et ne prouve pas tout » ; l'ordre « consiste non pas à tout définir ou à tout démontrer, ni aussi à ne rien définir ou à ne rien démontrer, mais à... ne point définir les choses claires et *entendues de tous les hommes,* et de définir toutes les autres, et de ne point prouver toutes les choses *connues des hommes,* et de prouver toutes les autres... » (22).

Soulignons la référence à une espèce de consentement universel qui pourrait bien nous faire sortir de la géométrie. Continuons en nous demandant, toujours avec le géomètre, d'où vient cette évidence qui exclut la définition et dispense de démonstration ? « il [le géomètre] ne suppose que des choses claires et constantes par la lumière naturelle... la nature le soutenant au défaut du discours » (23), ce dernier thème se retrouvant dans une des Pensées (24). Un peu plus loin, Pascal parle de « termes parfaitement intelligibles par la lumière naturelle » (25) et « d'une extrême clarté naturelle qui convainc la raison plus puissamment que les discours » (26). Sans poser la question de savoir si Pascal avait au moins feuilleté une copie des *Regulae* (27), il est permis de voir ici un souvenir ou une réminiscence de l'article XXX de la première Partie des *Principes :* « la faculté de connaître que Dieu nous a donnée, que nous appelons lumière naturelle, n'aperçoit jamais aucun objet qui ne soit vrai... en ce qu'elle [le] connaît clairement et distinctement. ».

Il convient, certes, de relever ces références à Descartes ; mais que deviennent ces souvenirs ou réminiscences dans le texte que Pascal juge bon d'écrire ?

Il y a dans l'opuscule un exemple d'indéfinissable bien curieux à l'intérieur d'un discours sur l'esprit géométrique. Après les exemples que nous venons de citer et qui, en effet, appartiennent au vocabulaire du géomètre, voici que Pascal écrit : « Quelle nécessité y a-t-il, par exemple, d'expliquer ce qu'on entend par le mot *homme ?* Ne sait-on pas assez quelle est la chose qu'on veut désigner par ce terme ? ». Suit la « ridicule » définition de l'homme qui est attribuée à Platon dans l'Apologie de Raimond Sebond (28). Qu'un souvenir de Montaigne vienne se mêler à ceux de Descartes quand Pascal pense aux choses qu'il est inutile de définir, n'est-ce pas une invitation à supposer que le rapprochement avec Descartes doit laisser entre eux un certain écart ?

Avec l'exemple de l'homme, Pascal a quitté la géométrie. Mais avait-il l'intention d'y rester ? Nous avons souligné dans son texte une expression qui, d'avance, couvre le cas du mot « homme » : il y a une clarté qui se manifeste dans le fait que le sens du mot est « entendu de tous les hommes » ; ce qui est bien le privilège d'un mot comme « homme ». Pascal n'a pas l'air de voir combien un tel exemple est étrange et il continue, toujours en dehors de la géométrie, mais en montrant que tout essai pour définir l'être est une « absurdité » (29).

Comprenons bien : ce n'est pas le fait de quitter la géométrie qui écarte Pascal de Descartes. L'un et l'autre voient dans la méthode du géomètre un modèle qui doit trouver des applications en dehors de la géométrie. C'est le choix du mot « homme » qui, semble-t-il, éloigne le premier du second.

Revenons à cet article des *Principes* dont nous avons cité le titre. Descartes est, lui aussi, en dehors de la géométrie : il prend comme exemples les termes de « je pense, donc je suis ». Cette première vérité implique que l'on sache déjà « ce que c'est que pensée, certitude, existence, et que pour penser il faut être. » : *quid sit cogitatio, quid existentia, quid certitudo,* voilà pour les choses indéfinissables et voici pour les propositions indémontrables : *quod fieri non possit, ut id quod cogitet non existat.* Il ne s'agit donc, Descartes le précise immédiatement, que « de notions si simples que d'elles-mêmes, elles ne nous font avoir la connaissance d'aucune chose qui existe », *quae solae nullius rei existentis notitiam praebent.* Jamais Descartes n'aurait l'idée de prendre l'homme comme exemple de « chose simple et aisée à connaître ». Mais, parce que je sais ce qu'est *cogitatio,* je peux me définir *res cogitans ;* je peux distinguer l'homme des autres animaux par la parole qui est le signe de la *cogitatio,* je peux ensuite explorer les *cogitationes* et repérer les notions qui correspondent à la *res extensa* à laquelle la *res cogitans* est unie (30)... On n'imagine pas le philosophe du traité *Les passions de l'âme* écrivant ce que nous venons de lire : « Quelle nécessité y a-t-il d'expliquer ce qu'on entend par le mot *homme ?* Ne sait-on pas assez quelle est la chose qu'on veut désigner par ce terme ? ».

Ce second énoncé de la question nous permet de découvrir l'équivoque cachée sous l'expression « lumière naturelle » employée par les deux auteurs.

La lumière naturelle éclaire dans l'esprit de Descartes la chose même qui ne peut être définie ; la définition est rendue inutile et même gênante par la clarté propre à la notion. La lumière naturelle éclaire dans l'esprit de Pascal ce qui fait que je sais immédiatement ce que signifie par exemple le mot « temps » sans savoir ce qu'est le temps. Pascal est formel : la lumière naturelle n'éclaire pas des « essences » ; elle ne rend pas perceptible « la nature des choses » ; c'est pourquoi, les hommes peuvent avoir des opinions bien différentes « touchant l'essence du temps », mais « à cette expression *temps* tous portent la pensée vers le même objet » ; « ce qui est connu de tous, ce n'est simplement que le rapport entre le nom et la chose » (31).

Dans ces conditions, il est normal que Pascal ne trouve pas des notions indéfinissables et des propositions indémontrables uniquement dans le domaine de ce qui est rationnel : de là, dans la lettre au P. Noël, la clarté propre aux données sensibles ; de là, dans *De l'esprit géométrique,* l'exemple de l'homme. En définitive, quand Descartes et Pascal parlent de « lumière naturelle », l'équivoque est sous l'adjectif.

Pour Descartes, l'adjectif renvoie à la nature raisonnable de l'homme ; l'intuition des évidences qui n'ont pas à être définies ou à être démontrées, cette intuition et la déduction qui en dépend sont, l'une et l'autre, des opérations de la raison. Selon Pascal, l'adjectif renvoie à des connaissances qui ne relèvent pas nécessairement du rationnel ; très exactement : quand Pascal parle de « raison », il pense à la raison raisonnante et, par suite, ce que nous savons sans définition ni démonstration ne peut que relever d'une autre façon de connaître qui, bien entendu, appartient aussi à notre nature. Ce que Jean Laporte avait parfaitement expliqué quand il déclarait : des deux côtés, il y a une connaissance intuitive et une connaissance discursive, mais, dans la philosophie de Descartes, il y a homogénéité et, dans la pensée de Pascal, hétérogénéité entre ces deux connaissances (32).

C'est pourquoi une étude plus poussée de la pensée ou plutôt des diverses pensées de Pascal sur les principes nous éloignerait encore davantage de Descartes en arrivant devant la question de leur certitude.

S'agit-il de ce que nous avons appelé une espèce de consentement universel ? Provisoirement pyrrhonien, Pascal écrit froidement : « Nous supposons que tous les conçoivent de même sorte. Mais nous le supposons bien gratuitement, car nous n'en avons aucune preuve. » (33). En termes d'aujourd'hui : est-ce qu'un sondage pourrait nous garantir qu'un même mot dit la même chose à tous les esprits ?

S'agit-il de « la lumière naturelle » ? Mais à quoi renvoie l'adjectif ? « Qu'est-ce que nos principes naturels sinon nos principes accoutumés... Une différente coutume en donnera d'autres principes naturels... » (34). Et, à la suite, dans la même liasse : « La coutume est une seconde nature qui détruit la première. Mais qu'est-ce que nature ? pourquoi la coutume n'est-elle pas naturelle ? ». Vient alors le propos à gros effet : « J'ai grand peur que cette nature ne soit elle-même qu'une première coutume, comme la coutume est une seconde nature. » (35).

Qu'est-ce que cette « grand peur » ? Est-ce une « peur » qui relève de la rhétorique ? Est-ce une « peur » du penseur devant ce qu'il est en train d'écrire ? Est-ce la « peur » du : si c'était vrai ? Ou bien, ne conviendrait-il pas de revenir, ici, à la suggestion de Nicole lisant certaines « Pensées » et les voyant comme « des pensées hasardées que l'on écrit seulement pour les examiner avec plus de soin » ? (36).

Quoi qu'il en soit, même si cette « grand peur » n'est qu'une hypothèse, on peut se demander si Descartes aurait même pu en avoir l'idée. C'est vers Montaigne non vers Descartes que ces textes nous tournent. On admettra volontiers que leur auteur tire la leçon du long *Essai* du Livre I : *De la coutume et de ne changer aisément une loi reçue* (37). C'est sans doute aussi dans Montaigne qu'il a retrouvé la fameuse formule d'Aristote : « ... l'habitude étant comme une nature » (38) devenue dans les *Essais :* « l'accoutumance est une seconde nature, et non moins puissante. » (39). En pareil cas, Montaigne ne rapproche pas de Descartes : il conduit plutôt Pascal à ne plus voir en lui qu'un « dogmatiste ».

II. Transplantations.

Si nous retrouvons des souvenirs cartésiens déjà décartésianisés dans la mémoire du jeune Pascal physicien et géomètre, à plus forte raison le seront-ils sous la plume de Pascal apologiste.

L'*Entretien avec M. de Sacy* et les *Pensées* ont ceci de commun que la fin est, ici et là, apologétique ; Pascal dispose alors, on l'a vu, d'un schème dualiste : Epictète et Montaigne dans le premier cas, dogmatistes et pyrrhoniens dans le second : dans cette vision simplifiée de la philosophie et de son histoire, où est Descartes ?

Une fois entendu qu'il faut sortir de la philosophie pour trouver le chemin du bonheur et celui de la vérité, une fois entendu que l'échec de toutes les philosophies est un fait bien établi dans les prolégomènes de la nouvelle apologétique, il est permis de se demander s'il n'y aurait pas, tout de même, quelque chose à retenir dans les écrits des deux « sectes ». Or, l'entretien avec M. de Sacy nous montre Montaigne plus utilisable, si l'on peut dire, qu'Epictète dans l'apologétique chrétienne. Nous avons lu dans une des « Pensées » : « Le pyrrhonisme est le vrai. » (40). Ainsi, chose en apparence paradoxale, les philosophes qui visent trop bas apportent plus à Pascal apologiste que ceux qui visent trop haut. Les stoïciens, en effet, se portent vers ce qu'ils croient être Dieu et, comme ils ne savent pas qui est Dieu, leur sagesse implique une fausse grandeur de l'homme ; au contraire, si les pyrrhoniens méconnaissent la vraie grandeur de l'homme, les insuffisances et les misères auxquelles ils se résignent sont bien réelles : les libertins qui se délectent à la lecture de Montaigne le retrouveront dans les pages si impitoyablement réalistes de l'apologie pascalienne sur la condition du pécheur.

Si étrange que cela puisse paraître, c'est dans le sillage pyrrhonien que surgissent des souvenirs cartésiens.

Reprenons l'entretien avec M. de Sacy où se dessinent déjà quelques thèmes de la future apologie de la religion chrétienne. Pascal commence son exposé sur Montaigne en expliquant la portée de son « Que sais-je ? ». « Pur Pyrrhonien... Il détruit insensiblement tout ce qui passe pour le plus certain parmi les hommes... » (41). Or, quand il s'agit de Dieu, une donnée nouvelle intervient, la foi, et Montaigne écrit l'*Apologie de Raimond Sebond :* c'est la foi qui nous fait savoir que Dieu est ; il n'y a donc plus à critiquer la raison qui prétendrait démontrer que Dieu est mais la raison qui ose nous assurer que Dieu n'est pas.

Montaigne, toujours par la bouche de Pascal, interpelle alors les athées, ne faisant appel, bien sûr, qu'à « leurs lumières naturelles » (42) : « il les interroge de quelle autorité ils entreprennent de juger de cet Etre souverain, qui est *infini par sa propre définition,* eux qui ne connaissent véritablement aucunes choses de la nature... ». Où donc Pascal a-t-il trouvé cette définition ? Ce n'est pas dans la Bible : le Dieu d'Abraham, d'Isaac et de Jacob n'a pas dit à Moïse : Je suis infini. Il est vrai que, dans notre texte, c'est Montaigne qui parle : mais, dans son édition qui rend si aisée la recherche des sources, Pierre Courcelle ne donne aucune citation de Montaigne qui suggère cette définition ni qui amorce l'argumentation dont elle est le principe (43). Dans les lignes que nous lisons, comment ne pas reconnaître la définition cartésienne de Dieu avec le paradoxe de la présence de l'idée d'infini dans un être à qui son expérience ne fait connaître que des êtres finis ?

Oui, mais ce souvenir surgit dans un contexte qui lui fait immédiatement perdre sa couleur cartésienne : ce contexte est le pyrrhonisme de Montaigne christianisé par Pascal. Chez Descartes, la définition de Dieu par l'infini permet de démontrer son existence ; chez Pascal qui fait parler Montaigne, elle permet de couper la parole à ceux qui nient l'existence de Dieu. Chez Descartes, la réflexion sur l'idée d'infini n'est possible qu'une fois établie l'indubitabilité d'une première vérité, le *cogito.* Au contraire, dans le discours que Pascal prête à Montaigne, nous sommes toujours à l'intérieur du doute méthodique ; la définition de Dieu par l'infini n'est envisagée qu'à seule fin de déclancher une réaction critique : voici donc des êtres finis qui ne sont même pas capables de connaître avec certitude des choses finies ; comment osent-ils parler d'un Etre « infini par sa propre définition » pour nier son existence ? La définition de Dieu par l'infini oblige l'athée à juger son athéisme abusif.

Que ces athées soient incapables de connaître avec certitude des choses finies, c'est ce que Pascal va aussitôt préciser. Montaigne demande donc aux athées « sur quels principes ils s'appuient », ceci pour leur « montrer la vanité de tous ceux qui passent pour les plus naturels et les plus fermes ». A quoi pense-t-il ? Nous l'apprenons quelques lignes plus loin : à ce que nous mettons spontanément sous des mots tels que « temps », « espace »,

« mouvement », « unité », bref à ce « qu'on appelle axiomes ou notions communes, parce qu'elles sont communes dans tous les hommes » (44). Or qui les appelle ainsi ? Une référence à Descartes paraît ici s'imposer (45), avec une citation des textes aux résonances cartésiennes qui découvrent dans « l'esprit géométrique » la présence d'indémontrables par excès d'évidence (46).

Et c'est Descartes qui parle par la bouche de Montaigne quand Pascal dit de ces principes : sans l'assurance « qu'un Etre tout bon nous les a donnés véritables, en nous créant pour connaître la vérité, qui, saura, sans cette lumière, si, étant formés à l'aventure, ils ne sont pas incertains ; ou si étant formés par un être méchant il ne nous les a pas donnés faux, afin de nous séduire... » (47). Ce doute vient directement de la *Première Méditation* ou des articles 5, 6, 29, 30 de la Première Partie des *Principes.* On remarquera que Pascal ne simplifie pas le doute hyperbolique en le réduisant à l'hypothèse du Dieu trompeur : il invoque l'incertitude de notre origine qui permet de le référer au hasard comme à une malice divine, ce que Descartes avait explicitement envisagé dans la *Première Méditation* (48).

Ainsi Pascal parle de l'hypothèse d'un Dieu trompeur comme si elle était de Montaigne. Il s'agit moins d'une erreur que d'une certaine indifférence à ce qu'est pour nous le problème des sources (49). Si, en effet, le doute lié à l'hypothèse du Dieu trompeur et plus généralement à l'incertitude de notre origine, si ce doute est un argument qui vient de Descartes, il ne tombe pas sous les yeux de Pascal lisant la *Première Méditation* ou la Première Partie des *Principes,* mais il sort de la mémoire de Pascal lisant l'*Apologie de Raimond Sebond.* Entendons : l'argument n'est pas dans l'*Apologie* mais la réminiscence cartésienne a pour contexte des souvenirs de l'*Apologie.* C'est même pourquoi Pascal va l'écarter non pas comme l'a fait Descartes mais comme peut l'écarter un lecteur de cette *Apologie.* Pour Descartes, la bonté qui implique la véracité est découverte par la raison dans l'idée de Dieu (50) ; pour Montaigne vu par Pascal, c'est-à-dire pour Pascal, cette bonté qui garantit la vérité des principes, nous la tenons de la révélation : « nous ne savons que par la seule foi qu'un Etre tout bon nous les a donnés véritables... » (51).

Voilà donc la véracité divine devenue vérité de foi. Comment en serait-il autrement, d'ailleurs, dans une religion fondée sur la foi en la parole de Dieu ? Nous sommes, certes, très loin de Descartes et Pascal ne pense ni à Montaigne ni aux pyrrhoniens quand il invoque la véracité divine à propos d'un sujet proprement religieux comme la morale : « Dieu doit aux hommes de ne point les induire en erreur », ce qui serait le cas, si un miracle, œuvre de Dieu, invitait à suivre une doctrine fausse (52).

Dans la liasse Contrariétés, deux grandes feuilles, semble-t-il, présentent une reprise de ce que nous venons de lire dans l'*Entretien avec M. de Sacy ;* les deux textes mis en parallèle par Pierre Courcelle permettent de supposer que Pascal avait sur sa table les notes de l'*Entretien* quand il écrivait le fragment : « les principales forces des pyrrhoniens... », L. 131 ; Br. 434 (53).

Ratures, corrections, longs passages barrés, additions marginales, ce manuscrit est visiblement le brouillon d'un texte à la rédaction duquel Pascal attache une grande importance. Il s'agit, en effet, de savoir ce qu'est l'homme. Pascal entend montrer en quoi « le pyrrhonisme est le vrai » mais en prenant soin de marquer ses insuffisances. Il convient de relire très attentivement ces pages, car on y voit comment le cartésianisme ambiant colore la pensée de Pascal sans la pénétrer.

Pascal commence par reprendre presque dans les mêmes termes le passage de l'*Entretien* que nous venons de lire. Il s'agissait « des principes du vrai » : il s'agit « de la vérité de ces principes » ; ici et là, nous n'en avons aucune certitude « hors la foi » ; seule, la foi écarte la supposition d'un homme « formé à l'aventure », dit le premier texte, « créé à l'aventure », dit le second, en même temps que celle d'« un être méchant » qui nous les aurait « donnés faux », selon la note remise à M. de Sacy, celle d'« un démon méchant », selon la note destinée à l'Apologie ; des deux côtés, le doute est levé par la foi en « un Dieu bon ».

Ainsi dans l'*Entretien avec M. de Sacy* et dans la Pensée L. 131, le doute lié à l'ignorance de notre origine et l'hypothèse d'un malin génie sont présentés sans références à Descartes, dans le premier cas sous le nom de Montaigne, dans le second comme un argument classique du scepticisme pyrrhonien. Dans les deux cas, on remarquera que cet argument vient avant celui du rêve, tandis que Descartes faisait le contraire. Certes, lorsque Descartes envisage l'hypothèse d'un Tout-puissant trompeur, dans la *Première Méditation,* il récupère immédiatement l'argument du rêve qui pourrait correspondre à sa première tromperie (54) ; dans la *Sixième, De rerum materialium existentia,* il doit admettre « l'existence des choses matérielles » « de cela seul que Dieu n'est point trompeur » (55). Toutefois, ne croyons pas qu'une réflexion sur les textes de Descartes ait conduit Pascal à subordonner le thème de « la vie est un songe » à celui du « démon méchant » : le premier est une des « principales forces des pyrrhoniens » et le second se mêle à lui dans l'exposé qu'en fait Pascal comme s'il en avait toujours été un complément.

Le thème de « la vie est un songe » est très ancien. Il a été l'occasion de brillants morceaux dans les *Premiers Académiques* de Cicéron comme dans le *Contra Academicos* de saint Augustin. Pascal ne semble pas avoir fait de différence entre sa reprise par Montaigne et sa reprise par Descartes ; mais, tout naturellement, et dans l'*Entretien avec M. de Sacy* et dans la Pensée L. 131, une variante pascalienne vient sous sa plume : « ... un songe dont nous ne nous éveillons qu'à la mort. » (56).

Montaigne, donc, « détruit insensiblement tout ce qui passe pour le plus certain parmi les hommes... Dans cet esprit il se moque de toutes les assurances... ». Dans l'*Entretien* Pascal donne aussitôt comme exemple les lois qu'appliquent les juges dans les procès (57). Dans le texte destiné à l'Apologie, il ne fait qu'indiquer la relativité des règles morales et de la justice ; inutile d'insister : les pyrrhoniens ont, ici, trop beau jeu ! Ce qui ne veut pas dire que dans l'ouvrage achevé cette critique n'aurait pas occupé une place plus importante (58). Mais dans le texte qu'il est en train d'écrire, l'essentiel est dans le fait que la philosophie met sérieusement en doute des principes naturels dont il nous est réellement impossible de douter, ce qui veut dire qu'en l'occurence pyrrhoniens et dogmatistes ont également raison. Lisons le texte :

« Je m'arrête à l'unique fort des dogmatistes qui est qu'en parlant de bonne foi et sincèrement on ne peut douter des principes naturels.

« Contre quoi les pyrrhoniens opposent, en un mot, l'incertitude de notre origine qui enferme celle de notre nature. A quoi les dogmatistes sont encore à répondre depuis que le monde dure. » (59).

Ainsi « l'unique fort des dogmatistes » perd sa force sous le coup d'un argument-massue dont il est difficile de dire qu'il est aussi ancien que le monde puisqu'il vient des *Meditationes de prima philosophia* de M. Descartes.

Cela posé, les deux itinéraires de Descartes et de Pascal sont bien différents.

Descartes s'est retiré dans son logis clos, sans autre interlocuteur que lui-même ; il a fermé tous ses livres ; son ouvrage sera une espèce de monologue dans lequel il racontera l'histoire de son esprit. Cet esprit est en quête d'un indubitable, si indubitable qu'il résisterait au doute suscité par l'incertitude de notre origine, celle-ci fût-elle un Dieu tout puissant et ayant créé l'homme avec une nature trompeuse. C'est pourquoi, le *cogito* s'affirme comme une réponse à un défi : « s'il y a un je ne sais quel trompeur et très puissant et très rusé – *deceptor nescio quid, summe potens, summe calidus* – qu'il me trompe tant qu'il voudra, il ne saurait jamais faire que je ne sois rien tant que je penserai être quelque chose. » (60). Il y a donc un indubitable qui est l'existence du *je* et sa découverte a été opérée dans de telles conditions qu'elle invite le philosophe à chercher s'il existe un Dieu et si nous pouvons le concevoir dotant ses créatures d'une nature trompeuse. Une fois assuré de ce côté, Descartes procède à une révision de tous ses doutes, y compris ceux qui portaient sur l'existence des choses matérielles.

Toute autre est la situation de Pascal.

D'abord, il est, pour ainsi dire, à l'abri, et il le dit dès le début de la « Pensée » L. 131. La foi l'empêche de voir des mises en question qui le toucheraient personnellement dans les arguments les plus osés du scepticisme : la vie est un songe, le Dieu trompeur ; bien sûr, « personne n'a d'assurance, *hors de la foi,* s'il veille ou s'il dort », « n'ayant point de certitude *hors la foi,* si l'homme est créé par un dieu bon... » (61). De ce fait, Pascal est dispensé de tout examen, réponse, réfutation... Son problème est posé non par une exigence de sa pensée mais par l'histoire : elle le met en face de deux « sectes », les dogmatistes et les pyrrhoniens ; ce qui lui est demandé, c'est de choisir. Il n'a donc pas à inventer une argumentation, mais à réfléchir sur les arguments des uns et des autres. En cette affaire, il n'y a pas, à proprement parler, de noms propres : si divers et si originaux soient-ils, les philosophes pourvus d'un nom se trouvent rangés sous deux étiquettes ; qui n'est pas d'un côté est de l'autre ; qui se dit « neutre » est dans « la cabale pyrrhonienne » (62).

Pascal considère donc ce qu'il y a de « plus fort » chez les uns et chez les autres. On a vu que les pyrrhoniens, d'abord, ont le dernier mot. Pascal se met alors à leur point de vue et, tout naturellement, il se demande où conduit un tel scepticisme.

« Que fera donc l'homme en cet état ? doutera-t-il de tout ? doutera-t-il s'il veille, si on le pince, si on le brûle, doutera-t-il s'il doute, doutera-t-il s'il est »

« On n'en peut venir là... » (63).

Ne parlons pas trop vite du *Cogito.*

D'abord, comme il l'avait déjà fait dans l'*Entretien,* Pascal suit, ici, Montaigne. Il a lu dans l'*Apologie de Raimond Sebond :* « les philosophes pyrrhoniens... quand ils disent : Je doute, on les tient à la gorge pour leur faire avouer qu'au moins assurent et savent-ils cela, qu'ils doutent. » (64).

Ainsi, le pyrrhonien prétend « douter de tout » : il est atteint dans son principe s'il se heurte à une vérité qui subsiste comme telle malgré lui.

Ce qui est indubitable, selon Montaigne, c'est que je doute.

Ce qui est indubitable, selon Descartes, c'est que j'existe, moi qui doute.

La réponse de Pascal est celle de Montaigne à l'intérieur de laquelle se glisse celle de Descartes, mais, apparemment, comme une simple implication : « doutera-t-il s'il doute, doutera-t-il s'il est. ».

Pour Pascal comme pour Descartes, ce qui importe, c'est de rendre évidente l'impossibilité du scepticisme intégral. Toutefois, les situations sont complètement différentes. Au cours d'une « méditation métaphysique » Descartes découvre dans le *cogito* une impossibilité métaphysique du scepticisme intégral, c'est-à-dire la possibilité d'une métaphysique dont il sera la première vérité ; tout naturellement, Descartes, sur la voie ainsi ouverte, continue ses « méditations métaphysiques », en quête d'autres vérités.

Il est curieux de constater que Pascal pose l'impossibilité du pyrrhonisme intégral comme une vérité de fait : « je *mets en fait* qu'il n'y a jamais eu de pyrrhonien effectif parfait » (65), ce qui, à ses yeux, n'atténue en aucune façon sa valeur de vérité. Rappelons-le une fois encore : l'argumentation de ce texte doit entrer non dans une métaphysique mais dans une apologétique. Sur le chemin qui devrait conduire jusqu'au bord de la conversion, Pascal se demande ce qu'est l'homme, ce qu'il est capable de savoir devant les inévitables questions du bien et du vrai : alors, il commence par examiner les réponses données dans les deux grandes écoles de philosophes qu'il appelle dogmatistes et pyrrhoniens ; ainsi, là où Descartes annonçait : du passé faisons table rase, Pascal, au contraire, procède à un bilan de ce qu'il peut trouver dans le passé chez ceux qui ont déjà entrepris les mêmes recherches. Or, on l'a vu, il a constaté que les pyrrhoniens l'emportaient sur les dogmatistes ; puis, voici qu'à leur tour les pyrrhoniens subissent un échec : une contradiction interne ruine l'idée même de doute total. Les philosophes, quels qu'ils soient, n'ont donc plus rien à dire. « Toute la philosophie humaine » est dépassée. Là où la métaphysique cartésienne continuait, l'apologétique pascalienne oblige le lecteur à regarder du côté de la religion (66).

Certes, quand Pascal constate que l'assurance de douter immanente au doute empêche la raison alors « impuissante » d'« extravaguer jusqu'à ce point » que serait « le pyrrhonien effectif parfait », il reprend, consciemment ou non, un mot du *Discours,* Descartes y présentant « je pense donc je suis » comme une vérité « si assurée que toutes les plus extravagantes suppositions des Sceptiques n'étaient pas capables de l'ébranler » (67). Mais lorsqu'il s'oppose aux mêmes extravagances, il ne faut pas lire Pascal comme on lit Descartes. Ce qui intéresse Pascal, ce n'est pas le fait que la découverte d'une première vérité signifie la possibilité d'en découvrir d'autres : après l'échec des dogmatistes, l'échc des pyrrhoniens conduit à une tout autre vision de l'homme dans ce monde que celle des philosophes, ceux d'aujourd'hui et ceux de demain comme ceux d'hier. Suit, en effet le célèbre morceau :

« Quelle chimère est-ce donc que l'homme... quel monstre, quel chaos, quel sujet de contradictions », Pascal avait d'abord écrit « quel paradoxe » qu'il remplace par « quel prodige ? ». Certes, pour justifier ces mots il faut que le pire contredise le meilleur, mais c'est lui qui donne la tonalité de tout l'alinéa : « Juge de toutes choses, imbécile ver de terre, dépositaire du vrai, cloaque d'incertitude et d'erreur, gloire et rebut de l'univers » (68). Jamais la rhétorique de Pascal n'a mis l'homme plus bas que dans ce morceau. Singulier aboutissement d'un itinéraire qui aurait commencé en suivant celui de Descartes ! Mais, dans notre interprétation, jamais Pascal n'a mis ses pas dans ceux de Descartes. Des souvenirs cartésiens ont pu se glisser dans son texte à la faveur d'un pyrrhonisme mêlant les doutes de Descartes à ceux de Montaigne. Rien qui puisse ressembler à un moment cartésien dans cette méditation passionnée sur la condition humaine qui doit conduire à son explication par le péché originel.

Pascal a écrit dans *De l'art de persuader* une page célèbre sur Descartes et saint Augustin (69). En l'écrivant, il n'avait certainement pas l'intention d'éclairer ses historiens sur les différences radicales de point de vue entre la philosophie cartésienne et son apologétique : il ne s'agit pas d'un rapprochement possible entre lui et Descartes, mais entre Descartes et saint Augustin. Or sa façon de voir la relation entre Descartes et saint Augustin montre assez clairement qu'il n'aurait pu supposer entre Descartes et lui rien de plus que des ressemblances verbales.

Ce texte n'appartient pas à un dialogue entre Pascal et Descartes, comme si le premier cherchait à mieux comprendre tel ou tel point dans la philosophie du second ; nous n'avons pas à ouvrir ici un chapitre : Pascal commentateur de Descartes. L'opuscule a pour objet la logique ou mieux l'art de penser : après s'être arrêté longuement devant « les définitions », Pascal s'intéresse à ce que l'on a appelé « la vie des mots » ; autrement dit, il se demande ce qu'il y a sous les mots. Or il constate que les mêmes mots ne couvrent pas toujours les mêmes pensées et voici qu'il trouve un remarquable exemple en écoutant saint Augustin et Descartes exposer leur *cogito*. Précisons : il ne considère pas le *cogito* comme un indubitable qui stoppe brusquement le scepticisme mais comme la vérité qui implique nécessairement la distinction entre l'âme et le corps. Il est clair que Pascal prend son exemple dans les *Quatrièmes Objections aux Méditations métaphysiques* de son ami Arnauld.

« Je voudrais demander à des personnes équitables si ce principe : *la matière est dans une incapacité naturelle invincible de penser* et celui-ci : *je pense, donc je suis* sont en effet les mêmes dans l'esprit de Descartes et dans l'esprit de saint Augustin, qui a dit la même chose douze cents ans auparavant. ». Or, même si Descartes avait appris ces principes « dans la lecture de ce grand saint », il ne faudrait pas dire qu'il « n'en est pas le véritable auteur » : « Car je sais combien il y a de différence entre écrire un mot à l'aventure, sans y faire une réflexion plus longue et plus étendue, et apercevoir dans ce mot une suite admirable de conséquences », Pascal précise : « qui prouve la distinction des natures matérielles et spirituelles, et en faire un principe ferme et soutenu d'une physique entière, comme Descartes a prétendu faire. ». Cela est tout-à-fait indépendant du problème de la vérité du cartésianisme : « sans examiner, continue Pascal, s'il a réussi efficacement dans sa prétention, je suppose qu'il l'ait fait, et c'est dans cette supposition que je dis que ce mot est aussi différent dans ses écrits d'avec le même mot dans les autres qui l'ont dit en passant, qu'un homme plein de vie et de force d'avec un homme mort. » (69).

D'abord, une remarque. Le *cogito* augustinien n'est pas « un mot » écrit « à l'aventure », « en passant ». Il est clair que Pascal ne s'est pas reporté au texte du *De libero arbitrio* dont Arnauld donnait la référence (70) ; à plus forte raison n'a-t-il pas eu l'idée d'en chercher d'autres. De fait, la question n'est pas de savoir quel est le rôle du *cogito* dans la doctrine de saint Augustin ni d'étudier les sources du *cogito cartésien :* elle est posée dans des pages sur « l'art de persuader », elle porte sur le rapport du langage à la pensée ; le cas du *cogito* chez Descartes et saint Augustin est un exemple qui illustre parfaitement la réponse de Pascal. Or, sans le vouloir ni sans doute même le savoir, voici que Pascal compare Descartes et saint Augustin en des termes qui conviendraient quand il s'agit de lui et de Descartes.

« Les mêmes pensées poussent quelquefois tout autrement dans un autre que dans leur auteur... » : tel est l'effet de la transplantation. Le doute et le *cogito* apparent de L. 131 viennent de Descartes : les « mots » ne disent plus dans ce nouveau contexte ce qu'ils voulaient dire dans le précédent. Ils ne correspondent plus à des opérations qui posent les principes d'une philosophie monumentale : on les retrouve utilisés par Pascal à un certain moment d'une apologétique, c'est-à-dire à l'intérieur d'un édifice dont la finalité et le style n'ont rien de cartésien.

III. Imprégnation cartésienne, intention anti-cartésienne.

Nombreux, certes, sont ces « mêmes pensées » qui « poussent » chez Descartes et chez Pascal (71) mais « autrement » dans l'un que dans l'autre : il ne nous semble guère possible de reprendre le titre que l'abbé Baudin donnait à un de ses chapitres : *Le cartésianisme de Pascal.*

Essayons d'abord de comprendre la situation. Quand Descartes, de passage à Paris, rend visite à Pascal, les 23 et 24 septembre 1647, le premier a 51 ans et le second, 24 ; l'écart est de 27 années (72). L'auteur de *La Dioptrique,* des *Météores,* de *La Géométrie,* le métaphysicien dont les *Méditations* ont fait tant de bruit chez les théologiens et chez les philosophes, c'est là, bien sûr, un contemporain célèbre ; mais, si grande que soit sa réputation, c'est tout de même un contemporain, et l'historien ne peut le considérer dans l'esprit de Pascal tel qu'il sera dans les *De viris illustribus* de l'avenir. Pascal voit donc en lui un homme de son siècle et, pourtant, déjà d'un autre âge. Après 1650, au cours des années qui suivent sa mort, Descartes reste présent tel qu'il était sous le regard de Pascal pendant leur entretien : une personnalité de grand format, certes, mais qui est à la fois d'aujourd'hui et d'hier.

Exceptons le texte sur le *cogito* chez saint Augustin et chez Descartes où, d'ailleurs, la question de la vérité du cartésianisme est mise entre parenthèses : tous les textes ou propos connus dans lesquels Pascal cite le nom de Descartes sont critiques. Cela ne signifie nullement qu'il ne tient pas ce contemporain pour capital : son opinion est simplement qu'il ne faut pas laisser s'installer une nouvelle classe régnante d'Anciens ; le physicien doit se sentir aussi libre devant l'œuvre de Descartes que devant celle d'Aris--tote.

Trois courtes notes semblent indiquer qu'il y aurait eu dans l'Apologie une critique visant l'idée cartésienne de la science. « Ecrire contre ceux qui approfondissent trop les sciences. Descartes. » (73). Dans le même sens, semble-t-il : « Descartes. Il faut dire en gros : cela se fait par figure et mouvement. Car cela est vrai, mais de dire quelles et composer la machine, cela est ridicule. Car cela est faux », Pascal raye ce dernier mot et continue : « inutile et incertain et pénible. ». Ici, il ajoute la fameuse formule : « Et quand cela serait vrai, nous n'estimons pas que toute la philosophie vaille une heure de peine. » (74). Les mots : « Descartes inutile et incertain » se retrouvent sur une grande feuille au milieu de notes sur les miracles, très précisément sur la croyance aux miracles à l'occasion de laquelle Pascal aurait rappelé les limites de notre connaissance (75). On peut ajouter à ces textes un paragraphe de la « Pensée » : « Disproportion de l'homme » où Pascal dénonce la prétention des philosophes qui osent publier des livres sous des titres « fastueux » comme s'ils avaient la possibilité de tout savoir : le nom de Descartes n'est pas prononcé mais un exemple de ces titres est : *Des principes de la philosophie...* (76).

Il convient sans doute de joindre à ces textes écrits les propos tenus par Pascal sur Descartes et rapportés par des témoins en qui nous pouvons avoir confiance ; toutefois nous ne devons pas oublier la différence entre le brouillon d'un livre et une conversation à bâtons rompus. Pascal n'aurait probablement pas fait imprimer ce que rapporte Nicole : « Feu M. Pascal... quand il voulait donner un exemple d'une rêverie qui pouvait être approuvée par entêtement, proposait d'ordinaire l'opinion de Descartes sur la matière et sur l'espace. » (77). Ni ce que nous lisons dans les Mémoires posthumes de M. Menjot : « Feu M. Pascal appelait la philosophie cartésienne *le roman de la nature* semblable à peu près à l'histoire de Dom Quichot. » (78). Plus important est le témoignage de sa nièce, Marguerite Périer, qui nous présente Pascal parlant du grand homme, dans l'intimité, témoignage dont il ne faut pas seulement extraire la dernière phrase et qu'il faut citer intégralement (79).

« Il parlait peu de science ; cependant, quand l'occasion s'en présentait, il disait son sentiment sur les choses dont on lui parlait ; par exemple sur la philosophie de M. Descartes il disait assez ce qu'il en pensait. Il était de son sentiment sur l'automate, et n'en était point sur sa matière subtile dont il se moquait fort. Mais il ne pouvait souffrir sa manière d'expliquer la formation de toutes choses (80) et il disait très souvent : « Je ne puis pardonner à Descartes ; il voudrait bien, dans toute sa philosophie, se pouvoir passer de Dieu mais il n'a pu s'empêcher de lui faire donner une chiquenaude pour mettre le monde en mouvement : après cela il n'a plus que faire de Dieu. » (81).

Que Pascal se soit « moqué » de la matière subtile de Descartes, nous l'avions deviné en lisant le compte rendu de la première visite de Descartes que Jacqueline avait aussitôt envoyé à Gilberte. La conversation étant venue sur les expériences touchant le vide, quand on lui demanda ce qu'il y avait dans le haut du tube, « M. Descartes avec un grand sérieux... dit que c'était la matière subtile, sur quoi mon frère lui répondit ce qu'il put... » (82).

Ce qu'« il disait très souvent » prouve simplement qu'il n'avait que des vues assez lointaines sur la métaphysique cartésienne : il a l'air d'ignorer le thème essentiel de la création continuée, thème, il est vrai, qui est resté en dehors de son apologétique, la création qui l'intéresse étant une notion biblique plus que philosophique.

Cela dit, ce que nous devons remarquer dans ce témoignage de Marguerite Périer, c'est que les propos de son oncle ne sont pas uniquement critiques : sur un point, Pascal déclare qu'il « est de son sentiment sur l'automate ». Or, ce qu'il reconnaît dans la conversation, il n'éprouve pas le besoin de le dire quand il écrit. On va le voir pour l'automate et pour d'autres sujets.

« Car il ne faut pas se méconnaître, nous sommes automate autant qu'esprit... » (83). Avec « l'automate » et plus généralement avec les bêtes-machines, un gros morceau de la philosophie cartésienne entre dans l'apologétique pascalienne. Le nom de Descartes n'est pas rappelé dans les notes préparatoires et sans doute ne l'eût-il pas été dans le texte de l'ouvrage, cela non, certes, pour cacher une source mais parce que la source est trop visible. Quand Pascal note : « le bec du perroquet qu'il essuie quoiqu'il soit net » (84) ; quand il renvoie à cette « histoire », racontée par le duc de Liancourt, de grenouilles qui crèvent les yeux des brochets toujours de la même façon « et jamais autrement, ni autre chose d'esprit » (85), il prévoit des exemples illustrant une conception de la vie animale dont l'origine n'échappe à personne. Il se proposait même d'ajouter un argument supplémentaire à la démonstration cartésienne : « Si un animal [on va le voir, il s'agit d'un chien] faisait par esprit ce qu'il fait par instinct, et s'il parlait par esprit ce qu'il parle par instinct pour la chasse et pour avertir ses camarades que la proie est trouvée ou perdue, il parlerait bien aussi pour des choses où il a plus d'affection, comme pour dire : Rongez cette corde qui me blesse... » (86). Qui n'aurait vu là une image ajoutée à la page du *Discours de la Méthode* sur la différence entre les « paroles » proférées par les machines et le langage des hommes ? (87).

La théorie des bêtes-machines est une thèse capitale de la nouvelle philosophie. On la défend au château de Vaumurier chez le duc de Luynes, à Paris chez le duc de Liancourt, à Port-Royal : « Il n'y avait guère de solitaire qui ne parlât d'« automate » et M. de Sacy « riait doucement » quand il entendait dire que « les bêtes sont des horloges » (88). Pour Arnauld comme pour les augustiniens cartésiens, la thèse est inséparable de celle qui définit l'âme par la pensée, assurant ainsi une indubitable évidence à l'affirmation de sa nature spirituelle. Tel est aussi le point de vue de Pascal. « Je puis bien concevoir un homme sans mains, pieds, tête... », ce que fait Descartes dans la *Première Méditation* (89), « mais je ne puis concevoir l'homme sans pensée : ce serait une pierre ou une brute. » (90). « Le moi consiste dans ma pensée » (91). « L'homme est visiblement fait pour penser ». Ce qui implique un jugement de valeur qui vient aussitôt : « c'est toute sa dignité et tout son mérite. » (92). « Pensée fait la grandeur de l'homme. » (93). « Pensée – Toute la dignité de l'homme est en la pensée. » (94). Et encore, en conclusion du morceau sur le roseau pensant : « Toute notre dignité consiste donc en la pensée. » (95). Descartes eût, certes, contresigné de telles formules : elles nous introduisent pourtant dans un contexte qui n'est plus celui des *Principia* ni même celui des *Méditations*.

Un contexte qui est un contraste, « grandeur » appelant « misère ». L'image du « roseau pensant » montre comment le thème cartésien devient pascalien. Faut-il penser, ici, à ce texte de saint Matthieu où Jésus parlant de Jean-Baptiste disait à la foule : « Qu'est-ce que vous allez voir au désert ? Un roseau agité par le vent ? ». Non, bien sûr, mais « un prophète, plus qu'un prophète... » (96). Faut-il rappeler Calvin interpellant ceux qui nous croient capables « de cheminer en notre force et vertu » : « qu'est-ce autre chose... que de nous élever au bout d'un roseau, lequel ne nous peut soutenir qu'il ne rompe incontinent, et que nous ne trébuchions ? ». Calvin ajoute même « qu'on fait trop d'honneur à nos forces, les accomparageant à un roseau » (97). Il n'est pas question d'indiquer là des sources de Pascal : on attire simplement l'attention sur le fait que l'image du roserau vient assez spontanément à l'esprit des écrivains religieux qui veulent rendre sensible la faiblesse de l'homme (98). Sous la plume de Pascal un souvenir cartésien ajoute l'adjectif « pensant » : l'image devient aussi celle de la grandeur sans cesser d'être celle de la faiblesse.

Dans la liasse « Grandeur », un fragment donne un premier jet de l'image : « Roseau pensant – Ce n'est point de l'espace que je dois chercher ma dignité mais c'est du règlement de ma pensée. ». Serait-ce l'opposition cartésienne entre la *res cogitans* et la *res extensa ?* Non, car Pascal continue :

« Je n'aurai point d'avantage en possédant des terres. ». Il ne s'agit donc pas de l'étendue comme attribut principal de la substance matérielle mais de ce monde que j'habite. Ce qui permet d'évoquer une situation dramatique : « Par l'espace l'univers me comprend et m'engloutit comme un point ; par la pensée je le comprends. » (99). La jeu de mot sur « comprend » disparaît dans la célèbre « Pensée » : « L'homme n'est qu'un roseau, le plus faible de la nature, mais c'est un roseau pensant » ; cette « Pensée » est visiblement une nouvelle rédaction, plus littéraire, de ce qui avait été dit spontanément dans celle que nous venons de lire. « Il ne faut pas que l'univers entier s'arme pour l'écraser : une vapeur, une goutte d'eau suffit pour le tuer. ». Suit alors l'antithèse à gros effet : « Mais quand l'univers l'écraserait, l'homme serait encore plus noble que ce qui le tue, puisqu'il sait qu'il meurt et l'avantage que l'univers a sur lui. L'univers n'en sait rien. » (100).

Ainsi, Descartes est là, mais oublié.

Voici pourquoi : il s'est produit la substitution d'un dualisme à un autre.

Le texte de *L'Art de persuader* sur le *cogito* chez Descartes et chez saint Augustin nous a montré ce que Pascal avait perçu comme important dans les réflexions métaphysiques du premier : « je pense, donc je suis » est un « principe » qui en implique immédiatement un autre : « la matière est dans une incapacité naturelle invincible de penser. » (101). Or ces mêmes vérités provoquent deux types d'oppositions bien différentes dans la philosophie de Descartes et dans l'apologétique de Pascal. Je pense, donc je suis – que suis-je ? une chose qui pense – Ce qui s'oppose à une chose qui pense, c'est évidemment une chose qui ne pense pas : dans la *Seconde Méditation,* l'exemple du morceau de cire fait aussitôt apparaître la chose dont l'essence est d'être étendue devant celle dont l'essence est de penser. Mais si, comme dans l'esprit de Pascal, le fait de penser est conçu comme une « grandeur » de l'homme, il invite tout naturellement à méditer sur ce qui n'est pas sa grandeur, sur sa faiblesse. Ce qui vient de Descartes est comme submergé et perd son appellation d'origine au milieu des oppositions qui soutiennent l'argumentation de la nouvelle apologétique : l'homme réduit à un point dans les espaces infinis, les limites de sa connaissance, les multiples « contrariétés » de sa condition, bref tout ce qui ne peut s'expliquer que comme les signes d'une déchéance.

Le principe « la matière est dans une incapacité naturelle invincible de penser » sort de la métaphysique cartésienne pour entrer dans la spiritualité pascalienne. Mais ce principe avait aussi des conséquences en physique ; Pascal ne l'ignore pas et il y fait allusion dans le même texte de *L'Art de penser.* En effet, disons pour simplifier : ce principe exclut de la physique le vocabulaire de la psychologie. Se rappelant ce que la philosophie des Ecoles lui enseignait sur la chute des corps, Descartes constatait : « je pensais que la pesanteur portait les corps vers le centre de la terre comme si elle eût eu en soi quelque connaissance de ce centre : car certainement il n'est pas possible que cela se fasse sans connaissance, et partout où il y a connaissance, il faut qu'il y ait de l'esprit. » (102). De même, Pascal pour « l'horreur du vide » : « Qu'y a-t-il de plus absurde que de dire que des corps inanimés ont des passions, des craintes, des horreurs, que des corps insensibles, sans vie, et même incapables de vie, aient des passions qui présupposent une âme pour les recevoir » ; prenant la langue des écoles, Pascal précise : « une âme au moins sensitive », c'est-à-dire : et pas seulement végétative. « De plus », continue-t-il, « que l'objet de cette horreur fût le vide ? Qu'y a-t-il dans le vide qui leur puisse faire peur ? Qu'y a-t-il de plus bas et de plus ridicule ? ». Mais Pascal n'en a pas fini. « Ce n'est pas tout. Qu'ils aient en eux-mêmes un principe de mouvement pour éviter ce vide ! Ont-ils des bras, des jambes, des muscles, des nerfs ? » (103).

Ces mots : « absurde », « bas », « ridicule », expliquent peut-être pourquoi Pascal, qui revient si souvent sur cette grossière erreur (104), ne songe même pas à rappeler le rôle de Descartes dans la transformation en « absurdité » de ce qui était tenu pour tout à fait rationnel. La confusion de la psychologie avec la physique est une critique de la science ancienne qui appartient à une espèce de fonds commun définissant l'esprit de la science moderne : c'est une banalité qui, comme toute banalité, subsiste sans nom d'auteur.

Cela dit, il faut aussi reconnaître que cette confusion du physique et du psychique n'est pas seulement chez Pascal un impératif critique du nouvel esprit scientifique : elle est reprise avec sa marque proprement cartésienne ; Descartes ne s'est pas contenté de la dénoncer : il a voulu savoir comment il se faisait qu'elle ait pu être si longtemps admise, que lui-même ait pu la trouver toute naturelle quand on lui enseignait la philosophie. Sa réponse est ce qu'Etienne Gilson appelait : « la psychologie de la physique aristotélicienne » (105). La confusion du psychique avec le physique a son origine dans la nature de l'homme, qui est d'être une âme intimement, voire substantiellement unie à un corps : pendant l'enfance, l'âme n'a conscience ni de ce qu'elle est ni de ce qu'est le corps ; elle est envahie par les sensations, livrée aux inclinations liées à ces sensations ; spontanément, elle s'explique ce qui se passe dans le monde extérieur en projetant les schèmes reproduisant ce qui se passe en elle quand elle veut boire, manger, marcher, etc. ; ainsi elle prend l'habitude de loger dans les choses des volontés analogues à celles dont elle a l'expérience (106). Or une analyse semblable se retrouve vers la fin du long et important morceau : « Disproportion de l'homme » qui est certainement le brouillon d'un texte destiné à la nouvelle apologie (107).

Il n'est nullement question de la physique. La perspective n'est plus du tout celle de Pascal dans ses divers écrits sur le vide et la pesanteur, comme dans le cas du fragment L. 960 que nous venons de lire. Ces pages ont pour objet l'homme et d'abord sa situation : « Qu'est-ce que l'homme dans la nature ? », mais, puisque nous ne sommes plus dans un monde clos, Pascal peut rayer « la nature » et mettre à la place : « l'infini » (108) ; c'est alors ici qu'il reprend, appliquée à l'univers, la vieille image qui avait aussi été appliquée à Dieu ; « une sphère infinie dont le centre est partout, la circonférence nulle part. » (109). L'homme dans l'infini, c'est également la pensée de l'homme mise en face de deux infinis, en grandeur et en petitesse, et constatant son impuissance à les connaître. Dans ce long morceau où Pascal réunit les thèmes principaux de son anthropologie, il semble qu'un passage à la limite conduise l'infini en grandeur au « tout », autre nom de « l'être », et l'infini en petitesse au « néant » : nouvelle occasion de réflexions montrant combien nos moyens de connaître sont bornés. C'est alors dans ce contexte que Pascal retrouve les observations de Descartes sur l'union de l'âme et du corps comme source d'erreurs.

« Et ce qui achève notre impuissance à connaître les choses... est... que nous sommes composés de deux natures opposées... d'âme et de corps... ». Avec cette conséquence : « De là vient que presque tous les philosophes confondent les idées des choses et parlent des choses corporelles spirituellement et des spirituelles corporellement » (110) : on n'aurait pu mieux formuler la psychologie cartésienne du « lecteur aristotélicien ». Les exemples qui suivent auraient pu être ou même ont déjà été choisis par Descartes ; ne serait-ce pas, d'ailleurs, à cause de Descartes que Pascal écrit non pas « tous les philosophes » mais « *presque* tous les philosophes » ? « Car ils disent hardiment que les corps tendent en bas, qu'ils aspirent à leur centre, qu'ils fuient leur destruction, qu'ils craignent le vide, qu'ils ont des inclinations, des sympathies, des antipathies, toutes choses qui n'appartiennent qu'aux esprits. ». Inversement : « en parlant des esprits ils les considèrent comme en un lieu, et leur attribuent le mouvement d'une place à une autre, qui sont choses qui n'appartiennent qu'aux corps » (111).

Pascal n'insiste pas sur les conséquences de cette confusion pour la physique. Ce qui suit reste en continuité avec ce qui précède. Le morceau a pour thème : « disproportion de l'homme » et notamment le signe de cette « disproportion » qu'est son étrange embarras quand il se demande : que suis-je ? qu'est-ce que je sais ? Qu'à un certain moment, l'union de l'âme et du corps intervienne dans l'explication des confusions qui sollicitent sa pensée, et, tout naturellement, les questions posées depuis le début reviennent avec des réponses qui, si l'on ose dire, précisent nos ignorances : « l'homme ne peut concevoir ce que c'est que corps et encore moins ce que c'est qu'esprit, et moins qu'aucune chose comment un corps peut être uni avec un esprit. » (112).

En écrivant ces pages, la préoccupation de Pascal est apologétique : elle ne le porte pas à se souvenir de Descartes, surtout de Descartes réfléchissant sur l'origine des erreurs en qulque sorte spontanées qui ont empêché les philosophes de bien conduire leur raison pour chercher la vérité dans les sciences. Elle l'y porte d'autant moins qu'elle argumente en dehors de la philosophie de Descartes. Celui-ci savait parfaitement ce qu'est l'esprit et ce qu'est la matière dont le corps est fait ; même s'il avait admis ce que Pascal dit sur notre ignorance de l'union, c'eût été en n'y voyant rien de pathétique mais une énigme naturelle dont les manifestations seront scientifiquement étudiées dans un *Traité des passions de l'âme.*

Il y a donc des textes de Pascal où la présence de Descartes n'est guère douteuse mais le changement de contexte décolore les souvenirs et l'on n'ose plus appeler cette présence « influence ». Dans le même morceau « Disproportion de l'homme », un autre exemple montre bien cette espèce de métamorphose.

« Car enfin qu'est-ce que l'homme dans la nature ? Un néant à l'égard de l infini, un tout à l'égard du néant, un milieu entre rien et tout... » (113). Il est normal de citer, ici, le texte de la *Quatrième Méditation* : « Je suis comme un milieu entre Dieu et le néant, c'est-à-dire placé de telle sorte entre le souverain être et le non être qu'il... » (114). Mais ce qui suit est tout-à-fait différent de ce qui suit le texte de Pascal : « ... de telle sorte... qu'il ne se rencontre, de vrai, rien en moi qui me puisse conduire dans l'erreur, en tant qu'un souverain être m'a produit », d'un côté, et d'un autre côté : « si je me considère comme participant en quelque façon du néant ou du non-être, c'est-à-dire en tant que je ne suis pas moi-même le souverain être, je me trouve exposé à une infinité de manquements, de façon que je ne me dois pas étonner si je me trompe. ». Le problème de Descartes est donc celui de l'erreur et la situation de l'homme entre Dieu et le néant est plutôt rassurante : Dieu n'est pas trompeur, il n'a pu créer une nature qui serait, en tant que telle, cause d'erreur ; ce qui est cause d'erreur, c'est notre finitude ; si la nature ne peut me tromper, une nature finie permet que je me trompe ; à moi de faire en sorte que je ne me trompe pas, ce qui est possible si je suis fidèle à la méthode cartésienne. Aucune allusion à un péché qui introduirait une cause d'erreur n'appartenant plus à l'ordre de la nature et, par suite, dont l'élimination ne relèverait plus de la philosophie.

Revenons au texte de Pascal ; il continue : « ... un milieu entre rien et tout, infiniment éloigné de comprendre les extrêmes ; la fin des choses et leurs principes sont pour lui invinciblement cachés dans un secret impénétrable » puis dans un bref alinéa très raturé : « Egalement incapable de voir le néant d'où il est tiré et l'infini où il est englouti... ». Le problème n'est donc pas celui de l'erreur, accident que, pour Pascal comme pour Descartes, nous avons, en principe, le pouvoir d'éviter, mais celui d'une ignorance radicale, angoissante, sentie comme une faiblesse, une misère de l'homme que Pascal montre « au milieu des choses » plongé « dans un désespoir éternel de connaître ni leur principe ni leur fin » (115). Il n'y a aucune référence explicite au péché mais tout est écrit pour préparer son intervention au principe de la paradoxale « disproportion de l'homme ».

Un dernier exemple montre combien Pascal reste loin de Descartes au moment où il nous aurait paru naturel qu'il acceptât le face à face. Le voici, en effet, devant une thèse fondamentale de la métaphysique cartésienne sur Dieu : la création des vérités éternelles ; or il n'y fait qu'une brève allusion, comme en passant, sans même avoir l'idée de la discuter, tellement pareilles spéculations lui sont étrangères.

Dans les notes sur des conversations tenues dans le salon du duc de Liancourt aux alentours de 1670, nous lisons sur Descartes, mais sans savoir qui parle : « Il accorde à l'esprit la connaissance de Dieu par un mode que Dieu donne à la vie. Il croyait que Dieu pouvait nous créer avec des idées contraires à celles que nous avons. M. Pascal l'appelait le docteur de la raison. » (116). Laissons de côté la première phrase dont la signification nous échappe et qui pourrait éveiller quelque doute sur la compétence philosophique du rédacteur. Faut-il considérer que la seconde phrase est un propos de M. Pascal qui précèderait et justifierait l'appellation donnée dans la troisième ? Est-ce un propos de l'interlocuteur anonyme qui, le nom de Descartes ayant été prononcé, aurait rapporté une parole de M. Pascal (117) ? Et cette parole, que signifie-t-elle ? peut-être est-elle un éloge restrictif... Quoiqu'il en soit, du moins dans la première hypothèse, Pascal aurait un jour dit un mot sur la création des vérités éternelles comme opinion de Descartes. Il conviendrait donc de rapprocher la note de ce que Pascal écrit dans le texte souvent cité de la « Pensée » : « Ils blasphèment ce qu'ils ignorent... » : « Le Dieu des chrétiens ne consiste pas en un Dieu simplement auteur des vérités géométriques... » (118).

Il y a bien là une allusion à la création des vérités éternelles et Pascal sait sûrement qu'elle vient de Descartes ; mais il s'agit d'une information ; à aucun moment, Pascal ne songe à s'arrêter pour l'examiner ni même à la critiquer. Il y avait là une thèse cartésienne fort embarrassante pour les augustiniens favorables à la philosophie nouvelle. Que le docteur Arnauld n'ait posé aucune question à Descartes sur ce sujet, il y a là une omission qui pourrait être significative (119). Chez Pascal, elle signifie simplement que le sujet ne concerne en aucune façon l'idée qu'il se fait de Dieu.

C'est pour une raison analogue, *mutatis mutandis,* que nous ne devons pas nous étonner si nous n'avons pas eu l'occasion de trouver Pascal devant la question qui préoccupait Arnauld et ceux qui, à Port-Royal, reconnaissaient dans la nouvelle philosophie des démarches augustiniennes : comment expliquer la transsubstantiation eucharistique avec la théorie cartésienne de la substrance matérielle ? Sur une petite feuille, quelques notes très elliptiques de Pascal semblent être un résumé de propos tenus par ses amis de Port-Royal sur une lettre à peine inédite qoique non encore imprimée que Descartes avait envoyée au P. Mesland, jésuite, sans doute en février 1645. Tout porte à croire qu'il n'avait nullement l'intention d'aborder un tel sujet dans son Apologie. Certe, on ne peut avancer que des suppositions. La plus vraisemblable nous paraît être qu'ayant entendu des théologiens de son milieu commenter un écrit important de Descartes sur l'Eucharistie, Pascal a cru bon de griffonner, pour lui-même, quelques lignes rappelant leur mise au point, le feuillet est une fiche d'information et non le brouillon d'un texte de son futur ouvrage (120). Dans la mesure où elle est liée à une philosophie particulière, la théologie spéculative reste, comme la philosophie, en dehors de la nouvelle apologétique.

On voit en quel sens prendre le mot si justement employé par M. Michel Le Guern : l'esprit de Pascal « est imprégné des écrits de Descartes » (121). « Imprégné » implique une certaine diffusion de ce qui imprègne dans ce qui est imprégné, de sorte qu'il est difficile de séparer ce qui vient de Descartes et ce qui est de Pascal. On peut, certes, faire de nombreux rapprochements : mais comment distinguer souvenirs, réminiscences, simples coïncidences ?

Il serait donc difficile d'appeler Pascal « un cartésien » et encore plus, comme dit E. Baudin : « un cartésien authentique » (122). Cette « authenticité », en effet, se trouve singulièrement compromise par l'insistance d'E. Baudin sur le fait que Pascal l'ignore : « ... son cartésianisme aussi profond que peu conscient », « l'œuvre de Pascal est inconsciemment pénétrée de métaphysique cartésienne », « Descartes eut sur Pascal une emprise à la fois profonde et durable, plus profonde et plus durable que Pascal ne le crut lui-même... » (123). Ce que nous retenons dans ces formules, c'est justement cette inconscience, et elle pose la question : un cartésien qui n'est pas conscient de l'être l'est-il encore ?

Lorsque certaines idées surgissent dans la conscience de Pascal, si celle-ci ne les reconnaît pas comme cartésiennes, n'est-ce pas simplement parce qu'elles ne le sont plus ? Dans tous les cas que nous avons rencontrés, nous avons vu comment leur nouveau contexte donne une signification pascalienne à des formules sous lesquelles l'érudition peut découvrir des traces de lectures cartésiennes, non, certes, pour réduire la compréhension à un rappel de souvenirs mais, au contraire, pour éviter une telle réduction en prévenant les similitudes abusives. Bref, constater la présence plus ou moins lointaine de Descartes dans la pensée de Pascal est une chose : écrire un chapitre sous le titre « Les doctrines cartésiennes de Pascal » (124) en est une autre fort différente.

Cela veut dire : on ne cherche pas les sources cartésiennes de Pascal comme on cherche celles de Malebranche et de Spinoza. Laissons le second qui publie un ouvrage où il se donne comme le metteur en forme géométrique – *more geometrico* – de la philosophie de Descartes (125). Considérons Malebranche : c'est un penseur chrétien comme Pascal, sa « doctrine » est, comme celle de Pascal, mue par une intention apologétique ; mais, à ses yeux, l'apologétique efficace coïncide avec la vraie philosophie tandis qu'aux yeux de Pascal la nouvelle apologétique exclut le concours de toute philosophie. Ainsi il est normal que Malebranche philosophe recueille ce qu'il juge vrai dans la philosophie de Descartes, ne serait-ce que pour montrer la nécessité de ne pas s'en tenir à sa philosophie ; si originale que soit, par exemple, sa théorie de l'étendue intelligible, il est visible qu'elle a pour support la définition cartésienne de la matière par l'étendue. Au contraire, lorsque le souvenir d'une lecture cartésienne vient à l'esprit ou même sous la plume de Pascal, ce n'est plus la pierre d'un édifice philosophique qui entre dans un autre édifice philosophique : ce n'est qu'une réminiscence qui a tout naturellement cessé de paraître cartésienne en sortant de son milieu philosophique originel.

NOTE FINALE

Bien sûr, Pascal n'a pas écrit pour ses historiens mais pour dire aux hommes de son temps ce qu'il croit être la vérité. Il est tout à fait normal que des hommes de notre temps méditent avec lui et cherchent à savoir dans quelle mesure ses vérités nous concernent. Pareilles recherches sont même souhaitables et, en particulier, celles qui découvrent comment ces vérités pourraient entrer dans nos philosophies. Mais un point de vue n'exclut pas les autres. Il convient simplement de comprendre les exigences et les limites de celui que l'on choisit.

Celui qui a été ici proposé est, à la fois, cause et effet d'un parti pris méthodologique dans la lecture des écrits de Pascal.

Oui, et la critique de la raison dans la connaissance de la nature et la critique de la raison dans la connaissance de l'homme montrent que, ici et là, cette raison, laissée à ses seules ressources, est capable de décrire, mais non d'expliquer ; autrement dit : une physique expérimentale est possible, non une philosophie de la nature ; une psychologie est possible et aussi « une science des mœurs » – l'expression est de Pascal (1) – non une philosophie de l'esprit. Il est, certes, permis de considérer cette anthropologie descriptive comme une première étape d'un itinéraire et de s'y arrêter (2) : mais c'est là décréter qu'elle peut être, au moins provisoirement, séparée des suivantes, qu'elle a en elle-même une vérité qui se suffit, ne serait-ce qu'à la faveur d'une abstraction ; tel pourrait être, par exemple, le point de vue d'un lecteur contemporain qui voit en Pascal un maître de philosophie ; mais c'est couper les textes et parfois de longs développements de l'intention qui leur assigne une fin et, par suite, leur impose un sens en dehors de la philosophie, le sens que précisément Pascal leur donnait.

De même, répétons-le, il est toujours permis de découvrir et d'expliciter une philosophie immanente à une œuvre dont la finalité n'est pas philosophique. Prenons une grande œuvre théâtrale ou romanesque, par exemple, il est normal d'y trouver une vision du monde qu'il n'est pas abusif d'appeler « philosophie ». On parlera volontiers d'une « philosophie de Dostoïevski », d'une « philosophie de Proust », d'une « philosophie de Molière », d'une « philosophie de Claudel »... On hésiterait pourtant à dire : *de même* pour Pascal.

Il importe peu de savoir, en effet, s'il convient ou non d'appeler Pascal un philosophe : ce qui est intéressant, c'est plutôt de se demander pourquoi la question se pose.

Car elle ne se pose pas pour Descartes ni pour Spinoza : il est trop évident qu'ils sont des philosophes.

Car elle ne se pose pas pour Saint-Cyran ni pour Sacy : il est trop évident qu'ils ne le sont pas.

Dans le cas des premiers, l'intention de leurs œuvres est consciemment, volontairement, explicitement philosophique. Dans le cas des seconds, la vision du monde et de l'homme dans le monde est si coextensive à leur apologétique qu'il serait encore plus difficile de l'isoler que d'opérer la même abstraction dans le théâtre de Molière ou l'œuvre de Claudel.

Bref : on ne trouve dans aucune histoire de la philosophie des chapitres sur la philosophie de Saint-Cyran ou sur la philosophie de M. de Sacy ; personne ne s'en étonne ; mais on s'étonnerait de n'en pas trouver un sur la pensée de Pascal. Pourquoi ?

Du côté des intentions, aucun problème, à notre sens. Très tôt, les conversions de Pascal ont fait de lui un écrivain engagé au service de la vraie religion, qu'il se jette dans les ardentes polémiques de son temps du côté de ceux qui défendent l'augustinisme selon la théologie, la spiritualité et la morale de Port-Royal, ou qu'il envisage le projet d'une apologétique générale destinée à éveiller et imposer dans un milieu mondain cultivé la ferme volonté de prendre au sérieux le salut de l'âme. Cela reconnu, il est parfaitement légitime d'extraire une « philosophie de Pascal » d'un contenu théologique où elle est mêlée à la doctrine dite « janséniste » de la grâce. Il est non moins légitime de détacher une « philosophie de Pascal » d'un contexte apologétique où il est certes question des philosophes mais pour constater leur échec dans la connaissance de Dieu et de soi-même. On a bien enseigné une « philosophie de saint Thomas » considérée comme indépendante et comme valable hors de la théologie à l'intérieur de laquelle on la trouve (3) : pourquoi ne pas admettre une pareille façon de lire les œuvres de Pascal lorsque ses interprètes écrivent des articles ou des livres sous le titre « la philosophie de Pascal », études exposant cette philosophie pour elle-même, le plus souvent afin d'en faire ressortir la permanente actualité (4) ? Mais, une fois souligné l'intérêt de pareils travaux, il reste qu'une histoire strictement historique ne connaît ou plus exactement s'efforce de ne connaître que ce que Pascal a réellement pensé, ignorant évidemment des découpages que sa foi et sa raison, ses expériences les plus intimes et ses lectures habituelles ne lui auraient même pas donné l'idée de soupçonner.

Devant la question : pourquoi, en fait, rencontrons-nous Pascal dans les histoires de la philosophie ? la réponse est peut-être : constater l'insuffisance en quelque sorte constitutionnelle de la philosophie est une provocation permanente à la philosophie. Lisons un dernier fragment : « Le monde ordinaire a le pouvoir de ne pas songer à ce qu'il ne veut pas songer... Mais il y en a qui n'ont pas le pouvoir de s'empêcher ainsi de songer et qui songent d'autant plus qu'on leur défend... » (5). Pascal est de ceux-là et si nos manuels le rangent parmi les philosophes, c'est que, trois siècles après sa mort, la voix du songeur impénitent sait encore empêcher la philosophie de s'assoupir.

NOTES

NOTE PRÉLIMINAIRE

1. SAINTE-BEUVE, *Port-Royal,* Discours préliminaire (6 novembre 1837), t. I, Hachette, 7e édition, p. 6.

2. Formule de Jean Dagens rapportée par H. GOUHIER dans : Jean DAGENS et Maurice NEDONCELLE, *Entretiens sur Henri Bremond,* Décades du Centre culturel international de Cerisy-la-Salle, Paris et La Haye, Mouton, 1967, p. 217. Ce thème est développé par Jean DAGENS, *De saint François de Sales à Bossuet,* ibidem.

3. MATTHIEU, VI, 9-13, traduction de la Bible de Jérusalem. Voir infra, Ch. II, p. 47.

4. Voir les textes de saint François de Sales, infra, Ch. II, p. 48.

5. *Histoire de la spiritualité chrétienne,* III, Louis COGNET, *La spiritualité moderne,* I, *L'essor :* 1500-1650, Aubier, 1966, 511 p. in 8o. – Pour une vue d'ensemble voir du même auteur : *Le Jansénisme,* « Que sais-je ? », P.U.F., 1961.

6. Cf. ibidem, Ch. XII, Le premier Port-Royal ; et infra, Ch. II, n. 30.

7. Cf. ibidem, Ch. IX, Bérulle et sa synthèse spirituelle.

INTRODUCTION

1. Voir plus loin, Ch. IX, p. 151-153.

2. Louis MARIN, *La critique du discours, sur la « logique de Port-Royal » et les « Pensées » de Pascal,* Les éditions de Minuit, 1975, p. 310 ; voir : Ch. XII : Pascal et la théorie du discours.

3. Cf. Henri GOUHIER, *Blaise Pascal, Commentaires,* Vrin, 1971 ; 3e éd. 1984, Ch. II, V – *Pascal et les humanistes chrétiens. L'Affaire Saint-Ange,* Vrin, 1974, Ch. I.

4. L. 913 ; Br. t. IV, entre les p. 4 et 5, fac-simile. Cf. Henri GOUHIER, *ouvr. cit.* Ch. I.

5. Jean MESNARD, *Les conversions de Pascal,* Royaumont, p. 46 sq. ; dans la discussion qui suit, intervention de Lucien GOLDMANN qui reprend sa thèse d'une « troisième conversion » en 1657, exposée dans : *Le Dieu caché, Etude sur la vision tragique dans les « Pensées » de Pascal,..*, Gallimard, 1955.

6. *Infra,* Ch. V, p. 83 et n. 9.

7. Rappelons que Port-Royal est le nom d'une communauté de femmes fondée en 1204 près de Chevreuse, d'abord soumise à la règle de saint Benoît puis à celle de Citeaux. Elle fut réformée par la jeune mère Angélique Arnauld devenue abbesse en 1602. En 1625, les religieuse s'installèrent à Paris, faubourg Saint Jacques, là où se trouve aujourd'hui l'hôpital de la Maternité. En 1648, une partie de la communauté se réinstalle dans la vallée de Chevreuse. Il y a désormais Port-Royal de Paris et Port-Royal-des-Champs. Les Solitaires habitent Port-Royal-des-Champs. Cf. René TAVENEAUX, *La vie quotidienne des Jansénistes au XVIIe et XVIIIe siècles,* Hachette, 1973, Ch. II et III.

8. Jean MESNARD, *Les conversions de Pascal,* art. cit., p. 51.

9. *ibidem,* p. 47 – L'étude des images a permis à M. Michel Le GUERN d'écrire quelques pages précises sur Pascal lecteur de Saint-Cyran, *L'image dans l'œuvre de Pascal,* A. Colin, 1969, p. 69-76 et p. 239.

10. Charles DU BOS, *Le langage de Pascal, Balbutiements sur les « Pensées »,* dans *La Revue hebdomadaire,* 14 juillet 1923, p. 263, repris dans : *Approximations,* 2e série, G. Crès, 1927, p. 91.

11. Br. t. II, p. 247 sq. ; O.C. t. II, p. 580 sq. Br. t. II, p. 531 sq. ; O.C. t. II, p. 851 sq. (importante introduction de Jean Mesnard, p. 845-850).

12. Br. T. V et VI ; L. *Opuscules,* p. 91-108. Cf. Jean MESNARD, *Pascal et les Roannez,* Desclée de Brouwer, 1117 p. in 8o, 1965. Pour la date de ces lettres : Philippe SELLIER, *Pascal et la liturgie,* P.U.F., 1966, Ch. III, I.

13. Cf. Henri GOUHIER, *L'affaire Saint-Ange,* supra, n. 3.

14. Henri BREMOND, *Histoire littéraire du sentiment religieux en France depuis la fin des guerres de religion jusqu'à nos jours – IV. La conquête mystique – 2. L'Ecole de Port-Royal,* Bloud et Gay, 1938, p. 349.

15. *A sa sœur Gilberte,* 26 janvier 1648, O.C. II, p. 554-555 – Br. t. II, p. 174 ; grave erreur : « démontrer » au lieu de « montrer », corrigée dans t. XI, Additions et corrections, p. 349. Cf. Henri GOUHIER, ouvr. cit., Ch. II, VI, Les « rebuffades » de M. de Rebours.

16. Cf. Louis COGNET, *Le Jansénisme,* « Que sais-je ? », Ch. III et IV. – Bruno NEVEU, *Augustinisme janséniste et magister romain,* XVIIe siècle, avril-juin 1982.

Cornelii Jansenii Augustinus, 1300 p. in-folio, Louvain, 1640, Paris, 1641, Rouen, 1643. – Le 1er juillet 1649, Nicolas Cornet, syndic de la

Faculté de théologie, dénonce devant la Sorbonne sept propositions cueillies dans des thèses de licence et de doctorat ; c'est le point de départ de discussions qui aboutissent, au milieu de l'année 1650, à l'envoi à Rome d'une lettre signée par quatre-vingt cinq archevêques et évêques français demandant la condamnation de cinq propositions dont l'origine est explicitée : l'*Augustinus* de Jansénius. Le pape Innocent X les déclare hérétiques dans la Bulle du 31 mai 1653, traduction française officielle du texte dans : Br. t. IV, p. 85-88.

Sur les cinq propositions : on trouvera les textes visés de l'*Augustinus* suivis d'une traduction française dans : Gustave MICHAUT, *Les époques de la pensée de Pascal,* deuxième édition revue et augmentée, Fontemoing, 1902, Appendice III, L'*Augustinus* et les cinq propositions.

17. Sur M. de Sacy : Jean ORCIBAL, *Les Origines du Jansénisme,* t. II, *Jean Duvergier de Hauranne, abbé de Saint-Cyran et son temps (1581-1638),* Vrin, 1947, p. 147-148 – Geneviève DELASSAULT, *Le Maistre de Sacy et son temps,* Nizet, 1957. – *Chroniques de Port-Royal,* n° 33, 1984 : Isaac-Louis le Maistre de Sacy, Actes du colloque des 7-8 octobre 1983.

18. Je cite d'après : *L'Entretien de Pascal et Sacy, ses sources et ses énigmes,* par Pierre COURCELLE. Son texte avait été établi et conservé par Fontaine, ancien secrétaire de M. de Sacy, dans ses *Mémoires* sous le titre : *Entretien de M. Pascal et de M. de Sacy sur la lecture d'Epictète et de Montaigne* – Cf. Henri GOUHIER, ouvr. cit. Ch. II, l'Entretien de Pascal avec M. de Sacy et les origines de son apologétique.

19. *17e Provinciale,* Br. t. VI, p. 343 : « je n'ai d'attache sur la terre qu'à la seule Eglise Catholique, Apostolique et Romaine, dans laquelle je veux vivre et mourir, et dans la communion avec le Pape son souverain Chef ; hors de laquelle je suis très persuadé qu'il n'y a point de salut ».

20. *Lettre écrite à un provincial par un de ses amis sur le sujet des disputes présentes de la Sorbonne,* De Paris, ce 23 Janvier 1656, Br. t. IV, p. 119 sq. – *Dix-huitième Lettre, au Révérend P. Annat, Jésuite,* le 24 mars 1657, Br. t. VII, p. 23 sq. – Sans doute au début d'août de la même année paraît le recueil : *Les Provinciales ou Les Lettres écrites par* Louis de Montalte, *à un Provincial de ses amis, et aux R.R.P.P. Jésuites ; sur le sujet de la Morale et de la Politique de ces Pères,* ibidem, p. 77-78 – On a retrouvé les premières pages d'une dix-neuvième Provinciale sans titre ni date, peut-être avril ou mai 1657, ibidem, p. 171-174.

21. Dans la *Seconde Provinciale,* l'auteur de la *Lettre,* résumant les diverses solutions au problème de la grâce, déclare notamment : si, comme les Jansénistes « j'admets que la grâce efficace soit nécessaire, je pèche contre le sens commun et je suis extravagant, disent les Jésuites ». (Br. t. IV, p. 164) – *14e Provinciale,* Br. t. VI, p. 131 – *16e Provinciale,* ibidem, p. 273.

22. Br. t. VII, p. 354 : témoignage de Marguerite Périer, O.C. I, p. 1017-1018.

23. *Psaume* 69 (68 selon la Vulgate), 10 – *Jean,* XXI, 17.

24. Jean MESNARD, *Pascal, Les écrivains devant Dieu,* Desclée de Brouwer, 1965, p. 9.

25. L. 854 ; Br. 839. Les notes de Pascal sur les miracles sont groupées dans les liasses pourtant dites « non classées » de l'édition Lafuma : XXXI-XXXII-XXXIII – Pour le contexte historique, voir : Jean de VIGUERIE, *Le miracle dans la France du XVIIe siècle,* XVIIe siècle, n° 140, juillet-septembre 1983.

26. L. 832 ; Br. 803. Cf. L. 840, p. 457 ; Br. 829.

27. Cf. Henri GOUHIER, ouvr. cit. Ch. III. *De l'Entretien à l'Apologie,* notamment : IV. *Une « Provinciale » sur les miracles ?* et premières pages de V : *Les deux apologétiques.*

28. L. 1000-1008.

29. Voir, par exemple déjà : Ferdinand BRUNETIERE, *Etudes critiques sur l'histoire de la littérature française,* Hachette, 1ère série, 1880, *Le problème des « Pensées » de Pascal,* notamment p. 73 et p. 89 – 3e série, 3e éd. 1894, *De quelques travaux récents sur Pascal* (septembre 1883), p. 46-47.

30. Roger E. LACOMBE, *L'Apologétique de Pascal, Etude critique,* P.U.F. 1958, p. 12.

31. *ibidem.* Voir infra, Ch. VII, VI.

32. *Lettre de Nicole au marquis de Sévigné,* non datée, L. t. III, p. 198.

33. Jean ORCIBAL, discussion de la communication de l'abbé Cognet dans : *Royaumont...,* p. 39-40.

34. Jean MESNARD, *Pascal, l'homme et l'œuvre,* 1ère éd. Boivin, 1951, p. 105-107 ; 5e éd. revue et corrigée, Hatier, 1967, p. 111-114 : Ces écrits « sont l'une des clefs de toute l'œuvre de Pascal ». – Et aussi : *Universalité de Pascal,* Méthodes, p. 337-338.

Ces Ecrits font l'objet d'études très minutieuses dans : Jan MIEL, *Pascal and Theology,* Baltimore and London, The John Hopkins Press, 1969 ; et dans : Philippe SELLIER, *Pascal et saint Augustin,* A. Colin, 1970, Ch. III, La grâce souveraine.

35. Br. t. XI. L'éditeur est Félix GAZIER (t. IV, p. II) ; Cf. O.C. I, p. 295-297. Voir infra, Ch. IV, p. 76 sq. et n. 19 sq. ; pour la date, Ch. IX, p. 151 et n. 18.

36. NICOLE, *Traité de la grâce générale,* 1ère Partie, Discours qui peut servir de Préface, cité d'après l'extrait donné dans Br. t. XI, p. 101-102 ; et O.C. I, p. 1002.

37. Br. T. XI, p. 101. De même, Jean MESNARD, O.C. I, p. 1001.

38. *1er Ecrit,* ibidem, p. 134.

39. Sur le contexte historique de la pensée de Pascal à cette époque, voir : Jean DELUMEAU, *Le péché et la peur, La culpabilisation en Occident, XIIIe-XVIIIe siècles,* Fayard, 1983, notamment Ch. 8, *Le péché originel,* et Ch. 9, *La masse de perdition et le système du péché.*

40. Br. t. XI, p. 128-140 ; en Appendice, résumé de la suite par Dom Clémencet – Sur une copie du manuscrit perdu dit de l'abbé Périer (O.C. I, p. 305), Lafuma a trouvé une copie de cet écrit dont le texte me paraît moins élaboré mais qui contient la partie, ou soi-disant partie, résumée par Dom Clémencet : *Deux pièces imparfaites sur la Grâce et le Concile de Trente,* Vrin, 1947. En effet, ces nouvelles pages me paraissent être

moins une suite qu'une nouvelle série de notes sur le problème de la grâce et des trois solutions, cela à l'intérieur ou en vue d'une vive polémique contre la modernité de la théologie des Jésuites.

41. Br. t. XI, p. 128, n. 1.

42. Br. t. XI, p. 145-155.

43. Br. t. XI, p. 156-242.

44. *ibidem,* I, p. 170.

45. L. 791 ; Br. 777 – L. 930 ; Br. 513 – L. 972 ; Br. 514. Voir les notes dans L. t. II, p. 145, p. 182 et p. 202. L'exactitude des rapprochements proposés ne prouve pas nécessairement que les notes conservées dans les « Pensées » ont été prises en vue de la *Lettre... sur la possibilité des Commandements* : elles portent sur des questions fondamentales que rencontre aussi l'auteur des *Provinciales* et celui de l'Apologie. Infra, Ch. VI, n. 5.

46. Br. t. XI, p. 243-295 – Lafuma a publié le texte du Fragment II (p. 162-284) d'après la copie du manuscrit de l'abbé Périer, *Deux pièces imparfaites sur la grâce...*, p. 47 sq.

47. *ibidem,* p. 262, 263, 268, 290.

48. *ibidem, Lettre...* VIII, p. 236.

49. Voir plus loin, Ch. IX, n. 19.

50. Supra, n. 12.

51. Br. t. VII, p. 78-79 – F. STROWSKI, *Pascal et son temps,* 3e Partie. 3e éd. Plon, 1913, p. 169 : « les *Provinciales* sont donc, en un sens, inachevées. » ; cf. p. 200.

52. L. 4 ; Br. 184 – L. 5 ; Br. 247 – L. 7 ; Br. 248 – L. 9 ; Br. 291 – L. 11, Br. 247 – L. 408 ; Br. 74 – Cf. H. GOUHIER, ouvr. cité, p. 183-185.

53. L. 149 ; Br. 430 – L. 122 ; Br. 416 – Pour la date : infra, Ch. IX, n. 39.

54. Le premier de ces *Ecrits,* parfaitement composé et rédigé, donne l'impression d'un opuscule achevé ; mais il n'est pas sûr qu'il l'était dans l'esprit de son auteur.

55. Si intéressante soit-elle, nous n'avons pas à examiner la thèse de Lucien Goldmann : « la seule forme adéquate au contenu des Pensées est le fragment » « qui est recherche d'ordre mais recherche qui n'a pas réussi, et ne peut pas réussir, à l'approcher » (ouvr. cit. p. 220 et 225-226). « Ordre », selon Goldmann, signifie totalité, c'est-à-dire synthèse des contradictoires, ce que la raison de Pascal ne peut ni obtenir ni, pourtant, ne pas souhaiter ; mais il est bien entendu que cette dialectique n'a pas été pensée par Pascal comme elle l'est pas son historien ; toujours selon Goldmann, une œuvre peut avoir une signification « objective » différente de celle qu'elle avait dans la conscience de son auteur. « L'intention d'un écrivain et la signification subjective qu'a pour lui son œuvre ne coïncident pas toujours avec la signification objective de celle-ci qui intéresse en premier lieu l'historien-philosophe. » (p. 17). Le point de vue adopté dans le présent ouvrage est donc radicalement différent. Sur la position de Lucien Goldmann, clair exposé et mise au point critique dans : Ferdinand ALQUIE,

Signification de la philosophie, Hachette, 1971 ; Compléments, I. *Pascal et la critique contemporaine.*

56. Jean MESNARD, *Aux origines de l'édition des « Pensées » : les deux copies,* dans : *Les « Pensées » de Pascal ont cent ans,* p. 29 et citation dans l'Avant-propos de Thérèse GOYET, p. VII.

57. Maurice BARRÈS, *L'Angoisse de Pascal,* Plon, 1923, p. 3-4, repris dans : *Les Maîtres,* Plon, 1927, p. 87.

On a repris dans le Ch. III l'esentiel de l'article : *Le cœur qui sent les trois dimensions, Analyse d'une « Pensée » de Pascal,* publié dans : *La passion de la raison,* Hommage à Ferdinand Alquié, P.U.F., 1983. On a inséré dans le Ch. VIII des morceaux de : *Le refus de la philosophie dans la nouvelle apologétique de Pascal,* publié dans : *Chroniques de Port-Royal,* n° 20-21, 1972. Dans la Note finale, quelques passages ont été repris dans : *Pascal et la philosophie* publié dans *Chroniques de Port-Royal,* n° 11-14, 1963.

CHAPITRE PREMIER

1. L. 378 ; Br. 470 ; T. p. 296. ANZIEU, t. I, 376 ; LE GUERN, 358 ; SELLIER, 410. Les mots « véritable conversion » se retrouvent dans la 9ème *Provinciale ;* Br. t. V, p. 194 et dans la 10ème, p. 264.

2. Les mots « un commerce » ont été ajoutés en bout de ligne ; le mot « et » l'a été au début de la ligne suivante ; la première rédaction était donc : « une adoration qui se fait de Dieu comme une conversation... ». Cf. *Manuscrit,* p. 143.

3. L. 834 ; Br. 826 ; voir : L. 835 ; Br. 564 – Tetsuya SHIOKAWA, *Pascal et les miracles,* Nizet, 1977, p. 172-173.

4. L. 377 ; Br. 280 ; T. p. 296. Cette ligne peut être considérée comme le titre de la liasse : Pol ERNST, *Approches pascaliennes,* Gembloux (Belgique), Duculot, 1970, p. 503, ce qui ne veut pas dire que Pascal la tenait lui-même pour un titre.

5. L. 380 ; Br. 284. Cf. L. 925 ; Br. 490 : « La foi reçue au baptême est la source de toute la vie du chrétien, et des convertis. ».

6. L. 381 ; Br. 286.

7. L. 382 ; Br. 287 ; T. p. 297. Texte dicté à un secrétaire ; la première ligne qui sert de titre : « Connaissance de Dieu » a été ajoutée par une main étrangère.

8. *Psaume* 118 (Vulgate) ou 119, 36 : *Inclina cor meum...* L. 382 ; Br. 284 – L. 381 ; Br. 287 – L. 821 ; Br. 252 – *Factum pour les Curés*

de Paris. Contre le livre intitulé Apologie pour les Casuistes... 1657, Br. t. VII, p. 298.

Cf. Annie BARNES, *Littérature et Liturgie au XVIIe siècle :* « Tous les dimanches à tierce, Pascal a récité le verset 36 : *Inclina cor meum ad testimonia tua.* Tous les dimanches à sexte, il a récité le verset 112 : *Inclinavi cor meum ad faciendas justificationes tuas in aeternum ». (French Studies,* janvier 1966, p. 19-20). Le second texte est intéressant pour le sens biblique du mot « cœur » mais Pascal n'aurait sans doute pas dit : « J'ai incliné mon cœur à observer tes lois ».

Voir plus loin, Ch. III, p. 55 et n. 4.

9. L. 380 et L. 382.

10. L. 381, supra, n. 6.

11. L. 379, Br. 825, avec cette référence : I, p. q. 113, a. 10, ad. 2. Les éditeurs et historiens sont d'accord avec E. HAVET, t. II, art. XXV, n° 42, p. 158 : Saint THOMAS, *Summa theologica,* Ia Pars, IIae, Qu. 113, art. 10, *ad secundum.* Le titre de l'article est : *Utrum justificatio impii sit opus miraculorum ?* Saint Thomas répond *non,* quand la conversion se fait dans le cours ordinaire de la justification qui est progressif et demande du temps ; *oui,* quand la conversion est instantanée comme celle de saint Paul sur le chemin de Damas. De là, la seconde objection et sa réponse : *ad secundum :* si la volonté de l'impie tend au mal, sa conversion au bien est contraire à sa nature, c'est donc un miracle. Non, car l'âme de l'impie est naturellement ouverte à la grâce, *capax gratiae ;* il est aussi naturel que Dieu la convertisse qu'il est naturel que le feu chauffe l'eau ; ni d'un côté ni de l'autre il n'y a miracle. Cf. E. BAUDIN, *La Philosophie de Pascal,* t. II, *Pascal, les Libertins et les Jansénistes,* Neuchâtel, La Baconnière, 1946, p. 128. Voir aussi : Tetsuya SHIOKAWA, *Pascal et les miracles,* p. 174-175.

Baudin dit : « le texte invoqué ne porte pas ». A mon sens, le texte de saint Thomas paraît peu accordé à la théologie de Pascal qui ne saurait assimiler l'action de la grâce à une opération naturelle, même pour parler à l'imagination ; d'autre part, ce texte ne considère en aucune façon l'alternative « convertir » ou « condamner » qui est l'objet de la « Pensée ». Mais, puisque saint Thomas considère que toute conversion n'est pas un miracle, Pascal le juge d'accord avec lui pour dire que le miracle ne cause pas la conversion. Cette interprétation rejoint celle de M. Shiokawa, p. 174.

Pascal avait sans doute l'intention de revenir sur ce point ; de là la note énigmatique, L. 728 bis ; Br. 825 : « Miracles Saint Thomas, t. III, l. VIII, Ch. 20 ». M. Shiokawa nous tire d'embarras : « Evidemment la référence... ne renvoie pas à saint Thomas dont aucune œuvre n'offre de telle division mais à l'*Augustinus* de Jansénius ». (p. 174, n. 177).

12. *Exode,* III, 14. Il ne semble pas que Pascal ait eu l'occasion de citer ce texte. Cf. LHERMET, *Pascal et la Bible,* Vrin, 1931, table des citations bibliques de Pascal, p. 186-194 et p. 228-239.

13. L. 564 ; Br. 485 – *Luc,* XVII, 20-21.

14. SAINT AUGUSTIN, *Confessions,* livre X, XXVII, 38 : « ... *et ecce intus eras et ego foris et ibi te quaerabam... Mecum eras, et tecum*

non eram... Trad. P. de Labriolle, Paris, Les Belles Lettres, t. II, 1926, p. 268-269.

15. L. 423 ; Br. 277 ; T. p. 312-313. Infra, Ch. VI, p. 100 et n. 26. « Cette conception pascalienne de Dieu être universel, écrit M. Jean Mesnard, ... mériterait une étude approfondie », qui en éclairerait « l'élément platonicien et augustinien » (*Universalité de Pascal,* dans *Méthodes,* p. 354). Certainement, mais nous penserons plutôt à la spiritualité de saint Augustin qu'à son platonisme.

16. L. 380 : « soi » renvoie au sujet de « donne » : Dieu – L. 381.

17. A Gilberte, 1er avril 1648, O.C. II, p. 583 ; Br. t. II, p. 251.

18. A Gilberte et à Florin Périer, 17 avril 1651, O.C. II, p. 854 ; Br. t. II, p. 544.

19. L. 574 ; Br. 263 ; T. p. 79.

20. Cf. H. GOUHIER, *Pascal, Commentaires,* Ch. III, II. Voir les documents publiés dans Br. t. V, p. 391, 395, 398-399, 401 – Jean MESNARD, *Pascal et les Roannez,* Ch. III, 1.

21. Br. t. V, p. 407. Lettre non datée : Brunschvicg et Gazier disent : Septembre 1656 (p. 405) ; M. Philippe Sellier proposerait plutôt : 4 décembre (*Pascal et la liturgie,* p. 71-74) ; mais la référence au nouveau miracle rend plus vraisemblable : seconde quinzaine de septembre. Une ursuline de Pontoise, Marie de l'Assomption, souffrait depuis huit mois de maux de tête ; elle envoya à Port-Royal des linges qui touchèrent la Sainte-Epine ; elle les appliqua sur son mal le 17 août 1656 ; elle se sentit complètement guérie au terme d'une neuvaine, le 25 ; une attestation du miracle avec certificats médicaux fut envoyée à Port-Royal, datée du 14 septembre. Pascal eut sans doute connaissance de cette histoire après cette date (Br. t. V, p. 403 ; J. MESNARD, *Pascal et les Roannez,* p. 473-474).

Dans Br. t. V, p. 407, la note 3 signale que la citation de saint Augustin n'a pas été retrouvée. Elle l'a été par Philippe Sellier : Pascal a pris le texte dans un recueil d'aphorismes augustiniens dû à Prosper d'Aquitaine (403-465 environ), intitulé : *De vera innocentia (Pascal et saint Augustin,* p. 378).

22. *Deutéronome,* XXIX, 1-4 ; *Isaïe,* XXIX, 9-10 ; *Matthieu,* XIII, 13-14 ; *Luc,* VIII, 10 ; *Romains,* XI, 8.

23. *Sur la conversion du pécheur,* LAFUMA, Opuscules, p. 64 ; Br. t. X, p. 422-423. Dans le même sens, ces lignes de L. 269 ; Br. 692, où l'absence de « vue » dans la recherche de Dieu décrit si exactement l'état de Pascal dans la période qui précède la nuit du Mémorial : « Mais ceux qui cherchent Dieu de tout leur cœur, qui n'ont de déplaisir que d'être privés de sa vue... ».

Le texte connu sous le titre *La conversion du pécheur* ou *Ecrit sur la conversion du pécheur* a été imprimé pour la première fois par l'abbé Bossut, *Oeuvres de Blaise Pascal,* La Haye (Paris), 1779, t. II : *Fragment d'un Ecrit sur la conversion du pécheur,* p. 527-533.

L'original se trouvait dans un recueil d'écrits inédits de Pascal réunis par son neveu, Louis Périer, dit : « manuscrit de l'abbé Périer » et pas encore retrouvé (O.C., I, p. 69 sq.). Ce texte est connu par trois copies.

1° Une copie du P. Guerrier, 3e Recueil Guerrier, B.N. 13.913, O.C. I, p. 335, n° 74. Guerrier dit dans une note : « J'ai transcrit ceci sur la copie qui est parmi les papiers que Mlle Périer a donnés aux P.P. de l'Oratoire de Clermont... Le nom de l'auteur n'y est pas. Je ne sais de qui est cet écrit. » Cette copie a été reproduite dans : Recueil Thémericourt, B.N. 12. 988, O.C., I, p. 344, n° 197 ; mais « Melle de Thémericourt et son copiste, remarque M. Jean Mesnard, sont obsédés par le souci d'apporter des précisions là où le P. Guerrier s'était, par prudence, tenu sur la réserve » ; en particulier ils ont « un penchant fort visible à multiplier les attributions à Jacqueline Pascal » ; il ne convient donc pas de « prendre pour argument de poids » cette note : « ... Le nom de l'auteur n'y est pas. Je le crois de Melle Pascal avant qu'elle se fît religieuse. » (O.C. I, p. 176-177). Ce texte est publié dans Br. X, p. 422 sq.

2° L'écrit se trouve aussi dans un recueil de copies dit longtemps « le manuscrit de Sainte-Beuve », retrouvé par Louis Lafuma (*Trois pensées inédites de Pascal*... 1945), aujourd'hui dans une collection privée : O.C. I, p. 306, n° 10. C'est ce texte que Lafuma publie dans : *Opuscules et lettres...*, p. 63 sq.

3° L'écrit a été copié par Dom Clémencet dans son *Histoire générale des écrivains de Port-Royal*... dont le long titre est en général simplifié par l'appellation : *Histoire littéraire de Port-Royal*, cela vers 1755. Le chapitre *Blaise Pascal* et les écrits inédits recopiés par le bénédictin n'ont été publiés qu'en 1928 par Ernest JOVY, *La vie inédite de Pascal par Dom Clémencet*, Vrin ; *La conversion du pécheur* est publiée, sans titre, p. 61-64. M. Jean Mesnard a établi que la copie de Dom Clémencet ne dépend ni de la copie de Guerrier ni du « Manuscrit de Sainte-Beuve » (O.C. I, p. 89-90).

Brunschvicg et Gazier refusent de dater cet écrit, t. I, p. IV et t. X, p. 63 sq. P. Faugère disait : 1647 ou 1648 (*Pensées, fragments et lettres de Blaise Pascal*, 1ère éd. 1844, t. I, p. 81 sq. ; 2e éd. 1897, t. I, p. 93 sq.), c'est-à-dire au lendemain de la première conversion ; de même, LHERMET, p. 109-110 ; les derniers historiens pensent plutôt : à la veille de la seconde conversion, fin 1653, voir Lafuma (*Opuscules...*, p. 14, 20 et 63), c'est-à-dire au début de la crise qui aboutit à la soirée du 23 novembre 1654 ; un peu plus tard, pense Jean Mesnard, printemps 1654 (*Pascal*, 1ère éd., p. 62 et 64 ; 2ème éd., p. 65 et 67 ; *Pascal devant Dieu*, p. 99-100).

Nous serions plutôt porté à voir dans ce texte un témoignage rétrospectif sur la seconde conversion : pour décrire si bien l'état de l'âme en quête de Dieu avant la délectation de la grâce, ne faut-il pas avoir expérimenté ce qui manquait alors ? On verrait volontiers Pascal composant un essai de psychologie religieuse sur la conversion au cours des semaines qui ont suivi la nuit du *Mémorial*.

24. *ibidem*, p. 66 ; Br. t. X, p. 426.

25. Br. t. IV, deux fac-similés, p. 4 ; mots soulignés par nous.

Le Père André Blanchet fait aussi le rapprochement entre le Mémorial et le début de *Sur la conversion du pécheur :* « Le mot *vue* signifie ici (sens ignoré de Littré) : connaissance vécue, nouvelle ou renouvelée, accordée par Dieu en une circonstance particulière ». Le P. Blanchet signale la présence du mot avec ce sens dans *La Vie de M. de Renty,* par le P. Jean-Baptiste SAINT-JURE, 1651, que Pascal a très probablement lue. (*Note sur le livre de Saint-Jure : La Vie de M. de Renty,* à la suite de *Une lecture nouvelle du Mémorial,* dans *Etudes,* janvier 1970, p. 87).

26. L. 381 ; Br. 286.

27. L. 382 ; Br. 287 ; T. p. 297 ; *Manuscrit,* p. 144.

28. L. 328 ; Br. 732.

29. L. 382 ; Br. 287.

CHAPITRE II

1. L. 199, p. 136 ; texte de Br. 72.

2. L. 882 ; Br. 222, texte de T. p. 157.

3. L. 919, p. 487 ; Br. 559.

4. L. 427, p. 247 ; Br. 194. Cf. un peu plus haut, p. 246 : « ... l'horrible nécessité d'être éternellement ou anéantis ou malheureux » – L. 432 ; Br. 195 b : « Notre imagination nous grossit si fort le temps présent... que nous faisons de l'éternité un néant et du néant une éternité. ».

5. *De l'esprit géométrique,* Br. t. IX, p. 270 ; L. *Opuscules,* p. 139.

6. *ibidem,* p. 264. Cf. p. 263 : « deux néants d'étendue ne peuvent pas faire une étendue » ; *idem,* p. 259-260.

7. *ibidem,* p. 257.

8. *Pascal à M. Le Pailleur,* Br. t. II, p. 186 ; O.C. II, qui date : février 1648, p. 563-564.

Quelques mois plus tôt, le 19 octobre 1647, Pascal avait déjà écrit au P. Noël : « Il y a autant de différence entre le néant et l'espace vide que de l'espace vide au corps matériel, et qu'ainsi l'espace vide tient le milieu entre la matière et le néant ». Br. t. II, p. 104 ; O.C. II, p. 526.

9. *De l'esprit géométrique,* Br. t. IX, p. 267-268. L. *Opuscules,* p. 137.

10. Texte de Br. t. IX, p. 269-270, qui donne : « infinité et néant d'ombre », que je remplace par « de nombre », comme dans Lafuma, *Opuscules...,* p. 139.

Le passage du « problème épistémologique » au « statut ontologique de l'homme » est nettement souligné par Jean PUCELLE, *La dialectique du renversement du pour et du contre...* dans *Méthodes...,* p. 446.

11. A M. Le Pailleur, Br. t. II, p. 193 ; O.C. II, p. 568.

12. *De l'esprit géométrique,* Br. T. IX, p. 256. L. *Opuscules,* p. 130.

13. BERULLE, *Opuscules de piété,* éd. Rotureau, Aubier, 1944, Opuscule XXX. Voir aussi l'Opuscule XXIII.

14. *Correspondance du cardinal Pierre de Bérulle,* Desclée de Brouwer, éd. J. DAGENS, t. III, 1939, Aux Pères de l'Oratoire, 1627, p. 314.

15. L. 199 ; Br. 72. On appelle aussi ce fragment : « sur les deux infinis ».

Cette *Pensée* fait l'objet d'une minutieuse édition critique par M. Yôichi MAEDA. *Le premier jet du fragment pascalien sur les deux infinis,* dans : *Etudes de Langue et Littérature françaises,* n° 4, Tokio, 1964 – *Commentaries on Pascal's Pensées,* Tokio, 1979, p. 208-232 – L'auteur revient sur l'étude de ce fragment au début de son article : *Le premier jet et les retouches dans le manuscrit des « Pensées »,* dans : *Chroniques de Port-Royal,* n° 20-21, 1972.

16. *ibidem,* l. p. 135. Infra, Ch. X, p. 189 et n. 107 et 109.

17. *ibidem,* p. 136.

18. *ibidem.* Infra, Ch. X, p. 190.

19. *ibidem,* p. 138.

20. L. 2 ; Br. 227.

21. L. 36 ; Br. 164.

22. L. 622 ; Br. 131.

23. L. 806 ; Br. 147. Texte peu raturé (T., p. 131). Pascal écrit pour lui, sans souci d'expliciter la pensée ; on a indiqué entre crochets ce qui semble être sous-entendu. Brunschvicg renvoie en note à CHARRON, *De la Sagesse,* I, Ch. 36 (lire plutôt : 38) ; Lafuma, à MONTAIGNE, *Essais,* II, 16, *De la gloire,* éd. VILLEY, p. 101 ; III, 9, *De la vanité,* p. 229-230. Dans aucun de ces textes n'apparaît le mot « néant ».

24. L. 656 ; Br. 372, qui lit : « je ne tends ».

25. A. Gilberte 1er avril 1648 ; O.C. II, p. 583 ; Br. t. II, p. 251. Supra, Ch. I, p. 33 et n. 17.

26. *18e Provinciale,* Br. t. VII, p. 29.

27. L. 418, p. 237 et 239 ; Br. 233, p. 435 et 439.

28. A Gilberte, 1er avril 1648 ; O.C. t. II, nous analysons p. 582-583 ; Br. t. II, p. 250-252.

29. *Sur la conversion du pécheur,* Br. t. X, p. 422-423 et p. 425. Texte de L. *Opuscules,* p. 64-65 et p. 67. Sur cet écrit et sa date douteuse, supra, Ch. I, n. 23.

30. *Traité de l'Amour de Dieu,* livre IX, Ch. XIII, p. 795 ; *aux Galates,* II, 20.

Sur les relations de saint François de Sales avec Port-Royal entre 1619 et 1622, date de sa mort, voir le témoignage de la mère Angélique, *Relation écrite par la mère Angélique Arnauld,* publiée pour la première fois conformément au texte original... par Louis COGNET, Grasset, 1949, p. 97-102. Voir aussi ses propos rapportés par Antoine Le Maître et cité par SAINTE-BEUVE, *Port-Royal,* Livre I, ch. VIII, 8e édition, Hachette, 1908, p. 210-211. Pour l'amitié qui n'a cessé d'unir la mère Angélique à la mère de Chantal, morte en 1641 : Auguste GAZIER, *Jeanne de Chantal et Angélique Arnauld,* Champion, 1915.

Aux yeux d'Henri BREMOND la fille spirituelle la plus « accomplie » de l'évêque de Genève était la mère Agnès, auteur du *Chapelet secret du Saint-Sacrement,* écrit en 1627. *Histoire littéraire du sentiment religieux en France.* IV, *La conquête mystique,* II, *Port-Royal,* Bloud et Gay, 1938, 181-182.

31. *ibidem,* p. 803. Dans ce qui suit, saint François récupère le mot « acquiescement » mais vidé de toute initiative personnelle : l'indifférence réduit la volonté à n'être qu'« une simple et générale attente », « indifférente à tout ce qu'il plaira à la volonté divine d'ordonner » ; « lorsque les événements sont arrivés et reçus », c'est-à-dire : lorsqu'il arrive ce que Dieu a décidé, « l'attente se convertit en consentement ou acquiescement » : or ces deux mots n'ont plus aucune référence à l'expérience qui leur donne leur sens dans le langage courant et même philosophique, et qui implique une activité, voire une possibilité au moins théorique de ne pas consentir, de ne pas acquiescer.

32. *ibidem,* Ch. IV, p. 770. Voir aussi : *Entretiens spirituels,* 3e, Pléiade, p. 1025 : « Ainsi les Saints qui sont au Ciel ont une telle union à la volonté de Dieu, que s'il y avait un peu plus de son bon plaisir en enfer ils quitteraient le Paradis pour y aller ».

Ce thème du « renoncement au salut », Jean ORCIBAL le signale dans Bérulle, Condren, la mère Agnès *(Chapelet secret du Saint-Sacrement).* Saint Cyran..., *Jean Duvergier de Hauranne, abbé de Saint-Cyran et son temps, 1581-1632,* Vrin, 1947, p. 63, n. 5 ; p. 67, n. 4.

33. L. 378 ; supra, Ch. I, p. 29 et p. 30.

34. *A Gilberte,* 17 octobre 1651 ; O.C. II, p. 861 ; Br. t. II, p. 558.

35. L. 919 ; Br. 553 ; T. p. 20.

36. L. 597 ; Br. 455.

37. L. 271 ; Br. 545 : Jésus-Christ vient sauver les hommes mais il « n'a fait que leur apprendre... que cela se ferait en se haïssant soi-même... ».

38. III, Ch. XI, 3 : *ut... tui ipsius amator non sis ;* Ch. XXXII, 3 ; *ut tui ipsius amator non esses.*

39. L. 618 ; Br. 479.

40. L. 617 ; Br. 492.

41. L. 119 ; Br. 423.

42. L. 123 ; Br. 157 : « Contradiction, mépris de notre être, mourir pour rien, haine de notre être ».

43. L. 564 ; Br. 485.

44. L. 220 ; Br. 468. Cf. L. 475 ; Br. 676 : ne peuvent « entendre et connaître Jésus-Christ » que ceux « qui se haïssent ».

45. L. 210 ; Br. 451.

46. L. 211 ; Br. 453. Ces textes appartiennent à un ensemble fort justement reconstitué dans : Gérard PERREYROLLES, *Pascal et la raison du politique,* P.U.F., 1984, voir notamment Ch. III, La concupiscence collective.

47. *ibidem* (mots soulignés par nous). On renvoie volontiers (Br. p. 541 ; L. t. II, p. 43) à : *Psaumes,* CII (Vulgate) 14 : *Yahveh cognovit figmentum nostrum.* Mais ce qui est important, pour Pascal, c'est que ce *fond* soit mauvais. La bonne référence est donnée par LHERMET, p. 188 et 212, 214 : *Genèse* VIII, 21, version de la Bible de Vatable : *Figmentum enim humani cordis malum est ab adolescentia sua.*

48. L. 597 ; Br. 455 ; T. p. 84.

49. L. 642 ; Br. 448 : « Miton voit bien que la nature est corrompue et que les hommes sont contraires à l'honnêteté, mais il ne sait pas pourquoi ils ne peuvent voler plus haut » (sur l'établissement du texte, voir : L. t. II, p. 119).

50. PLAUTE, *Asinaria,* Acte II, Scène 4, 495 : *Lupus est homo homini, non homo...*

51. *supra,* n. 48.

52. *ibidem.*

53. L. 376 ; Br. 484.

54. MATTHIEU, XXII, 35-40 ; MARC, XII, 28-31. Cf. saint PAUL, *Romains,* XIII, 9 ; *Gal.,* V, 14.

55. L. 450 ; Br. 494.

Charles Du Bos voyait dans la « haine de soi » pascalienne « tout un labyrinthe de questions » qu'il voulait seulement indiquer dans une note à la fin de sa profonde méditation : *Le langage de Pascal,* dans *la Revue hebdomadaire,* 14 juillet 1923. Mais la direction de la Revue a supprimé cette note : Charles Du Bos la reprit avec son article dans *Approximations* (Deuxième série, Crès 1927, p. 94-95). Dans le texte de son journal où il donne la véritable date de cette note, on le voit occupé et préoccupé par la préparation d'un article sur ce sujet destiné à la *Revue critique* (*Journal,* 1921-1923, 14 septembre 1923, p. 328-332). Son problème tient à une double constatation : « aucune parole du Christ ne dit qu'il faille se haïr » et le Christ dit même : « Aimez votre prochain comme vous-même » ; « le concept du moi haïssable » est donc une « déviation ». Du Bos entrevoit la solution dans une distinction entre l'amour-propre qui est égoïste et le sens le plus profond du moi intime. Du Bos n'a pas publié l'article annoncé mais on retrouve cette solution dans des pages où il n'est d'ailleurs pas question de Pascal, à la fin d'une conférence sur Benjamin Constant : elle est dans une distinction entre l'amour-propre et « l'amour de charité » par lequel « nous devons aimer notre dignité de créature, d'enfant de Dieu ». *Benjamin Constant et « Adolphe » ou la grandeur de la sévérité envers soi-même,* dans *Approximations,* Sixième série, Corrêa, 1934, p. 189-193 ; repris dans : *Grandeur et Misère de Benjamin Constant,* Corrêa, 1946, p. 47-50.

CHAPITRE III

1. La bibliographie de ce chapitre serait considérable. Signalons comme fondamentaux : Jean LAPORTE, *Le cœur et la raison selon Pascal,* articles de 1927 repris dans « Bibliothèque philosophique », Paris, Elzévir, 1950 – Philippe SELLIER, *Pascal et saint Augustin,* Ch. II.

2. M. Hugh DAVIDSON a trouvé 128 fois le mot « cœur » dans les *Pensées* seulement, *Remarques sur la « Concordance des Pensées »,* dans : *Méthodes...,* p. 176.

3. L. 731 ; Br. 196 qui dit « Les gens... ».

4. L. 380 ; Br. 284 – L. 382, Br. 287. Voir plus haut, Ch. I, p. 31 et n. 8. *Psaume* 119 (Vulgate : 118), 36 ; traduction DHORME, Pléiade, II, p. 1166.

Traduction de la Bible de Jérusalem :

Infléchis mon cœur vers ton témoignage
et non point vers le gain
Libère mes yeux des images de rien,
vivifie-moi par ta parole.

Bien entendu, on retrouve le souvenir d'autres textes bibliques sur le mot « cœur » : voir LHERMET, p. 301-303 ; SELLIER, *ouvr. cit.,* p. 118-120. Citons seulement : « la circoncision du cœur », L. 268 ; Br. 683 et L. 270 ; Br. 670. *Romains,* II, 29 – « les yeux du cœur », L. 308 ; Br. 793. *Ephésiens,* I, 18 – Ajoutons : L. 777; Br. 847 : « Une des antiennes des Vêpres de Noël : Exortum est in tenebris lumen rectis corde. » Psaume CXII (CXI selon la Vulgate), 4. (Une lumière s'est élevée dans les ténèbres pour ceux qui ont le cœur droit).

5. L. 382 ; Br. 287 : « Dieu incline le cœur de ceux qu'il aime. » Cf. supra, Ch. I, p. 37.

6. *Ecrits sur la grâce,* 2e, Br. t. XI, p. 149 ; « ... la grâce... une délectation répandue dans le cœur par le Saint Esprit... » ; *Fragment d'une lettre sur la possibilité des commandements...* p. 178 : « ... la charité répandue dans le cœur par le Saint Esprit... ».

7. *10e Provinciale,* Br. t. V, p. 264.

8. *A Melle de Roannez,* septembre 1656, t. V, p. 405 ; 5 novembre 1656, t. VI, p. 161 – *Factum pour les Curés de PARIS,* 25 janvier 1658, Br. t. VII, p. 282. – *Romains,* VI, 6 ; *Ephésiens,* IV, 22-25 ; *Colossiens,* III, 9-10.

L'image de la seconde naissance désigne aussi le baptême : *Comparaison des chrétiens...* Br. t. X, p. 412 – *Prière pour demander à Dieu le bon usage des maladies,* § IV, Br. t. IX, p. 328, n. 3 ; inséré dans le texte par LAFUMA, *Opuscules,* p. 156.

9. *18e Provinciale,* t. VII, p. 31-32 ; EZECHIEL, XVIII, 31 ; XXXVI, 26. Cf. *A Melle de Roannez,* 5 novembre 1656, t. VI, p. 160.

10. *Le Cœur nouveau,* dans *Oeuvres chrétiennes et spirituelles* de Messire Jean Du Vergier de Hauranne, abbé de Saint-Cyran, 2e éd. 1679, Jacqueline Pascal cite cet opuscule dans une lettre à ses nièces, 17 juin 1661, Br. t. X, p. 93. Cf. Pierre MAGNARD, *La spiritualité de Jacqueline Pascal,* Chroniques de Port-Royal, no 31, 1982, p. 138-139 – Sur le cœur dans la spiritualité de Saint-Cyran, Pierre MAGNARD, *Saint-Cyran ou le paradoxe chrétien,* Chroniques..., nos 26-28, 1977-1979, p. 28-29 notamment.

11. Textes cités et commentés dans : Philippe SELLIER, *ouvr. cit.,* p. 82-83 – Jean LAPORTE, *ouvr. cit.,* Ch. III, I, « Le cœur est-il identique à la volonté ? », p. 95 notamment.

12. *Prière pour... le bon usage des maladies,* §. IV, Br. t. IX, p. 328.

13. L. 503 ; Br. 675 – L. 978 ; Br. 100, le cœur livré à l'amour propre.

14. L. 835 ; Br. 564.

15. L. 278 ; Br. 446.

16. L. 139 ; Br. 143.

17. L. 424 ; Br. 278 ; T. p. 312, (mots soulignés par nous).

18. *Profession de foi du Vicaire savoyard,* dans *Emile,* Livre IX, *Oeuvres complètes,* Pléiade, t. IV, 1969, p. 600.

19. L. 7 ; Br. 248 ; Manuscrit p. 38 ; texte moins corrigé que les italiques de T. p. 168 le font supposer.

20. L. 930 ; Br. 515.

21. *Prière... pour le bon usage des maladies,* §. XV.

22. *ibidem,* §. IV, p. 326 ; §. VI, p. 330 ; §. IV, p. 327.

Prière pour demander à Dieu le bon usage des maladies : des copies de cet écrit circulaient peu après la mort de Pascal ; cf. *Mère Angélique de Saint-Jean à son frère Arnauld de Pomponne,* 29 août 1662, Br. t. X, p. 329-330 ; il a été imprimé pour la première fois, sans nom d'auteur, en tête d'un recueil d'écrits provenant de Port-Royal : *Divers Traités de Piété,* Cologne, 1666. Cette prière devint le ch. XXXII des *Pensées de M. Pascal...,* 1670 ; les éditeurs déclarent qu'« elle a déjà été imprimée deux ou trois fois sur des copies assez peu correctes » : leur texte est donc meilleur (L. t. III, p. 163). Brunschvicg et Gazier, au contraire, pensent que le texte de 1670 a été corrigé et altéré par les éditeurs (Br. t. IX, p. 332). Br. t. IX, donne donc le texte de 1666 avec les variantes de 1670.

Les éditeurs de 1670 disent : « une prière que M. Pascal composa étant encore jeune, dans une maladie qu'il eut » (L. t. III, p. 163) : Brunschvicg et Gazier ne rejettent pas l'hypothèse : « 1647 ou 1648, au moment où Pascal fut atteint d'une paralysie des membres inférieurs » (Br. t. IX, p. 321). Que Pascal n'y fasse aucune allusion à la « chute » qui avait suivi sa « première conversion » serait un argument en faveur d'une date assez proche de ladite « première conversion ». L'hypothèse paraît vraisemblable à Jean Laporte, *Pascal et la doctrine de Port-Royal,* Revue de Métaphysique et de Morale, 1923, p. 262.

F. Strowski propose 1654, très exactement peu avant la seconde conversion. Pascal est dégoûté du monde ; un « retour agressif de ses souffrances » lui paraît être « comme un secours providentiel » : la prière est alors « la confession de son impuissance... Et l'expression de ses désirs » : la nuit du 23 novembre serait la réponse à son appel (t. II, p. 353-355 ; cf. p. 207).

Ces hypothèses se heurtent à un témoignage de Gilberte dans sa *Vie* de son frère, 2e version : « ... Mais on ne peut mieux connaître les dispositions particulières dans lesquelles il souffrait toutes ses nouvelles incommodités des *quatre dernières années de sa vie* que par cette prière admirable que nous avons apprise de lui et qu'*il fit en ce temps-là* pour demander à Dieu le bon usage des malades » (O.C. I, p. 624 ; Br. t. I, p. 83 et T. IX, p. 322 ; le paragraphe n'existe pas dans la première version) :

c'est pourquoi, sans être absolument convaincus, Brunschvicg et Gazier impriment le texte avec les écrits de 1659 (t. IX).

Jean Mesnard propose fin janvier ou début février 1659, *Pascal...*, 1ère éd. 1951, p. 115, 2e éd. 1967, p. 122 ; *Pascal...* Royaumont, 1956, p. 48 et 60 ; *Pascal... devant Dieu,* p. 12 et 105). L. COGNET, *Pascal... Tricentenaire,* p. 102 : la prière aurait été écrite au début de la dernière grande maladie de Pascal. M. Philippe Sellier a repris toute la question dans : *Pascal et la liturgie,* ch. III, §. IV, p. 81-91 ; il montre « ce texte admirable, tout rempli de souvenirs, de paraphrases des textes liturgiques du 1er, du 2 et du 3 novembre 1659 » ; « dans l'atmosphère de la Toussaint », Pascal « accablé par la maladie, incapable de se rendre à l'église, lisait et priait », s'unissant ainsi de cœur aux autres chrétiens.

Signalons une hypothèse de Lhermet : une première rédaction serait de 1647 ou 1648, reconnaissable à l'influence de Saint-Cyran ; elle aurait été retouchée vers 1654, ce qui donnerait satisfaction à Strowski ; puis revue en 1659, ce qui expliquerait le témoignage de Gilberte (p. 110-112 et p. 30). Mais le fait d'accorder trois opinions n'est pas une preuve, même de simple probabilité.

23. L. 179 ; Br. 256 – infra, Ch. VII, p. 129-130.

24. L. 975 ; Br. 275.

25. *Second écrit des curés de Paris,* 2 avril 1658, Br. t. VII, p. 311.

26. L. 172 ; Br. 185 ; T. p. 312-313.

27. L. 423 ; Br. 277.

28. L. 298, et t. II, p. 57 ; Br. p. 283 et n. 3 ; ANZIEU, t. I, 295 et n. 1 ; MONTAIGNE, *Essais,* III, 5, p. 148. Sur L. 298, infra, p. 65 et n. 46.

29. *De l'esprit géométrique,* Br. t. IX, p. 249 ; L. *Opuscules,* p. 125.

30. *ibidem,* p. 250 ; L. *Opuscules,* p. 126.

31. *ibidem,* p. 254 ; L. *Opuscules,* p. 128.

32. *ibidem,* p. 257 ; L. *Opuscules,* p. 131.

33. *De l'art de persuader, ibidem,* p. 272. L. *Opuscules,* p. 140. Cf. *De gratia contra Faustum,* XXXII, ch. 18.

34. *ibidem,* p. 273, L. *Opuscules,* p. 140 ; à la page précédente, il écrivait : « ... il y a deux entrées par où les opinions sont reçues dans l'âme... l'entendement et la volonté... », p. 271 ; L. *Opuscules,* p. 139.

35. *ibidem,* p. 275 ; L. *Opuscules,* p. 142.

36. *ibidem,* p. 276 ; L. *Opuscules,* p. 142.

37. *La conscience affective,* Paris, Vrin, 1979.

38. L. 110 ; Br. 282 ; T. p. 195 ; *Manuscrit,* nº 110.

39. L. 113 ; Br. 348. – L. 200 ; Br. 347.

40. L. 114 ; Br. 397.

41. L. 116 ; Br. 398. – L. 117 ; Br. 409.

42. L. 109 ; Br. 392.

43. L. 183 ; Br. 253 : « Deux excès : exclure la raison, n'admettre que la raison... ».

44. L. 110 ; dans le Manuscrit il n'y a pas « à » devant « ceux qui ne l'ont pas ».

45. L. 188 ; Br. 267. Cette argumentation est déjà esquissée dans l'*Entretien avec M. de Sacy :* Montaigne montre si bien à la raison « son peu de lumière... qu'il est difficile quand on fait un bon usage de ses principes, d'être tenté de trouver des répugnances dans les mystères » (p. 65).

46. L. 298 ; Br. 283 ; supra, n. 28.

47. Jeanne RUSSIER, *La Foi selon Pascal,* P.U.F., 1949, t. I, p. 162.

48. *ibidem,* p. 156.

49. *ibidem,* p. 162.

50. *ibidem,* p. 162-163 ; voir tout le Ch. I de la section II.

51. Jacques CHEVALIER, *Pascal,* Paris, Plon, 1922, p. 306 et n. 1.

52. *ibidem,* p. 307.

53. E. BAUDIN, *Etudes historiques et critiques sur la philosophie de Pascal,* I, *Pascal et Descartes,* La Baconnière, Neuchâtel, 1946, p. 203.

54. *ibidem,* p. 202.

55. *ibidem,* p. 214-215.

56. *ibidem,* p. 216.

57. *ibidem,* p. 203-204. Cf. L. 512 ; Br. 2.

58. J. LAPORTE, *ouvr. cit.,* p. 58. *Discours sur les passions de l'amour,* X, Br. t. III, p. 122-123 ; éd. LAFUMA, Delmas, 1950, p. 70 : « l'esprit de finesse... des yeux va jusqu'au cœur et par le mouvement du dehors il connaît ce qui se passe au dedans. » Rappelons que Br. penche pour l'attibution du *Discours* à Pascal, et que L. la refuse. Bon exposé des deux thèses par Jean MESNARD, *Pascal...,* 1ère éd. p. 57-59 ; 2e éd. p. 60-63.

59. *ibidem,* p. 113-116 ; cf. p. 121-122.

60. Jean STEINMANN, *Pascal,* Paris, Le Cerf, 1954, p. 300-301.

61. Pol ERNST, *Approches pascaliennes,* Duculot, S.A., Gemblous, Belgique, 1970, p. 127-128.

62. Michel et Marie-Rose LE GUERN, *Les pensées de Pascal de l'anthropologie à la théologie,* Paris, Larousse, 1972 ; je résume p. 67-68.

63. *Pascal et Descartes,* Paris, Nizet, 1971, p. 79.

64. Pierre MAGNARD, *Nature et histoire dans l'apologétique de Pascal,* Paris, Les Belles-Lettres, p. 109.

65. *ibidem.* p. 370-371.

66. Jean MESNARD, *Les Pensées de Pascal,* Paris, Sedes, 1976, p. 88-89.

67. *ibidem* et p. 163-164.

68. On pourrait en citer beaucoup d'autres, notamment : Frédéric RAUH, *La philosophie de Pascal,* article de 1892 repris dans *Revue de Métaphysique et de Morale,* 1923, p. 334-336 et 338 – Roger E. LACOMBE, *L'apologétique de Pascal,* p. 42-47 : interprétation nuancée mais où le cœur est « organe de connaissance » – J. PUCELLE, *La lumière naturelle et le cartésianisme...* Chroniques de Port-Royal, 1963 (voir plus loin Ch. X, n. 1), p. 57 – Shôzô AKAGI, *Les pensées fondamentales de la physique pascalienne et leur originalité,* dans *Etudes de Langue et Littérature Françaises,* nº 4, Tokio, 1964, p. 30 et 35 – *Pascal ou l'intériorité*

révélante, Présentation, choix de textes, par Aimé FOREST, éditions Seghers, 1971, Ch. IV – Edouard MOROT-SIR, *La métaphysique de Pascal,* P.U.F. 1973, p. 105-108 – Thomas More HARRINGTON, *Pascal philosophe,* dont le sous-titre est : *Une étude unitaire de la Pensée de Pascal,* Paris, Sedes, 1982, p. 90-92.

CHAPITRE IV

1. 17 octobre 1651 ; Br. t. II, p. 538 ; O.C. II, p. 852.

2. *ibidem,* p. 556 et p. 860 (mot souligné par nous).

3. *Sur la conversion du pécheur,* Br. t. X, p. 422 ; L. *Opuscules,* p. 64. Cf. supra, Ch. I, n. 23.

4. *ibidem,* p. 425 ; L. *Opuscules,* p. 66 ; la « raison aidée des lumières de la grâce ».

5. *ibidem,* p. 422 ; L. *Opuscules,* p. 64.

6. *Jacqueline à Gilberte,* 8 décembre 1654, Br. t. IV, p. 15.

7. *idem,* 25 janvier 1655, Br. t. IV, p. 61-62. Cf. H. GOUHIER, *Pascal, Commentaires,* Ch. I, II.

8. *ibidem,* p. 62 (mots soulignés par nous).

9. *Sur la conversion du pécheur,* Br. t. X, p. 425 ; L. *Opuscules,* p. 66 (mots soulignés par nous).

10. L. 919 ; Br. 553. T. p. 22.

11. *Prière pour le bon usage des maladies,* IV, Br. t. IX, p. 326 ; L. *Opuscules,* p. 155 : « douceurs célestes de votre grâce ».

12. Félix GAZIER dit : « novembre ou décembre 1656 ? ». Br. t. VI, p. 219. Philippe SELLIER peut préciser : 17 décembre 1656, *Pascal et la liturgie,* Ch. III, 1, p. 70-71.

13. *ibidem,* p. 219-220. *Actes des Apôtres,* XIV, 21. – L. *Opuscules,* p. 104.

14. *ibidem,* p. 221. La citation contracte deux passages de saint Jean, XIV, 27 et XVI, 22 – L. *Opuscules,* p. 105.

15. *ibidem.*

16. *A Melle de Roannez,* 24 septembre 1656, t. V, p. 409-410 – L. *Opuscules,* p. 95.

17. *A Melle de Roannez,* 17 décembre 1656 (supra, n. 12), t. VI, p. 220-221 – L. *Opuscules,* p. 104-105.

18. *ibidem,* p. 220 (mots soulignés par nous). Pour « charme », *supra,* p. 74 et n. 9 ; plus loin, n. 19.

19. *Ecrits sur la grâce,* 2e, Doctrine de saint Augustin, Après le péché d'Adam, Br. t. XI, p. 147-150 (mots soulignés par nous).

20. *ibidem,* 3e, VII, l'analyse porte sur les p. 226-228.

21. *ibidem,* p. 226 ; cf. p. 231.

22. *ibidem,* p. 226 (mots soulignés par nous). Par « âme réduite », Pascal veut sans doute dire une âme subjuguée, soumise à la loi du plaisir, cela par opposition au libre arbitre de l'âme innocente. Voir aussi, *ibidem, Fragments sur la possibilité des commandements,* I, p. 259-260.

23. *18e Provinciale,* Br. t. VII, p. 29-30 (mots soulignés par nous).

24. *De l'art de persuader,* L. *Opuscules,* p. 140 ; Br. t. IX, p. 272-273. *Exode,* XX, 19 : les juifs disent à Moïse : « parle-nous, toi, et nous t'écouterons » ; il est possible qu'ils en attendent « des choses agréables » mais c'est Pascal qui le dit. Cf. HAVET, t. II, p. 297.

25. *supra,* n. 23.

Le mot « délectation » est lié aux lectures augustiniennes de Pascal ; il n'apparaît pas dans les « Pensées ».

Sur l'interprétation de la doctrine de saint Augustin par Jansénius : Henri de LUBAC, *Augustinisme et théologie moderne,* p. 93-97. Sur la thèse augustinienne de la délectation : Et. GILSON, *Introduction à l'étude de saint Augustin,* 1ère éd. 1929, p. 204-205 ; 2e éd. 1943, p. 210-211.

26. Voir : *Ecrits sur la grâce,* Br. t. XI : *Textes notés ou traduits par Pascal,* 1° *Textes traduits de saint Augustin et de saint Prosper,* p.. 108-112. 2° *Textes non traduits* de saint Augustin, p. 119-127. Ces textes ont été recueillis par Pascal lui-même en vue de ses *Ecrits sur la grâce :* ils se trouvent avec lesdits *Ecrits* dans le manuscrit qui contient la seconde copie des *Pensées* (B.N. 12449). Voir l'inventaire du recueil : O.C. I, p. 297, n° XX.

27. *ibidem,* p. 109, *De Peccatorum meritis,* livre II, Ch. 19, Patrologie latine, Migne, t. 44.

28. *ibidem,* p. 115. *Enchiridion de Fide, Spe et Charitate* liber unus, Ch. 81, t. 40. Autre texte, p. 112-113, *In Johannis Evangelium tractatus...* XXVI, t.. 35.

29. *ibidem,* p. 111-112, *Enchiridion...* Ch. 118.

30. *ibidem,* p. 112-113, *In Johannis Evengelium tractatus...* XXVI, t. 35.

31. *ibidem,* p. 111, *De Diversis Quaestionibus ad Simplicianum libri duo,* Livre I, question 2, t. 40.

32. *ibidem,* p. 112, *Ad Bonifacium contra duas Epistolas Pelagianorum libri quattuor,* livre II, Ch. 8 et 9, t. 44.

33. *ibidem,* p. 116 ; *ibidem,* livre I, Ch. 3.

34. *Lettre sur la possibilité des commandements,* fragment VI, Br. t. XI, p. 207 et p. 109 ; *De peccatorum meritis,* livre II, Ch. 17, t. 44.

35. *ibidem,* fragment VIII, p.. 235.

36. *Fragments sur la possibilité des commandements,* II, Br. t. XI, p. 262.

37. *ibidem,* I, p. 259 ; cf. p. 108, *Juliani responsionem opus imperfectum (contra),* c. 109.

38. Philippe SELLIER, *Pascal et saint Augustin,* p. 641. Pour la question générale de la grâce, voir : Ch. II, *La grâce souveraine ;* pour la

délectation, les paragraphes « Les deux délectations » et « Grâce et libre arbitre chez Pascal », p. 329-348.

39. *Sanctorum Patrum de Gratia Christi et libero arbitrio dimicantium Trias, Augustinus Hipponensis adversus Pelagium*... (les deux autres étant *Prosper adversus Cassianum* et *Fulgentius adversus Faustum*) *collectore Paulo Erynacho,* Louvain, 1648, XIV-730, p. in-4°. L'auteur est un théologien de Louvain, Jean-Baptiste Sinnich. Les titres et les sommaires sont, au moins en partie, d'Arnauld. On simplifie le titre de cet ouvrage en l'appelant : *Trias.* Br. t. XI, p. 105 ; Ph. SELLIER, *ouvr. cit.*, p. 13, n. 3.

40. Cette thèse qui concerne à la fois l'expérience et la théologie de Pascal a été largement étudiée et critiquée par Henri BREMOND, *Histoire littéraire... L'Ecole de Port-Royal,* Ch. IX, §. 1 et 2 notamment ; puis dans t. VII, *La Métaphysique des saints,* 1, 1928, p. 16-26 : « le panhédonisme religieux » – Même thèse dans E. BAUDIN, *La philosophie de Pascal, Pascal et les jansénistes,* 2, trois chapitres sur *Le panhédonisme de Pascal,* l'essentiel étant dans le Ch. IX.

Jean LAPORTE remarque que, malgré l'autorité de saint Augustin et de Jansénius, Arnauld n'a jamais insisté sur la notion de délectation et a même fini par la rejeter : *La doctrine de Port-Royal, Exposition de la doctrine d'après Arnauld,* I, Les vérités de la grâce, P.U.F. 1923, p. 365, n. 25 ; p. 413, n. 4 ; p. 431, n. 52.

41. Faut-il citer deux lignes sur la conversion imaginaire ? supra Ch. III, p. 58-59 et n. 24.

42. *Traité de l'Amour de Dieu,* livre VI, Ch. VII, p. 629.

43. *ibidem,* livre IX, Ch. IX, p. 785.

44. *ibidem,* Ch. XII, p. 793-794. Voir aussi : Ch. X et XI, p. 787-790.

45. *Explication des Maximes des Saints sur la Vie intérieure,* par Messire François de Salignac Fénelon, Paris, 1697, article XVI. FENELON, *Oeuvres,* édition établie par Jacques LE BRUN, Gallimard, Pléiade, t. I, 1983, p. 1051.

46. *Lettres au P. Lamy sur la grâce et la prédestination,* dans *Oeuvres complètes de FENELON, archevêque de Cambrai,* Paris, Leroux et Gaume, t. II, 1848.

47. L'ouvrage fut publié à Cambrai au milieu de 1714 ; Fénelon est mort le 7 janvier 1715, mais après avoir préparé une seconde édition qui fut publiée par son secrétaire en 1715. Repris dans : *Oeuvres complètes,* t. V.

48. Sur Fénelon et le jansénisme : Henri GOUHIER, *Fénelon philosophe,* Vrin, 1977, p. 25-32, 60-71, 94-95, 122-123. Tout particulièrement sur la délectation : Jean LAFOND, *Augustinisme et Epicurisme au XVII*e *siècle* dans *XVII*e *siècle,* n° 135, avril-juin 1982, p. 150-151.

49. Supra, p. 75.

Dans son exposé critique de « la dévotion sensible » selon Pascal, Henri Bremond voit dans les délectations de la grâce non seulement le signe d'un secours actuel de Dieu mais aussi celui d'une assurance d'appartenir au petit nombre des élus (*ouvr. cit.*, notamment p. 323, 327, 371, 378). Aucun texte de Pascal ne permet une telle confusion, même prise sous la forme atténuée que lui donne E. Baudin : « la dévotion sensible » nous procure « sinon la certitude, du moins les promesses, les signes et les arrhes de la prédestination » (*ouvr. cit.*, p. 103). Pascal dit explicitement le contraire dans : *Fragments d'une lettre sur la possibilité des Commandements,* VIII, t. XI, p. 241 – L. 748 ; Br. 239 – L. 972 , Intégrale, 969 ; Br. 239. Cf. Henri GOUHIER, *ouvr. cit.*, p. 46-49.

CHAPITRE V

1. Cf. Fortunat STROWSKI, *Pascal et son temps,* 1ère Partie, 5e édition, 1909, Plon, Ch. II – Henri BUSSON, *La Pensée religieuse française de Charron à Pascal,* Vrin, 1933, Ch. VIII, 1 et 2 ; *La Religion des Classiques* (1660-1685), P.U.F., 1948, Ch. VIII, 1. *La fin du stoïcisme chrétien.*

2. *ibidem,* Ch. II, p. 58-70.

3. *Le Manuel d'Epictète,* traduit par G. Du Vair, Paris, 1591 – *La Sainte philosophie avec plusieurs traités de piété* (par Guillaume Du Vair), Lyon, 1600 ; Rouen, 1603 ; l'ouvrage contient *La philosophie morale des stoïques* et reprend la traduction du *Manuel.* Il ne donne pas une traduction des *Entretiens,* mais on en trouve la substance dans *La philosophie morale des Stoïques.* Cf. Guillaume Du VAIR, *De la Sainte Philosophie – Philosophie morale des Stoïques,* éd. annotée par Gustave MICHAUT, Vrin, 1946.

4. *Les Propos d'Epictère recueillis par Arrian,* translatés du grec en français par Fr. J.D.S.F., Paris, 1609. L'auteur est Dom Jean de Saint-François, nom religieux de Jean Goulu. Le *Manuel* est traduit à la suite des *Propos,* appelés plus couramment *Entretiens.* Pascal a sous les yeux cette traduction, STROWSKI, *ouvr. cit.*, t. II, p. 322-329.

H. Busson ajoute aux religieux un chanoine, Jacques Boileau (*La Pensée religieuse...*, p. 384), mais il y a une confusion avec Gilles BOILEAU, avocat, auteur de *La Vie d'Epictète et l'Enchiridion ou l'abrégé de sa philosophie, avec le Tableau de Cébès,* traduit du grec en français, Paris, 1655.

5. On en trouvera une liste dans : JULIEN-EYMARD d'ANGERS, *L'Humanisme chrétien au XVIIe siècle : saint François de Sales et Yves de Paris,* La Haye, Nijhoff, p. 96, n. 1, et p. 36, n. 24.

6. Kyriaki E. CHRISTODOULOU, *Le rôle de la pensée antique, particulièrement du stoïcisme dans l'élaboration de la dialectique apologétique de Pascal,* (en grec), Athènes, Bibliothèque Saripolos, 1974 – *Le stoïcisme dans la dialectique apologétique des « Pensées » de Pascal,* Revue de Synthèse, juillet-décembre 1977 – Sous le même titre, communication suivie d'une discussion, *Méthodes,* 1979.

7. Marguerite PERIER, *Vie de Jacqueline Pascal,* O.C. I, 1ère version, p. 663-665 ; Br. t. I, p. 151-153 – *Mémoire sur Pascal et sa famille,* O.C., I, p. 1097-1100 ; Br. t. I, p. 17-21.

8. *A Gilberte,* 26 janvier 1648, O.C. II, p. 554-555 ; Br. t. II, p. 174. Supra, Introduction, p. 17 et n. 15.

9. *Traduction d'un Discours de la Réformation de l'homme intérieur. Où sont établis les véritables fondements des Vertus chrétiennes, selon la doctrine de saint Augustin, prononcé par Cornelius Jansenius, évêque d'Ypres, à l'établissement de la Réforme d'un monastère de Bénédictins,* Paris, 1642 ; réédité en 1644 et 1659. Le traducteur est Arnauld d'Andilly. Texte réimprimé par Gustave MICHAUT dans *Les Epoques de la pensée de Pascal,* Paris, Fontemoing, 1901 ; 2e éd. 1902. Cf. H. GOUHIER, *ouvr. cit.,* p. 103, n. 11.

10. On trouve dans le Fragment de *Préface pour un Traité du vide* (sans doute 1651) le souvenir de : *Augustinus,* t. II, *Liber proemialis : de Ratione et auctoritate in rebus theologicis.* Cf. H. GOUHIER, *ouvr. cit.,* p. 103, n. 12 ; O.C. II, p. 775, 778, n. 1 ; Br. t. II, p. 130 sq.

11. L'ouvrage paraît en avril 1643 ; seconde édition, la même année et une troisième en 1644.

12. Mme Périer dit qu'à Rouen Jacqueline s'est préparée à recevoir le sacrement de la confirmation en lisant « les petits traités de M. de Saint-Cyran ». *Vie de Jacqueline Pascal,* O.C. I, p. 663-664 ; Br. t. I, p. 152 ; *Théologie familière ou Brève explication des principaux mystères de la foi... avec deux autres petits traités, l'un de la confirmation et l'autre de la messe,* 2e éd., 1642, contient, en effet : *Instruction pour se disposer à recevoir le Sacrement de la Confirmation.*

13. *A Gilberte,* 1er avril 1648, O.C. II, p. 581-583 ; Br. t. II, p. 247 – *Lettre de Messire Jean Du Vergier de Hauranne, abbé de Saint-Cyran, à un ecclésiastique de ses amis, touchant les dispositions à la prêtrise,* 1647, sans nom de libraire, ni lieu, ni privilège ; lettre adressée à Duhamel, curé de Saint-Merry, alors paroisse de Pascal.

14. Lettre de Monsieur Pascal à Monsieur et Madame Périer à Clermont à l'occasion de la mort de M. Pascal le père, décédé à Paris le 24 septembre 1651, Paris, le 17 octobre 1651 ; je cite d'après Br. t. II, p. 537-564 et MESNARD, O.C. II, p. 851-863 où elle est précédée d'une importante introduction et accompagnée de documents relatifs à la mort d'Etienne Pascal. Signalons qu'on la trouve aussi dans L. *Opuscules,* p. 195-208.

15. *ibidem,* Br. t. II, p. 538 ; O.C. II, p. 852-853.

16. *ibidem,* Br. t. II, p. 540 ; O.C. II, p. 853. Cf. SELLIER, *ouvr. cit.* p. 181 et n. 71.

17. *ibidem.*

18. *ibidem,* p. 541 ; O.C. II, p. 853. Cf. SAINT PAUL, *Romains,* VII, 23 : j'aime « la loi de Dieu, selon l'homme intérieur », mais « je vois dans mes membres une autre loi qui lutte contre la loi de ma raison et qui me rend captif de la loi du péché qui est dans mes membres ». Voir aussi, *ibidem,* VI, 13 et 19.

19. *ibidem,* p. 542 ; O.C. II, p. 853-854.

20. *ibidem*, p. 543 ; O.C. II, p. 854.
21. *ibidem*, p. 550 ; O.C. II, p. 857.
22. *ibidem*, p. 541 ; O.C. II, p. 853.
23. Henri BERGSON, *Les Données immédiates de la conscience*, Paris, 1889, fin du Ch. II, p. 97 et 102-103.
24. Cf. Henri GOUHIER, *Infaillibilité et nature* dans : *L'infaillibilité, son aspect philosophique et théologique*. Archivio di Filosofia, Rome, vol. XI, et Aubier, Paris, 1970.
25. *Pascal aux Périer...* (supra n. 14), Br. t. II, p. 548-550 ; O.C. II, p. 856-857 : « la nature trompeuse le figure... ».
26. *ibidem*, p. 540 ; O.C. II, p. 853 : « ... pratiquons cet enseignement que j'ai appris d'un grand homme dans le temps de notre plus grande affliction, qu'il n'y a de consolation qu'en la vérité ». Le « grand homme » serait saint Augustin d'après Ph. SELLIER, *ouvr. cit.*, p. 80, n. 4, qui cite quelques textes de saint Augustin ; « le temps de notre plus grande affliction » pourrait être l'année 1647 où, après « la première conversion », Pascal, très malade, revient à Paris.
27. *ibidem*, p. 550 ; O.C. II, p. 857 (J. Mesnard penche pour saint Augustin et saint Prosper, n. 1) ; cf. Ph. SELLIER, *ouvr. cit.*, p. 141-142.
28. *ibidem*, p. 551 ; O.C. II, p. 857-858 : « ... l'amour pour soi-même étant resté seul dans cette grande âme capable d'un amour infini, cet amour-propre s'est étendu et débordé dans le vide que l'amour de Dieu a quitté : et ainsi il s'est aimé seul, et toutes choses pour soi, c'est-à-dire infiniment ».
29. *ibidem*, p. 551-553 ; O.C. II, p. 858.
30. *ibidem*, p. 556 ; O.C. II, p. 860.
31. *ibidem*, p. 552-553 et p. 549-550 ; O.C. II, p. 858 et 857.
32. *ibidem*, p. 544-545 ; O.C. II, p. 854-855. *Aux Hébreux*, IX, 14 : J.C. « s'est offert lui-même ».
33. Je cite d'après : *Entretien de Pascal et Sacy*, par Pierre COURCELLE. Pour l'histoire du texte, *ibidem*, Ch. I ; MESNARD, O.C. I, p. 236-250 ; Henri GOUHIER, *ouvr. cit.*, Ch. I, I et II ; sur la signification apologétique du texte, *ibidem*, II et IV.
34. *Entretien...*, p. 13 ; cf. p. 15 et 63-64.
35. *ibidem*, p. 15.
36. *ibidem*, p. 15 et 17.
37. *ibidem*, p. 19, Infra, Ch. VII, p. 121 et n. 50.
38. *supra*, p. 84.
39. *Entretien...*, p. 15.
40. L. 430 ; Br. 431.
41. Nous interprétons ainsi : L. 146 ; Br. 350 : « Stoïques. Ils concluent qu'on peut toujours ce qu'on peut quelquefois... Epictète conclut de ce qu'il y a des chrétiens constants que chacun le peut bien être. ».

Cf. EPICTETE, *Entretiens...* traduction de Joseph SOULIE et A. JAGU, Belles-Lettres, 1950, Livre IV, ch. 7, p. 375. Epictète connaît les chrétiens sous le nom de « galiléens ».

Pascal connaît Sénèque et a lu attentivement Epictète. Nous voyons un souvenir de l'ancien stoïcisme dans L. 144 ; Br. 360. « Ce que les stoïques proposent est si difficile et si vain. Les stoïques posent : tous ceux qui ne sont point au haut degré de sagesse sont également fous, et vicieux, comme ceux qui sont à deux doits dans l'eau » ; entendons : « à deux doigts de la surface » ; ils sont alors, dit Havet (article XXV, 136, t. II, p. 178), « aussi bien noyés que ceux qui sont au fond ». Montaigne a rapporté le paradoxe avec un autre exemple : « Les vices sont tous pareils en ce qu'ils sont tous vices, et de cette façon l'entendent à l'aventure les Stoïciens », mais il proteste : « Mais encore qu'ils soient également vices, ils ne sont pas égaux vices. Et que celui qui a franchi de cent pas les limites ne soit de pire condition que celui qui n'en est qu'à dix pas, il n'est pas croyable... » (*Essais,* Livre II, ch. II, p. 13. Un exemple très proche de celui de Pascal est signalé par Geneviève Lewis dans son édition des *Pensées,* La Bonne Compagnie, Paris, 1947, p. 298 : dans *De Finibus,* Livre III, XIV, 48, Cicéron écrit : « Ceux qui sont sous l'eau ne sont pas plus capables de respirer, quand ils ne sont pas loin de la surface et déjà presque à même d'émerger, que s'ils étaient encore tout au fond. » (Trad. Jules MARTHA, Belles-Lettres, 1930, p. 34).

42. *Prière pour le bon usage des maladies,* §. I ; Br. t. IX, p. 323. L. *Opuscules,* p. 153.

43. *ibidem,* §. IV ; Br. t. IV, p. 327-328. L. *Opuscules,* texte légèrement différent, p. 155-157.

44. *Proverbes,* I, 20 sq. Cf. Annie Barnes, *Littérature et liturgie au XVIIe siècle,* French Studies, janvier 1966.

45. L. 149, p. 109 ; Br. 430.

46. *ibidem,* p. 110 ; la Sagesse, en somme, répond à une question que Pascal avait posée ou avait fait semblant de poser peu auparavant : « ... Sera-ce les philosophes qui vous proposent pour tout bien les biens qui sont en nous ? » (p. 109).

47. L. 842 ; Br. 588.

48. L. 291 ; Br. 587 et L. 842 ; Br. 588. Cf. *A Melle de Roannez,* 24 septembre 1656, Br. t. V, p. 411. Voir : Lane H. HELLER, *La folie dans l'Apologie pascalienne,* dans *Méthodes...* p. 297 sq ; liste des textes pauliniens sur la folie cités par Pascal, p. 303-304.

49. L. 835 ; Br. 564.

50. L. 291 ; Br. 587 – L. 842 ; Br. 588.

51. L. 14 *(affermis* dans l'éd. du Luxembourg est une faute d'impression pour *asservis),* Br. 338.

52. L. 695 ; Br. 445. *1er aux Cor.* I, 25 : « ce qui est folie de Dieu est plus sage que les hommes. » (traduction Bible de Jérusalem).

53. L. 933 ; Br. 460. *1ère aux Cor.* I, 31, qui cite *Jérémie,* IX, 24.

54. Texte de T. p. 188 ; L. 82 ; Br. 271 ; MATTHIEU, XVIII, 3.

55. L. 291 ; T. p. 274 ; Br. 587, qui lit : « cause effective », ed. minor, p. 594, n. 1.

56. L. 842 ; Br. 588.

57. Lane M. HELLER, *supra,* n. 48 ; voir dans la discussion les interventions de Mme Goyet et de M. Magnard sur les sens du mot « folie ».

58. L. 533 ; Br. 331. Pierre Magnard rappelle le titre de la tragi-comédie de Charles de Beys, *L'hospital des fous*, 1636, pas spécialement pour cette « Pensée » mais plus généralement pour l'idée que Pascal se fait de la folie ; suite de l'art. cit. de L.M. HELLER, p. 306-307.

59. L. 26 ; Br. 330.

60. L. 412 ; Br. 414.

61. L. 44, p. 42 ; Br. 82.

62. L. 33 ; Br. 374 ; T. p. 71. Infra, Ch. VII, p. 125 et n. 74.

63. L. 108 ; Br. 74.

64. L. 160 ; Br. 257 (mots soulignés par nous). Pour le sens de « raisonnable », infra, Ch. VI, p. 97.

65. L. 428 ; Br. 195.

66. *Discours sur la condition des Grands*, 3e, Br. t. IX, p. 372.

67. L. 458 ; Br. 588 bis.

68. L. 428 ; Br. 195. Quelques lignes plus loin, leur conduite est « selon les principes de la raison », jugée « tout à fait déraisonnable ». De même : L. 357 ; Br. 541 : « nul n'est... comme un vrai chrétien... raisonnable » – Lane M. Heller évoque avec raison l'*insipiens* du Psaume XIV (XIII selon la Vulgate) qui dit en son cœur : « plus de Dieu » (art. cit., p. 298-299).

69. L. 308 ; Br. 793.

70. L. 933 ; Br. 460.

Sur sagesse et folie, on retiendra l'ingénieuse hypothèse de M. Louis Marin devant le pseudonyme choisi par Pascal pour son ouvrage apologétique (L. 745 ; Br. 18 bis) : Le recueil des *Provinciales* avait été publié sous le nom de Louis de Montalte dont Salomon de Tultie est un anagramme. « Il semble bien qu'un signifié latent guide... la transformation anagrammatique. Car Louis de Montalte est bien un Salomon de (s)tultie, c'est-à-dire un Roi sage de folie, un Salomon de *Stultitia*... Epictète est le sage stoïcien, Montaigne, le philosophe pyrrhonien, et Salomon de Tultie, qui les domine tous, est le sage fou... » (ouvr. cit. p. 336).

CHAPITRE VI

1. L. 377-382 ; supra, Ch. I, p. 31.

2. *Prière pour le bon usage des maladies*, §. IV, Br. t. IX, p. 326-327 ; mots soulignés par nous.

3. L. 919, p. 488 ; Br. 553.

4. *Sur la conversion du pécheur*, Br. t. X, p. 425 ; L. *Opuscules*, p. 66.

5. Br. t. XI, 1er fragment, p. 168 et 8e fragment, p. 240.

Voir aussi : 3e fragment, p. 188 et 8e fragment, p. 236 : « Reconnaissez donc suivant saint Augustin que la prière est toujours l'effet d'une grâce efficace : que ceux qui ont cette grâce prient ; que ceux qui ne l'ont pas ne prient pas, et qu'ils n'ont pas le pouvoir prochain de prier ; que tant que Dieu ne laisse pas sans la grâce de prier, on prie : que ceux qui ne prient pas sont laissés sans pouvoir », il y a là « un mystère inconcevable ». – On peut considérer L. 791 ; Br. 777 ; L. 930 ; Br. 513 et L. 972 ; Br. 514, comme des notes préparatoires à ces *Fragments d'une lettre...*, le 8e notamment ; voir les notes de LAFUMA, t. II. Supra, Introduction, n. 45.

6. L. 160 ; Br. 257. Supra, Ch. V, p. 93.

7. L. 427, p. 246 ; Br. 194. Voir plus loin, n. 38.

8. L. 4 ; Br. 584.

9. L. 5 ; Br. 247.

10. L. 11 ; Br. 246.

11. L. 7 ; Br. 248.

12. F. STROWSKI, *Pascal et son temps,* t. III, p. 215.

13. Maurice BLONDEL, *Le Jansénisme et l'anti-Jansénisme de Pascal,* Revue de Métaphysique et de Morale, avril 1923, p. 149.

14. *ibidem,* p. 151. Réponse de Jean LAPORTE et bonne position de la question dans le même nº de la *Revue, Pascal et la doctrine de Port-Royal,* p. 265-266.

15. Barcos disait de Pascal : « Ce n'était pas à lui de parler de la religion », O.C. I, p. 893, et Jean MESNARD, *Martin de Barcos et les disputes internes de Port-Royal,* Chroniques, nº 26-28, p. 77 et 90.

16. Texte de LAFUMA, *Deux pièces imparfaites...,* p. 31 ; texte différent, Br. 1er écrit, t. XI, p. 137-138 : « ... sont obligés de croire, mais d'une créance mêlée de crainte et qui n'est pas accompagnée de certitude... ».

17. t. XI, p. 138.

18. O.C. II, p. 697 ; Br. t. II, p. 361 (mot souligné par nous).

19. L. 7 ; Br. 248.

20. L. 126 ; Br. 93.

21. L. 520 ; Br. 375 ; T. p. 66. Le fait d'être barré ne signifie pas que Pascal désapprouve le contenu du fragment.

22. L. 616 ; Br. 660.

23. L. 149, p. 110 ; Br. 430.

24. L. 633 ; Br. 411.

25. L. 634 ; Br. 97, qui lit : « on aime la vérité ».

26. L. 423 ; Br. 227. Supra, Ch. I, p. 32 et n. 15.

27. L. 286 ; Br. 609 – HAVET, art. XV, 10 bis, t. I, p. 211 – SELLIER, 312 – Dans un sens un peu différent : L. 954, p. 504 ; Br. 956 : « Le monde veut naturellement une religion mais douce. » « Naturellement » est là pour « douce » autant que pour « veut ».

Sur l'amour naturel de Dieu dans la théologie du temps : Henri de LUBAC, *Augustinisme et théologie moderne,* Ch. VI, *Nature pure et désir naturel,* et Ch. VIII, *Le problème de l'état primitif,* Aubier, 1965.

28. L. 243 ; Br. 601 – L. 427 *sub fine ;* Br. 194, voir plus loin n. 38.

29. L. 148 ; Br. 425 ; (avec correction : ne fait... que) ; T. p. 216 – SELLIER, *ouvr. cit.*, p. 84-85 et 88-89.

30. L. 149, p. 112 ; Br. 430. Voir aussi : *supra,* Ch. I, p. 35 et n. 26 : « ... tous corrompus et incapables de Dieu ».

31. L. 119, premier fragment de la liasse « Contrariétés » ; Br. 423.

32. L. 449 ; Br. 556.

33. L. 131, p. 87 ; Br. 434 ; T. p. 230.

34. L. 354 ; Br. 524 ; Voir aussi L. 427, plus loin n. 38.

35. *supra,* n. 31.

36. L. 156 ; Br. 190 – L. 162, Br. 189.

37. L. 449 ; Br. 556.

38. L. 427 ; Br. 194. Selon Lafuma ce morceau serait de 1661-1662, t. II, p. 76, et pourrait être considéré comme faisant partie d'un projet de préface, *Histoire des Pensées de Pascal,* Editions du Luxembourg, 1954, p. 22 ; de même, LE GUERN, 398, n. 10 ; SELLIER, 681 et 682, propose : entre 1658 et 1662, p. 352.

39. L. 427, p. 249.

40. L. 12 ; Br. 187. Dans les éditions qui, comme celles de Lafuma, suivent la copie 9 203, il existe une liasse ayant pour titre : « Rendre la religion aimable ». Cette « liasse » est faite de deux bouts de papier contenant deux courtes notes, L. 221 ; Br. 774 et L. 222, Br. 747. Il n'est question de « religion aimable » ni dans l'une ni dans l'aute. Le thème est : Jésus-Christ est mort pour tous les hommes mais « il n'y a de rédempteur que pour les chrétiens ». Sans doute, on peut considérer que l'annonce d'un rédempteur rend « la religion aimable » ; cf. Pol ERNST, *ouvr. cit.*, p. 310-317 ; mais pourquoi ces deux notes plutôt que toutes celles qui sont consacrées à Jésus-Christ et à la Rédemption ? Sur les questions posées par les titres des liasses selon la copie 9 203, H. GOUHIER, *ouvr. cit.*, p. 181-182.

Voir aussi : *11e Provinciale,* Br. t. V, p. 309 : « ... il y a deux choses dans les vérités de notre Religion : une beauté divine qui les rend aimables, et une sainte majesté qui les rend vénérables. ».

41. L. 793 ; Br. 737 ; T. p. 126.

42. L. 418, p. 239-240 ; Br. 233 (mots soulignés par nous). Pour la coutume comme « moyen de croire », infra, p. 105.

43. L. 5 ; Br. 247 : t. p. 168. Sur le rapport possible entre cette note et les feuilles du « pari », Henri GOUHIER, *ouvr. cit.* p. 286.

44. L. 808 ; Br. 245 – Cf. *4e Provinciale :* « Nous appelons grâce actuelle une inspiration de Dieu par laquelle il nous fait connaître sa volonté et par laquelle il nous excite à la vouloir accomplir. » (Br. t. IV, p. 250). La définition est mise dans la bouche du Jésuite mais elle est d'Arnauld (*ibidem,* p. 241) et suivie d'une fausse interprétation. Cf. Jean LAPORTE, ... *Les Vérités de la grâce,* p. 305 et n. 25, p. 403-404.

45. L. 431 ; Br. 560.

46. *Traité de l'Amour de Dieu,* Livre IX, Ch. V, p. 771.

47. L. 418 (pari), p. 238 ; Br. 233.

48. L. 853 ; Br. 192 : propose de voir dans « quand » le sens de « puisque » comme dans *quando.* T., p. 150, suppose que *le reprochera* est écrit par inadvertance pour « se rapprochera » ; version acceptée par Anzieu, 896 ; « l'hypothèse est séduisante », dit Le Guern, 691.

49. L. 428 ; Br. 195.

50. L. 427 ; Br. 194 ; les fragments cités dans les notes par Br. sont dans L. série XXX avec le n° 432, p. 439-441. Pour la date, *supra,* n. 38.

51. *ibidem,* p. 248 – Voir dans la *5e Provinciale,* ce bout de dialogue où l'expression est prise ironiquement : « Voilà un honnête homme, lui dis-je, qu'Escobar – Tout le monde l'aime, répondit le Père. » Br. t. IV, p. 307.

52. MONTAIGNE, *Essais,* II, Ch. 12, *Apologie de Raimond Sebond,* t. II, p. 156.

53. *ibidem,* p. 157.

54. LE GUERN, 398, n. 6, p. 280 ; citation tirée de *Description de l'honnête homme,* publiée seulement en 1680.

55. *ibidem,* n. 7, p. 280. L. 427, p. 248 ; Br. 194, ed. minor, p. 421, n. 3. Cf. Chevalier de MERE, *Des Agréments,* éd. BOUDHORS, t. II, p. 19 et p. 20 – Voir aussi : L. 432, situé entre 821 et 822, n° 14 – L. 780 ; Br. 62 : Montaigne connaît l'ennui d'un exposé trop méthodique : « Qu'il l'évitait en sautant de sujet en sujet, qu'il cherchait le bon air. ».

56. L. 427, p. 249 ; *Essais,* II, Ch. 18 : « ... être couard à l'endroit des hommes et brave à l'endroit de Dieu » ; t. II, p. 455.

57. L. 98 ; Br. 80 – L. 577 ; Br. 234 – *Essais,* III, Ch. 8, p. 193 ; en fait, Montaigne ne parle pas d'« esprit boiteux » : « ... pourquoi, sans nous émouvoir rencontrons-nous quelqu'un qui ait le corps tordu et mal bâti et ne pouvons souffrir la rencontre d'un *esprit mal rangé* sans nous mettre en colère... ».

58. L. 418 ; Br. 233 : « Fin de ce discours ».

59. Br. t. IX, p. 372-373. (mots soulignés par nous).

Ces *Discours sur la condition des Grands* ont été conservés par Nicole. Br. t. IX, p. 360 dit : « date présumée : fin 1659 » ; LAFUMA, *Opuscules,* p. 164-165, dit : fin 1660 ; de même : Jean MESNARD, *Pascal...,* p. 116-117. Sur le texte, voir l'étude critique de Jean MESNARD, O.C. t. I, p. 235-236, qui conclut : « *Les Discours sur la condition des Grands* ne peuvent donc passer pour œuvre de Pascal qu'avec beaucoup de réserves » mais sur la lettre du texte non sur le contenu. On peut considérer que L. 796 ; Br. 314 et L. 797 ; Br. 314 sont des notes écrites en vue des *Discours* (L. t. II, p. 147-148). Brunschvicg dans son édition renvoie aussi à L. 828, Br. 304 et à L. 645 ; Br. 312 (t. IX, p. 369) ; à L. 650 ; Br. 334 (p. 371) ; mais ce sont des notes qui ont pu être écrites sans penser à l'éducation du jeune duc.

60. *ibidem,* p. 371-372 ; « roi de la concupiscence » revient trois fois – L. 796 ; Br. 314.

61. L. 647 ; Br. 35 ; T. p. 96 – Voir aussi : L. 587 ; Br. 34.

62. L. 732 ; Br. 38.

63. L. 597 ; Br. 455. Cf. *supra,* Ch. II, p. 50 et n. 36, p. 110-111.

64. L. 642 et t. II, p. 119 ; Br. 448 ; T, p. 96. Nous n'avons qu'une copie faite par un secrétaire qui a écrit « Marton ».

65. Nous n'avons pas abordé la question des moyens employés par l'apologétique pour rendre la religion « aimable », disons en gros : la question de la rhétorique dans l'art de persuader selon Pascal. Sur cette question dans le milieu spirituel où vit Pascal ; Marc FUMAROLI, *L'age de l'éloquence, Rhétorique et « res literaria » de la Renaissance au seuil de l'époque classique,* Genève, Droz, et Paris, Champion, 1980, 3e Partie, Ch. III, 2 : L'Aventin de la Parole gallicane : Antoine Le Maistre et Saint-Cyran. Sur les questions concernant particulièrement Pascal, voir notamment : du même auteur : *Pascal et la tradition rhétorique gallicane,* dans *Méthodes,* p. 359-372 ; Philippe SELLIER, *Rhétorique et Apologie : « Dieu parle bien de Dieu »,* ibidem, p. 373-381.

CHAPITRE VII

1. L. 4 ; Br. 584.
2. L. 5 ; Br. 247.
3. L. 7 ; Br. 248.
4. L. 9 ; Br. 291.
5. L. 11 ; Br. 246.
6. L. 408 ; Br. 74.

7. *2e Provinciale,* Br. t. IV, p. 173 – Cf. *4e Provinciale,* ibidem, p. 269 : « le Prince des théologiens ».

8. O.C. II, p. 777-780. Supra, Ch. V, n. 10.

9. *Préface de l'édition de Port-Royal,* LAFUMA, *Pensées,* t. III, p. 143 – Roger E. Lacombe se demande si Et. Périer ne pensait pas, ici, aux Jésuites (*L'Apologétique de Pascal,* p. 12). Ce qui est probable, c'est que Pascal comptait parmi les chrétiens à convertir sinon les R.P. Jésuites, du moins les gens du monde à qui la casuistique assurait une bonne conscience dans leur *dolce vita.*

10. René PINTARD, *Pascal et les libertins,* dans *Pascal présent, 1662-1962,* 1963, p. 116 – Dans un article du même recueil, M. Jean Mesnard remarque : « Le lecteur de la thèse de M. Pintard est inévitablement surpris de voir combien le libertin des *Pensées* demeure éloigné de ceux qui nous sont décrits avec tant d'exactitude... », *L'invention chez Pascal,* p. 45.

11. Fac-simile des deux ouvrages : Friedrich Frommann Verlag (Gunther Holzboog), Stuttgard-Bad, Cannstatt, 1969.

12. R. PINTARD, *Pascal et les libertins, art. cit.* p. 112 et p. 120.

13. L. 427, p. 248 ; Br. 194 ; le contexte montre qu'il s'agit de gens qui se contentent de la simple « honnêteté ».

14. Gilberte PERIER, *Vie de Pascal,* O.C. I, 1ère version, p. 578 ; 2e version, p. 609 ; Br. t. I, p. 59-60 ; voir l'Appendice sur Le Pailleur (p. 115-121) que M. Pintard range parmi les libertins, *Le libertinage érudit,* p. 349-350.

Sur les libertins parmi les amis d'Etienne Pascal et de Blaise : Antoine ADAM, *Histoire de la Littérature française au XVIIe siècle,* t. II, *L'époque de Pascal,* Domat, 1951, p. 211, 226-228, 232 ; sur les relations de Pascal avec Méré et Mitton, nombreuses indications, voir ces deux noms dans l'Index.

15. Antoine GOMBAUD, chevalier de MÉRÉ, né en 1607, a seize ans de plus que Pascal ; il est mort en 1684, vingt-deux ans après Pascal. On lui a longtemps donné le nom d'un autre chevalier de Méré, Georges BROSSIN ; voir la mise au point de Charles H. BOUDHORS. *Oeuvres complètes du Chevalier de Méré,* Ed. Fernand Roche, Paris, t. I, 1930, p. LX-LXV. Méré a commencé à faire imprimer ses œuvres en 1668. Sur Méré et Pascal, voir notamment : F. STROWSKI, *ouvr. cit.,* t. III, Ch. VII, III – R. PINTARD, *art. cit.,* p. 122 sq – Jean MESNARD, *Pascal et les Roannez,* p. 251-256 et 368-376 notamment. (voir l'Index) – Jean-Pierre DENS, *Le chevalier de Méré et la critique mondaine,* XVIIe siècle, no 101, 1973.

16. Sur Mitton : H.A. GRUBBS, *Damien Mitton (1618-1690), bourgeois honnête homme,* Princeton et Paris, P.U.F., 1932. Né en 1618, Mitton a cinq ans de plus que Pascal ; il est mort en 1690, vingt-huit ans après Pascal. Mitton n'a rien publié mais il montrait volontiers le manuscrit d'un *Traité de l'immortalité de l'âme* qu'il disait « être de la mortalité » ; d'autre part, des *Pensées sur l'honnêteté* ont été publiées dans les *Oeuvres meslées de Saint-Evremond,* t. II, 1701. Sur Mitton et Pascal : R. PINTARD, *art. cit.,* p. 122 sq – J. MESNARD, *Pascal et les Roannez,* notamment p. 376-379.

17. L. 410 ; Br. 413.

18. Georges COUTON, *Libertinage et apologétique : Les « Pensées » de Pascal contre la thèse des Trois Imposteurs,* dans *XVIIe siècle,* avril-juin 1980.

Sur le livre *Des trois Imposteurs* – Moïse, Jésus-Christ, Mahomet – voir : *ibidem,* notamment p. 187-188 – Henri BUSSON, *La pensée religieuse...* p. 94-99 : « ... le livre fantôme, le livre dont tout le monde parle avec effroi... invisible et insaisissable comme la peste... livre que personne n'a lu mais dont tous savent le contenu... » (p. 94-95). Il y a bien un *De tribus impostoribus* mais, quoique daté de 1598, il parle de saint Ignace canonisé en 1622. Retenons, d'ailleurs, la juste remarque de M. Couton : ce qui importe, ici, c'est que « la thèse des trois imposteurs était du domaine public », quoiqu'il en soit de l'existence du livre (p. 187 et 188).

19. L. 780 ; Br. 62 ; T. p. 123. *De la Sagesse* est divisé en Livres, eux-mêmes divisés en Chapitres, eux-mêmes divisés par des sous-titres marginaux.

Les Trois Vérités contre tous athées, idolâtres, juifs, mahométans, hérétiques et schismatiques..., Bordeaux, 1593 ; puis : revu, corrigé et augmenté de nouveau, Paris, 1595. Réédité dans : *Toutes les œuvres de Pierre Charron,* Paris, 1635 – Je cite : Seconde édition, revue, corrigée et de beaucoup augmentée, plus augmentée de la réplique faite au Ministre de La Rochelle par le même Auteur, par M. Pierre Le Charron, Paris, 1620.

De la Sagesse, livres trois, par Pierre CHARRON, Bordeaux, 1601 – *De la Sagesse,* trois livres par Pierre LE CHARRON, 2e édition revue et augmentée (par G.M. de la Rochemaillet), Paris, 1604 : le catalogue de la Bibliothèque Nationale indique une vingtaine d'éditions avant 1662.

Sur Pascal lecteur de Charron, voir notamment : Jean ORICIBAL, *Le fragment « Infini-rien » et ses sources,* Royaumont, 1956.

20. L. 507 ; et notes, t. II, p. 96 ; Br. 363.

21. L. deux nos 506 et quatre nos 508, notes t. II, p. 96-97 ; diversement répartis dans Br. 90, 87, 364.

Sur Pascal lecteur de Montaigne : B. CROQUETTE, *Pascal et Montaigne, Etude des réminiscences des « Essais » dans l'œuvre de Pascal,* Genève, Droz, 1974.

22. Important choix de textes par Antoine ADAM, *Les Libertins au XVIIe siècle,* Buchet-Chastel, 1964.

La bibliographie concernant le « libertinage » est considérable. Citons simplement : Henri BUSSON, *La Pensée religieuse française de Charron à Pascal,* Vrin, 1933, et *La Religion des classiques (1660-1685),* P.U.F., 1948 – René PINTARD, *Le libertinage érudit dans la première moitié du XVIIe siècle,* 2 vol., Boivin, 1943 auquel on ajoutera : *Les problèmes de l'histoire du libertinage, notes et réflexions,* dans *XVIIe siècle,* no 127, avril-juin, 1980 – Richard H. POPKIN, *The history of scepticism from Erasmus to Descartes,* Assen, Von Gorcum, 1960 ; nouvelle édition augmentée de deux chapitres, avec bibliographie mise à jour sous le titre : *The history of scepticism from Erasme to Spinoza,* University of California Press, Berkeley and Los Angeles, 1979 – Alberto MOSCATO, *Il libertinismo,* dans *Grande Antologia Filosofica,* La pensée moderne, XVII-XVIIIe siècle, Milan, s. d. – Tullio GREGORY, *Theophrastus redivivus, Erudizione e Ateismo nel Seicento,* Naples, Morano, 1979 – Pierre CLAIR, *Libertinage et incrédules (1665-1715),* dans la collection *Recherches sur le XVIIe siècle,* VI, Editions du C.N.R.S., Paris, 1983 : période postérieure mais immédiatement liée à celle qui nous intéresse – Françoise CHARLES-DAUBERT, *Raison, révélation, libertinage,* Revue des Sciences philosophiques et théologiques, juillet 1980.

23. *Vie de Pascal,* Br. t. I, p. 75 – O.C. I, 2e version, p. 619 ; 1ère version, p. 584 : « ... réfuter... les plus forts raisonnements des athées ».

24. *Mémoire sur Pascal et sa famille,* O.C. I, p. 1103 ; Cf. p. 1104. – Br. t. I, p. 134 ; Cf. p. 135.

25. Déclaration faite à M. de Péréfixe, Archevêque de Paris par le R.P. Beurrier... curé de Saint-Etienne du Mont, au sujet de la mort de M. Pascal, Br. t. X, p. 339.

26. BEURRIER, *Mémoires, ibidem,* p. 386 et p. 394 – O.C. I, p. 868, p. 869 et p. 874.

27. Etienne PERIER (*supra* n. 9), p. 143.

28. FILLEAU de LA CHAISE, *Discours sur les Pensées...* L. t. III, p. 92.

29. A. LE VAILLANT, curé de Saint-Christophe, L. t. III, p. 152 – M. de RIBEYRAN, archidiacre de Comminges, p. 153.

30. E. BAUDIN, *La Philosophie de Pascal,* II, *Pascal, Les libertins et les jansénistes,* 1, 1946 et 2, 1947.

31. Br. t. IV, p. 257-258 ; mots soulignés par nous.

32. L. 179 ; Br.. 256 ; T. p. 230 – Baudin comprend aussi : libertinage d'esprit, *ouvr. cit.* t. II, 1, p. 40. Brunschvicg, dans son annotation, entend : « dérèglement des mœurs » ; p. 451, n. 3. Ce qui semblerait justifier cette interprétation, c'est la phrase finale : « Je ne comprends pas en cela ceux qui sont dans *la véritable piété* des mœurs, et tous ceux qui croient par un sentiment du cœur ». Or les mots soulignés ne s'opposent pas à « libertinage » qui serait alors « des mœurs », mais à « superstition » ; dans la même liasse, on lit dans la Pensée L. 181 ; Br. 255 : « La piété est différente de la superstition – Soutenir la piété jusqu'à la superstition c'est la détruire ». Cf. plus loin, n. 96 et 97.

33. L. 954, p. 504 ; Br. 956 ; T. p. 37 ; Manuscrit, p. 323. En marge, en face de : « Le monde veut naturellement une religion mais douce », on lit alors une note que les éditeurs pour remplacer la ponctuation découpent en trois alinéas : « On ne vit pas longtemps dans l'impiété ouverte, ni naturellement dans les grandes austérités – une religion accommodée est propre à durer – on les cherche par libertinage ». A quoi renvoie « les » ? Pascal voulait-il écrire « la » ?

34. L. 150 ; Br. 226 – L. 181 ; Br. 255 – L. 208 ; Br. 435 – L. 431 ; Br. 560 – L. 441 ; Br. 201 – L. 487 ; Br. 727 – L. 618 ; Br. 479 – L. 781 ; Br. 242 – L. 840 ; Br. 843 – L. 903 ; Br. 851 – L. 954 ; Br. 956.

35. Maurice BARRES, *Les Maîtres,* Plon, 1927, p. 77.

Voir un « Essai de caractérologie littéraire » présenté par Lucien JERPHANION dans : *Le caractère de Pascal,* P.U.F., 1962 ; notamment : 2e Partie, Ch. I, II, L'actif ; 3e Partie, Ch. I, II, L'agressivité.

36. L. 150 ; Br. 226 ; Ms. p. 85. Le texte de l'*Ecclésiaste* est cité par L. t. II, p. 33 ; autres références bibliques dans ANZIEU, 149.

37. L. 418, p. 238 ; Br. 233.

38. L. 157 et notes t. II, p. 34 ; Br.. 225 ; ANZIEU, 156 ; LE GUERN, 146.

Pierre CHARRON, *Les Trois Vérités..., Première Vérité,* Ch. III, éd. cit. p. 7-8. Havet avait déjà cité ce texte mais renvoyait plus volontiers à un texte des *Essais,* Livre I, Ch. 54, remarquant que « l'erreur des opinions » se trouve plus dans les esprits « de moyenne vigueur et de moyenne capacité » que dans « les esprits simples et les grands esprits » (t. I, p. 897) ; cf. HAVET, article XXIV, 101, p. 127 et 148-149. Mais le texte des *Trois Vérités* est plus proche de celui de Pascal. Selon Le Guern, la « Pensée » de Pascal « peut aussi bien avoir été sucitée » par un autre passage de Charron, *La Sagesse,* Livre II, Ch. 5 ; le comparant à la superstition, il écrit de l'athéisme qu'il « est d'exploit beaucoup plus difficile et laborieux, qui a moins de montre, et est des esprits forts et généreux » (t. I, p. 291).

Rappelons que Charron eut pour défenseur Saint-Cyran dans : *Somme des fautes et faussetés capitales contenues dans la Somme théologique du*

P. Garasse, 1626. Il est probable que Pascal, préparant une Apologie de la Religion chrétienne, a voulu savoir ce qu'avait fait son prédécesseur et, en particulier, a consulté ce Ch. III du Livre I, dans lequel Charron classe les athées en trois « espèces » : les athées déclarés, les sceptiques (Académiciens et Pyrrhoniens), ceux que Pascal appellera « déistes ». Cf. *infra,* Ch. VIII, n. 39. L'hypothèse de Strowski nous paraît inutile (t. III, p. 240) : Pascal aurait pu trouver le texte des *Trois Vérités* dans le livre du P. GARASSE, *La Somme théologique des vérités capitales de la religion chrétienne,* Paris, 1625.

Dans son intéressant commentaire de cette « Pensée », M. Pol ERNST estime qu'aux yeux de Pascal, l'athée qui se sert de sa raison est plus fort que le crédule, celui qui croit par superstition. C'est sans doute vrai, mais peut-on dire que Pascal « admire » l'athée, même « en un certain sens » ? (*ouvr. cit.,* p. 209).

39. L. 156 ; Br. 190.

40. L. 244 ; ponctuation selon Br. 228.

41. L. 161 ; Br. 221.

42. L. 882 ; Br. 222. Il ajoute à la résurrection le cas de la vierge qui enfante. On trouve dans la liasse dite : « Fondement de la religion et réponse aux objections » à peu près le même texte : L. 227 ; Br. 223.

Sellier voit dans ces deux *Pensées* le souvenir d'un texte de saint Augustin, *De Trinitate,* Livre III, VI, 11, qui paraphrase des paroles d'Ezechiel prophétisant la résurrection (XXXVII, peut-être 12-14) ; *Pascal et saint Augustin,* p. 614. Plus proches des exemples de Pascal me semblent être les deux textes de Grotius et de saint Justin cité par Grotius (*De veritate religionis christianae,* 1627 ; *Editio secunda,* 1629 ; *Editio nova,* Paris, 1640) que donne LE GUERN, 212, t. I, p. 306.

43. André VERGEZ, *Hume lecteur de Pascal,* Annales littéraires de l'Université de Besançon, 1955. Voir aussi *infra,* Ch. X, p. 124.

44. L. 162 ; Br. 189. Cf. Pol ERNST, p. 199-200.

45. L. 691 ; Br. 432.

46. L. 619 ; Br. 394.

47. L. 418, p. 237 ; Br. 233.

48. *supra,* n. 45.

49. L. 130 ; Br. 420.

50. *Entretien avec M. de Sacy,* éd. Courcelle, p. 19 ; voir aussi p. 45 : « superbe raison » ; p. 55 : « la superbe » – L. 131, p. 85 ; Br. 434 : « (la) superbe » – L. 52 ; Br. 388 : « la superbe raison ». *Infra,* Ch. IX, p. 159 et n. 56.

51. L. 658 ; Br. 391 ; T. p. 98 – Voici le texte complet et l'interprétation proposée :

« Conversation – Grands mots à la religion, je la nie.

« Conversation – Le pyrrhonisme sert à la religion. »

Pascal prévoit une conversation : quelqu'un parle avec emphase de la religion ; Pascal nie que ce soit là la religion. Quelqu'un, peut-être celui qui parle avec emphase de la religion, oppose le dogmatisme au pyrrhonisme ; Pascal rectifie et va dire le service que ce dernier peut rendre à la religion.

52. L. 896 ; je donne la ponctuation de Br. 390.

53. L. 131, p. 84 ; Br. 392.

54. L. 508 ; Br. 364, 3e citation. *Nouveaux livres académiques,* I, XII. Montaigne donne la citation complète dans *Essais,* Livre III, Ch. XIII, p. 394 ; Pascal en donne un raccourci qui retient l'essentiel ; traduisons : rien n'est plus honteux qu'une adhésion qui précède la connaissance.

55. Philippe SELLIER, *ouvr. cit.,* p. 634. En face de L. 110, le long morceau : livre III, XI-XII, 24-28 ; en face de L. 520 : *ibidem,* XVII, 38 : information sur Arcésilas que que Pascal trouve dans Montaigne.

56. *Entretien avec M. de Sacy,* p. 21.

57. L. 131, p. 84 ; Br. 434.

58. L. 886 ; Br. 51 ; T. p. 157.

59. L. 76, p. 57 ; Br. 73 – MONTAIGNE, II, 12, p. 336 : « Les Pyrrhoniens, quand ils disent que le souverain bien c'est l'ataraxie, l'immobilité du jugement... » ; p. 234 : le fait de « recevoir tous objets sans application et consentement, les achemine à leur ataraxie... ».

60. *Essais,* II, 12, p. 313-314.

61. L. 109 ; Br. 392.

62. *ibidem.*

63. *ibidem* et L. 131, p. 85 ; Br. 434.

64. *Essais,* II, 12, p. 336.

65. L. 520, p. 354 ; Br. 375 ; T. p. 66 ; LE GUERN, 468.

66. L. 521 ; Br. 387 ; T. p. 66 – La note expose le compromis des académiciens ; le nom n'est pas prononcé, mais ce n'était pas nécessaire si, comme nous le supposons, elle explicite la petite phrase sur Arcésilas. D'autre part, signalons un certain parallélisme entre cette note et le dernier alinéa de L. 109.

67. L. 131, p. 85 ; Br. 434.

68. L. 130 ; plus haut, n. 49.

69. L. 655 ; Br. 377.

70. L. 110 ; Br. 282. *Supra,* Ch. III, p. 62.

71. *ibidem ; supra,* Ch. III, p. 63 et 64.

72. L. 131, p. 85 ; Br. 392 ; T. p. 201.

73. *supra,* p. 123, n. 62.

74. L. 33 ; Br. 374 ; T. p. 171-172. *Supra,* Ch. V, p. 93 et n. 62.

75. L. 34 (texte à corriger) ; Br. 376 ; T. p. 172.

76. L. 33 ; L. 109 : « Contre le pyrrhonisme » ; L. 521 – *supra,* n. 74, 61, 66.

77. L. 449, p. 261 et p. 262-263 ; Br. 556. *Infra,* Ch. VIII, p. 140.

78. L. 181 ; Br. 255.

79. L. 208 ; Br. 435.

80. C'est bien le mot qu'emploie Jean de Silhon à la fin du long morceau dans lequel il expose la doctrine des déistes qui voient en Jésus un admirable moraliste mais rejettent « les mystères de la Trinité, de l'Incarnation, de la Résurrection, etc. », cité par BUSSON, *La pensée religieuse...* p. 92-93 (Lettre à Coeffeteau publiée par Faret dans *Recueil de lettres nouvelles,* Paris, 1627).

81. Pierre CLAIR, *ouvr. cit.*, p. 25-26 ; rappelons que l'enquête de l'auteur porte sur les journaux.

82. Henri BUSSON, *La pensée religieuse...* p. 93 – Sur le déisme, voir le Ch. II, *Les déistes*, et aussi Ch. X, *Figures de libertins.*

83. C'est le cas de Mersenne, *L'impiété des déistes...* Epître à Richelieu. De même, Charron dans *Les Trois Vérités*, Livre I, Ch. III, p. 10 ; le mot « désite » n'est pas employé mais il s'agit des « Epicuriens, libertins », qui admettent « une Déité imaginaire... première et souverainement cause, mais la croyant oiseuse, sans soin ni providence de nous et de ce monde. ».

84. *supra*, p. 5 et n. 11.

Sur *Les Quatrains du déiste ou l'Ami bigot*, voir H. BUSSON, *La pensée religieuse...* p. 102-109 ; Antoine ADAM publie les 106 *Quatrains* dans *Les Libertins au XVIIe siècle*, p. 98-109. L'auteur est inconnu. Comme Mersenne le dit être « un homme très versé dans la dialectique », F. STROWSKI croit que c'est « un professeur de philosophie » (*ouvr. cit.* t. I, p. 205, n. 1) ; opinion acceptée par ADAM (p. 89), discutée par PINTARD, *Le libertinage érudit*, t. II, p. 600.

85. L. 449 ; Br. 556. *Epître de saint Jude*, 10 ; signalé par ANZIEU, 447 ; LE GUERN, 419.

86. *ibidem* ; cf. L. 190 ; Br. 543 – L. 192 ; Br. 527 – L. 352 ; Br. 526.

87. F. STROWSKI, *ouvr. cit.*, t. I, p. 205.

88. Cf. *ibidem*, Ch. II, V – H. BUSSON, *La pensée religieuse...*, Ch. II, notamment p. 100-105 – *Les Quatrains du déiste*, 12-18 (ADAM, *ouvr. cit.*, p. 92-93) – Les propos de LA MOTHE LE VAYER sur la providence, *ibidem*, p. 130-131.

89. P. Bernard MEYNIER, *Port-Royal et Genève d'intelligence contre le Très Saint Sacrement de l'Autel*, Poitiers, 1656, extrait donné dans Br. t. VI, p. 232 ; texte déjà relevé par Arnauld dans *Seconde Lettre à un duc et pair*, 10 juillet 1656, extrait cité *ibidem*, p. 246. Réponse de Pascal, *16e Provinciale, ibidem*, p. 283 ; un peu plus loin, Pascal accuse le P. Meynier d'avoir vu « une instruction de déisme » dans *Le Chapelet du Saint Sacrement* (p. 283 et 286) ; mais Pascal interprète le passage auquel il renvoie (extrait cité, p. 235) où le mot « déisme » n'est pas prononcé.

90. J. LAPORTE, *Le cœur et la raison...*, p. 159.

91. Br. t. IV, p. IV ; t. X, p. 409, texte publié p. 411-418 – L. *Opuscules*, p. 110, texte publié p. 111-117. Ces deux textes proviennent de deux copies différentes ; je cite d'après le second. Charron a appelé « stupide nonchalance » l'indifférence religieuse mais celle des Académiciens et Pyrrhoniens (*Les Trois Vérités*, livre I, Ch. 3, p. 9).

92. *ibidem*, p. 111 et 113.

93. E. BAUDIN, *La Philosophie de Pascal*, II, *Pascal. Les libertins...*, 1, p. 116, n. 1.

94. Je pense à ce paragraphe où Pascal dit : « cette bonne mère » qu'est l'Eglise retire les jeunes enfants « de la contagion du monde » et

« prévient l'usage de la raison pour prévenir les vices où la raison corrompue les entraînerait... ». L. *Opuscules,* p. 115 ; Br. t. X, p. 414.

95. L. 167 ; Br. 269.

96. L. 179 ; Br.. 256 et notes (mots soulignés par nous). *Supra,* n. 32. ANZIEU précise le sens de *bien :* il y a bien des hommes qui... peu sont..., 177, n. 3. *Supra,* Ch. III, p. 58 et n. 23.

97. L. 181 ; Br. 255 – Nicole proposait d'achever les phrases : « Superstition de croire que des propositions sont dans un livre quoiqu'on ne les y voie pas parce qu'on les y doit voir si elles y sont ».

On eût aimé avoir des exemples mis par Pascal lui-même sous le mot « superstition » quand il s'agit de gens qui se disent chrétiens. Le mot revient mais seul dans L. 187 ; Br. 254. A deux reprises il apparaît dans le couple « superstition, concupiscence » : L. 366 ; Br. 747 ter et L. 908 ; Br. 262, mais aucun fait n'éclaire la liaison des deux mots. Ce qui est le plus près d'un exemple est dans L. 364 ; Br. 249 : « C'est être superstitieux de mettre son espérance dans les formalités... » (p. 265-266).

CHAPITRE VIII

1. Cf. le *Commentaire* d'Et. GILSON dans : *Descartes, Discours de la Méthode,* Vrin, 1925, p. 117-119.

2. DESCARTES, *Les Principes de la Philosophie,* 1647, t. IX-2, Préface, p. 14.

3. Et. GILSON, *Le Thomisme,* 5e éd. Vrin, 1945, p. 27. Cf. DESCARTES, *Les Principes de la Philosophie.* Préface, p. 2, 4 et 14.

4. Michel LE GUERN, *Pascal et Descartes,* Nizet, 1971. *Infra,* Ch. X, n. 1.

5. Philippe SELLIER, *Pascal et saint Augustin,* A. Colin, 1970.

6. Titre donné par Fontaine. Nous citons d'après : *L'Entretien de Pascal et Sacy...,* par Pierre COURCELLE. Sur l'hypothèse admise ici qui donne à Pascal l'initiative de l'Entretien, cf. H. GOUHIER, *Pascal, Commentaires,* Ch. II, §. III.

7. *Jacqueline à Gilberte,* 8 décembre 1654, Br. t. IV, p. 15.

8. *ibidem,* 25 janvier 1655, p. 61-62.

9. L. 913 ; Br. t. IV, p. 3-4 et fac-similé. Cf. H. GOUHIER, *ouvr. cit.,* Ch. I.

10. L. 378 ; Br. 470 ; cf. *supra,* Ch. I.

11. L. 919, p. 488 ; Br. 553.

12. *Entretien de Pascal et Sacy,* p. 53-55.

13. F. STROWSKI, *Pascal et son temps,* t. II, 1907, p. 323-329.

14. Br. t. IV, p. 257.

15. *Entretien...,* p. 60-61 et commentaire de P. Courcelle, p. 119-121.

16. L. 4 ; Br. 184.

17. L. 408 (liasse série I) ; Br. 74 ; cf. MONTAIGNE, II, 12, p. 236.

18. L. 513 ; Br. 4 ; cf. MONTAIGNE, II, 12, p. 246. *Info,* Ch. IX, n. 29.

19. L. 149, p. 109 ; Br. 430.

20. L. 76 ; Br. 73, fragment tout entier rayé, ce qui ne signifie pas que Pascal en désavoue le fond.

21. Excellente position de la question dans : Jeanne RUSSIER, *La foi selon Pascal,* t. II, p. 403-409, et t. I, p. 72 sq.

22. Sur le rapport du *Mémorial* à l'*Entretien :* André BLANCHET, *Une lecture nouvelle du « Mémorial »,* dans *Etudes,* janvier 1970.

23. L. 449 ; Br. 556.

24. L. 417 ; Br. 548.

25. L. 191 ; Br. 549. *Infra,* p. 139 ; p. 142 et n. 51.

26. L. 418 ; Br. 233 (mots soulignés par nous).

27. 1er avril 1648, Br. t. II, p. 250 ; O.C. II, p. 582 (mots soulignés par nous).

28. *Psaume* XIX, XVIII selon la Vulgate, verset 1. Dans la liasse « Ordre » on trouve aussi cette simple note : *Les psaumes chantés par toute la terre,* L. 1 ; Br. 596.

29. L. 3 ; Br. 244. M. Philippe Sellier souligne « cette lumière », marquant qu'il ne s'agit pas de la grâce ; « quelques uns » pourraient être ces païens dont parle saint Paul au début de l'*Epître aux Romains* (I, 19-20) qui ont reconnu Dieu par le moyen de ses œuvres et dans lesquels saint Augustin mettait volontiers les platoniciens. (*Pascal et saint Augustin,* p. 58, n. 28 ; et aussi p. 64, n. 44 ; du même auteur : PASCAL, *Pensées,* n° 38, p. 41, n. 3). L'hypothèse mérite attention, mais on demandera : s'il s'agit de la lumière naturelle, comment Dieu ne la donnerait-il pas à tous ? Si, comme le suggère M. Sellier, il s'agit d'un « don d'une nature supérieure » fait seulement à « quelques uns », les platoniciens par exemple, en quoi ce don n'était-il pas une grâce ? Notre interprétation trouverait sa justification dans un rapprochement entre ce fragment L. 3 et la page que nous venons de lire dans la lettre de Pascal à Gilberte du 1er avril 1648 ; là, reprenant ce texte de saint Paul, il déclare explicitement qu'on ne peut apercevoir « les choses invisibles » représentées dans « les visibles » « sans une lumière surnaturelle », *supra,* n. 27.

30. L. 463 ; Br. 243.

31. L. 781 ; Br. 242. Cf. L. 427 ; Br. 194 – L. 429 ; Br. 229.

32. L. 198 ; Br. 693.

33. A Mlle de Roannez, 26 Octobre 1656 (date précisée par Ph. SELLIER, *Pascal et la liturgie,* p. 68), t. VI, p. 88 et 89. La référence à *Romains,* I 20, nous paraît être une source suffisante ; toutefois, on peut admettre que Pascal pense aussi aux platoniciens dont il connaît la philosophie à travers saint Augustin, comme le propose M. Ph. SELLIER (*Pascal et saint Augustin,* p. 58).

34. L. 190 ; Br. 543. Cf. DESCARTES, *Méditations métaphysiques,* V, t. IX, p. 55-56.

35. Conclusion d'un long développement du Sermon 141, reproduit et traduit dans Philippe SELLIER, *ouvr. cit.*, p. 59-60 ; sur L. 190, voir aussi : *ibidem*, p. 62 et p. 532.

36. L. 189 ; Br. 547. Pour la seconde interprétation de « absolument », SELLIER, *ouvr. cit.*, p. 62, n. 40.

37. L. 192 ; Br. 527.

38. *Supra*, p. 137 et n. 25.

39. L. 449, p. 262 ; Br. 556. Nous connaissons ce texte par une copie ; l'original n'a pas été retrouvé : nous ne pouvons donc pas suivre la pensée de Pascal au travail à travers des ratures, corrections, notes marginales, etc.

A dire vrai, les formules de Pascal sont équivoques. « Quand un homme serait persuadé que les proportions des nombres sont des vérités immatérielles, éternelles et *dépendantes* d'une première vérité *en qui elles subsistent...* ». Ces derniers mots font penser à la méditation augustinienne sur la présence en nous de vérités éternelles comme les vérités mathématiques qui s'expliquerait par l'union de notre entendement à l'entendement de Dieu. Mais le mot *dépendantes* paraît rejoindre ce que nous lisons quelques lignes plus loin : « le Dieu des Chrétiens ne consiste pas en un Dieu seulement *auteur des vérités géométriques* » : ces derniers mots pris à la lettre, renverraient au Dieu cartésien, créateur des vérités mathématiques.

Comme Pascal ajoute que « ce dieu est la part des païens et des épicuriens », on peut constater d'abord que ce texte entremêle de vagues souvenirs ou réminiscences. On admettra volontiers que la première phrase recueille un souvenir de la démonstration augustinienne et, comme celle-ci suppose la théorie platonicienne des idées, Pascal pourrait y trouver « la part » de « païens », ce qui, sur ce point, rejoint droit l'interprétation de Ph. Sellier, *ouvr. cit.*, p. 65. Quant à la deuxième phrase, on remarquera que Pascal ne paraît pas avoir vu l'originalité de la théorie cartésienne de la création des vérités éternelles qu'il attribuait à Montaigne dans l'*Entretien avec M. de Sacy* (Cf. plus loin, Ch. X). Dans notre texte, le Dieu « auteur de vérités géométriques » est aussi « auteur de l'ordre des éléments », ce qui semble associer curieusement au Dieu de Descartes le démiurge de Platon. Mais ne cherchons pas trop de sources historiques précises : au Dieu des chrétiens, Pascal oppose en gros un Dieu des philosophes qui ne peut être qu'un Dieu des païens.

Reste pourtant le mot « épicurien ». Aucune explication dans HAVET, XXII, 3 ; BRUNSCHVICG, 556 ; LAFUMA, 449, t. II, ANZIEU, 447 ; LE GUERN, 419 ; SELLIER, 690 ; KAPLAN, 452, p. 271. Mais, dans son livre, M. Sellier, sans distinguer les deux cas, écrit du Dieu défini par Pascal d'un côté comme Verbe porteur des vérités géométriques, de l'autre comme leur auteur : « Ce potentat lointain, serein, indifférent, si proche du Dieu d'Epicure... » (*ouvr. cit.*, p. 65). C'est une suggestion qu'il serait difficile de transformer en explication. Nous serions plutôt porté à voir là un vague souvenir de Charron. Dans *Les Trois Vérités*, Livre I, Ch. III, celui-ci distingue trois espèces d'Athéistes : après les athées déclarés et les sceptiques, il signale des gens qui acceptent « une Déité imaginaire »,

« quelque Déité première et souverainement cause, mais la croyant oiseuse sans soin ni providence de nous et de ce monde » ; « ce sont, dit-on, les Epicuriens, libertins, tiercelets d'Athéistes irreligieux » (éd. cit. p. 10). *Supra,* VII, n. 38.

40. *ibidem,* p. 262-263 et p. 261 (mots soulignés par nous). « Presque » est souligné par Henri BREMOND, *Histoire littéraire du sentiment religieux en France...,* t. IV, *L'Ecole de Port-Royal,* p. 389, n. 1 – E. BAUDIN, *ouvr. cit.,* t. I, p. 46 – BIRAULT, *art. cit.,* p. 201 – SELLIER, *ouvr. cit.* p. 67. *Supra,* Ch. VII, n. 77.

41. L. 110 ; Br. 282, *sub fine* – L. 135 ; Br. 469.

42. L. 135 ; Br. 469. Ph. Sellier voit dans ce L. 135 un fragment de preuve augustinienne (*ouvr. cit.,* p. 57-58) ; mais « nature », ici, semble nous faire sortir du moi pensant, donc de l'itinéraire augustinien de l'âme vers Dieu – M. Le Guern voit ici une source cartésienne ; il pense sans doute à la seconde preuve ou seconde forme de la preuve précédente dans la 4e *Méditation ;* mais, ce qui provoque une remontée des parents et grands-parents jusqu'à Dieu, c'est le fait qu'un être fini a dans son esprit, et née avec lui, l'idée d'infini ; seul un Etre infini a pu créer un être fini qui pense l'infini. Or, semble-t-il, rien ne rappelle cette argumentation dans L. 42.

Sur cette « Pensée » et le problème de la contingence : Alberto MOSCATO, *Pascal et la Metafisica. Tre studi,* Tilgher, Genova, Gênes, 1978, II, p. 73-81.

43. L. 881 ; Br. 850 ; Manuscrit, p. 294. SELLIER, *ouvr. cit.,* p. 50 et n. 3.

44. L. 377 ; Br. 280 : *supra,* Ch. I.

45. L. 142 ; Br. 463.

46. Voir : Jacques CHEVALIER, *Pascal,* Paris, Plon, 1922, Ch. VII et VIII. E. BAUDIN, *ouvr. cit.,* p. 96-100 – Charles JOURNET, *Vérité de Pascal, Essai sur la valeur apologétique des « Pensées »,* Edition de l'Oeuvre de saint Augustin, Saint-Maurice, Suisse, 1961, p. 102 sq. – Ph. SELLIER, *ouvr. cit.,* p. 66, n. 51 : constatons que Pascal ne juge nullement « les preuves rationnellement sans valeur. Il les juge seulement psychologiquement inefficaces et religieusement dangereuses » – BIRAULT, *art. cit.,* p. 195 sq. – Voir aussi : Gérard GRANEL, *Le Tricentenaire de la mort de Pascal,* dans *Critique,* no 203, avril 1964, dont la thèse est, en gros : en dépit de son intention, Pascal a tout de même construit un discours philosophique sur Dieu.

47. Jacques CHEVALIER, *ouvr. cit.,* p. 304, n. 1, (mot soulignés par nous).

48. *art. cit.,* p. 197-198, (mots soulignés par nous).

49. *ibidem.*

50. L. 449, Br. 556, commenté par E. BAUDIN, t. I, p. 46. Pour « auteur des vérités géométriques », voir plus haut, n. 39.

51. L., 191 ; Br. 549. On lit ensuite : « Ils ne s'en sont pas éloignés mais approchés ; ils ne se sont pas abaissés, mais... ». D. Anzieu propose de compléter par « élevés » et voit sous « ils » « ceux qui ont connu Dieu

par médiateur » et dont Pascal parle dans le fragment qui précède celui-ci dans la même liasse (189, n. 5 et 6).

52. BIRAULT, art. cit., p. 197. Sur la façon de poser la question du Dieu des philosophes comme« faux dieu », voir aussi : Gérard GRANEL, *art. cit.*

53. *Jean,* XVII. 3. Mémorial, L. 913 : « ... qu'ils te connaissent seul vrai Dieu ».

54. L. 449 ; Br.. 556.

55. *Somme théologique,* I. Qu. 2, art. 3.

56. *art. cit.*, p. 198.

57. L. 1001 ; Br. 77 ; propos rapporté par Marguerite Périer dans *Mémoire sur Pascal et sa famille,* O.C. I, p. 1105.

58. L. 449 ; Br. 556.

59. L. 454 ; Br. 619 – L. 502 ; Br. 571 – L. 609 ; Br. 736 – L. 631 ; Br. 422 – L. 793, Br. 737. Cf. saint Paul, *Romains,* XI, 26.

60. L. 447 ; Br. 769 ; HAVET, XVII, 8, dit : « les persuader ».

61. Cf. L. 286 ; Br. 609 – L. 289 ; Br. 608 – Cf. Henri GOUHIER, *ouvr. cit.*, p. 235-243.

62. L. 926 ; Br. 582 ; « car, continue-t-il, la vérité hors de la charité n'est pas Dieu et est son image et une idole qu'il ne faut point aimer ni adorer... ».

63. L. 286 ; Br. 609 ; sur les « saints » dans le peuple juif avant J. C., L. 281 ; Br. 613.

64. L. 330 ; Br. 725, avec la référence : Is: XIX, 19.

65. L. 286 ; Br. 609.

66. *ibidem.* Supra, Ch. VI, p. 100 et n. 27.

67. *supra,* n. 60.

68. *De Vera religione,* II, 2 ; traduction J. PEGON, *Oeuvres ; La Foi chrétienne...,* 1951 ; p. 24.

69. L. 612 ; Br. 219 ; T. p. 90 ; Manuscrit, p. 228.

Pour une interprétation littérale, voir, par exemple : HAVET, XXIV, 57 ter, t. II, p. 111, pense à l'immortalité de l'âme à la fin de la *République* et dans *Gorgias* – Jacques CHEVALIER, *Pascal,* p. 201, n. 1, pense aussi à l'immortalité – D. ANZIEU, 664, renvoie à Grotius : Platon en décrivant la destinée du juste semble avoir prévu Jésus-Christ et, dans le mythe d'Er, annoncer la résurrection des morts – LE GUERN, *Pensées,* 519 et n. 1, t. II, p. 312, voit un souvenir de saint Augustin sur les « maximes les plus élevées », de Platon – SELLIER, *Pascal et saint Augustin,* p. 61, n. 37 et 526, n. 20 : souvenir du *De vera religione,* I, 3 : éloge de Platon sur l'immortalité et la découverte de Dieu (On aurait pu ajouter « et VI, 7 » où est envisagée la possibilité d'une conversion d'un Platon au christianisme s'il revenait parmi nous.) – J. MESNARD, *Les Pensées de Pascal,* p. 277 : « juste idée du souverain Bien » – T. M. HARRINGTON, *Pascal philosophe,* p. 124-125.

70. Ph. SELLIER, *ouvr. cit.*, p. 61.

71. L. 533 ; Br. 331. Pascal continue : « S'ils ont écrit de politique, c'était comme pour régler un hôpital de fous. Et s'ils ont fait semblant

d'en parler comme d'une grande chose, c'est qu'ils savaient que les fous à qui ils parlaient pensent être rois et empereurs... ». Cf. MONTAIGNE, II, 12 : « Chrysippe disait que ce que Platon et Aristote avaient écrit de la Logique, ils l'avaient écrit par jeu et par exercice ; et ne pouvait croire qu'ils eussent parlé, à certes (sérieusement) d'une si vaine matière. » (p. 241). « Un ancien à qui on reprochait qu'il faisait profession de la Philosophie, de laquelle pourtant en son jugement il ne tenait pas grand compte, répondit que cela c'était vraiment philosopher... Platon traite ce mystère d'un jeu assez découvert. Car, où il écrit selon soi, il ne prescrit rien à certes (sérieusement). Quand il fait le législateur, il emprunte un style regentant et assévérant (affirmatif) », et y « mêle hardiment les plus fantastiques de ses inventions... » (p. 246).

72. *De l'esprit géométrique,* t. IX, p. 248. Cf. MONTAIGNE, II, 12 : « Voyez prendre à mont (c. à d. en haut) l'essor à Platon en ses nuages poétiques ; voyez chez lui le jargon des Dieux. Mais à quoi songeait-il quand il définit l'homme un animal à deux pieds, sans plume, fournissant à ceux qui avaient envie de se moquer de lui une plaisante occasion : car, ayant plumé un chapon vif, ils l'allaient nommant l'homme de Platon. » (p. 290).

73. A la suite d'une communication de M. Evanghelos MOUTSOPOULOS, *De quelques réminiscences platoniciennes dans l'« esthétique » de Pascal* – sujet fort limité par les mots « réminiscence » et « esthétique » – on demanda à l'auteur : « Est-ce que nous savons quelles lectures il a faites de Platon ? » Réponse : « Pascal n'a certainement pas lu Platon dans l'original. Cela m'étonnerait qu'il l'ait même lu dans quelque traduction que ce fût. Je crois que ses renseignements sur Platon, ses « lectures platoniciennes », entre guillemets, sont de seconde main. ». *Méthodes,* p. 417.

CHAPITRE IX

1. Descartes à Mersenne, 25 novembre 1630, t. I, p. 181-182.

Cf. Henri GOUHIER, *La pensée religieuse de Descartes,* 1ère partie, *Les intentions apologétiques de Descartes,* Paris, Vrin, 1924 ; 2e éd. 1972.

2. *Traité de Morale,* I, Ch. II, §. 11 : « La Religion, c'est la vraie philosophie » – *Entretiens sur la Métaphysique et sur la Religion,* VI, §. 2 : « Je suis persuadé... que plus on est fort dans les vrais principes de la Métaphysique, plus est-on ferme dans les vérités de la Religion... je ne croirai jamais... que les bons Philosophes puissent avoir des sentiments différents des vrais Chrétiens. » Cf. Henri GOUHIER, *La Vocation de Malebranche,* Vrin, 1926, Ch. V, *La notion de philosophie chrétienne.*

3. Formule de Jean STAROBINSKI, à propos de Jean-Jacques Rousseau, *La transparence et l'obstacle,* 2e éd. Gallimard, 1971, p. 361.

4. Gilberte PERIER, *Vie de Pascal,* Br. t. I, p. 51-58 ; O.C. I, 1ère version, p. 572-577 ; 2e version, p. 603-608.

5. Robert LENOBLE, *Mersenne et la naissance du mécanisme,* Paris, Vrin, 1943, p. 590-591.

6. Formule de Benjamin Hauréau, citée par R. LENOBLE, *ibidem,* p. 581.

7. R. LENOBLE, *ibidem.*

8. Ce livre est un traité *Des Orgues, ibidem,* p. XXIII. *Harmonie universelle contenant la théorie et la pratique de la Musique...* est un ensemble de *Traités* publié en deux tomes, 1636 et 1637. Cette Dédicace est reproduite par Jean MESNARD, O.C. II, p. 120-121 ; partiellement dans Br. I, p. 174.

9. *Les Oeuvres de l'éminentissime et révérentissime Pierre, cardinal de Bérulle...* Paris, 1644, Préface, p. VI-VII. Cf. Henri GOUHIER, *La crise de la théologie au temps de Descartes,* Revue de Théologie et de Philosophie, Lausanne, 1954 ; repris dans *La Pensée religieuse de Descartes,* 2e éd. 1972, Appendice.

10. Henri BREMOND, *Histoire littéraire du sentiment religieux en France, La Métaphysique des saints,* t. VII et VIII, 1928.

11. SAINT FRANÇOIS DE SALES, *Traité de l'Amour de Dieu,* 1616, Livre VI, Ch. I, Description de la théologie mystique qui n'est autre chose que l'oraison.

12. *Quatrièmes Objections faites par Monsieur Arnauld docteur en théologie,* t. IX, p. 169 ; t. VII, p. 217-218 – Arnauld y revient dans sa lettre à Descartes, 4 juin ou 15 juillet 1648, t. V, p. 190. Cf. Henri GOUHIER, *La Pensée religieuse de Descartes,* 2e Partie, Ch. IV, IV – J.R. ARMOGATHE, *Théologia cartesiana, L'explication physique de l'Eucharistie chez Descartes et Dom Desgabets.* La Haye, Nijhoff, 1977, Deuxième section, I.

Sur Pascal et la question de la transsubstantiation, voir plus loin. Ch. X, p. 192 et n. 120.

13. *De la Fréquente Communion, où les sentiments des Pères, des Papes et des Conciles, touchant l'usage des Sacrements de Pénitence et d'Eucharistie sont fidèlement exposés pour servir d'adresse aux personnes qui pensent sérieusement à se convertir à Dieu...* Paris, 1643.

14. *La Tradition de l'Eglise sur le sujet de la Pénitence et de la Communion représentée dans les plus excellents Ouvrages des S.S. Pères grecs et latins et des Auteurs célèbres de ces derniers siècles,* 1644.

15. Alexandre KOYRE, *From the closed world to the infinite universe,* Baltimore, John Hopkins University Press, 1957 ; *Du monde clos à l'univers infini,* P.U.F., 1962. Sur l'importance de la pensée de Giordano Bruno dans « la nouvelle astronomie », Ch. II, p. 43-58 : Koyré ne croit pas que Bruno ait eu une grande influence (p. 58). Toutefois, dans une discussion au Colloque de Royaumont, il considère que Pascal « a probablement connu Bruno » (p. 383, Communication de Maurice de GANDILLAC, *Pascal ou le silence du monde*). Antoine Adam aussi lorsqu'il rappelle les « libertins » qui connaissaient Bruno, notamment Méré (*Histoire de la Littérature...,* p. 271-272). Soit, mais ne prenons pas « entendre parler » pour « connaître ».

16. L. 199, p. 137-138 ; Br. 72 ; aucun nom propre n'est donné. Dans la 17e *Provinciale,* Pascal cite « Pic de la Mirande » parmi les auteurs « catholiques » qui ont cru à « la pureté de la foi d'Origène » sans lui attribuer les erreurs, en effet condamnables, que des Conciles et des Papes ont condamnées dans ses écrits (Br. t. VI, p. 361-362).

17. L. 84 ; Br. 79 ; Manuscrit, p. 54, texte barré.

18. Ne subsistent que des copies des textes publiés sous le titre : *Ecrits sur la grâce ;* elles sont dans le manuscrit 12449 de la B.N., dit « la seconde copie des *Pensées* et les pièces reliées avec elles », O.C. I, p. 295-297, nos IX-XVIII. Ces textes sont édités par F. Gazier dans : Br. t. XI. D'autre part, la copie contient des textes de saint Augustin et de saint Prosper traduits ou recopiés par Pascal, ainsi que des citations de saint Jérôme, no XIX et XX, p. 297 ; publiés dans Br. t. XI, p. 108 sq. Ajouter : *Deux pièces imparfaites sur la Grâce...* LAFUMA, 1947.

Pour la date, F. Gazier n'ose rien affirmer mais penche pour 1658 à cause de rapprochements possibles avec certains passages du *Cinquième Ecrit des Curés de Paris* (11 juin 1658) ; Br. t. XI, p. 102. De même, Jean MESNARD dans la 5e éd. de son *Pascal* (1967, p. 111). Lafuma ne propose aucune date dans *Deux pièces imparfaites* mais dans une chronologie, il les situe : 1657-1658 (*Opuscules...* p. 21).

Remarquons que les rapprochements avec l'*Ecrit des Curés...* ne concernent que le premier *Ecrit sur la grâce,* selon l'ordre établi par Gazier, intitulé : « Exposé sommaire du problème de la grâce », t. XI, p. 138 et 139. Or il est possible que les *Ecrits sur la grâce* ne soient pas tous de la même date. Il serait donc permis de dire : « entre 1656 et 1658 », comme Jacques CHEVALIER, *Pensées suivies des Ecrits sur la grâce,* Gallimard, 1937, p. 321 (édition des *Ecrits* incomplète) ; « la semaine sainte 1657 », comme Michel LE GUERN, *L'image dans l'œuvre de Pascal...,* p. 41.

19. Br. t. XI, p. 3-94 ; publié avec le texte de Jansénius : *Series vitae Jesu Christi juxta ordinem temporum,* publié à la fin de son *Tetrateuchus, sive Commentarius in Sancta Jesu Christi Evangelia,* Paris, 1655 ; l'approbation est datée de Louvain le 10 mai 1639.

Aucune date n'est proposée dans Br. t. XI, p. 4-5. LAFUMA met l'ouvrage en 1657-1658 (*Opuscules et lettres,* p. 21).

Lafuma rapproche avec raison un alinéa de L. 550 ; Br. 744, et celui de l'Abrégé (Br. t. XI, p. 65) qui reprend et interprète selon Jansénius le récit de saint Luc, XXIII, 5-12 : quand Pilate apprend que Jésus est Galiléen, c'est-à-dire est sous la juridiction d'Hérode, l'idée lui vient de le renvoyer devant le roi qui est, justement, à Jérusalem ; l'épisode se termine par la réconciliation d'Hérode et de Pilate, ennemis auparavant ; ce qui signifie : Jésus doit réconcilier en sa personne les deux peuples Juif et Gentils (*Un fragment rédigé en vue de l'Abrégé de la Vie de Jésus-Christ,* dans *XVIIe siècle,* no 7-8, 1950, p. 208-209). Le rapprochement est justifié mais le titre de l'article ? Rien ne prouve que notre passage de L. 550 ait été « rédigé en vue de » l'*Abrégé.* En fait, il y a dans L. 550 le rappel de cinq textes de la Passion selon saint Luc (voir les notes de Le Guern à son no 475). Sans doute, dans les notes de son édition, Lafuma, qui n'en repère que quatre, les dit toutes écrites « en vue de l'*Abrégé* » (L. t. II, p. 104) mais sans renvois à des textes correspondants dans l'*Abrégé*...

Pascal relit la Passion selon saint Luc et prend des notes soit en vue de l'*Abrégé,* soit en vue de son Apologie ; il jette de brèves notes sur une feuille ; pour l'une d'elles, sur l'épisode Pilate-Hérode, le souvenir de l'interprétation « mystique » (Br. t. XI, p. 65) revient à son esprit peut-être en vue du récit qu'il compte faire dans sa *Vie de Jésus,* peut-être aussi en vue du chapitre de l'Apologie sur Jésus-Christ.

Courte mais intéressante analyse de l'*Abrégé* dans : Michel LE GUERN, *L'image dans l'œuvre de Pascal,* Ch. V.

20. Paris, G. Desprez, 1669 ; mais il s'agit d'un tirage qui devait porter sur une trentaine d'exemplaires destinés à la famille, au comité de Port-Royal, aux approbateurs (LAFUMA, *ouvr. cit.* plus loin, p. 37 ; Th. GOYET, *art. cit.* plus loin, p. 34). La première édition est donc celle des exemplaires, qui, après corrections, paraissent avec la date 1670. Sur les manuscrits, les copies, les premières éditions, les derniers éditeurs des *Pensées,* Lafuma, Anzieu, Le Guern, Sellier, disent l'essentiel dans leurs Introductions. Pour une étude plus complète, voir : Jean MESNARD, *Les éditions de Port-Royal,* dans *Chroniques de Port-Royal,* 1972 ; *Aux origines de l'édition des « Pensées » : les deux copies* dans : *Les Pensées de Pascal ont trois cents ans,* 1971 – Thérèse GOYET, *Le visage de 1670, ibidem* (fac similés des pages de titres des éditions de 1669-1670, p. 36-37) – Louis LAFUMA, *Histoire des Pensées de Pascal, 1656-1952,* Editions du Luxembourg, Paris, 1954 : comme le titre l'indique, l'histoire porte ici sur toutes les éditions jusqu'à celle de l'auteur du livre, 1951.

21. L. t. III, p. 142.

22. O.C. II, p. 772 sq. ; MESNARD date : 1651 – Br. t. II, p. 127 sq. « date présumée : octobre-novembre 1647 ». Les références à Jansénius sont données dans les deux éditions.

23. Br. t. IX, p. 271 sq. – LAFUMA, *Opuscules...*, p. 139. Sur ces deux opuscules et leur date : Henri GOUHIER, *Cartésianisme et Augustinisme au XVIIe siècle,* Vrin, 1978, Appendice II.

L'Esprit de la Géométrie et De l'Art de persuader de Blaise PASCAL, Textes et commentaires par Bernard CLERTÉ et Martine LHOSTE-NAVARRE.

24. Br. t. II, p. 130, n. 3 ; voir p. 132, n. 1 ; p. 134, n. 2 – éd. Mesnard O.C. II, p. 778, n. 1.

25. Br. t. VII, p. 53-54. Sur la connaissance que Pascal avait de Galilée, voir : Pierre COSTABEL, *Galilée et Pascal* dans : *Staggi su Galileo Galilei,* Florence, G. Barbera, 1967 (recueil publié à l'occasion du 4e centenaire de sa naissance).

26. Antoine ARNAULD et Pierre NICOLE, *La Logique ou l'Art de penser...* éd. critique par Pierre CLAIR et François GIRBAL, P.U.F., 1965. Renvois aux deux opuscules de Pascal, *Premier Discours,* p. 21 ; sur ce que les deux auteurs en retiennent : H. GOUHIER, *ouvr. cit.,* p. 179.

27. *ibidem,* p. 20-21.

28. L. 626 ; Br. 462.

29. L. 513 ; Br. 4 ; T. p. 65. *Supra,* Ch. VIII, p. 136.

30. L. 4 ; Br. 184.

31. L. 408 ; Br. 74 ; orthographe du manuscrit, T. p. 305.

32. L. 76 ; Br. 73 ; T. p. 183-184 ; Ms. p. 52 et 49. Le Guern croit pouvoir réunir sous son n° 56 L. 76 et L. 60. Quoiqu'il en soit, son annotation historique de ce n° 56 est importante ; de même, celle d'Anzieu à son n° 60.

33. MONTAIGNE, Livre II, Ch. XII, p. 336 ; c'est dans la même page que nous trouvons le texte sur l'ataraxie des Académiciens et Arcésilas. *Supra,* Ch. VII, p. 123 et n. 64.

34. VIRGILE, *Georgiques,* Livre II, Vers 489. Montaigne le cite, Livre III, Ch. X, p. 317, mais c'est un vers bien connu et Pascal le trouvait sans doute dans sa mémoire.

35. HORACE, *Epîtres,* Livre I, VI, vers 1-2 :
Nil admirari prope res est una, Numici,
Solaque quae possit facere et servare beatum.
Pascal pouvait mettre ce *Nil admirari* parmi des thèses des philosophes, car on y voyait une maxime attribuée à Pythagore, reçue par Démocrite, Zénon, Epicure pour signifier qu'il ne faut pas attacher trop d'importance aux choses et aux biens de ce monde.

36. L. 76, p. 57 – « 395 », page de l'éd. de 1652, renvoie au texte : « Or voyons ce que l'humaine raison nous a appris de soi et de l'âme... », p. 287 de l'éd. Villey, t. II – 395, après la seconde question, renvoie à : « Il n'y a pas moins de dissention ni de débat à la loger », p. 288 – 399, renvoie au long passage : « Aucuns ont dit qu'il y avait une âme générale... », p. 293-295.

37. *ibidem,* « 393 » renvoie à un texte précédant celui de la p. 395 : celui, sans doute, de la p. 282-283 dans l'édition VILLEY, sur le fait que nous ne savons rien de l'union de l'âme et du corps.

38. *ibidem,* CICERON, *Tusculanes,* I, XI ; cité dans l'*Apologie de R. Sebond,* p. 288.

39. L. 149 ; Br. 430 ; T., p. 219 ; Manuscrit p. 79 – Autre fragment avec : A.P.R., dans la liasse dite « contrariétés », L. 122 ; Br. 416.

Sur la date : octobre-novembre 1658, selon LAFUMA, *Controverses pascaliennes,* éditions du Luxembourg, 1952, Ch. III ; les environs de mai 1658, MESNARD, *Pascal...,* 1ère ed. p. 129 ; 5e éd. p. 137 sq. Sur cette conférence H. GOUHIER, *Pascal, Commentaires,* p. 177 sq.

40. *ibidem,* p. 111-112 ; T. p. 222 ; Manuscrit, p. 82 ; aucun signe de ponctuation dans le groupe des neuf derniers mots – Voir les notes d'ANZIEU, n° 147.

41. *ibidem,* p. 110.

42. F. STROWSKI, *Pascal et son temps,* t. II, Ch. VIII, 3, *Pascal et Epictète ;* Pierre COURCELLE, *Pascal lecteur d'Epictète* dans *Entretien de Pascal et Sacy,* éd. cit. Ch. II.

43. L. 338 ; Br. 724 – L. 447 ; Br. 769. *Supra,* Ch. VIII, p. 145.

44. *Vera religio christiana hominibus persuasit quod illis persuaderi posse Plato non credidit,* dans : *De Vera religione,* III, 3, sous-titre.

45. L. 612 ; Br. 219 ; *De Vera religione,* III, 3, 5 ; IV, 7. *Supra,* Ch. VIII, p. 146 et n. 69.

46. L. 683 et note, t. II, Br. 20. En quoi consiste la vertu :

« Pourquoi en *abstine et sustine* », ce qui vise les stoïciens, « plutôt qu'en suivre nature », ce qui vise sans doute les épicuriens, « ou faire ses affaires particulières sans injustice comme Platon... ».

MONTAIGNE, *Essais,* III, Ch. 9, p. 229 : « ... Platon qui estime la plus heureuse occupation à chacun faire ses propres affaires sans injustice. ». Selon Havet la formule vient des « *Lettres* attribuées à Platon » (Article VI, 25, t. I, p. 78).

47. L. 533 ; Br. 331. Voir plus haut, Ch. VIII, p. 147.

48. Blaise PASCAL, *Textes inédits,* recueillis et présentés par Jean MESNARD, Desclée de Brouwer, 1962, p. 31 et note 3 – L. Intégrale, p. 639 – Le GUERN, 773 – SELLIER, 775 – *Essais,* II, Ch. 12, p. 288.

49. L. 507, 508 et notes, t. II, avec traduction, références aux auteurs et à Montaigne ; Br. 363-364.

50. L. 199, p. 137 et notes, t. II, p. 40, §. 20 ; Br. 72 – *Essais,* II, Ch. XII, p. 215.

51. L. 208 ; Br. 435. On les trouve une autre fois dans L. 449, voir *supra,* Ch. VIII, n. 39.

52. UHLIR, *Montaigne et Pascal,* dans *Revue d'histoire littéraire de la France,* t. XIV, 1907 – Les chiffres qui ont permis d'identifier l'édition sont dans L. 76 ; Br. 73 ; voir les notes de L., t. II, p. 20. *Supra,* n. 36 et 37.

53. O.C. I, p. 782-783 ; Br. t. II, p. 138-139.

54. *Entretien avec M. de Sacy,* p. 53-55.

55. *ibidem,* p. 57, 65.

56. *ibidem,* p. 19 ; cf. p. 45 « la superbe Raison » ; p. 55 : « Au comble de la superbe ». *Supra,* Ch. VII, p. 121 et n. 50.

57. *ibidem,* p. 65 et p. 57, lignes 481 et 495.

58. *ibidem,* p. 59.

59. L. 149, p. 109 ; Br. 430 ; T. p. 219 – *ibidem,* Prosopopée, p. 111.

60. *ibidem,* p. 109.

61. *ibidem,* Prosopopée, p. 111.

62. L. 410 ; T, p. 305 ; Br. 413 : « bêtes brutes » au pluriel.

63. *Entretien avec M. de Sacy,* p. 31, ligne 239 ; p. 35, ligne 288-289.

64. L. 410, notes, t. II, p. 73 ; Br. 413 – A. ADAM, *Les libertins au XVII...,* p. 195.

65. L. 430 ; Br. 431. Il s'agit d'une copie où il est écrit : « *le* suivre », Manuscrit, p. 351. Comme Anzieu, 431, et Le Guern, 401, nous pensons que le sens impose : « *la* suivre », c'est-à-dire la « sagesse ».

66. L. 407 ; Br. 465 ; T. p. 304.

67. *Confessions,* VII, X, 16, trad. P. de Labriolle, Belles-Lettres, 1925.

68. L. 4 ; Br. 184 ; T. p. 167 ; je donne le texte selon Lafuma ; le ms. permet de lire « travaillent » et porte : « celui qui les recherche ».

69. L. 694 ; Br. 61.

70. *Entretien avec M. de Sacy,* p. 21.

71. *Essais,* II, Ch. 12, p. 239, 300.

72. L. 131, p. 84 ; Br. 434.

73. *ibidem,* p. 85.

74. *ibidem,* p. 85 ; T. p. 201 ; Manuscrit p. 65.

75. SAINT AUGUSTIN, *Contra Academicos,* Livre II, V, 11, 13 ; VI, 15, 16. Livre III, XVII.

76. *Essais,* II, Ch. XII, p. 313-314 ; p. 336. Remarquons que dans *Contra Academicos,* saint Augustin consacre un long morceau du Livre II à une critique de la notion de « vraisemblable », *verisimile,* faisant ressortir la référence à la vérité, VII.

77. L. 109 ; Br. 392.

78. L. 520, p. 354 ; Br. 375. MONTAIGNE, *Essais,* II, Ch. 12, p. 336. Cf. *supra,* Ch. VII, p. 123. Saint Augustin présente Arcésilas de façon tout à fait différente : il représente une sorte d'ésotérisme platonicien qui se cache sous un scepticisme intégral, *Contra Academicos,* Livre II, VI, 14 ; Livre III, XVII, 38. *Oeuvres de saint Augustin,* éd. cit. voir les notes 16 et 27 de R. JOLIVET ; et aussi SELLIER, *ouvr. cit.,* p. 100, n. 87.

79. L. 208 ; Br. 435.

80. *supra,* p. 160-161.

81. L. 406 ; Br. 395.

82. L. 170 ; Br. 268.

83. L. 655 ; Br. 377.

84. L. 507 ; Br. 363 ; T. p. 62. Pascal a d'abord ajouté : « Sen », puis a barré le mot et mis : « Divin ». La formule, en effet, n'est pas de Sénèque mais de CICERON, *De Divinatione,* II, LVIII ; cité par Montaigne, II, Ch. 12, p. 292.

85. L. 626 ; *supra,* n. 28.

86. L. 613 ; Br. 443 ; T. p. 90. Les mots [ ] sont barrés.

CHAPITRE X

1. Les historiens de la pensée de Pascal rencontrent presque inévitablement la question de ses rapports avec celle de Descartes. Citons simplement ceux qui ont le plus directement abordé les problèmes qui nous intéressent ici. E. BAUDIN, *Etudes historiques et critiques sur la philosophie de Pascal,* t. I, *Sa philosophie critique : Descartes et Pascal,* Neuchâtel, La Baconnière, 1946 – Henri BIRAULT, *Science et métaphysique chez Descartes et chez Pascal,* dans Archives de l'Institut international des sciences théoriques, 13, Colloque de l'Académie internationale de philosophie des sciences, 2-4 septembre 1963, Fribourg (Suisse), La phénoménologie et les sciences de la nature, Bruxelles, 1965 – Michel Le GUERN, *Pascal*

et Descartes, Nizet, 1971 – Jean PUCELLE, *Malentendus sur « Pascal et Descartes »: Pascal et les philosophes,* dans : *Chroniques de Port-Royal,* n° 20-21, 1972 – Geneviève RODIS-LEWIS, *Pascal devant le doute hyperbolique de Descartes,* ibidem.

2. *Le P. Noël à Pascal,* entre 20 et 25 octobre 1647, O.C. t. II, p. 517. Sur la question des principes, voir, dans une autre perspective : Jean PRIGENT, *La réflexion pascalienne sur les principes* dans : *Mélanges de littérature française* offerts à M. René Pintard, Strasbourg, 1975, en dépôt chez Klincksieck.

3. *Pascal au P. Noël,* 29 octobre 1647, O.C. II, p. 519, Br. t. II, p. 90-91, texte différent. Le mot « sens » a été souligné par nous.

4. *Discours de la Méthode,* 2e Partie, t. VI, p. 18.

5. *ibidem,* 4e Partie, t. VI, p. 31 ; cf. Henri GOUHIER, *La Pensée métaphysique de Descartes,* Vrin, 1962, Ch. I, Doute méthodique ou négation méthodique ?

6. *ibidem,* 2e Partie, t. VI, p. 18, lignes 28-29 ; p. 19, lignes 19-20.

7. *De l'esprit géométrique,* L. *Opuscules,* p. 127 ; Br. t. IX, p. 252 – *De l'Art de persuader,* L. Opuscules, p. 144 ; Br. t. IX, p. 277 – *ibidem,* p. 145 ; Br. t. IX, p. 281 : « axiomes parfaitement évidents et simples » – *ibidem,* p. 145 ; Br. t. IX, p. 279 : « règles pour les axiomes ».

8. *Réponses aux 2es Objections,* t. IX, p. 127 ; t. VII, p. 164.

9. *Principes,* I, art. 49 ; la traduction française dit : « qu'on nomme une notion commune ou une maxime ».

10. *Principes...,* Préface, t. IX-2, p. 2 ; cf. p. 9, lignes 19-22.

11. *supra,* p. 169.

12. *Discours...,* 3e Partie, t. VI, p. 28.

13. *Lettre au P. Noël...,* O.C. t. II, p. 522 ; Br. t. II, p. 96 – La matière subtile de Descartes est visée aussi bien que celle des aristotéliciens : O.C. t. II, p. 526 ; Br. t. II, p. 104-105.

14. *ibidem,* p. 522 ; Br. t. II, p. 96.

15. *Discours de la Méthode,* 2e Partie, t. VI, p. 18, l. 28-29 ; p. 20, l. 30.

16. Définir et prouver vont ensemble : *De l'esprit géométrique,* L. *Opuscules,* p. 122, 123, 124 ; surtout, p. 128 : « ... dans le premier point lequel consiste à définir... à l'égard de l'autre point qui consiste à prouver... » – Br. t. IV, p. 242, 245-246, 246-247, et surtout p. 254.

17. *A.M. Le Pailleur,* février 1656, O.C. t. II, p. 563 ; Br. t. I, p. 185. Cf. Ernest COUMET, *Pascal : définitions de nom et géométrie,* dans : *Méthodes chez Pascal.*

18. *De l'esprit géométrique,* L. *Opuscules,* p. 122 ; Br. t. IX, p. 242-243. Sur définition et indéfinissable chez Pascal, important chapitre VIII dans Louis MARIN, *ouvr. cit.,* notamment : Les limites de la définition du nom, p. 252 sq.

19. *De l'esprit géométrique,* p. 124, 128, 129 ; Br., t. IX, p. 217, 253, 254 – L. 109, ligne rayée ; Br. 392 – L. 110 ; Br. 282.

20. *Au P. Mersenne,* 16 octobre 1639, t. II, p. 597. Lettre publiée par Clerselier dans : *Lettres de M. Descartes...* tome second, Paris, 1659 ; réimpression en 1666. La coupure est indiquée dans A.T., p. 595.

21. *Principes,* 1ère Partie, art. 10.

22. *De l'esprit géométrique,* p. 124 ; Br. t. IX, p. 247.

23. *ibidem.*

24. L. 131, p. 85 : « la nature soutient la raison impuissante... » ; Br. 434.

25. *De l'esprit géométrique,* p. 128 ; Br. t. IX, p. 254.

26. *ibidem,* p. 131.

27. Sur la connaissance que Pascal aurait des *Regulae,* LE GUERN ne voit aucune preuve décisive : *Pascal et Descartes,* p. 29-35 et p. 40.

28. *De l'esprit géométrique,* L. p. 125 ; Br. IX, p. 248. Cf. MONTAIGNE, Livre II, *Apologie...,* p. 290 ; *supra,* Ch. VIII, n. 72.

29. *ibidem,* p. 125 ; Br. t. IX, p. 248-249.

30. *Principes,* I, art. 10 ; cf. art. 11 et 12.

31. *De l'esprit géométrique,* p. 125-126 ; Br. t. IX, p. 249-250.

32. Jean LAPORTE, *Le cœur et la raison selon Pascal,* p. 106 ; J. PUCELLE, *La lumière naturelle et le cartésianisme...* p. 55-56.

Pour Descartes, voir : *Principes,* 1ère Partie, art. XXX. Dans le *Discours,* 3e Partie, il dit seulement : « Dieu nous ayant donné à chacun quelque lumière pour discerner le vrai d'avec le faux... » (t. VI, p. 27). L'expression « lumière naturelle » se retrouve dans : *A Mersenne,* 16 octobre 1639 : « la lumière naturelle ou *intuitus mentis* » (t. II, p. 599), mais dans la partie de la lettre que Clerselier n'a pas publiée ; voir *supra,* n. 20.

Ajoutons cette remarque d'Et. Gilson : « ... *lumière naturelle,* expression dont Augustin lui-même n'a pas usé, mais qui ne force aucunement sa pensée. ». *Introduction à l'étude de saint Augustin,* Vrin, 1929, p. 109 ; 2e éd. 1943, p. 108.

33. L. 109 ; Br. 392.

34. L. 125 ; Br. 92 ; T. p. 198.

35. L. 126 ; Br. 93.

36. *supra,* Introduction, p. 20-21.

37. MONTAIGNE, *Essais,* Livre I, Ch. XXIII, notamment p. 147 : « les communes imaginations... en crédit autour de nous et infuses en notre âme par la semence de nos pères », voilà que nous les prenons pour « générales et naturelles ». Et p. 146 : « Les lois de la conscience que nous disons naître de notre nature, naissent de la coutume... ».

38. ARISTOTE, *De memoria et reminiscentia,* 2, dans : *Parva naturalia,* traduction J. TRICOT, Vrin, 1951, p. 70.

39. *Essais,* Livre III, Ch. X, p. 303.

40. L. 691 ; Br. 432 ; *supra,* Ch. VII, p. 120.

41. *Entretien avec M. de Sacy,* p. 21-23.

42. *ibidem,* p. 27.

43. *ibidem,* p. 29 et 28. On ne trouve pas le mot « infini » ni, d'ailleurs, le mot « fini » dans l'index et les sous-titres de : Eva MARCU, *Répertoire des idées de Montaigne,* Genève, Droz, 1965, Travaux d'Humanisme et Renaissance, 1429 p. in 4o.

44. *ibidem,* p. 31.

45. *supra,* p. 169 et n. 8 et 9.

46. De l'esprit géométrique, L. Opuscules, p. 124, 128, 129, 130-131 ; Br. t. IX, p. 247-248, 253-254, 257.

47. *Entretien avec M. de Sacy,* p. 31.

48. t. IX, p. 16 ; t. VII, p. 21, lignes 20-21 : *seu casu... seu quovis alio modo...*

49. « Par inadvertance », dit Jean-Marie BEYSSADE, *La philosophie première de Descartes. Le temps et la cohérence de la métaphysique,* Flammarion, 1979, p. 92 n. 4. « Par confusion », disait E.M. CURLEY, *Descartes against the Skeptics,* Cambridge, Mass. U.S.A. 1978, p. 98. Geneviève RODIS-LEWIS propose une hypothèse : la « confusion » aurait été faite par Fontaine rédigeant le texte de l'*Entretien :* il avait les notes de la future Apologie, notamment L. 131 ; Br. 434, où l'argument du Dieu méchant est donné sans référence à Descartes ni à Montaigne : Fontaine composant la partie de l'entretien sur le pyrrhonisme représenté par Montaigne, utilise ce morceau ; Geneviève RODIS-LEWIS, *art. cit.* p. 108-109 ; *Création des vérités éternelles, doute suprême et limites de l'impossible chez Descartes,* Actes de New Orleans, Biblio 17, Papers on French seventeenth Century literature, Paris, Seattle, (U.S.A.) Tubingen, 1982, p. 303.

50. *Méditations,* IV, t. IX, p. 42-43 ; t. VII, p. 153 – *Principes,* I, art. 29, 30, 31.

51. *Entretien avec M. de Sacy,* p. 31. – L. 131, p. 83 ; Br. 434.

52. L. 840, p. 457 ; Br. 843.

Il convient de citer le texte plus complètement : « Il y a un devoir réciproque entre Dieu et les hommes. ». Pascal connaît la question classique : est-il permis de dire « Dieu ne doit pas... » ou « Dieu ne peut pas... » ?, il continue donc : « Il faut me pardonner ce mot, *quod debui* » ; mais Dieu n'a-t-il pas dit à Isaïe : « Accusez-moi » (I, 18) ? « Dieu doit accomplir ses promesses etc. Les hommes doivent à Dieu de recevoir la religion qu'il leur envoie. Dieu doit aux hommes de ne les point induire en erreur. ». Pascal s'explique alors : « Or ils seraient induits en erreur si les faiseurs de miracles annonçaient une doctrine qui ne paraît pas visiblement fausse aux lumières du sens commun, et si un plus grand faiseur de miracles n'avait déjà averti de ne les pas croire » (commentaire de cette explication dans T. SCHIOKAWA, *ouvr. cit.,* p. 155-156).

Sur le sens de « l'induire en erreur » et la portée de cette expression quand il s'agit de Dieu, L. 850, Br. 821.

Signalons, ici, cet alinéa pris dans L. 971 ; Br. 654 ; T. p. 52 : « Aug. 5, *de Civit.* 10... Dieu peut tout, hormis les choses lesquelles s'il les pouvait il ne serait pas tout-puissant, comme mourir, *être trompé,* etc. *mentir,* etc. » 1°) Ce n'est pas une pensée de Pascal mais une note de lecture de saint AUGUSTIN. *La Cité de Dieu,* Livre V, Ch. 10, je cite la traduction de Pierre de LABRIOLLE, Garnier, 1941. 2°) L'argumentation de saint Augustin est classique et se retrouvera chez Descartes : « ce n'est pas diminuer la puissance de Dieu que de dire qu'il ne peut mourir... s'il le pouvait moindre serait sa puissance. ». Il s'agit donc d'une argumentation rationnelle. 3°) Saint Augustin dit deux fois : *mori* et *falli,* « mourir et se tromper » ; Pascal dit : « être trompé, etc. mentir etc. » : or dans le texte de saint

Augustin, rien ne correspond à ce « mentir », si nettement détaché de façon à bien montrer que « mentir » n'est pas la même chose que « être trompé » ou « se tromper ».

Ainsi, dans l'*Entretien avec M. de Sacy,* Pascal fait passer l'argument cartésien du Dieu trompeur sous le nom de Montaigne. Dans un très bref résumé d'une argumentation de *De Civitate Dei,* le mot *falli* évoque l'hypothèse *si me fallit* « contraire », elle aussi, à la toute puissance divine et voici que, très spontanément, Pascal ajoute cette réminiscence cartésienne au texte de saint Augustin.

Sellier cite les deux ou trois lignes de saint Augustin auxquelles Pascal fait allusion : édition des « Pensées », n° 803 et *ouvr. cit.*, p. 340, n. 19 ; mais il faut lire le chapitre entier du *De Civitate* afin de constater que « mentir etc. » est ajouté par Pascal.

53. Sur le rapport entre les deux textes, voir : Pierre COURCELLE, p. 137-138 – éd. Le GUERN, notes au n° 122 – La mise au point de Geneviève RODIS-LEWIS et l'hypothèse rappelée *supra,* n. 49, art. cit., p. 105-107.

Pascal a-t-il utilisé la note déjà écrite de L. 131 pour rédiger le texte de l'Entretien ou a-t-il utilisé le texte de l'Entretien pour rédiger le texte destiné à l'Apologie ? Nous penchons pour la seconde hypothèse parce que le texte de L. 131 appartient à un long morceau destiné à entrer dans une œuvre apologétique dont Pascal n'avait sans doute pas une idée aussi nette et aussi ordonnée au lendemain de sa seconde conversion, c'est-à-dire au début de l'année 1655.

54. *Méditations métaphysiques,* I, t. IX, p. 16 ; t. VII, p. 21.

55. *ibidem,* VI, t. IX, p. 60-61 ; t. VII, p. 80.

56. *Entretien avec M. de Sacy,* p. 35 – L. 131, p. 8 : « dont nous nous éveillons à la mort » ; Br. 434.

57. *ibidem,* p. 23.

58. Voir dans la liasse « Misère », L. 60 ; Br. 294, et L. 61 ; Br. 309 – L. 64 ; Br. 326 et L. 67 ; Br. 879 – Et encore : L. 520 ; Br. 375 – L. 645 Br. 312.

59. L. 131, p. 84 ; Br. 434 ; T. p. 200.

60. *Méditations,* II, t. IX, p. 19 ; t. VII, p. 25.

61. L. 131, p. 83 ; Br. 434.

62. *ibidem,* p. 84.

63. *ibidem,* p. 85.

64. *Essais,* II, Ch. XII, p. 267.

65. L. 131, p. 85 ; Br. 434.

66. *ibidem ;* voir supra, Ch. VII, p. 123.

67. *Discours de la Méthode,* 4e Partie, t. VI, p. 32 ; rapprochement déjà signalé par ANZIEU, t. I, p. 81.

68. L. 131, p. 85 ; T. p. 201.

69. *De l'art de persuader,* texte de Br. t. IX, p. 284-286 ; L. *Opuscules,* p. 148, où manquent les cinq derniers mots. Cf. Henri GOUHIER, *Cartésianisme et Augustinisme au XVIIe siècle...,* Ch. V, III.

70. *4es Objections,* t. IX, p. 154 ; t. VII, p. 198 – *De libero arbitrio,* livre II, Ch. III.

71. On en trouve un recueil où chaque rapprochement est accompagné de sa justification dans Michel LE GUERN, *Pascal et Descartes.*

72. Récit des deux entrevues : Jacqueline à Mme Périer, 15 septembre 1647, Br. t. II, p. 42-47 – O.C. t. II, p. 480-482, avec la note introductive de J. MESNARD, p. 478-480.

73. L. 553 ; Br. 76 ; original perdu.

74. L. 84 ; Br. L. 79 ; T. p. 189, fragment rayé ; se trouve imprimé par L. avec les fragments de la liasse dite « Raisons des effets » parce que le texte rayé est écrit au verso d'une feuille dont le recto porte le texte de L. 83. Br. 327. Pour le titre « Descartes », L. t. II, p. 22.

75. L. 887 ; Br. 78 ; T. p. 157 – Voir sur la même feuille : L. 882 ; Br. 222 : « Athées... », supra, Ch. VII, n. 42 – L. 886 ; Br. 51 : « Pyrrhonien pour opiniâtre » – L. 889 ; Br. 165 : sur notre vaine recherche du bonheur – L. 890 ; Br. 436 bis : « ... nous n'avons ni le vrai ni le bien. »

76. L. 199, p. 137-138 ; Br. 72. Supra, Ch. IX, p. 150-151.

77. L. 1005 ; O.C. I, p. 1000 : texte tiré d'une lettre publiée pour la première fois dans *Lettres de M. Nicole,* Paris, 1714.

78. L. 1008 ; O.C. I, p. 831 ; voir aussi Br. t. X, p. 45, n. 1, longue note sur Menjot, « conseiller et médecin du Roy » et sur ses relations avec Pascal et Arnauld.

79. LAFUMA, t. III, *Mémoire sur la vie de M. Pascal écrit par Melle Marguerite Périer, sa nièce,* p. 64 – O.C. I, Marguerite PERIER, *Mémoire sur Pascal et sa famille* (version définitive), p. 1105 – La dernière phrase est : L. 1001 ; Br. 77.

80. *ibidem.* Texte du manuscrit suivi par Lafuma ; celui du manuscrit suivi par Mesnard dit : « ... souffrir un de ses principes sur la formation... ».

81. « Il aurait bien voulu » n'est ni dans le texte de Lafuma ni dans celui de Mesnard, quoiqu'on le lise dans L. 1001 et Br. 77.

82. *Jacqueline à Mme Périer,* 25 septembre 1647, Br. t. II, p. 43 ; O.C. II, p. 481 : « ... de sa matière subtile ».

83. Cf. L. 821 ; Br. 252. Cf. *Discours de la Méthode.* 5e Partie, t. VI, p. 55-56.

84. L. 107 ; Br. 343.

85. L. 738 ; Br. 341 ; T. p. 115. Cf. E. JOVY, *« L'histoire du brochet et de la grenouille de Liancourt » dans les Pensées,* dans : *Investigations pascaliennes,* Paris, Vrin, 1928.

86. L. 105 ; Br. 342 ; LE GUERN, 96 et note.

Dans le langage présumé du chien qui a l'habitude de « ronger » des os, je suppose que « ronger cette corde » veut dire : « couper... ».

87. *Discours de la Méthode,* 5e Partie, t. VI, p. 56-57.

Une Pensée, pourtant, semble aller dans un autre sens que nos citations. L. 741 ; Br. 340 : « La machine d'arithmétique fait des effets qui approchent plus de la pensée que tout ce que font les animaux ; mais elle ne fait rien qui puisse faire dire qu'elle a de la volonté comme les animaux. » « Cette comparaison des animaux et de la machine d'arithmétique, écrit M. Le Guern, est la seule objection que l'on trouve chez Pascal à la théorie des animaux machines, théorie qu'il accepte habituellement. »

(n° 627, n. 10). Nous pensons plutôt avec L. Brunschvicg : « Il serait téméraire de conclure de ce fragment que Pascal attribuât une volonté aux animaux, à l'encontre de la thèse cartésienne qui était en faveur à Port-Royal et que Pascal semble accepter formellement dans d'autres fragments. » (n° 340, p. 486, n. 2). En effet :

1° Cette note est écrite sur la même feuille que la note sur le brochet et la grenouille de Liancourt (supra, n. 85). Sans doute, l'écriture de cette feuille est de Gilberte ; mais Pascal aurait-il dicté à la suite deux « pensées » sur les bêtes-machines qui se contrediraient ?

2° Son texte ne suppose sans doute pas « de la volonté dans les animaux » : mais les animaux sont des machines si perfectionnées que leur comportement « nous fait dire » qu'il y a en eux « de la volonté ».

Le fragment signifierait donc : la machine que j'ai inventée est ce qui se rapproche le plus de la machine animale mais sans avoir cette perfection mécanique qui provoque en nous une interprétation anthropomorphique de la vie animale, qui nous fait appeler l'instinct « volonté ».

88. FONTAINE, *Mémoires pour servir à l'histoire de Port-Royal*, Utrecht, 1736, t. II, p. 52 sq. ; reproduit dans PASCAL, Br. t. IV, p. 27-28 – Jean ORCIBAL, *Descartes et sa philosophie jugés à l'hôtel Liancourt* (1669-1674), dans *Descartes et le cartésianisme hollandais, Etudes et documents*, P.U.F. 1950, notamment p. 95-96 – Cf. Henri GOUHIER, *Cartésianisme et Augustinisme au XVIIe siècle*... Ch. V, p. 93 et Ch. VI, I.

89. 1ère *Méditation*, résumé final : « ... Je me considérerai moi-même comme n'ayant point de mains, point d'yeux, point de chair... », t. IX, p. 18 ; t. VII, p. 22-23.

90. L. 111 ; Br. 339.

91. L. 135 ; Br. 469.

92. L.. 620 ; Br. 146.

93. L. 759 ; Br. 346.

94. L. 756 ; Br. 365 : « consiste en... ».

95. L. 200 ; Br. 347.

On voit combien Antoine Adam a brutalement simplifié les idées de Pascal dans la conclusion du chapitre pourtant bien informé de son *Histoire de la Littérature*... quand il écrit : « la malédiction qui pèse sur l'homme » est « la malédiction de la pensée » et : Pascal « soutient que le supplice de l'âme est de penser » (p. 284).

96. MATTHIEU, XI, 7-8.

97. *Institution de la religion chrétienne*, Livre second, édition critique avec Introduction, notes et variantes, par Jean–Daniel BENOIT, Vrin, 1957. Ch. II, §. 1, p. 22-23. Cf. t. V, Glossaire : « accomparager : comparer. ».

98. Dans les textes bibliques que cite, à propos du « roseau pensant », M.Y. MAEDA (*Le premier jet du fragment pascalien sur les deux infinis*, dans *Etudes de Langue et Littérature françaises*, n° 4, Tokio, 1964, p. 10, n. 1) le roseau n'est pas, semble-t-il, toujours symbole de la fragilité humaine ; par exemple quand Isaïe déclare que celui dont il annonce la venue « ne brisera pas le roseau froissé » (XLII, 3 et MATTHIEU, XII, 20) ;

ou lorsque les soldats frappent la tête du Christ avec le roseau qu'ils avaient mis dans sa main droite (MATTHIEU, XXVII, 29-30).

99. L. 113 ; Br. 318 : lit « davantage » ; T. p. 196.

100. L. 200, dont j'adopte la ponctuation ; Br. 347.

101. *supra*, p. 182.

102. DESCARTES, *Réponses aux 6e Objections,* t. IX, p. 240-241 ; t. VII, p. 442.

103. L. 960, qui reproduit les passages barrés ; Br. 75. Texte très raturé : je donne la version de LE GUERN, no 744, et n. 1.

104. Par exemple : *Expériences nouvelles touchant le vide,* permis d'imprimer, 8 octobre 1647, Br. t. II, p. 58-63 et *passim ;* O.C. II, p. 499-500 et *passim.* – *Fragment de préface sur le traité du vide.* Br. t. II, p. 143-144 ; O.C. II, p. 784 – *Lettre de Pascal à M. Le Pailleur,* février 1648, Br. t. II, p. 199 ; O.C., II, p. 571 – *Pascal à M. Périer,* 15 novembre 1647 ; Br. t. II, p. 153-154 ; O.C. II, p.. 678-679 ; texte publié l'année suivante avec le *Récit de la grande expérience de l'équilibre des liqueurs,* automne 1648, Br. t. II, p. 369-371, O.C. II, p. 688-689. – Ouvrages posthumes achevés sans doute en 1654 : *Traité de la pesanteur de la masse de l'air,...* « Expérience faite en deux lieux élevés l'un au-dessus de l'autre d'environ 500 toises », Br., t. III, p. 201-206 ; O.C. II, p. 1065-1068 – « Conclusion des deux précédents traités », Br. t. III, p. 254-256 et 260-266 ; O.C., t. II, p. 1095-1096 et 1098-1101.

105. *Etudes sur le rôle de la pensée médiévale dans la formation du système cartésien,* Vrin, 1930, 2e Partie, Ch. I, II.

106. *Réponses aux Sixièmes Objections,* §. 10, t. IX, p. 238-243 ; t. VII, p. 439-445.

107. L. 199 ; Br. 72. Sur cette pensée, supra, Ch. II, n. 15 et voir l'analyse de Georges POULET, *Les métamorphoses du cercle,* Plon, 1961, Ch. III.

108. L. 199 ; p. 135, 11 lignes avant la fin. T. p. 237, ligne 19.

109. *ibidem,* p. 135 et 138. Voir la longue note historique et bibliographique de LE GUERN, 185, n. 7.

Rappelons seulement Maurice de GANDILLAC, *Sur la sphère infinie de Pascal, Revue d'histoire de la philosophie,* janvier-mars 1943 – Histoire du thème dans Georges POULET, ouvr. cit. notamment p. 55-57.

Dans tous les textes cités, cette image traditionnelle est appliquée à Dieu. On ajoutera donc ce texte de Pierre CHARRON : « Ce monde n'est qu'un point (devant Dieu) en un champ vaste, et au milieu d'une circonférence infinie. Comment l'homme comprendra-t-il ce champ, cette circonférence, s'il ne peut comprendre ce point ? ». *Les Trois Vérités,* I, Ch. V, éd. cit., p. 20.

110. *ibidem,* p. 140 et p. 141.

111. *ibidem,* p. 141.

112. *ibidem.*

113. *ibidem,* p. 136. *Supra,* Ch. II, p. 41.

114. *4e Méditation,* t. IX, p. 43 ; t. VII, p. 54 – Cf. éd. LE GUERN, 185, n. 11. LE GUERN, *Pascal et Descartes,* p. 70.

115. L. 199, p. 136.

116. Jean ORCIBAL, *Descartes et sa philosophie jugés à l'hôtel Liancourt,* supra, n. 88, p. 97 et n. 54 – PASCAL, O.C. I, p. 893 ; sur la date et les réserves qu'impose le document, voir la notice de Jean Mesnard, p. 886-et 887-888.

117. J'admets plutôt la seconde hypothèse dans *Cartésianisme et Augustinisme au XVIIe siècle,* Ch. VI, III, n. 16.

118. L. 449 ; Br. 556. Supra, Ch. VIII, p. 142 et n. 50.

119. *Cartésianisme et Augustinisme...,* Ch. VI, III, *Un Cartésianisme sans création des vérités éternelles.*

120. L. 959 ; Br. 512 ; T. p. 27-28 ; ANZIEU, 520 ; LE GUERN, 743. Note bibliographique sur cette pensée : Henri GOUHIER, *Cartésianisme et Augustinisme,* p. 146, n. 36.

121. LE GUERN, *Pascal et Descartes,* p. 23, 27, 65, 127.

122. BAUDIN, *ouvr. cit.* t. I, p. 70.

123. *ibidem,* p. 32 ; p. 68 ; p. 43.

124. *ibidem,* Ch. II.

125. *Renati Des Cartes Principiorum Philosophiae Pars* I et II, *More Geometrico demonstratae,* per Benedictum de SPINOZA, (1663).

NOTE FINALE

1. L. 23 ; Br. 67.

2. Pierre GOLLIET, *Théologie de la foi et méthode apologétique dans les « Pensées », commentaire du fragment L. 149 ; Br. 430,* Méthodes, p. 55 notamment.

3. Etienne GILSON, *Le Thomisme, Introduction à la philosophie de saint Thomas d'Aquin,* Vrin ; voir notamment les Préfaces à la 3e édition, 1925, et à la 6e, 1965.

4. Voir, par exemple, les ouvrages cités de F. Rauh, E. Baudin, Jean Pucelle, E. Morot-Sir, T.H. Harrington. On pourrait ajouter : Félix RAVAISSON, *La philosophie de Pascal,* Revue des Deux Mondes, mars 1887 ; les études de Jean GUITTON, *Pascal et Leibniz, étude sur deux types de penseurs,* Aubier, 1951, ou *Profils parallèles,* Fayard, 1970 ; et *Le génie de Pascal,* Aubier, 1962 – Georges LE ROY, *Pascal savant et croyant,* P.U.F., 1957, où l'auteur dégage les grandes lignes d'une « philosophie de l'expérience » – L'important article très nuancé d'Etienne BORNE, *Pascal, le philosophe,* La Table ronde, avril 1962 – Aimé FOREST, *Pascal ou l'intériorité révélante,* Seghers, 1971.

5. L. 815 ; Br. 259 ; T. p. 134.

NOTE BIBLIOGRAPHIQUE

I. *Oeuvres de Pascal.*

Les textes de Pascal, les Pensées mises à part, sont cités d'après :
Oeuvres de Blaise PASCAL, publiées suivant l'ordre chronologique avec documents complémentaires, introductions et notes, par Léon BRUNSCHVICG, Pierre BOUTROUX et, à partir du tome IV, Félix GAZIER, Paris, Hachette, Les Grands Ecrivains de la France, 11 vol. in 8°, 1908-1914.
Référence : Br. t. I, t. II, etc.

Blaise PASCAL, *Oeuvres complètes,* texte établi, présenté et annoté par Jean MESNARD, Paris, Desclée de Brouwer, Bibliothèque européenne.
I, 1964. (aucun texte de Pascal ; recueil de documents : histoire critique des œuvres de Pascal, inventaire descriptif des sources, écrits biographiques, mémoires et témoignages...).
II, 1970, *Oeuvres diverses,* 1623-1654.
Référence : O.C. I...

Les *Pensées* sont citées d'après les numéros de deux éditeurs :

1° Blaise PASCAL, *Pensées et Opuscules,* publiés avec une introduction, des notices, des notes par Léon BRUNSCHVICG, Paris, Hachette, Classiques français, 1 vol. in-16, 1897. Cet ouvrage a connu de nombreuses éditions : signalons en 1946 une nouvelle édition mise à jour par Geneviève Lewis et Didier Anzieu.

Le classement est celui qui se retrouve dans les trois tomes des *Oeuvres* publiés dans « Les Grands Ecrivains de la France » : *Pensées de Blaise PASCAL,* nouvelle édition collationnée sur le manuscrit autographe et publiée avec une introduction et des notes par Léon BRUNSCHVICG, Paris, Hachette, 1904.

Référence : Br. 1, Br. 2... [n° de la Pensée] ; lorsqu'il est nécessaire d'indiquer une page, on renvoie au volume in-16, 3e éd. revue, 1904, avec la référence : éd. *minor.*

2° Blaise PASCAL, *Pensées sur la religion et quelques autres sujets,* Introduction de Louis LAFUMA, Paris, Editions du Luxembourg, 3 vol. in-8°, 1951 ; t. I. *Textes ;* t. II, *Notes ;* t. III, *Documents.*

Ce classement se retrouve dans : Blaise PASCAL, *Pensées,* Texte établi par Louis LAFUMA, Paris, Editions du Seuil, Livre de vie, 1962 ; et dans : PASCAL, *Oeuvres complètes,* Paris, Editions du Seuil, l'Intégrale, 1963, [légère différence de numérotation entre les fragments 949 et 972].

Références : L. 1 ; L. 2... [numéro de la Pensée]. Pour les textes des deux derniers tomes : L. t. II, t. III...

On ajoutera les « pensées » contenues dans :

Blaise PASCAL, *Textes inédits,* recueillis et présentés par Jean MESNARD, Extraits de l'édition du Tricentenaire, Paris, Desclée de Brouwer, 1 plaquette in-12 de 35 p., 1962, p. 29-33 [« Pensées » publiées dans L'Intégrale].

Nous prenons comme texte de base celui des éditions Lafuma. Toutefois, pour les vérifications et précisions, on utilise :

Pensées de Blaise PASCAL, éditjon paléographique des manuscrits originaux conservés à la Bibliothèque Nationale (n° 9202 du fonds français) enrichie de nombreuses leçons inédites et présentées dans le classement primitif avec une introduction et des notes descriptives par Zacharie TOURNEUR, Paris, Vrin, Bibliothèque des Textes philosophiques, 1942.

Référence : T, p. 1...

Le Manuscrit des Pensées de Pascal, les feuillets autographes reclassés dans l'ordre de la Copie... Edition introduite, annotée et établie par Louis LAFUMA, Paris, Les Libraires associés, 1 vol. in-fol., 1962 [photogravure].

Référence : Manuscrit.

Original des Pensées de Pascal, Fac-similé du manuscrit 9202 (fonds français) de la Bibliothèque Nationale, Texte imprimé en regard et notes par Léon BRUNSCHVICG, Paris, Hachette, 1 vol, in-fol. 1905.

D'autres éditions ont souvent été consultées.

Pensées de PASCAL, publiées dans leur texte authentique avec une Introduction, des notes et des remarques par Ernest HAVET, 2e édition entièrement transformée pour le commentaire, Paris, Delagrave, 2 tomes in-8°, 1866. [La première édition est de 1852.].

Référence : HAVET, t. I, art. I, n° 1, p. 13.

Blaise PASCAL, *Pensées,* texte intégral établi et présenté par Zacharie TOURNEUR et Didier ANZIEU, Paris, Armand Colin, Bibliothèque de Cluny, 2 vol. in-12, 1960.

Référence : ANZIEU, 1 [numéro de la Pensée].

Pensées, nouvelle édition, établie pour la première fois d'après la copie de référence de Gilberte Pascal par Philippe SELLIER, Paris, Mercure de France. « Les Classiques du Mercure », 1976.

Référence : SELLIER, 1 [numéro de la Pensée].

Pensées, édition présentée, établie et annotée par Michel LE GUERN, Paris, Gallimard, Collection folio, 2 vol. 1977. [important index].

Référence : LE GUERN, 1 [numéro de la Pensée].

Pensées de Pascal, éditées par Francis KAPLAN, Paris, Les éditions du Cerf, 1982 [reprend « le plan de l'*Apologie* tel qu'il résulte des indications formelles de Pascal lui-même », p. 67].

Référence : KAPLAN, 1 [n° de la Pensée].

Autres œuvres de Pascal, éditions consultées :

Blaise PASCAL, *Opuscules et lettres (choix).* Notes de Louis LAFUMA, Paris, Aubier, 1955.

Référence : L. *Opuscules.*

Les Provinciales, éd. Louis COGNET, Classiques Garnier, 1965.

L'Esprit de la géométrie et De l'Art de persuader, de Blaise PASCAL, Textes et commentaires par B. CLERTÉ et M. LHOSTE-NAVARRE, Paris, Editions Pédagogie moderne, 1979.

Deux pièces imparfaites sur la Grâce et le Concile de Trente, extraites du MS de l'abbé Périer son neveu, Introduction et Notes de Louis LAFUMA, Vrin, 1947.

L'Entretien de Pascal et Sacy, ses sources et ses énigmes, par Pierre COURCELLE, Vrin, 1960.

L'Entretien de Pascal avec M. de Sacy, Etude et commentaire, par André GOUNELLE, P.U.F., 1966.

II. Etudes sur Pascal.

Les précisions bibliographiques sont données dans les notes pour chaque ouvrage lors de la première citation. La disposition typographique de l'Index des noms d'auteurs permet de retrouver aisément ces indications.

Lorsqu'aucun nom de lieu n'est donné pour l'éditeur, « Paris » est sous-entendu.

Indiquons ici simplement divers recueils d'études :

Revue de Métaphysique et de Morale, avril-juin 1923, *Troisième centenaire de la naissance de Pascal.*

Archives de Philosophie, volume I, cahier 3, 1923.

La Revue hebdomadaire, 14 juillet 1923, *Troisième centenaire de Pascal.*

Blaise Pascal, l'homme et l'œuvre, Cahiers de Royaumont, Philosophie, n° 1, Paris, Les Editions de Minuit, 1956 [colloque tenu à Royaumont en novembre 1954 ; textes présentés par M.A. BERA].

Référence : Royaumont, p. 1...

Ecrits sur Pascal, Paris, Editions du Luxembourg, 1959 [recueil d'articles déjà publiés ou inédits de divers auteurs par Louis LAFUMA].

La Table ronde, avril 1962, *Tricentenaire de la mort de Pascal.*

Giornale di Filosofia, 1962, n° 6.

Pascal présent, 1662-1962, Clermont-Ferrand, Collection « Ecrivains d'Auvergne », 1962 [conférences prononcées à la Faculté des Lettres de Clermont-Ferrand à l'occasion du tricentenaire de la mort de Pascal].

Pascal, Textes du Tricentenaire, Chronique de Port-Royal, Bulletin de la Société des Amis de Port-Royal, n°s 11-14, Paris, Bibliothèque Mazarine, ou : A. Fayard, « Le Signe », 1963.

Revue de Théologie et de Philosophie, janvier 1963, Lausanne [conférences faites à l'Université de Genève sous les auspices de la Fondation Marie Graetler].

Les « Pensées » de Pascal ont trois cents ans, Collection « Ecrivains d'Auvergne », éditions G. de Bussac, Clermont-Ferrand, 1971.

Chroniques de Port-Royal, n° 20-21, Colloque de la Société des Amis de Port-Royal, Musée National des Granges de Port-Royal, 28 et 29 octobre 1970, Paris, 1972.

Méthodes chez Pascal, Actes du Colloque tenu à Clermont-Ferrand, 10-13 juin 1976, Paris, P.U.F., 1979.

Référence : *Méthodes...*

Ajoutons quelques recueils qui ne concernent pas directement Pascal mais intéressent notre sujet :

La conversion au XVIIe siècle, Actes du XIIe Colloque de Marseille, (janvier 1682), Centre Méridional de Rencontres sur le XVIIe siècle.

Le siècle de saint Augustin, XVIIe siècle, n° 135, avril-juin 1982.

Chroniques de Port-Royal, *Les deux abbés de Saint-Cyran,* n° 26-27-28, 1979.

ibidem, *Deux grandes figures d'Auvergne, Gilberte et Jacqueline Pascal,* n° 31, 1982.

Société des Amis de Port-Royal, n° 1, 1950 ; puis à partir du n° 10, *Chroniques de Port-Royal,* 1959 sq. Paris, Bibliothèque Mazarine, 23 quai Conti.

Référence : *Chroniques.*

XVIIe siècle, Bulletin puis *Revue publiée par la « Société d'Etudes du XVIIe siècle »,* n° 1, 1949.

Référence : *XVIIe siècle.*

III. Oeuvres classiques.

Les *Essais* de Montaigne sont cités d'après : nouvelle édition par Pierre VILLEY, Paris, Alcan, 3 vol., 1922-1923.

Oeuvres de DESCARTES, publiées par Charles ADAM et Paul TANNERY, Paris, Cerf (puis Vrin), 11 vol. et un supplément, in 4°, 1897-1913 – Nouvelle présentation, Paris, Vrin, 11 tomes (dont 2 t. VIII et 2 t. IX), 1964-1972.

Les traductions de saint Augustin sont le plus souvent tirées de *Oeuvres de saint Augustin*, Texte de l'édition bénédictine, Bibliothèque augustinienne, Paris, Desclée de Brouwer et Cie, 1941 sq.

SAINT FRANÇOIS DE SALES, *Oeuvres*, Introduction et Chronologie, par André RAVIER. Textes établis et annotés par André Ravier, sauf celui des *Entretiens spirituels* établi et annoté par Roger DEVOS, « Bibliothèque de la Pléiade », Gallimard, 1969.

ADDITIONS

p. 179, Ch. X, fin du 4e alinéa, *ajouter en appel de note :* (59bis), *et* p. 247 : (59bis). Peu importent ici, croyons-nous, des textes que Pascal ne connaît propablement pas et que nous devons retenir dans une histoire du thème de la véracité divine ; cf. Henri GOUHIER, *La pensée métaphysique de Descartes*, p. 35, n. 78 – Geneviève RODIS-LEWIS, *L'Oeuvre de Descartes*, Vrin, 1974, t. I, p. 229 et T. II, p. 520 – Tullio GREGORY, *Dio ingannatore et genio maligno, nota in margine alle « Meditationes » di Descartes*, dans : Giornale critica della Filosofia italiano, octobre-decembre 1974, p. 477-516.

p. 206, Ch. I, n. 13, *ajouter :* Il ne nous semble pas qu'il y ait eu une influence directe de Bérulle sur Pascal. Signalons toutefois : Michel DUPUY, *Bérulle et Pascal, le péché originel*, dans *Oratoriana*, novembre 1962 (rapprochements de textes sur le péché, le néant, la misère de l'homme).

p. 206, n. 25, *ajouter :* Cf. G. DE RENTY, *Correspondance*, Texte établi et annoté par Raymond TRIBOULET, Desclée de Brouwer, 1978, Introduction, p. 35-36 et 53.

p. 222, Ch. VI, n. 13, *ajouter :* repris dans : BLONDEL, *Dialogues avec les philosophes*, Aubier, 1966.

ibidem, n. 14, *ajouter :* repris dans : Jean LAPORTE, *Etudes d'histoire de la philosophie française au XVIIe siècle*, Vrin, 1951.

p. 224, n. 59, lignes 3-4, *lire :* MESNARD, *Pascal*... 1ère éd. p. 116-117 ; 5e éd. p. 124-125.

p. 227, Ch. VII, n. 21, *ajouter :* Kyriaki E. CHRISTODOULOU, *Considérations sur les « Essais » de Montaigne*, Athènes, 1984, Ch. V, *Pascal critique de Montaigne, « Il ne pense qu'à mourir lâchement... »*.

p. 244, Ch. X, n. 1, *ajouter :* Geneviève RODIS-LEWIS, *Doute et certitude chez Descartes et Pascal*, dans *Europe*, octobre 1978.

INDEX DES NOMS PROPRES

Les chiffres en italiques renvoient à une page contenant une indication bibliographique.

INDEX DES CITATIONS

Non de toutes les citations de Pascal mais de textes qui ont fait l'objet ou dont quelques mots ont fait l'objet d'un commentaire.

TABLE DES MATIERES

Imprimerie de la Manutention à Mayenne – 18 décembre 1985 – Nº 9307